Hans-Henning Scharsach • Strache

Hans-Henning Scharsach

STRACHE

IM BRAUNEN SUMPF

www.kremayr-scheriau.at

2. Auflage
ISBN 978-3-218-00844-0
Copyright © 2012 by Verlag Kremayr & Scheriau KG, Wien
Alle Rechte vorbehalten
Schutzumschlaggestaltung: Kurt Hamtil, Wien
unter Verwendung eines Fotos von photonews.at/picturedesk.com
Typografische Gestaltung, Satz: Kurt Hamtil, Wien
Druck und Bindung: CPI Moravia Books, Pohořelice

Inhalt

Vorwort	13
Im braunen Sumpf: Es begann mit Fotos	16
Wehrsport oder Paintball?	16
Ein Neonazi-Gruß als Bier-Bestellung	19
Straches Wehrsportfreunde: Die junge Elite der Neonazi-Szene	23
Straches Wehrsport-Kamerad Hatzenbichler	24
Straches Wehrsportfreund Andreas Thierry	26
Straches Wehrsportfreund Marcus Ullmann	28
Straches Wehrsportfreund Andreas Reichhardt	32
Strache und die neonazistische Wiking-Jugend	33
Norbert Burger: Ein Nazi-Terrorist als Vaterfigur	40
Im Dunstkreis Burgers: Geschichtsfälscher und Nazi-Terroristen	44
Deutsche Volksunion: Hitler-Nostalgie und Auschwitz-Lüge	45
„Nein zur Ausländerflut" – und wieder die Polizei	46
David Irving: Strache bei Europas prominentestem Nazi-Fälscher	48
Resümee: Strache war Teil der Neonazi-Szene	50
Wende rückwärts: Das Weltbild und Frauenbild in der neuen FPÖ	52
Burschenpartie statt Buberlpartie	52
Männliche Weltordnung: Frauen als Opfer der „Burschenpartie"	55
Volksgemeinschaft: Mystifizierung der Mutterschaft	58
Agitation: Gegen „Kampf-Emanzen" und „Quotenfrauen"	59
Sprüche statt Politik: Wie FPÖ-Politiker Frauen sehen	61
Familienpolitik statt Frauenpolitik: Für Volk und Vaterland	62

Kampf gegen die Fristenlösung: Ein Bischof als Verbündeter 63

Verfassungsschutz: Akzeptanz von NS-Gedankengut 64

Burschenschaften: Antisemitisch und antidemokratisch 66

Bücherverbrennung 1817: „Giftbücher" und „lesende Aasfliegen" 66

Bücherverbrennung 1933: Burschenschaften und der Anschluss 67

Die Unbelehrbaren: In Treue fest zu den NS-Verbrechern 69

Wie einst im Dritten Reich: Der Arier-Paragraph gilt heute noch 71

Die „Missgeburt" Österreich: Verfassungsfeindliche Agitation 73

Hand in Hand mit Neonazis: Gegen Verfassung und Verbotsgesetz 74

Verräterische Mitgliederlisten: Die Elite der Neonazi-Szene 75

Grenzen der Geheimhaltung: Kaderschmiede für zwei Lager 77

Bekenntnisse und braune Traditionen 80

Provokation: Friedensnobelpreis für Rudolf Heß 80

Arminia Czernowitz: Werbung mit NSDAP-Plakat 81

Libertas: Ein Preis für junge Neonazis 82

Cimbria: Gemeinsam mit Nazis gegen die Wehrmachtsausstellung 84

Teutonia: Nazi-Schulung „im Einklang mit der Bundlinie" 85

Silesia im Rotlichtbezirk: Straches Sekretärin holt Gottfried Küssel 87

Die Spitze des Eisberges: Burschenschafter, Neonazis und die FPÖ 88

Am Beispiel Olympia: Zwischen Neonazismus und FPÖ 91

FPÖ-Politiker ohne Berührungsängste mit dem Neonazismus 91

Verbot wegen Staatsgefährdung und NS-Wiederbetätigung 92

Die Gründung der NDP: Olympen mit Terroristen und Neonazis 93

Selbstschutz: Kampf gegen das Verbotsgesetz 95

„Judenreine" Olympia: Antisemitismus und Ausländerfeindlichkeit 96

Ohne Berührungsängste: Kontakte ins Neonazi-Milieu 96

„Freiheit für Küssel" und „alle politischen Gefangenen" 97

Widerstand gegen „Umerziehung": Weder Trauer noch Betroffenheit 98

Olympen als Veranstalter: Sommerlager mit NS-Symbolen 99

Martin Graf: Mit dem Witiko-Bund für Großdeutschland 101

Referenten der Olympia: Antisemiten und Holocaust-Leugner 102

David Irving: Geschichtsfälscher über Adolf Eichmann 102

Bruno Haas: Führer des braunen Terrors zum Thema „Politjustiz" 103

Schutz vor Verfolgung: Drei Rechtsextreme zum Verbotsgesetz 104

Schönhuber: Werbung mit SS-Mitgliedschaft 105

Rolf Kosiek: Rassentheoretiker und NDP-Funktionär 106

Umstrittener „Rassenforscher": Wie einst im Nationalsozialismus 106

Musik mit Frank Rennicke: Glorifizierung von Hitler und Heß 107

Michael Müller: Verhöhnung der Nazi-Opfer 108

Jörg Hähnel: Ehrung für den Mörder von Rosa Luxemburg 109

Braune Tradition gegen antifaschistische Verfassung 110

Gemeinsam: Neonazis, Burschenschafter und der 8. Mai 110

Trauer um Nowotny: „Vergaser 88" und „Kamerad Stefan Herzog" 112

Sonnwendfeiern: Werbung auf der Nazi-Plattform 116

Ulrichsberg: Nazis mobilisieren für Volksabstimmungs-Kommers 117

WKR-Ball: Tanz der Auschwitz-Leugner am Auschwitz-Gedenktag 119

„Aula": Bindeglied zwischen Burschenschaften, FPÖ und
  Neonazismus 123

Strache als Schirmherr: Freibrief für neonazistische Agitation 126

Mölzers „Zur Zeit": Mit Neonazis und Verfassungsfeinden 132

Unsere Ehre heißt Treue: Burschenschafter machen Politik 139

Resümee: Burschenschafter als Nazi-Aktivisten und Mitläufer 144

Braune Verbindungen: Die FPÖ im Netzwerk der Neonazis 149

Die Österreichische Landsmannschaft und ihr Gedenken an Hitler 149

Treffpunkt AFP: Antisemiten, Auschwitz-Leugner und
  NS-Nostalgiker 156

Gemeinsame Auftritte: Freiheitliche mit Europas Neonazi-Elite 163
Das Gutachten: „Massive" Verstöße gegen das NS-Verbotsgesetz 166
Resümee: FPÖ-Funktionsträger als Teil der Neonazi-Szene 167

Der Ring freiheitlicher Jugend: Rechte Speerspitze der Partei 171

Johann Gudenus: Ideologisierung statt Zeitgeist 171
Am Beispiel Steiermark: Die FPÖ und ihre Nazi-Schläger 174
Oberösterreich: Wo FPÖ und Neonazismus miteinander
verschmelzen 183
Resümee: FPÖ als Tarnkappe und Schutzschild für Neonazis 193

Wahlkämpfer Strache: Braune Helfer, braune Fans 194

Straches Helfer: Eine „Nationalsozialistin" für die FPÖ 194
Nazi-Skin als Security: Mit Blood&Honour und FPÖ 197
Brauner Ordner und rechte Strache-Fans in der Lugner-City 198
Straches Anhänger: Hitler-Gruß und Nazi-Parolen 199

Braune Bekenntnisse: „Sieg Heil" und „Heil Hitler" 201

Offen und öffentlich: Gemeinsame Sache mit Neonazis 201
Der Fall Podgorschek: Gemeinsam mit Gottfried Küssel 202
Der Fall Wieser: Einsatz für neonazistische Listen 202
Der Fall Christian: FPÖ-Kandidat von rechtsaußen 203
Der Fall Otten: Mit Neonazis gegen die Wehrmachtsausstellung 204
Der Fall Ballmüller: Neonazi-Aktivist als FPÖ-Spitzenkandidat 204
Der Fall Kampl: „Wenn es den Hitler nicht gegeben hätte …" 204
Straches Kameradenmörder: Gegen historische Erkenntnis 205
Der Fall Kashofer: Hitlers Ehrenbürgerschaft und braune Sprüche 205
Der Fall Egger: Keine Stimme gegen den Antisemitismus 206
Tourismus in Kitzbühel: Braune Geschichtsfälschung 206

Lindenbauer, Leitmann, Pühringer: Bekenntnisse auf der Haut 207
Der Fall Haberler: „Sturmtruppe" aus dem FPÖ-Lokal 208
Der Fall Kiebler: „Maximaler Hass" oder „Heil Hitler"? 208
Vereinzelter Widerstand: Austritte und ihre Begründung 209

Internet: Das braune Netzwerk 210

Facebook und Twitter: FPÖ-Politiker und ihr braunes Umfeld 210
Hakenkreuze und SS-Symbole: Die Nazi-Freunde der FPÖ-Spitze 211
„Für Adolf und sein Reich" und „Türkenklatschen" 212
Mit FPÖ-Politikern gegen „Zionistenschweine" 213
Straches Anti-Türken-Seite: „Bomben" und „Freisetzung von Giftgas" 214
Straches Fan-Club: „An den Galgen" und „Mauthausen aufsperren" 215
Wenn FPÖ-Mandatare sich auf Facebook outen 217
„alpen-donau": „Juden erschlagen" und „die Leiche anzünden" 217
Beklemmende Verbindungen: Die FPÖ und die Alpen-Nazis 219
Der Fall Königshofer: „Wie hätte Hitler ...?" 223
Der Fall Werner Herbert: Anfrage eines Polizisten 225
FPÖ: „Absurde Schnüffelei linker Provokateure" 226

Signale an den rechten Rand: Der Vergangenheit 229
verbunden

Der Fall Gerhard Kurzmann: Nationalsozialistische Traditionspflege 229
Der Fall Rosenkranz: Kontakt zur braunen Gewaltszene 232
Die Blamage: Ein rechtsextremer „Ostmärker" im Parlament 235
Kampf gegen das Verbotsgesetz: Es sind nicht nur einzelne ... 237
Kornblume: Signal der „illegalen Nazis" 242
Täter-Opfer-Umkehr: Schlag nach bei Goebbels 243
Rassismus gestern und heute 246
Der alte Rassismus: Antisemitismus als identitätsstiftende Klammer 246
Der neue Rassismus: Ausländer statt Juden 251
Wahlkampf 1999: Mit Rassismus in die Regierung 253

Falsche Zahlen: Strache verbreitet Neonazi-Fälschung	255
Islam: Ein neues Feindbild entsteht	257
Strache im Spagat: Mit Burschenschafter-Kappe in Yad Vashem	258
Rechte Verbündete: Mit Neonazis gegen Islamisierung	262
Der Fall Winter: „Kinderschänder" und „Tierbordell"	265
Briefe an „Phönix": Kontakte zur braunen Gewaltszene	266
Wende vor, Wende zurück: Strache entdeckt die Serben	267

Traditionen der Gewalt: Burschenschafter und   268
Freiheitliche

Rechter Terror: Gegen Juden, Katholiken und Linke	268
Mensur: Blutige Duelle als „sportliches Fechten"	268
Terror der Nachkriegszeit: Die braune Gewalt sucht sich neue Ziele	269
Burschenschafter verteidigen Nazi-Professor: Das erste Todesopfer	270
Norbert Burger: Südtirol-Terrorist als Gründer der NDP	270
Bruno Haas: ANR-Führer und FPÖ-Mitglied	271
Hans Milocco: FPÖ-Gemeinderat als Denkmalschänder	272
Gerd Honsik: Zerschlagung der parlamentarischen Demokratie	272
Friedhofsschändung: Täter aus dem RFJ	273
Gottfried Küssel: Den Staat zertrümmern	273
Rosenkranz: Braune Gewaltszene will ins Parlament	274
Die Anti-Antifa und der Bombenterror	275
Tarnung: Aufrufe zur Gewalt als „Notwehr"	279
Franz Fuchs: Gewalt als Ergebnis der „politischen Diskussion"	280
Die Gewaltspirale: Wie Worte zu Taten werden	281
FPÖ-Wahlkämpfe: Sprache als Kampfinstrument	283
Ermunterung zur Gewalt: Straches Hass-Comic	285
„Moschee baba!": Schießen auf Muezzine und Minarette	287
Freiheitliche Gewaltphantasien im Internet	288
Vom Wort zur Tat: Attacke auf Antifaschisten	289
Wie Gewalt entsteht: Wenn Feindbilder ernst genommen werden	289
Resümee: Gewalttäter und ihre Vorbilder	295

Die „Saubermann-Partei" und ihre unsauberen Politiker 297

Freiheitliche Kriminalstatistik: Nicht nur Kavaliersdelikte 297

Kinderporno-Skandale und sexuelle Übergriffe 298

Betrug: Nicht nur der Fall Rosenstingl 300

Die typischen FPÖ-Delikte: NS-Wiederbetätigung und Verhetzung 302

Korruption: Das politische Trauma der österreichischen Politik 304

Resümee: Wende rückwärts in die braune Vergangenheit 306

Namenregister 313

Quellen 318

.

Vorwort

Mitte der Neunzigerjahre hatte Jörg Haider versucht, der FPÖ ein zeitgemäßes Gesicht zu geben, hatte die Burschenschafter in die zweite Reihe gedrängt und sich mit telegenen, aber unideologischen Quereinsteigern umgeben, die in den Medien als „Buberlpartie" verspottet wurden. Mit Straches Machtübernahme wurde 2005 die Wende rückwärts eingeleitet. Der neue FPÖ-Chef ersetzte die Buberlpartie durch eine Burschenpartie – stramme Hardcore-Ideologen aus jenem korporierten Milieu, das sich von den Traditionen des Nationalsczialismus bis heute nicht gelöst hat.

Das Internet hat diese Entwicklung öffentlich gemacht. FPÖ-Politiker akzeptieren „Freunde", die ihre Auftritte mit Hitlerbildern und SS-Sprüchen schmücken. Sie treten als Mitglieder von Facebook-Gruppen in Erscheinung, auf deren Seiten für „Giftgas auf Israel" oder für das „Abschlachten von Moslems" geworben wird. Auf Straches Fanclub-Seite finden sich Botschaften wie „eini in den Zug und nach Mauthausen. Wir brauchen nur die Weichen stellen und den Strom aufdrehen". International sucht die FPÖ die Zusammenarbeit mit jenen Parteien des rechten Randes, deren hasserfüllter Rassismus in ganz Europa immer neue Gewalt hervorbringt.

Dieses Buch versucht, nicht nur die Wende der FPÖ, sondern auch die Verschmelzung zweier Milieus zu dokumentieren: Auf der einen Seite die Welt jener Strategen der Macht um FPÖ-Chef Strache, die im Parlament arbeiten, in der Hofburg tanzen, im Scheinwerferlicht der Fernsehkameras als selbst ernannte „Patrioten" das große Wort führen und sich für höchste Ämter qualifiziert fühlen. Auf der anderen Seite die finstersten Keller einer Unterwelt hasserfüllter rassistischer Hetzer, unversöhnlicher Antisemiten, brauner Geschichtsfälscher, ewig gestriger Hitler-

Nostalgiker, vorbestrafter Auschwitz-Leugner und rücksichtsloser Gewalttäter.

Die Methodik dieses Buches macht einige Klarstellungen erforderlich:

1. Die Arbeit erhebt nicht den Anspruch auf Vollständigkeit. Der Autor hat vielmehr versucht, die zahllosen Berührungspunkte und Gemeinsamkeiten von FPÖ und Neonazi-Szene anhand besonders typischer und seriös belegbarer Fälle zu dokumentieren, um das System der Verknüpfungen sichtbar zu machen.

2. Die Bezeichnungen „rechtsextrem" und „rechtsextremistisch" werden ausschließlich als wissenschaftliche Begriffsbestimmungen verwendet, die sich an der Definition von Willibald Holzer und an den in der wissenschaftlichen Literatur genannten Merkmalen orientieren. Als rechtsextrem werden darüber hinaus Personen bezeichnet, die im „Handbuch des österreichischen Rechtsextremismus" so genannt werden.

3. Die Bezeichnungen „nazistisch" und „neonazistisch" folgen der österreichischen Rechtsprechung. Tatbestände, die von Höchstgerichten als „nazistisch" oder „neonazistisch" gewertet wurden, sind auch in diesem Buch so benannt. Als „Neonazi" werden darüber hinaus Personen bezeichnet, bei denen ein Gerichtsurteil diese Bezeichnung rechtfertigt, oder die als Funktionäre bzw. Aktivisten einer durch Gerichte oder Wissenschaftler als neonazistisch eingestuften Gruppierung in Erscheinung getreten sind und sich von diesem Gedankengut nicht distanziert haben. Die Verwendung dieser Begriffe soll dem Leser präzise politische Zuordnung ermöglichen. Sie ist in keinem Fall in ehrverletzendem Sinn zu verstehen.

4. Die in diesem Buch dokumentierten Zitate und Sachverhalte stützen sich zumeist auf eine Vielzahl von Quellen, auch wenn jeweils nur eine angeführt ist. Jede Quelle wurde auf

ihre Plausibilität überprüft und mit anderen Quellen verglichen. Bei Plausibilität und Übereinstimmung der Quellenlage erfolgte keine weitere Überprüfung. Ausdrucke der Internet-Quellen liegen beim Autor. Ergebnisse von Gerichtsverfahren, Mitteilungen nach dem Mediengesetz und Gegendarstellungen wurden berücksichtigt.

5. Die Systematik dieses Buches macht die Einteilung in Kapitel und Themenschwerpunkte notwendig. Naturgemäß hat nicht jede der in einem Kapitel erwähnten Personen dieselbe Nahebeziehung zu dem genannten Themenschwerpunkt. Es lässt sich nicht vermeiden, dass etwa in den Kapiteln „Gewalt", „braune Traditionen" oder „braune Helfer" auch Personen vorkommen, denen nichts vorzuwerfen ist bzw. für die die Unschuldsvermutung gilt. Dass ihr Name genannt wird, bedeutet keinesfalls, dass sie mit der Kapitelüberschrift im Zusammenhang stehen bzw. dass ihnen eine Beteiligung an Straftaten oder ein Naheverhältnis zu Tätergruppen unterstellt wird. Die Beziehung der Genannten zu Titel und Themenschwerpunkt ergibt sich ausschließlich aus dem Textinhalt.

6. Obwohl es sich um ein politisches Sachbuch und nicht um eine wissenschaftliche Arbeit handelt, hat sich der Autor bemüht, den Kriterien wissenschaftlicher Dokumentation gerecht zu werden. Die angeführten Beispiele sind durch Quellen belegt, die daraus gezogenen Schlüsse objektiv nachvollziehbar. Allen Wertungen liegt jenes „Tatsachensubstrat" zugrunde, das der Europäische Gerichtshof für Menschenrechte in einer Reihe grundsätzlicher Entscheidungen gefordert hat. Auf Polemik wurde bewusst verzichtet, das Manuskript juristisch überprüft.

Im braunen Sumpf: Es begann mit Fotos

Wehrsport oder Paintball?

Dass Heinz Christian Strache der Neonazi-Szene angehörte, bevor er in der FPÖ Karriere machte, hatten Parteifreunde und JournalistInnen immer schon geahnt. Anfang 2007 bekamen sie erste Belege dafür in die Hand. Einstige „Kameraden" aus dem rechtsextremen Umfeld hatten Straches innerparteilichen Gegnern Fotos zugespielt, die seine Beteiligung an Wehrsportübungen belegen. Über Ewald Stadler gelangten die verfänglichen Aufnahmen in die Medien: Strache und Kameraden, abgebildet in martialischer Aufmachung, wie sie für Wehrsportveranstaltungen der damaligen Neonazi-Szene typisch ist.

Strache trat die Flucht nach vorne an. In der „ZiB2" präsentierte er selbst die Fotos der „harmlosen sportlichen Veranstaltung". Keine Rede von Wehrsport, versuchte er sich zu rechtfertigen. Gotcha habe man gespielt, oder Paintball.[1]

Straches Verteidigung ist geschickt gewählt, weil sie zum Teil der Wahrheit entspricht. Gotcha und Paintball gibt es tatsächlich auch als harmlose Freizeitvergnügen. In den Achtzigerjahren aber waren diese Spiele fester Bestandteil jener Wehrsportübungen, mit denen sich junge Aktivisten der Neonazi-Szene auf die „Rückeroberung der Macht" vorzubereiten glaubten.[2]

In der Anklageschrift eines der großen Neonazi-Prozesse war 1995 das Gotcha-Spiel Teil der Indizienkette. Im Verlauf solcher Wehrsportübungen seien mit CO_2-Pistolen und Farbgeschoßen Kampfhandlungen simuliert worden, hatte der Staatsanwalt referiert. Dieses Schießen auf lebende Ziele habe nicht dem Aggressionsabbau gedient, „sondern der Überwindung der Scheu, auf Menschen zu schießen".[3]

Erst im September 2008 erfuhr die Öffentlichkeit, dass die von Strache vorgelegten Fotos manipuliert waren. Bei einem handelte es sich um einen Ausschnitt, der nur zeigte, was der FPÖ-Chef einigermaßen plausibel als „harmlos" hatte darstellen können. Jene Bildteile, auf denen Waffen zu sehen sind, waren vor der Weitergabe entfernt worden. Ein anderes Bild der Serie, das ihn als Vermummten in Kampfanzug mit Sturmgewehr und Pistole zeigt, hatte der FP-Chef gar nicht erst vorgelegt.[4]

Was auf den unverfälscht vorliegenden Fotos zu sehen ist, hat mit Gotcha oder Paintball wenig zu tun: Bei regulären Veranstaltungen sind Uniformen verpönt. Geschossen wird mit typischen Paintball-Pistolen. Auf den Fotos ist anderes zu sehen. Ein Sturmgewehr, das zumindest echt aussieht, eine doppelläufige Flinte, Kampfhandlungen mit Schlagstock und eine laut „ZiB" „mehrdeutige Szene", die auch als „nachgestellte Hinrichtung" interpretiert werden könnte.[5]

Auch die Neonazi-Szene glaubte nicht an Straches Version. „Die Bilder sehen mir persönlich auch nicht nach Gotcha aus", postete ein User im neonazistischen „forum-thiazi.net"*, das sich im Untertitel „Germanische Weltnetzgemeinschaft" nennt.[6] Andere User versuchten, Strache gegen Stadler in Schutz zu nehmen. „Wir wissen, dass Stadler und sein Christenumfeld uns Nationalsozialisten missbrauchen möchten, um Strache und die FPÖ anzupatzen."[7] Standesgemäß, wenn auch ohne erkennbaren Zusammenhang, endet der Eintrag mit „Judentum ist biologische Erbkriminalität".

Strache glaubt, die kriegerische Aufmachung erklären zu können: Man habe sich im Armyshop billige Kleidung gekauft.[8] Für die Art der Bewaffnung bietet er zwei Versionen an. Zuerst behauptet er, die Ausrüstung sei geborgt gewesen. Danach habe

---

* Das „Thiazi"-Forum wurde Im Juni 2012 nach bundesweiten Razzien stillgelegt. Das deutsche Bundeskriminalamt (BKA) stufte Deutschlands größte Neonazi-Plattform, auf der gegen Juden, Ausländer und Moslems gehetzt, zur Gewalt aufgerufen, der Holocaust geleugnet und die nationalsozialistische Gewaltherrschaft verteidigt wurde, als kriminelle Vereinigung ein.

man sie wieder zurückgegeben.[9] Zwei Monate danach erzählt er, die Waffen in einem Geschäft im neunten Wiener Gemeindebezirk gekauft zu haben. Es handle sich um Originalnachbauten, Pistolen und Gewehre in Originalgröße, die echten Waffen „täuschend ähnlich sehen".[10]

Die korrigierte Version hat er im Gespräch mit den Autorinnen des Buches „HC Strache, Sein Aufstieg – Seine Hintermänner – Seine Feinde" geliefert. Nina Horaczek und Claudia Reiterer hatten Interviews und Hintergrundgespräche mit Strache sowie 40 seiner Wegbegleiter und Gegner geführt und im März 2009 eines der bestrecherchierten tagespolitischen Sachbücher der letzten Jahre vorgelegt.

In einem von den Autorinnen mit 27. 11. 2008 datierten Gespräch ersetzt Strache seine erste, wenig glaubwürdige Erklärung der „Leihausrüstung" durch die neue Version, die glaubwürdiger klingt, aber verräterisch ist.

Mitglieder der damaligen Neonazi-Szene erzählen, wie wichtig es den jungen Wehrsportlern war, Ausrüstung und Bewaffnung der Wehrmacht zu kopieren. Adressen, bei denen man Nachbauten erwerben konnte, die äußerlich kaum von den echten Waffen zu unterscheiden waren, seien unter der Hand weitergegeben worden.[11] Das gleiche gelte für andere Utensilien wie jenen von Strache getragenen Gürtel, den im Wehrmachts-Original ein eichenlaubumranktes Hakenkreuz ziert. Heribert Schiedel, Rechtsextremismus-Experte beim Dokumentationsarchiv des österreichischen Widerstandes (DÖW): „In der Neonazi-Szene sind solche Gürtel extrem beliebt."[12]

Als Strache mehrfach gefragt wird, ob es von ihm auch Fotos geben könne, auf denen er mit Hitlergruß zu sehen sei, lässt er das offen. Auf einer Pressekonferenz im Rahmen der FPÖ-Klausur in Waidhofen an der Ybbs verweigert er dezidiert die Antwort auf die „gemeine und miese Suggestivfrage".[13] Im Fernsehen erklärt

Strache, er könne nicht ausschließen, dass es von ihm „dumme Fotos" gebe. Sollte er derart posiert haben, könne es nur eine „dumme Provokation" gewesen sein.[14]

Und auch in seinen eifrig nachgeschobenen Bekenntnissen zur Demokratie formuliert er vorsichtig: In all seinen „Handlungen als politischer Mandatar" sei er ein „begeisterter Demokrat", erklärt er in einem News-Interview.[15] Wie er zur Demokratie stand, bevor er ein Mandat übernahm, lässt er damit offen. Dass er auch nach dieser Zeit Veranstaltungen der Alt- und Neonazi-Szene besuchte, wird in der Folge noch ausführlich belegt (siehe Seite 45).

Ein Neonazi-Gruß als Bier-Bestellung

Nur wenige Tage nachdem die ersten Wehrsport-Fotos aufgetaucht waren, veröffentlicht „Österreich" ein Foto, auf dem Strache mit jenem „Kühnen-Gruß" zu sehen ist, den Neonazis anstelle des verbotenen Hitlergrußes verwenden:[16] Daumen, Zeigefinger und Mittelfinger werden zum W gespreizt, was „Widerstand" gegen das verhasste (demokratische) „System" bedeutet.[17] In Deutschland ist dieser Gruß als Nazi-Geste verboten, in Österreich steht er nur dann unter Strafe, wenn das Gericht ihn als „propagandistische Pose" wertet, wie Andreas Scheil, Strafrechtsexperte an der Universität Innsbruck, im ORF-Interview erklärt.[18]

Entstanden ist das Foto 1994 am Rande des Innsbrucker Freiheitskommers. „Österreich"-Herausgeber Wolfgang Fellner erzählt, „zwei ehemalige Freunde von Strache und Aussteiger aus der Burschenschafter-Szene" hätten ihm das Foto „persönlich angeboten". Sie seien dabei gewesen, als Strache den damals bereits wegen Wiederbetätigung verurteilten Franz Radl „mit dem Neonazi-Gruß gegrüßt hat".[19]

Strache ist seit 1984 Mitglied der am äußersten rechten Rand agierenden Burschenschaft Vandalia. „Deutsch, einig, treu und

19

ohne Scheu" ist das Motto der deutschnationalen Verbindung[20], gegrüßt wird mit „Heil Vandalia!",[21] die Farbe des „Deckels", der burschenschaftlichen Kopfbedeckung, ist der Kornblume nachempfunden, die vor 1938 Erkennungszeichen der illegalen Nazis war. Das „Bundeslied" der Vandalia dokumentiert die für Burschenschaften typische Kombination aus Deutschtümelei und Gewaltverherrlichung:

„Wo Mut und Kraft in deutscher Seele flammen,
fehlt nie das blanke Schwert beim Becherklang...
...Vandalen greift zum Schwert mit Sturmeswehen
Für unsern Bund in Kampf und Tod zu gehen.

Die neonazistischen Sprüche, mit denen einzelne Vandalen damals um sich warfen, weckten sogar in der durchwegs deutschnationalen und rechtslastigen Burschenschafter-Szene Widerstand. Mitglieder anderer Burschenschaften weigerten sich, mit Vandalen Mensuren zu fechten. „Das Paukverhältnis wurde für längere Zeit aufgehoben", erinnert sich Lutz Weinzinger, ehemaliger FPÖ-Obmann in Oberösterreich und Mitglied der Verbindung Franko-Cherusker. Die Vandalia habe „ein paar Jungs dabei gehabt, die sehr markige Sprüche von sich gegeben haben. Das war vielen zu steil. Das ist nicht die Art, wie wir auftreten wollen".[22]

Straches einstiger Freund und Überbringer des verfänglichen Bildes erinnert sich in „Österreich": „Wir waren damals eindeutig Neonazis. Wir haben für die rechtsextreme VAPO gearbeitet – Pickerl geklebt, Flugblätter verteilt. Wir haben uns auf der Bude mit Hitlergruß gegrüßt, rechtsradikale Parolen und Gedanken gehabt." Strache habe sich „Gauleiter" nennen lassen, sei einer der Aktivsten gewesen und habe „alle rechtsextremen Größen" gekannt: „Küssel, Radl, Thierry, Honsik – er traf sie alle."[23]

In derselben Ausgabe zitiert „Österreich" den Fotografen Erich Reismann, der 1988 die VAPO-Szene für den „Wiener" fotografiert hatte. Die Neonazis hätten damals „darauf bestanden", mit dem „Widerstandsgruß" fotografiert zu werden. Gottfried Küssel, Österreichs bekanntester Neonazi, damals wörtlich im Interview: „Wir nennen diesen Gruß den Kühnen-Gruß, benannt nach unserem Führer Michael Kühnen. Wer immer diesen Gruß – die drei gespreizten Finger – verwendet, symbolisiert damit, dass er zu unserer Gesinnungsgemeinschaft gehört. Dieser Gruß ist uns heilig. Er ist unser Erkennungszeichen – nur wer ihn verwendet, ist einer von uns."[24]

Kühnens Organisation war schon 1983 verboten worden, er selbst starb 1991. Kurz vor seinem Tod hatte er Gottfried Küssel zu seinem Nachfolger bestellt.

Wieder beginnt eine Serie peinlicher Unwahrheiten und Ausreden. Die beiden FPÖ-Generalsekretäre Herbert Kickl und Harald Vilimsky lösen Entsetzen unter Burschenschaftern und Parteifreunden aus, indem sie den Neonazi-Gruß als „burschenschaftliche Tradition" ausgeben.[25] Eine Frage drängt sich auf: Haben die beiden den Neonazi-Gruß in ihrem Burschenschafter-Umfeld so oft erlebt, dass sie ihn für eine „burschenschaftliche Tradition" halten?

Danach behaupten sie, es handle sich um jenen Gruß, der seit 1961 „von den Südtiroler Freiheitskämpfern verwendet" werde.[26] Strache schließt sich diesem Unsinn an: „Das ist der Gruß der Südtiroler Freiheitskämpfer, ein Zeichen des Widerstandes gegen den Faschismus", erklärt er im Interview mit der „Presse".[27] „Alle anderen Interpretationen sind an Lächerlichkeit nicht zu überbieten."[28]

Das ist falsch. Historiker wie Rolf Steininger, Leiter des Zeitgeschichte-Instituts der Universität Innsbruck, Südtirol-Experten wie der Innsbrucker Rechtsanwalt und Buchautor Franz Watschinger und Exponenten der Südtiroler Freiheitskämpfer-Szene stellen in nahezu wörtlicher Übereinstimmung fest: „Mit Südtirol hat dieser Gruß gar nichts zu tun."[29]

Also präsentiert Strache eine dritte Version. Auf dem Weg zum Korporierten-Ball spricht er im „ZiB2"-Interview davon, nur „drei Bier oder drei G'spritzte" bestellt zu haben – eine in Nazi-Kreisen gängige Rechtfertigung, wie der Historiker Gerhard Jagschitz bestätigt. Auch dass Straches Arm nicht durchgestreckt sei, spreche „nicht per se dagegen, dass es sich um ein Ersatzzeichen für den Hitlergruß" handle. Derart schlampige Formen würden „bewusst genutzt", um die Bedeutung des Grußes zu „kaschieren".[30]

In einem der Prozesse, die Strache gegen „Österreich" anstrengt, kommt der Zeitgeschichte-Professor Gerhard Botz zu dem gleichen Schluss. Es sei „das Naheliegendste", dass das Foto Strache bei der Abwandlung eines Hitlergrußes und nicht beim Bestellen von drei Bier zeige.[31] „Drei Bier bestellt man mit der Handfläche nach innen", meint Botz. Straches Handfläche aber zeige auf dem Foto nach außen, und das sei „eindeutig der Kühnen-Gruß".[32]

Danach bietet Strache noch andere Deutungen an: „Das ist in Wirklichkeit die Heilige Dreifaltigkeit bei den Serben. In Mitteleuropa ist das die Schwurhand. Das hat nichts mit Nazismus zu tun.[33] Der entscheidende Beleg kommt vor Gericht gar nicht zur Sprache. Der FPÖ-Chef hatte anfangs ja ausdrücklich eingeräumt, mit den weggestreckten drei Fingern gegrüßt zu haben. Zuerst war dieser Gruß als „burschenschaftliche Tradition", danach als „Gruß Südtiroler Freiheitskämpfer" ausgegeben worden.

Im Prozess Strache gegen die Tageszeitung „Österreich" präsentierte Stadler als Zeuge ein weiteres Detail: Die vom FPÖ-Chef auf dem Bild getragene Krawatte zeigte die Reichskriegsflagge, ein in der Neonazi-Szene beliebtes „ideologisch konnotiertes" Emblem.[34] Neuerlich rückt FPÖ-Generalsekretär Harald Vilimsky zur Strache-Verteidigung aus. Die deutsche Fahne aus dem Ersten und Zweiten Weltkrieg habe „nichts mit irgendwelcher verbotener Symbolik" zu tun.[35]

Eigentlich müsste er es besser wissen. „Diese Flagge wird von einer breiten Öffentlichkeit mit dem Nationalsozialismus und den Neonazis in Verbindung gebracht", entschied das Höchstgericht 1994 zugunsten von Jörg Haider, der mit der Reichskriegsflagge auf dem Cover des „Handbuchs des österreichischen Rechtsextremismus" abgebildet war. Das Dokumentationsarchiv des österreichischen Widerstandes verlor den Rechtsstreit: Das Cover musste überklebt werden.

Straches Wehrsportfreunde:
Die junge Elite der Neonazi-Szene

Die Veröffentlichung der verfänglichen Wehrsport-Aufnahmen löst eine ganze Serie von Unwahrheiten, Ausreden, Beschönigungen, Verdrehungen und Beschwichtigungen aus. Als Anfang 2007 die ersten Fotos aufgetaucht waren, hatte Strache seine Teilnahme an „wehrsportähnlichen Übungen" empört zurückgewiesen, von „Gerüchten und Unterstellungen" sowie von Darstellungen „in falschem Kontext" gesprochen. Als er in selbstbewusster Vorwärts-Verteidigung die Wehrsport-Fotos zur „ZiB2" brachte, bestritt er jede Verbindung zum Rechtsextremismus. Es seien „alles unbescholtene Personen" gewesen, beteuerte er.[36] Unkenntlich gemacht habe er diese nur, um sie davor zu schützen, als Neonazis oder Rechtsextreme verunglimpft zu werden.[37]

Im Prozess, den der FPÖ-Chef nach Veröffentlichung der Wehrsport-Bilder gegen „News" angestrengt hatte, wurde diese Darstellung als unwahr entlarvt. Dem Gericht mussten die Fotos unverfälscht vorgelegt werden. Zeugen erhielten damit Gelegenheit, Straches Wehrsportfreunde zu identifizieren.[38]

Nachdem der FPÖ-Chef zwei Tage zuvor, am 22. August 2007, beim „Sommergespräch" des ORF, die Anwesenheit von Neonazis wie Jürgen Hatzenbichler oder Andreas Thierry als „absoluten Unsinn" abgetan hatte, war vor Gericht der Augenblick der Wahrheit gekommen. Die von Strache als „unbescholtene Personen" Ausgegebenen entpuppten sich nicht etwa als unbedeutende Mitläufer im rechtsextremen Milieu. Die Bilder zeigen Strache mit der damaligen Elite der neonazistischen Nachwuchs-Szene.

Straches Wehrsport-Kamerad Hatzenbichler

Auch die von Strache beteuerte Unbescholtenheit hielt der Überprüfung nicht stand. Zumindest Jürgen Hatzenbichler war wegen Verbreitung nationalsozialistischen Gedankenguts verwaltungsrechtlich zu einer Geldstrafe und einer bedingten Freiheitsstrafe verurteilt worden. In Kärnten hatte Hatzenbichler am Aufbau von Gerd Honsiks „Nationaler Front" maßgeblichen Anteil. In den Jahren 1985 und 1986 fungierte er als „stellvertretender Führer" der berüchtigten Neonazi-Truppe, die sich offen zur Gewalt bekannte. Aus dem Jahr 1986 stammt die folgende „Kundmachung" der „Nationalen Front":

„Alle Lehrer Österreichs, die den Auftrag der Siegermächte erfüllend, die Verbrechen am deutschen Volk leugnen und gleichzeitig mit den ihnen anvertrauten Schülern nach Mauthausen pilgern um dem Gasbetrug zu huldigen, werden, wenn wir die Macht gewinnen, durch ein Gesetz mit rückwirkender Kraft zu Verbrechern erklärt und so lange am Halse aufgehängt, bis dass der Tod eintritt."[39]

Im März 1987 wird das Verbot der „Nationalen Front" wegen nationalsozialistischer Wiederbetätigung durch den Verfassungsgerichtshof bestätigt.[40] Der Polizei war ihr „Provisorisches Programm" in die Hände gefallen, das den entlarvenden Titel trug: „Vorschläge zur Beseitigung des bestehenden Systems". Ziel der militanten Neonazi-Gruppe war unter anderem die Zerschlagung der parlamentarischen Demokratie, die Außerkraftsetzung des Staatsvertrages (Anschlussverbot) und die Wiederherstellung der „Schicksalsgemeinschaft" der Deutschen in den Grenzen des „Heiligen Römischen Reiches Deutscher Nation", also mit Österreich, Südtirol und Luxemburg.[41]

Nebenbei sorgte Hatzenbichler für die Verbreitung der Neonazi-Zeitschrift „Sieg" des Immer-Wieder-Betätigers und Auschwitz-Leugners Walter Ochensberger,[42] der auch ein Handbuch für den militanten Rechtsextremismus mit Anleitungen für Putsch, Partisanenkampf und Foltermethoden unter seiner Klientel vertrieben hat. „Sieg" zählte zu den ekelhaftesten Nazi-Druckwerken, die je im deutschsprachigen Raum Verbreitung finden konnten. Textprobe:

„Unter dem Deckmantel der Auschwitz-Verleumdung begeht das jüdische Volk ... einen gnadenlosen Völkermord an den Ariern ... insbesondere aber am Deutschtum."[43]

1992 sagte sich Hatzenbichler von seiner neonazistischen Vergangenheit los, die dem beruflichen Aufstieg als Publizist des freiheitlichen Lagers im Weg zu stehen schien. Er tat es entschieden und eindeutig,[44] aber nur bedingt glaubwürdig. „Ich war bis 18 das, was man einen Neonazi nennt", bekennt er freimütig in der „Jungen Freiheit". „Aber aus dem, was ich war, Aktivist, Revolutionär, Anhänger des Totalitarismus, habe ich viel gelernt."[45]

Seine Kontakte hielt er aufrecht. Zwei Jahre nach der angeblichen Abkehr von der neonazistischen Gewaltszene trat er bei einem Silvestertreffen der „Wiking Jugend" in Fulda/Röhn als Redner auf. Auch Strache hatte Kontakt zu dieser in der Tradition der Hitler-Jugend stehenden, nach dem Führerprinzip ausgerichteten Gruppierung, die 1994 verboten wurde (siehe Seite 33).

Der Kontakt zwischen Strache und Hatzenbichler blieb bestehen. Mitte der Neunzigerjahre tauchen die beiden gemeinsam in der „Techno-Scene" auf, der „ersten Jugendkultur im deutschsprachigen Raum seit dem Zweiten Weltkrieg, die weder amerikanisch noch schwarz oder britisch dominiert ist",[46] wie einer von Straches Weggefährten, der mittlerweile verstorbene Christian Böhm-Ermoli, damals schrieb.[47]

Im August 2005 thematisiert Armin Wolf die geistige Verwandtschaft zwischen Hatzenbichler und dem FPÖ-Chef im ORF-„Sommergespräch".[48] Auf seiner Homepage hatte Strache einen Text über sein „Lieblingsbuch" veröffentlicht: „Der Waldgang" des umstrittenen Autors Ernst Jünger. Aufgrund seiner Erlebnisse als Offizier im Ersten Weltkrieg hatte Jünger eine Philosophie entwickelt, die nationalistische, inhumane und demokratiefeindliche Tendenzen aufweist.

Dass Strache Jüngers Ansichten teilt, ist wenig überraschend. Viele Exponenten der rechtsextremen Szene berufen sich auf diesen deutschen Philosophen – die meisten ohne ihn selbst gelesen zu haben. Jüngers Texte sind sperrig, abgehoben, schwer verständlich. Dass ein Politiker wie Strache sich in solche Texte vertieft, ist schwer vorstellbar. Tatsache aber ist: Straches Rezension ist brillant formuliert. Armin Wolf lobt den FPÖ-Chef für die „sehr elegante" Schreibweise. „Ich hab' Sie bewundert, dass Sie so gut schreiben können. Ist das ein Hobby von Ihnen?"

Sichtlich geschmeichelt antwortet Strache: „Ich schreibe gern und ich hab ja auch in einer Tageszeitung einmal die Ehre gehabt, Gastkommentare schreiben zu dürfen und das ist ein Hobby von mir, ja."

Jetzt erst klärt Wolf die Zuseher auf, von wem der Text, mit dem Strache sich schmückt, wirklich stammt und wo er veröffentlicht wurde. Der Autor heißt Jürgen Hatzenbichler. Entnommen wurde er einer rechtsradikalen deutschen Internet-Homepage.[49]

Straches Wehrsportfreund Andreas Thierry

Ein weiterer Wehrsportfreund von Strache wurde vor Gericht als Andreas Thierry identifiziert, der als politischer Ziehsohn von

Herbert Schweiger, dem im Juli 2011 verstorbenen Doyen des europäischen Neonazismus, gilt. Ende der Achtzigerjahre zählte Thierry zum Führungskader der neonazistischen „Volkstreuen Jugend Offensive", die in Kärnten paramilitärische „Wochenendlager" durchführte. Thierry galt als Verbindungsmann zur 1992 in Deutschland verbotenen „Nationalistischen Front" (NF) Meinolf Schönborns. Der deutsche Verfassungsschutz schreibt Mitgliedern der NF eine Reihe von Anschlägen zu.[50] Als „Saalschützer" engagierte sich Thierry beim „Deutschen Kulturwerk europäischen Geistes" (DKEG), bei dessen Tagungen neben Europas führenden Rassisten, Antisemiten, Holocaust-Leugnern und Kriegsverbrechern auch FPÖ-Politiker wie Otto Scrinzi als Referenten auftraten.[51]

1991 fand die Staatspolizei bei der DKEG-Gästewoche in Schönborns Zimmer einen Aufruf zum Aufbau eines paramilitärischen „Nationalen Einsatzkommandos", das den Sinn von „Wehrsportübungen" deutlich macht: „Um den „Kampf für ein völkisches Deutschland besser, zielgerichteter, sicherer und noch erfolgreicher durchführen zu können", sei die „Aufstellung kadermäßig gegliederter hochmobiler Verbindungen" und die „Ausbildung von sportlichen und gesunden Kameraden für den politischen Kampf auf der Straße" erforderlich.[52] Die deutschen Behörden leiteten daraufhin ein Verfahren wegen des Verdachts der Bildung einer terroristischen Vereinigung ein.

1995 wurde Thierry als Vordenker der heimischen Neonazi-Szene wegen nationalsozialistischer Wiederbetätigung verurteilt. Um einer neuerlichen Verurteilung und einer damit verbundenen langjährigen Haftstrafe zu entgehen, übersiedelte er nach Deutschland.[53] Dort schloss er sich der NPD an, leitete das „Amt für weltanschauliche Schulungen" und stieg zum Chefideologen des innerparteilichen „NS-Flügels" auf, der sich populistischen Modernisierungen in den Weg stellte.[54]

Im August 2006 schrieb Thierry in einer neonazistischen Jugendzeitung über seinen Wehrsportfreund Strache. Seit dieser die FPÖ übernommen habe, hätten „viele Kameraden wieder Hoffnung geschöpft". Er sei mit Strache „seit 1989 persönlich bekannt". Dieser habe „seine Wurzeln im nationalen Lager".[55]

Im April 2009 wurde Thierry in den Vorstand der NPD gewählt. Als „Hauptschriftleiter" des neonazistischen Kampfblattes „Volk in Bewegung" formulierte er unter anderem, der Kurs der NPD könne nur „Richtung Systemopposition" gehen. Der „blutbestimmte Volksbegriff"[*] sei genausowenig verhandelbar wie die „Wiederherstellung des deutschen Reiches". Aus „nationaler Sicht" sei alles andere „Verrat!".[56] Als die NPD sich zunehmend um Modernisierung bemühte, die Fusionierung mit der Deutschen Volksunion vorbereitete und solche Positionen nicht mehr öffentlich machen wollte, reagierte Thierry mit einem demonstrativen Parteiaustritt.[57]

Straches Wehrsportfreund Marcus Ullmann

Ein weiterer Teilnehmer an Straches Wehrsportveranstaltungen war Marcus Ullmann, stellvertretender „Kameradschaftsführer" der von Gottfried Küssel 1986 gegründeten „Volkstreuen außerparlamentarischen Opposition" (VAPO). Offen deklarierte sich die VAPO als „nationalsozialistisch". Die „Neugründung der NSDAP" und die „erneute Machtergreifung" wurden in einem Schulungsbrief als politische Ziele genannt.[58]

Was das bedeuten sollte, hat ein Zeuge im Prozess gegen Hans-Jörg Schimanek jun. laut Vernehmungsprotokoll mit folgenden Worten geschildert: „Erstens: Aufhebung des Verbotsgesetzes; Zweitens: Wiedervereinigung Österreichs mit Deutschland; Drit-

---

[*] Ein „blutsbestimmter Volksbegriff" war Grundlage für den „Ariernachweis": Die Zugehörigkeit zum „Volk" wird nicht durch die Staatsbürgerschaft bestimmt, sondern ist genetisch vorgegeben.

tens: Die Juden werden ausgesiedelt."[59] In einem Interview des deutschen Fernsehsenders „Tele 5" trat Küssel für die „Zulassung der NSDAP als Wahlpartei" ein.[60]

Gewalt gehörte von Anfang an zum Selbstverständnis der „Frontorganisation Ostmark", wie sich die VAPO in ihren Aufrufen zur politischen Gewalt nannte. „Wir sind die militanteste und radikalste Gruppe der nationalen Szene",[61] hieß es in einem Schulungsbrief. „Die VAPO vereint alle kampfbereiten und kampfwilligen Personen, denen klar ist, dass eine neue Ordnung nur durch Ausschaltung der jetzigen Systeme möglich ist."[62]

Mitte der Neunzigerjahre führte die Polizei im Zuge der Briefbomben-Ermittlungen zahlreiche Hausdurchsuchungen bei VAPO-Mitgliedern durch. Dabei fand sie zwar nicht den Attentäter, dafür aber Beweismaterial für zahlreiche andere Vergehen: Waffen, Umsturzpläne, Videos von Wehrsportübungen, Mitgliederlisten und NS-Propagandamaterial. Zahlreiche VAPO-Aktivisten wurden danach vor Gericht gestellt und verurteilt.[63]

Gottfried Küssel bezeichnet sich selbst als Nationalsozialist.[64] Unter seiner Führung veranstaltete die VAPO Ausbildungslager, in denen 13- bis 20-Jährigen das Töten von „Feinden" beigebracht wurde.[65]

Im März 1995 blieb die Verharmlosung völkischer Wehrsportübungen als angebliche Lagerfeuer-Romantik auf der Strecke, als den Geschworenen im Prozess gegen Hans Jörg Schimanek jun. das Videoband einer solchen „Ausbildung" vorgeführt wurde.[66] Im Mittelpunkt stand der Angeklagte als Referent zum Thema „schnelles und lautloses Töten von Feinden":[67] Während er mit einem Messer in der Hand den „Angriff" am lebenden Objekt simulierte, erklärte er Schritt für Schritt:

„Kameraden, eines dürft ihr nie vergessen. Das Messer muss vor dem Halswirbel in den Hals gerammt werden, weil sonst bleibt das Messer an der Wirbelsäule hängen, wenn ihr es nach vorne reißen wollt. Zweitens muss dem Feind der Mund so lange zugehalten werden, bis er am Boden liegt. Weil es gibt Leut', die sind unglaublich zäh. Die schreien auch noch mit durchgeschnittener Kehle."

Fassungslos erleben LaienrichterInnen und BeobachterInnen die szenische Bildfolge:

► Mund zuhalten und Messer in den Hals stecken;
► Opfer festhalten und Messer nach vorne durch die Kehle ziehen;
► das am Boden liegende Opfer mit dem „finalen Leberstich" töten.

Das war der Augenblick, an dem den Geschworenen klar wurde, dass „Wehrsport", wie die Führer der VAPO ihn verstanden, mit „Körperertüchtigung" nichts zu tun hat. Sie waren Zeuge geworden, wie der Mord an Demokraten trainiert wurde.[68]

Strache hat mindestens an einer Wehrsportübung bei Gottfried Küssel teilgenommen. Wie bei all seinen Aktivitäten in der Neonazi-Szene gibt es auch hier unterschiedliche Versionen der gleichen Geschichte. Küssel weiß, wie sehr es Strache und der FPÖ schadet, mit ihm in Verbindung gebracht zu werden. Er könne sich „nicht vorstellen", dass Strache an den von ihm veranstalteten Wehrsportübungen teilgenommen habe, erklärt er als Zeuge vor Gericht. „Ich schließe es mit an Sicherheit grenzender Wahrscheinlichkeit aus."[69]

In juristischen Fragen ist Küssel, der mehrfach gegen das Wiederbetätigungsverbot verstoßen hat, Fachmann. Und so verhält er sich. Die Formulierung „mit an Sicherheit grenzender Wahrscheinlichkeit" lässt offen, dass er sich auch getäuscht haben könnte. Er entlastet Strache und ist mit seiner Aussage auf der sicheren Seite.

In einem Prozess, den Strache 2002 gegen das Nachrichtenmagazin „Profil" angestrengt hatte, wollte er zuerst nicht darüber reden, ob er „Führer" Küssel gekannt habe. Schließlich gab er zu, diesem im Haus seines „väterlichen Freundes" Norbert Burger begegnet zu sein (siehe Seiten 20, 44). Auch bei Sonnwendfeiern und bei den alljährlichen „Trauerfeiern" des 8. Mai, bei denen Neonazis, Burschenschafter und FPÖ-Politiker die „Niederlage" Nazi-Deutschlands betrauern (statt Hitlers Kapitulation und die Befreiung vom Nationalsozialismus zu feiern), sei man sich „gelegentlich über den Weg gelaufen".[70]

Im November 2008 räumte Strache im Gespräch mit Nina Horaczek und Claudia Reiterer ein, auch eine von Küssels Wehrsportveranstaltungen besucht zu haben. Auf die Nachfrage „Sie sind wirklich heimgefahren?" Straches Antwort: „Ich habe am Anfang, am Anfang sozusagen bin ich dort mitgefahren, also nicht mitgefahren, das war ja sozusagen eine Extrageschichte, wo man hingefahren ist. Und dann dort sozusagen im Zuge dieses ganzen Treibens war mir klar, das sind Leute, das ist ein Wahnsinn. Das ist für mich sozusagen der Bereich, wo ich überhaupt nicht mitkann."[71]

Dass Strache sich derart windet, ist nachvollziehbar. Der wegen nationalsozialistischer Wiederbetätigung verurteilte Gottfried Küssel gilt in Österreich als „der" Neonazi schlechthin. Straches andere Wehrsportfreunde, Andreas Thierry, Marcus Ullmann oder Jürgen Hatzenbichler, sind wesentlich weniger prominent. Weniger radikal waren sie schon damals nicht.

Zum Führungskader der VAPO hatte einst auch Franz Radl gezählt, jener Burschenschafter der Teutonia, dem Strache „Kühnen-Gruß" gegolten haben soll. Dass die beiden einander gekannt haben, ist belegbar. In Radls Telefonbuch, das sich wie ein „Who is Who" des europäischen Rechtsextremismus las, entdeckte die Staatspolizei Straches Telefonnummer.[72] Auf Platz 226 dieser brisanten Liste von Kontakten war „Heinrich Strache" eingetragen. Bei einem Kontrollanruf erreichten die Polizisten die Mutter des heutigen FPÖ-Chefs. Um einen Zufall konnte es sich nicht handeln: Es war eine Geheimnummer.[73]

Straches Wehrsportfreund Andreas Reichhardt

Anfang der Neunzigerjahre hatte der VAPO-Aktivist Franz Radl in einem Kassiber an den wegen Wiederbetätigung inhaftierten Gottfried Küssel angeregt, auf eigenständige Aktionen in Zukunft zu verzichten und sich stattdessen der FPÖ und ihren Vorfeldorganisationen anzuschließen. Vor allem der intellektuelle Teil der Neonazis war dem Aufruf „rein in die Legalität" weitgehend gefolgt. Viele tauchten in den Burschenschaften unter, meist ohne ihre politische Überzeugung zu ändern. Küssels VAPO-Gefährte Marcus Ullmann trat der deutschnationalen Grenzlandsmannschaft Cimbria bei, die wie andere schlagende Verbindungen „Kameraden" aus der gewaltbereiten rechtsextremen Szene bereitwillig Unterschlupf bietet.[74]

Einigen Wehrsportfreunden gelang der Wechsel in die Legalität, bevor ihre Weltanschauung braune Spuren auf den weißen Westen hatte hinterlassen können. Zu ihnen zählt Andreas Reichhardt.[75] Wie sein einstiger Wehrsportfreund Ullmann fand auch er den Weg zur Cimbria. Bis 2004 fungierte er als FPÖ-Bezirksrat in Wien-Landstraße unter seinem Bezirksparteiobmann und einstigen Wehrsportfreund Strache. 2005 avancierte er unter Hubert Gorbach zum Leiter der Innovations- und Telekommunikations-Sektion im Bundesministerium für Verkehr, Innovation und Technologie. Als Zuständiger für das Forschungszentrum Seibersdorf scheint er maßgeblich dazu beigetragen zu haben, dass Österreichs größte Forschungseinrichtung, das Austrian Research Center, zu einem Tummelplatz schlagender Burschenschafter wurde.[76]

Mitglied der Cimbria ist nicht zuletzt auch Straches Mentor aus dem dritten Wiener Gemeindebezirk, der ihn laut eigener Aussage für die FPÖ angeworben hat: der freiheitliche Bezirksrat Helmut Güntner.[77] Und noch ein Mann aus der rechten Szene ist dort Mitglied: Strache-Freund Clemens Otten, Organisator der Demonstration gegen die Ausstellung „Verbrechen der Wehrmacht" im April 2002, nach der Neonazis mit Sieg-Heil-Rufen durch die Wiener Innenstadt gezogen waren.[78]

Strache und die neonazistische Wiking-Jugend

Für Strache wird der Prozess, den er im August 2007 wegen der Wehrsport-Fotos gegen die Tageszeitung „Österreich" führt, zum Waterloo. Bei der Befragung muss er Kontakte zu jener neonazistischen Wiking-Jugend zugeben, die er wenige Tage zuvor, beim „Sommergespräch" des ORF, noch entschieden bestritten hatte. Die Wiking-Jugend sei damals noch nicht verboten und er sei kein Mitglied gewesen, erklärt er nach der ersten Verhandlungsrunde.[79]

Auch diesmal glaubt Strache, eine geschickte Verteidigungslinie gewählt zu haben. Neonazistische Organisationen führen zum Schutz der an ihren illegalen Aktionen Beteiligten in der Regel keine kompletten Mitgliederlisten. Meist werden nur die Namen derer bekannt, die in der ersten Reihe stehen und sich an den Aktionen führend beteiligen. Die 1952 gegründete Wiking-Jugend ist zudem seit 1994 als „verfassungsfeindliche Gruppierung" in Deutschland verboten.[80]

Aus den Fotos des Wiking-Aufmarsches, an dem Strache sich beteiligt hatte, aber geht zweifelsfrei hervor, dass es sich nicht um einen harmlosen Besuch oder ein zufälliges Zusammentreffen mit „unbescholtenen Bürgern" gehandelt haben kann. Strache hat sich in die Front der in Reih und Glied angetretenen Nazi-Aktivisten eingegliedert. Wenige Schritte vor ihm steht ein Funktionär, der das Abzeichen der Wikinger – die als Nazi-Symbol verbotene Odal-Rune – deutlich sichtbar am Ärmel trägt.[81]

Ein später auftauchendes Foto derselben Veranstaltung zeigt Strache als Teilnehmer eines jener Fackel-Umzüge, die für Rechtsextreme Symbol „im Sinne einer Verherrlichung des Neonazismus" sind, wie es in einem Bericht der renommierten

33

Friedrich-Ebert-Stiftung heißt. Strache steht dabei neben teilweise vermummten Wikingern der Polizei gegenüber.[82]

Ungeklärt bleibt, wann Strache erste Bekanntschaft mit der Wiking-Jugend gemacht hat. Karl Kirchmayer, Waldbesitzer in Zweikirchen, wo Strache angeblich Gotcha und Paintball spielte, sagt 2008 in einem Verfahren, das der FPÖ-Chef gegen „Österreich" angestrengt hat, als Zeuge aus, dass er der Wiking-Jugend erlaubt habe, auf seinem Grundstück Zeltlager abzuhalten. Wann das war, wisse er nicht mehr: „Ich glaube in den Achtzigerjahren".[83]

Zu Silvester 1989/90 hat Strache an einer Aktion der neonazistischen Nachwuchsorganisation an der deutsch-deutschen Grenze teilgenommen.[84] Im Gespräch mit den Buchautorinnen Nina Horaczek und Claudia Reiterer behauptet Strache, es habe ein Faschingsfest gegeben, mit Volkstanz und Kindern. „Das Ganze war so wie bei den Pfadfindern.[85]

Straches verharmlosende Ausreden sind durch die Polizeiakten und glaubwürdige Zeugen eindeutig widerlegt. Die Darstellung des FPÖ-Chefs sei „haarsträubend", erklärt Bernd Wagner, Leiter der Abteilung Staatsschutz der neuen deutschen Bundesländer, einer der renommiertesten Rechtsextremismus-Experten.

Ein Journalist, der damals für ein lokales Blatt über die Zusammenstöße zwischen der örtlichen Polizei und den gewaltbereiten Demonstranten berichtet hatte, erinnert sich: „Das war ganz eindeutig eine Nazi-Veranstaltung." Die als neonazistische Organisation unter Beobachtung des Verfassungsschutzes stehende Wiking-Jugend habe zu einem „volkstreuen Fest" unter dem Titel „Zum Teufel mit der 1945er-Demarkationslinie" aufgerufen.[86] Bei der verbotenen Veranstaltung seien rechtsradikale Parolen gebrüllt und Nazi-Lieder gesungen worden.[87]

Das Landratsamt in Fulda hatte den Neonazi-Aufmarsch aus zwei Gründen untersagt: Erstens bestehe die Gefahr einer verfassungsfeindlichen Betätigung, zweitens sei die Wiking-Jugend eine Gruppierung mit hohem Gewaltpotential.[88]

Die Neonazis hielten sich jedoch nicht an das Verbot. Die darauffolgenden Ereignisse gaben der Einschätzung des Landratsamts Recht. Schon bei den Vorkontrollen auf den Anreisewegen wurden den Teilnehmern Messer und Schusswaffen abgenommen. Zu ersten Festnahmen kam es, als sie während der Nazi-Demo eine Synagoge stürmen wollten.[89]

Danach zogen die Wikinger nach Hilders weiter. Als sich Neonazis von der anderen Seite der Grenze näherten und die Situation zu eskalieren drohte, erfolgte der Befehl zur Auflösung der verbotenen Kundgebung. Die Polizei nahm 21 Nazi-Demonstranten fest, darunter – wie im Polizeiakt vermerkt ist – eine Gruppe von acht Österreichern. Angeführt wurde diese von Heinz-Christian Strache, seiner Verlobten Gudrun Burger (Tochter von Norbert Burger, der zu den Vätern des österreichischen Neonazismus zählt – siehe Seiten 44–46) und jenen beiden Neonazis, die Strache schon einmal als „unbescholtene Bürger" verharmlost hatte: Jürgen Hatzenbichler und Andreas Thierry.[90]

In den polizeilichen Aufzeichnungen wird die Anhaltung Straches und der sieben weiteren Österreicher als neunstündige „Verwahrungshaft" klassifiziert. Ziel der Festnahme sei es gewesen, die Mitglieder der Wiking-Jugend bis zum nächsten Morgen an der Fortführung der verbotenen Kundgebung zu hindern.[91]

Ein deutscher Neonazi erinnert sich: „Wir sind gegen 21 Uhr abgeführt und in einen großräumigen Gefängnisbus gebracht worden, der Dutzende kleine Gitterzellen hatte. Ich saß auf engstem Raum mit dem Österreicher ‚Heinrich', von dem ich heute weiß, dass es Strache war. Ich werde mich immer daran erinnern, wie ich mit dem Österreicher die Jahreswende in dieser stinkenden kleinen Gitterzelle verbrachte. Man hat unsere Personalien aufgenommen und uns dann um sechs Uhr früh freigelassen."[92]

35

Straches Wehrsportfreund Thierry sagte vor Gericht aus, „sämtliche Teilnehmer" hätten den Jahreswechsel in Polizeigewahrsam verbracht, „auch Strache".[93]

Die Wiking-Jugend, mit der Strache marschiert ist, wird von Hajo Funke, Rechtsextremismus-Experte an der Universität Berlin, zu den gewaltbereitesten Gruppierungen der deutschen Neonazi-Szene gezählt. Mehrfach sind ihre Mitglieder verurteilt worden, unter anderem wegen versuchten Totschlags und schwerer Körperverletzung. Im Fall von Verhaftungen stand man sich gegenseitig mit falschen Alibis bei.[94]

Im Oktober 2011 dokumentierte der „Spiegel" nach Auswertung von 46.000 Seiten Ermittlungsakten, dass der blutigste Terroranschlag der deutschen Nachkriegsgeschichte von einem Mitglied der Wiking-Jugend verübt worden war. Am 26. September 1980 hatte eine Bombe auf dem Münchner Oktoberfest 13 Menschen getötet und mehr als 200 zum Teil schwer verletzt. Als Täter wurde der 21-jährige Geologiestudent Gundolf Köhler ermittelt, der bei dem Anschlag ums Leben gekommen war. Die bayerische Polizei hatte ihn als „unpolitischen Einzeltäter" ausgegeben, um dessen Kontakte zur CSU und zum damaligen bayerischen Ministerpräsidenten Franz Josef Strauß zu vertuschen.[95] Köhler, der ein Hitlerbild über seinem Bett hängen hatte, war Mitglied der Wiking-Jugend und der Wehrsportgruppe Hoffmann, die kurze Zeit später verboten wurde.

Der Anschlag war wenige Tage vor der Bundestagswahl passiert, bei der Franz Josef Strauß gegen Helmut Schmidt antrat. Mit Hilfe des bayerischen Verfassungsschutzes versuchte Strauß, den Anschlag der RAF in die Schuhe zu schieben, um damit in der Endphase des Wahlkampfes zu punkten. Die Ermittlungsbehörden wussten die Wahrheit. Sie hatten Spitzel in der Wehrsportgruppe Hoffmann, deren Mitglieder sich mehrfach damit brüsteten, an dem Anschlag beteiligt gewesen zu sein. Noch nach dem Verbot der Wehrsportgruppe beharrte Strauß darauf, bei den Nazi-Terroristen habe es sich um „harmlose deutsche Jungen" gehandelt.[96]

Durch die Einzeltäter-Lüge konnten Köhlers Gesinnungs-freunde weitermachen, schreibt der „Spiegel" Drei Wochen nach dem Oktoberfest-Drama wurden in Erlangen der jüdische Verle-ger Shlomo Levin und seine Lebensgefährtin ermordet. Als Täter verdächtigte die Polizei einen von Köhlers Wiking-Freunden aus Tübingen: Uwe Behrendt, der auf seiner Flucht unter ungeklärten Umständen erschossen wurde.[97]

Gegründet wurde die Wiking-Jugend nach dem Vorbild der Hitler-Jugend und des „Bundes Deutscher Mädel" (BDM), um Kinder und Jugendliche im nationalsozialistischen Sinn zu erzie-hen und sie einem militärischen Drill zu unterziehen.* Bis zum Verbot im Jahr 1994 sollen laut Wiking-Angaben 15.000 Jugend-liche die rechtsextreme Kaderschmiede durchlaufen haben.[98]

Die paramilitärischen Übungen der „nationalen Zeltlager" der Wikinger ähnelten den Wehrsportübungen österreichischer Neo-nazis. Man wollte vorbereitet sein auf die Chance zur erneuten politischen Machtergreifung bzw. auf den ‚Krieg" gegen Aus-länder, Juden und Linke. Zu den „Kameraden aus der Ostmark" wie Küssel oder Schimanek wurde enger Kontakt gehalten. „In deren Umkreis war wohl auch Strache zeitweise zu finden, bevor er in seine heutige Rolle geschlüpft ist", meint Hajo Funke.[99] Wir wollten ein „Viertes Reich", erinnert sich Tanja Privenau, eine der wenigen Frauen und einstiges Mitglied der Wiking-Jugend,

---

* Der Name Wiking-Jugend verweist auf die „Nordland-Ideologie", die Vision eines geschlossenen Lebensraumes für die sogenannten „Herrenvölker" germanischer Herkunft und auf die „Division Wiking" der Waffen-SS, zu deren Kameradschafts-verbänden anfangs enge Verbindung bestanden. Durch die Vernetzung mit anderen einschlägigen Organisationen kam der Wiking-Jugend eine Schlüsselstellung innerhalb des europäischen Neonazismus zu. Im „Wiking-Ruf", der Zeitschrift der rechtsextremen Gruppierung, ist Hitler mehrfach als „erfolgreichster Staatsmann der Geschichte", „Engel" und „Erlöser" gefeiert worden.

an die eindeutig nationalsozialistische Zielsetzung, „… und natürlich, dass die Grenze verschwindet".[100]

1999 bestätigte das Bundesverwaltungsgericht in Berlin das Verbot der Wiking-Jugend. Sie sei „extrem rassistisch und antisemitisch ausgerichtet", verwende „Symbole und Begriffe des Nationalsozialismus" und vermittle „positive Erinnerungen" an maßgebliche Repräsentanten des Hitler-Regimes, heißt es im Urteil.[101]

Strache hat sich also nicht, wie er der Öffentlichkeit und seinen Parteifreunden weismachen will, an einer „harmlosen Veranstaltung" eines „legalen Vereins" beteiligt. Die Aktenlage ist eindeutig: Strache war Teilnehmer eines behördlich verbotenen Neonazi-Aufmarsches, bei dem unter anderem versucht wurde, eine Synagoge zu stürmen. Er wurde fotografiert, als er gemeinsam mit anderen Neonazis in Reih und Glied der Wiking-Formation stand. Eine der Aufnahmen zeigt ihn an vorderster Front des Aufmarsches, flankiert von teilweise vermummten Gesinnungsgenossen, der Polizei Auge in Auge gegenüberstehend. Der „Falter" kommentierte später, Strache sei damals „auf der schiefen Bahn" gewesen, von der andere „direkt ins Gefängnis rutschen."[102]

Die FPÖ schäumte und versuchte, die journalistischen Aufdecker zu verleumden. Schon Ende Januar 2007 hatte Strache in einer eigens anberaumten Pressekonferenz von „Gesinnungsterror" und „Faschismuskeule" gesprochen sowie Medienberichte über seine rechtsextremen Kontakte mit dem Stil des nationalsozialistischen Hetzblattes „Der Stürmer" verglichen.[103] Er bediente sich dabei einer in der wissenschaftlichen Literatur ausführlich beschriebenen Taktik des Nationalsozialismus: der Täter-Opfer-Schuldumkehr (ähnlich der Nazi-Behauptung, die Juden hätten Deutschland den Krieg erklärt). Nicht die Teilnehmer des Aufmarsches seien Neonazis, nein, die Aufdecker, also jene, die die Wahrheit recherchiert und verbreitet hatten, würden im Stil des Naziterrors agieren.

Die beiden Generalsekretäre der FPÖ standen ihrem Parteichef in der Radikalität der Wortwahl um nichts nach. „Das ist
an Absurdität nicht zu übertreffen", wetterte Harald Vilimsky, als
die Fotos auftauchten. „Die zeigen ein Auge und ein Ohr und behaupten, das ist Strache. Wir werden natürlich klagen." Gegenüber dem „Standard" legte Vilimsky sich fest: „Natürlich ist
das nicht Strache."[104]

Es war doch Strache, wie sich zweifelsfrei herausstellte, obwohl auch dieser das Foto des Nazi-Aufmarsches als „Fälschung
und Manipulation"[105] bezeichnet hatte. Sein Pech: Es handelte
sich um ein offizielles Foto aus dem Polizeiakt.[106]

All das hinderte Straches Verteidigungs-Duo nicht daran, weiter die Medien zu attackieren. „Unterstellung", „Manipulation",
„Menschenhatz", „medienpolitischer Skandal", „Falschbehaup-
tung", „Unwahrheit" hieß es in einer durch Presseaussendungen
verbreiteten Schimpf- und Verleumdungs-Kanonade.[107] Das Dokumentationsarchiv des österreichischen Widerstandes wurde als
„Denunzianten-Verein" und „kommunistische Tarnorganisation"
beschimpft, weil es Hintergrundmaterial zur wissenschaftlichen
Einordnung des Fotos geliefert hatte.[108]

Unermüdlich wurde von Strache-Getreuen weiter die Unwahrheit verbreitet. Die Aktion an der innerdeutschen Grenze
sei „nicht verboten" gewesen, behauptete Vilimsky auf seiner
Homepage. „Österreich"-Herausgeber Wolfgang Fellner, der
beim ORF-„Sommergespräch" 2007 die Wiking-Fotos vorgelegt und dessen Redaktion sich danach den Polizeiakt beschafft
hatte, habe „mit Journalismus so viel zu tun wie die Taliban mit
Demokratie".[109] Auch der Ring Freiheitlicher Jugend (RFJ) unter Strache-Freund Johann Gudenus trat mit Beschimpfungen
zur Verteidigung des Parteichefs an. Die Anschuldigungen gegen
Strache seien „niederträchtig", eine „mediale Hetzkampagne"
und „Lynchjustiz".[110]

Norbert Burger: Ein Nazi-Terrorist als Vaterfigur

Im Wahlkampf 1996 entdecken die Sozialdemokraten Videobänder, auf denen der damals noch wenig bekannte Strache am Grab von NDP-Chef Norbert Burger zu sehen war. „Aus familiären Gründen" habe er am Begräbnis teilgenommen, rechtfertigt sich Strache. Als Burger 1992 starb, sei er mit dessen Tochter verlobt gewesen.[111]

Die „familiären Gründe" müssen danach immer wieder als Erklärung für Straches Verbindungen in die Neonazi-Szene herhalten. Zu Unrecht, wie sich aus der zeitlichen Abfolge belegen lässt: Strache war in das rechtsextreme Milieu längst eingebunden, als die Burschenschaft Olympia im Frühjahr 1989 Burgers 60. Geburtstag mit einem Festkommers auf Burg Kranichenberg feierte. Damals habe er Burgers Tochter Gudrun kennen gelernt, sich in sie verliebt und danach sieben Jahre mit ihr verbracht, erzählt Strache im November 2008.[112]

Wahrscheinlich konnte er sich nicht mehr daran erinnern, was er ein Jahr zuvor im „Falter" erklärt hatte: „Ich habe nie ein Geheimnis daraus gemacht, dass ich im Alter von 18 bis 21, also von Ende 1987 bis 1991, aufgrund meiner damaligen Jugendliebe diverse Veranstaltungen von Vereinen und Gruppierungen besucht habe und mit Personen aus dem deutschnationalen und rechten Umfeld in Kontakt gekommen bin."[113]

Offenbar unabsichtlich hat er selbst den zeitlichen Ablauf bestätigt: Seit 1987 hatte er im rechtsextremen Milieu verkehrt. Erst 1989 war er als erprobter und vertrauenswürdiger „Kamerad" der rechtsextremen Szene zur Geburtstagsfeier von Österreichs prominentestem Alt-Nazi eingeladen worden und hatte Burgers Tochter kennengelernt. Es waren also nicht „familiäre Gründe", die Straches Kontakte zur Neonazi-Szene begründeten.

Fest steht darüber hinaus, dass der als Nazi-Terrorist mehrfach vorbestrafte Norbert Burger zur prägenden Person in Straches Leben wurde, zu einer Art Vaterersatz, wie Strache selbst die Beziehung beschreibt.[114] Burger war zu dieser Zeit nicht nur eine der bekanntesten Nazi-Größen des Landes, sondern vor allem einer der radikalsten und skrupellosesten Führer der braunen Gewaltszene.

Der 1929 Geborene kämpfte gegen Ende des zweiten Weltkrieges als Jugendlicher freiwillig an der Front, wo er nach eigenen Angaben an Hinrichtungen beteiligt war.[115] Ein Aussteiger aus der Wehrsportszene der späten Achtzigerjahre, der in der NDP mit Burger gemeinsame Sache gemacht hatte, erinnert sich im Oktober 2011, wie selbstgefällig dieser von den Exekutionen erzählt hatte: „Für Burger war das ganz einfach Pflichterfüllung, Menschen zu erschießen, wenn der Führer oder irgendein Vorgesetzter das befohlen hatten."[116]

Nach dem Krieg war Burger Mitbegründer der Burschenschaft Olympia, Gründungsmitglied des Ringes Freiheitlicher Studenten (RFS) und machte den „Befreiungsausschuss Südtirol" (BAS) zur Terror-Organisation. Für das Selbstverständnis österreichischer Neonazis spielt Südtirol eine besondere Rolle, obwohl sie den Freiheitskampf weniger geführt als benützt haben.*

---

* Hitlers Pakt mit Mussolini hatte die Südtiroler vor die Alternative gestellt, entweder unter ausdrücklichem Verzicht auf ihre Muttersprache im Land zu bleiben oder sich in deutsche Ostgebiete umsiedeln zu lassen. Als die Bemühungen der Wiener Diplomatie um die Durchsetzung des 1946 ausgehandelten Gruber-De Gasperi-Abkommens auf der Stelle traten, kam es am 8. Dezember 1960 in Innsbruck zur Spaltung des „Befreiungsausschusses". Die von Burger angeführte Mehrheit votierte für den Einsatz von Sprengstoff, um den Verhandlungen mit Terror „nachzuhelfen". Als der „Freiheitskampf" nach zahlreichen Festnahmen der italienischen Polizei zu erlahmen drohte, erkannten Neonazis vom Schlag Norbert Burgers ihre Chance, die breite Zustimmung der Öffentlichkeit und das große Medieninteresse für die deutschnationale Sache zu nützen. Der in Innsbruck als Universitätsassistent beschäftigte Burger rekrutierte jugendliche Urlaubs- und Wochenend-Terroristen aus dem RFS, der von ihm gegründeten Wiener Burschenschaft Olympia, der Innsbrucker Brixia und dem rechtsextremen Bund Heimattreuer Jugend, zu der auch Mitglieder der Erlanger Germania und deutsche Neonazis stießen (Wolfgang Purtscheller, 1993: Aufbruch der Völkischen – Das braune Netzwerk).

In die Geschichte gingen die Anschläge als „Kinderkreuzzug"
ein. Unter Burgers Führung war der Kampf für Südtirol zum mörderischen Terror ausgeartet. Nicht nur Carabinieri, Grenzpolizis-
ten und Zollbeamte wurden durch Anschläge aus dem Hinterhalt
und tödliche Minenfallen getötet. Der Bombenterror auf Bahnhöfe und Züge forderte Opfer auch unter unbeteiligten Zivilisten.
Der Gegenterror italienischer Faschisten trug zur Aufschauke-
lung bei. Was als „Krieg gegen Strommasten" begonnen hatte,
endete als Blutbad. Mehr als 30 Menschen kamen in fünf Jahren
ums Leben.

Burger blieb ungerührt: „Unter Mord versteht man bekanntlich
die Tötung aus niedrigen Motiven", dozierte er in einem ARD-In-
terview.[117] „Und das kann man den Aktionen der Freiheitskämpfer ja nicht unterstellen, dass sie solche verfolgen. Denn das Ziel,
das sie haben, ist ein sehr edles und hohes, und dass es dabei nicht
ohne Opfer geht, ist selbstverständlich."

Dass auch die von Burger angestifteten Täter in Wirklichkeit
Burgers Opfer waren, beschrieb Peter Michael Lingens 1993 im
„Standard": „Ich habe als Gerichtssaal-Berichterstatter ihre Prozesse miterlebt: milchgesichtige Wirrköpfe aus Wien und Umgebung, die Südtirol oft nur vom Hörensagen kannten und es vielfach mit der Bombe im Koffer zum ersten Mal betraten."[118]

In Italien wurde Burger in Abwesenheit einmal zu lebenslänglich und einmal zu 28 Jahren Kerker verurteilt.[119] In Österreich
kam er mit acht Monaten davon.

1963 trat Burger aus der FPÖ aus. 1967 gründete er die neonazistische NDP, deren Programm „in wesentlichen Kernpunkten
mit den Zielen der NSDAP übereinstimmt",[120] wie der Verfassungsgerichtshof mehr als zwei Jahrzehnte später feststellen sollte. Wo der Feind stand, lasen die Anhänger und Anhängerinnen
in NDP-Publikationen wie „Klartext" oder „Wiental Aktuell".
Dort wurden „Punker, Rauschgiftsüchtige, Homosexuelle ... und

Sozialschmarotzer aller Art" als „(un)menschlicher Sondermüll"
oder „genetische Abfallprodukte" bezeichnet,[121] während Antisemitismus und militante Ausländerfeindlichkeit als „Sorge um die
Zukunft unserer Kinder" ausgegeben wurden.[22]

Ein Hitlerverehrer und Demokratieverächter, der seine Teilnahme an Exekutionen selbstgerecht als „Pflicht" rechtfertigte,
den Tod unbeteiligter Zivilisten und jugendlicher Mitstreiter
ohne Unrechtsbewusstsein in Kauf nahm und dadurch zur Symbolfigur der braunen Gewaltszene aufstieg, wurde für Strache
zum „Vaterersatz". Kann so etwas ohne Folgen für die eigene
Einstellung, für den eigenen Charakter, das eigene Gewissen,
das eigene Unrechtsbewusstsein, für das eigene politische Handeln bleiben?

Sicher ist, dass um die Zeit, als Strache im Hause Burger wie
ein Familienmitglied ein und aus ging, auch die Elite des österreichischen Neonazismus dort verkehrte. Burger konspirierte mit
allen, die in der neonazistischen Terrorszene der damaligen Zeit
Rang und Namen hatten. Rassisten, Antisemiten und Auschwitz-
Leugner zählten ebenso zu seinem Freundeskreis und politischen
Umfeld wie Bombenwerfer, Brandstifter und Denkmalschänder. Belegbare Kontakte hielt er zu Exponenten jener berüchtigten und verbotenen Organisationen, die der braune Terror der
Nachkriegszeit zu verantworten haben. Das waren neben seiner
„Nationaldemokratischen Partei" (NDP) die „Aktion Neue Rechte" (ANR), die „Nationale Front", die „Nationalistische Front",
die „Arbeitsgemeinschaft für demokratische Politik" mit ihrer
„Wehrsportgruppe Trenck", die „Kameradschaft Babenberg" und
die Liste „Nein zur Ausländerflut". Darüber hinaus unterhielt er
„freundschaftliche Kontakte" zur deutschen Neonazi-Szene, vor
allem zur „Deutschen Volksunion" (DVU).[123]

Im Dunstkreis Burgers:
Geschichtsfälscher und Nazi-Terroristen

Strache tut heute alles, um seine damaligen Kontakte zu verheimlichen und zu verharmlosen. Im Fall der Wehrsportbilder hat er
auch dort noch gelogen, wo die Wahrheit längst offen auf dem
Tisch lag. Man darf angesichts dieser Vorgeschichte davon aus-
gehen, dass er weiterhin alles bestreiten wird, was nicht durch
Fotos, Dokumente oder Aussagen glaubwürdiger Zeugen zu belegen ist.

Ein großer Teil von Straches Biographie wird dadurch nicht
rekonstruiert werden können. Fest steht jedenfalls, dass der junge Strache im Hause Burger mehrfach mit Gottfried Küssel zu-
sammengetroffen ist. Dessen neonazistische und extrem gewaltbereite „Volkstreue außerparlamentarische Opposition" (VAPO)
hatte sich von Anfang an Geheimhaltung, Lüge und Täuschung
ins Programm geschrieben. In ihrem Kampfblatt „Sturmfahne"
heißt es über die „weder als Partei noch als Verein" konzipier-
te Gruppe: „Sie ist keine Organisation im herkömmlichen Sinn,
sondern eine lose Kampfgemeinschaft von nationalen Gruppen
und Personen ... Da auch keine Mitgliederlisten geführt, keine
Verantwortlichen bestimmt und keine Organisationsformen und
Instanzenwege beachtet werden müssen, ist der Zugriff durch die
Behörden sehr erschwert, ja nahezu unmöglich gemacht."[124]

In einem Schulungspapier der VAPO heißt es unter anderem:
„Bei der Stapo (Staatspolizei) handelt es sich weniger um eine
eigentliche Polizeitruppe als vielmehr um eine Terrororganisa-
tion. Die dir gegenüberstehenden Beamten sind nicht die Vertreter
einer rechtmäßigen Behörde, sondern Verbrecher. Du bist ihnen
gegenüber zu jeder Lüge und Täuschung berechtigt."[125]

Deutsche Volksunion:
Hitler-Nostalgie und Auschwitz-Lüge

Auch Straches Teilnahme 1990 an einer Veranstaltung der neo-nazistischen „Deutschen Volksunion" (DVU) wäre wohl nie ans Licht gekommen, hätte die Polizei ihn bei dieser Gelegenheit nicht festgenommen und ihm einen Schreckschuss-Revolver abgenommen. Was polizeilich aktenkundig ist, lässt sich nicht abstreiten.[126] Strache zahlte wegen eines „Verstoßes gegen das bayerische Versammlungsgesetz" 8000 Schilling Strafe – für damalige Verhältnisse viel Geld. Strafen in dieser Höhe „wurden nicht wegen Bagatelldelikten verhängt", teilt die Pressestelle der Polizeiinspektion auf Anfrage mit.[127]

Die Passauer Lokalzeitung schrieb damals: „Von den 4000 Aktivisten der Großkundgebung wurden elf festgenommen – wegen Waffenbesitzes oder demonstrativer Hitlergrüße."[128] Wer unter 4000 Teilnehmern festgenommen wird, muss sich zuvor auffällig verhalten haben.[129]

Wodurch aber ist Strache aufgefallen? Unwahrscheinlich, dass er mit der Waffe in die Luft geballert hat. Machte er sich durch Lautstärke bemerkbar? Ebenfalls unwahrscheinlich. Wo so viele Menschen demonstrieren und Parolen brüllen, fällt die Lautstärke Einzelner nicht auf. Also doch durch verfängliche Gesten, durch den im Zeitungsartikel erwähnten Hitlergruß? Strache beschränkt sich darauf, den Vorfall zu verharmlosen. Neuerlich erklärt er, „nicht festgenommen", sondern „nur aufs Wachzimmer mitgenommen" worden zu sein, „wo die Polizei meine Identität festgestellt hat."[130]

Zweifel weckt der Vorfall auch an Straches Bekenntnissen zur Demokratie. In all seinen Handlungen „als politischer Mandatar" sei er ein „begeisterter Demokrat", hat er in einem „News"-Interview beteuert.[131] Etwa um die Zeit, als die Polizei Strache als Teilnehmer einer Kundgebung der neonazistischen DVU festnahm, wurde er Bezirksrat der FPÖ in Wien-Landstraße.

Die DVU gilt innerhalb des rechtsextremen Lagers als Sammelbecken der Altnazis und unverbesserlichen Hitler-Verehrer.[132] Während neurechte Modernisten mit allerlei Taschenspielertricks versuchen, den Ballast des Hitler-Faschismus und seiner Verbrechen abzuwerfen, blieb die Deutsche „National-Zeitung" des Passauer Verlegers und langjährigen DVU-Vorsitzenden Gerhard Frey ihrer Linie unverbrüchlich treu: Glorifizierung nationalsozialistischer Kultfiguren, Leugnung und Verharmlosung ihrer Verbrechen (einschließlich Auschwitz),[133] Kampf gegen „Kriegsschuld und Sechs-Millionen-Lüge".[134]

Die Rehabilitierung der NS-Verbrecher stand von Anfang an im Mittelpunkt des politischen Engagements. Mehrfach veröffentlichte die „National-Zeitung" Aufrufe, in denen sie eine Generalamnestie für „jedwedes behauptete oder tatsächliche Unrecht im Zusammenhang mit dem Zweiten Weltkrieg" forderte.[135]

Bis heute stellt sich die starke Fraktion der modernisierungsunwilligen Hitler-Nostalgiker einer Erneuerung der Partei in den Weg. Der Beschluss des DVU-Parteitages vom 12. Dezember 2010, zum 1. Januar 2011 mit der Nationaldemokratischen Partei Deutschlands (NPD) zur „NPD – Die Volksunion" zu fusionieren, wurde aufgrund zahlreicher Einsprüche vom Landgericht München als rechtlich unwirksam gestoppt.

Darf ein „begeisterter Demokrat" mit so einer Partei gemeinsame Sache machen? Darf er für so eine Partei auf die Straße gehen? Darf er sich für so eine Partei derart auffällig stark machen, dass er inmitten von 4000 Demonstranten als einer von elf festgenommen wird?

„Nein zur Ausländerflut" – und wieder die Polizei

Auffällig: Jedes Mal, wenn Strache freiwillig über seine Teilnahme an einer Veranstaltung von rechtsextremen oder neonazistischen Gruppierungen spricht, ist er dort entweder fotografiert, polizeilich kontrolliert oder vorübergehend festgenommen worden. Der Vorfall ist dadurch dokumentiert, aktenkundig, nicht zu vertuschen. Über eine Teilnahme an Veranstaltungen, bei denen die Polizei nicht einschritt und von denen es keine Fotos gibt, lässt der FPÖ-Chef nie etwas verlauten.

Nachdem Strache gemeinsam mit Norbert Burger eine Wahlkampfveranstaltung der neonazistischen Gruppierung „Nein zur Ausländerflut" besucht hatte, wurde er – wieder einmal – polizeilich kontrolliert. Also erzählte er davon.[136]

Vorsitzender der neonazistischen Gruppierung, der Burger sich angeschlossen hatte, war Horst Jakob Rosenkranz, Ehemann von Barbara Rosenkranz, Straches heutiger Stellvertreterin und Kandidatin für die Bundespräsidentschaft im Februar 2010, eine der wenigen Frauen in Führungsgremien der FPÖ. Der einstige NDP-Aktivist Rosenkranz hatte am Höhepunkt seiner Rechtsaußen-Karriere versucht, die führenden Exponenten der neonazistischen Gewaltszene zu einer Partei zusammenzuführen.

Obwohl er die erforderlichen 600 Unterstützer-Unterschriften rechtzeitig vorgelegt hatte, untersagte die Wiener Kreiswahlbehörde eine Teilnahme an den Nationalratswahlen. Die Kandidatur verstoße gegen das NS-Verbotsgesetz, hieß es unter Hinweis auf ein Erkenntnis des Verfassungsgerichtshofes von 1988, nach dem die Frage nationalsozialistischer Wiederbetätigung wahlwerbender Gruppen nicht nur an Programm und Inhalt, sondern auch am „Umfeld der beteiligten Personen" zu messen sei.[137]

Bei der braunen Prominenz, die da zum Sprung ins Parlament ansetzte, handelte es sich um ehemalige Aktivisten verbotener Neonazi-Gruppierungen und rechtskräftig verurteilte Nazi-Terroristen. 1991 wurden auch Programm und Parolen der Liste „Nein zur Ausländerflut" vom österreichischen Verfassungsgerichtshof als eindeutig neonazistisch eingestuft: „Die Vertreibung (Abschiebung) ‚volksfremder Elemente' aus

dem Staatsgebiet in Verfolgung vorwiegend ‚rassenpolitischer'
Pläne und Vorhaben war eines der erklärten Hauptziele der
NSDAP. Eben dieses Ziel aber machte die wahlwerbende Gruppe in deutlicher Anlehnung an die hetzerisch-rassistischen Parolen der Nationalsozialisten zu ihrem ausschließlichen Wahlpro-
gramm ... das sich in fremdenfeindlichen Schlagworten nach
Art der NS-Propaganda erschöpfte."[138]

David Irving:
Strache bei Europas prominentestem Nazi-Fälscher

Im November 1989 tritt der britische Holocaust-Leugner David
Irving in Leoben und Wien auf. Die Veranstaltung im Parkhotel
Schönbrunn wird von der Polizei aufgelöst. Das Landesgericht
für Strafsachen hat einen Haftbefehl wegen des Verdachts der
nationalsozialistischen Wiederbetätigung ausgestellt, dem sich
Irving durch Flucht entzieht.

Pech für Strache: Er ist schon wieder fotografiert worden.[139]
Im Interview mit dem „Standard" erklärt er, an seiner Anwesenheit „nichts Entsetzliches oder Schlimmes" zu finden. „Zuhören
ist ja nicht gleich zustimmen."[140]

An Irving ist so gut wie alles falsch, sogar der Titel „Historiker". Er hat Geschichte nie fertig studiert und als Sachbuchau-
tor Fälschung um Fälschung vorgelegt.[141] Mit Hilfe unseriöser
Quellen, gefälschter Dokumente, falscher Zitate und unzulässi-
ger Schlüsse, die er aus seinen dubiosen Unterlagen zog, war er
zum Hauptlieferanten der neonazistischen Fälschungsindustrie
geworden.

In seinen Büchern leugnet er die deutsche Kriegsschuld, die
er den „vom Weltjudentum gelenkten USA" zuschreibt.[142] Er
verbreitet die Auschwitz-Lüge und behauptet, die Existenz von
Gaskammern sei „wissenschaftlich widerlegt".[143] Die Gaskammern in Auschwitz sind für ihn „Attrappen".[144] Den Nürnberger

Prozess gegen die schlimmsten Nazi-Verbrecher beschreibt er als „Rachejustiz der Sieger" und behauptet, die Zeugen seien von den Alliierten „gefoltert" worden.[145] Die Tagebücher der Anne Frank wurden von ihm als „aktenkundige Fälschung" bezeichnet.[146]

Seine Vortragstourneen lässt sich der mehrfach Vorbestrafte, den man laut rechtskräftigen Gerichtsurteilen „Lügner", „Fälscher", „Antisemit", „Rassist", „Hetzer" und „Neonazi" nennen darf,[147] von den Größen der deutschen und österreichischen Neonazi-Szene organisieren.[148] In Österreich, wo er eine Haftstrafe abgesessen hat, aber auch in Italien, Australien, Kanada, Neuseeland und Südafrika hat er Einreiseverbot.[149]

Die Deutsche Volksunion (DVU) von Gerhard Frey hat das nicht gehindert, ihn als Kolumnisten ihrer Deutschen „National-Zeitung" zu beschäftigen. Während ein Gerichtsverfahren nach dem anderen Irving als Fälscher und Scharlatan enttarnte, veröffentlichte sie dessen neonazistische Hetzartikel, die ganz in das Konzept ihrer medialen Selbstdarstellung passten.

Wenige Monate nach dem Besuch des Irving-Vortrags hat Strache an einer Demonstration dieser neonazistischen Partei teilgenommen, diesmal nicht nur als Zuhörer, sonst wäre er wohl nicht festgenommen worden. Tut das einer, der Irvings Thesen nicht zustimmt?

Auch seine Parteifreunde haben Strache als extrem rechts in Erinnerung. 1990 war ihm die Aufnahme in den Ring Freiheitlicher Jugend verweigert worden. Herbert Scheibner (heute BZÖ) erinnert sich: „Damals war der Bua ganz, ganz weit extrem rechts."[150] Peter Westenthaler (heute BZÖ) bestätigt, Strache habe damals „in Wort, Tat und Optik zur extrem rechten Szene gehört".[151] Bis 1994, solange Westenthaler Wiener RFJ-Chef war, durfte Strache, obwohl er seit 1989 FPÖ-Mitglied und seit 1991 Bezirksrat war, nicht einmal den Jugendtreff der Partei, den RFJ-Keller hinter dem Parlament, betreten.[152]

Im Februar 2003 hat das Wochenmagazin „Profil" in einem Artikel unter dem Titel „Deutsch, treu und ohne Scheu" Straches ideologische Orientierung bewertet. Der FPÖ-Chef klagte und verlor den Prozess. Das Oberlandesgericht urteilte, die Rechercheergebnisse hätten „ausreichendes Tatsachensubstrat" ergeben, um Strache „Nähe zu nationalsozialistischem Gedankengut" unterstellen zu dürfen.[153]

Resümee: Strache war Teil der Neonazi-Szene

Was mit Vermutungen aufgrund von ein paar unscharfen Fotos begonnen hatte, ist durch harte Recherchearbeit und couragierten Journalismus zur belegbaren Gewissheit geworden: Strache war in seiner Jugend fester Bestandteil der Neonazi-Szene. Die lange Serie kläglicher Vertuschungsmanöver, Ausreden und Unwahrheiten belastet ihn womöglich noch mehr als die vorliegenden Fotos und Dokumente. Der FPÖ-Chef hat immer nur zugegeben, was sich eindeutig beweisen ließ. In vielen Fällen hat er auch dann noch belegbar die Unwahrheit verbreitet, als die veröffentlichten Unterlagen keinen Zweifel am wahren Tatbestand mehr offen ließen.

▶ Von den Wehrsportübungen hat er verfälschte Fotos vorgelegt, die nur zeigten, was sich als harmlos erklären ließ.

▶ An der These vom „Paintball" hielt er auch dann noch fest, als ein von ihm zurückgehaltenes Bild das für Wehrsportübungen typische Schlagstocktraining zeigte.

▶ Die im „Sommergespräch" des ORF von ihm vehement bestrittene Teilnahme bekannter Rechtsextremisten am „Paintball" wurde zwei Tage danach vor Gericht durch die Vorlage der unverfälschten Bilder als Unwahrheit entlarvt.

▶ Die auf den Fotos erkennbare Nachwuchselite der heimischen Neonazi-Szene hatte er als „unbescholtene" Bürger beschrieben.

► Sein Kühnen-Gruß wurde zuerst als „burschenschaftliche Tradition", danach als Gruß der „Südtiroler Freiheitskämpfer" und schließlich als Bierbestellung ausgegeben.

► Seine Teilnahme an einer verbotenen Kundgebung der neonazistischen Wiking-Jugend, bei der nur durch Polizeieinsatz die Erstürmung einer Synagoge verhindert werden konnte, verfälschte er zu einem Faschingsfest mit Volkstanz und Kindern „wie bei den Pfadfindern".

► Fotos aus dem offiziellen Polizeiakt, die ihn in Reih und Glied mit der neonazistischen Wiking-Jugend und in vorderster Front des Nazi-Aufmarsches zeigen, bezeichnet er als „Fälschung und Manipulation".

► Die von ihm behauptete Festnahme zur „Feststellung der Personalien" entpuppte sich als neunstündige „Verwahrungshaft", mit der die Polizei die Fortführung der verbotenen Aktion unterbunden hatte.

Schließlich hat Strache sogar zugegeben, zu einer von Küssels Wehrsportübungen mitgefahren zu sein und nicht einmal ausgeschlossen, dass es von ihm ein Bild geben könnte, das ihn mit Hitlergruß zeigt. Aber er besteht darauf: Alles sei harmlos gewesen. In all seinen Handlungen als politischer Mandatar sei er „begeisterter Demokrat" gewesen.

Auch diese Behauptung scheint falsch zu sein. Kurze Zeit nachdem Strache bei einer Kundgebung der neonazistischen Deutschen Volksunion (DVU) in Passau festgenommen wurde, avancierte er zum Bezirksrat der FPÖ in Wien Landstraße.[154]

Wer so erkennbar Ausrede an Ausrede, Unwahrheit an Unwahrheit reiht, macht deutlich, dass es ihm nicht darum geht, die Vergangenheit aufzuarbeiten und hinter sich zu lassen. Von Anfang an ging es Strache ausschließlich darum, seine Vergangenheit zu vertuschen.

Wende rückwärts: Das Weltbild und Frauenbild in der neuen FPÖ

Burschenpartie statt Buberlpartie

Strache machte in der FPÖ rasch Karriere. 2004 löste er Hilmar Kabas als Wiener Parteiobmann ab. Nachdem Jörg Haider* das BZÖ gegründet und mit allen Regierungsmitgliedern die Partei verlassen hatte, wurde Strache im April 2005 zum Bundesparteiobmann gewählt. Aufgrund seines modernen Outfits, seines Auftretens und seines Redestils hielt man ihn anfangs für eine Haider-Kopie. Bald aber wurde der Kurswechsel sichtbar.

Als das rechtsextreme Wählerpotential der FPÖ Mitte der Neunzigerjahre ausgeschöpft gewesen war und der verstaubte Deutschnationalismus nicht mehr zum modernisierten Erscheinungsbild der Partei passte, hatte sich Haider vom Kernbereich burschenschaftlicher Tradition distanziert. „Ich glaube, dass jedes Element der Deutschtümelei in der FPÖ der Vergangenheit angehören muss, weil es in der veränderten europäischen Sicht die wichtigste Aufgabe ist, eine starke österreichische Identität zu haben", formulierte er in der „Wirtschaftswoche".[155] Und auch die Themen hatten sich gewandelt: Populistische Parolen übertönten die völkische Rechthaberei.

Schritt für Schritt hatte Haider die bis dahin dominierenden Burschenschafter in die zweite Reihe gedrängt. Dort standen sie im Schatten telegener, aber unideologischer Quereinsteiger, die in den Medien als „Buberlpartie" verspottet wurden. Widerstand leistete nur die Wiener Landesorganisation der Freiheitlichen, in der nationale Deutschtümler schon immer die führende Rolle gespielt hatten.

Mit Straches Machtübernahme erfolgte bundesweit die Wen-

---

* Am 11. Oktober 2008 tödlich verunglückt

de rückwärts. Haiders Buberlpartie wurde durch Straches Burschenpartie ersetzt – stramme Hardcore-Ideologen aus jenem korporierten Milieu, die ihre Träume von Großdeutschland unter Phrasen von der deutschen „Kulturnation" verstecken, Antisemitismus und Herrenmenschendünkel ihrer politischen Vorfahren pflegen, die Verbrechen von Hitlers Terror-System zu verharmlosen suchen und sich von den ideologischen Denkmustern des Nationalsozialismus nie wirklich getrennt haben.

Dass Politiker solchen Zuschnitts in Österreich kaum mehr auf Widerstand stoßen, hat Strache dem ehemaligen Bundeskanzler Wolfgang Schüssel (ÖVP) zu danken, der die FPÖ nach dem Wahlerfolg von 1999 zum Regierungspartner einer schwarzblauen Koalition gemacht hatte. Die meisten freiheitlichen Regierungsmitglieder kamen aus dem korporierten Milieu. Mit Justizminister Dieter Böhmdorfer (Südmark), Sozial- und Frauenminister Herbert Haupt (akad. Landsmannschaft Kärnten zu Wien) und Staatssekretär Reinhard Waneck (Wartburg) gehörten drei Burschenschafter der Regierung an. Andere Regierungsmitglieder waren dem korporierten Milieu zumindest eng verbunden, wie Vizekanzlerin Susanne Riess-Passer, deren Ehemann „Alter Herr" der Suevia ist, oder Staatssekretärin Mares Rossmann, Pächterin des Burschenschafterlokals Wartburg.

► Unter Jörg Haider war der Burschenschafter-Anteil bei den FPÖ-Parlamentariern auf elf Prozent zurückgedrängt worden. Seit der Nationalratswahl vom 28. September 2008 gehören mehr als ein Drittel der 34 FPÖ-Abgeordneten einer schlagenden, deutschnationalen Studentenverbindung an[*] (siehe Fußnote Seite 54). Auch die beiden Sitze der Freiheitlichen im Europaparlament sind durch Andreas Mölzer und Franz Obermayr (Corps Alemannia zu Linz) mit Burschenschaftern besetzt.

▶ Die Wiener Parteiführung der FPÖ besteht fast ausschließlich aus Burschenschaftern**, der Wiener Rathausklub seit der Gemeinderatswahl vom 10. Oktober 2010 zu 50 Prozent.*** Dazu kommen zahlreiche führende Mitarbeiter in Partei, Parlament, Landes- und Vorfeld-Organisationen.**** Die Freiheitlichen Akademikerverbände (FAV) und der Ring Freiheitlicher Studenten (RFS), die als Bindeglied zum organisierten Neonazismus fungieren,[156] bestehen fast ausschließlich aus Burschenschaftern. In dem von Johann Gudenus (Vandalia) geführten Ring Freiheitlicher Jugend (RFJ) besetzen Korporierte die wichtigsten Führungspositionen.

---

* **FPÖ-Burschenschafter im Parlament** (siehe Seite 53): Heinz-Christian Strache, Bundesparteiobmann (Vandalia), Martin Graf, Dritter Präsident des Nationalrats (Olympia), Peter Fichtenbauer (Waldmark, Gmünd), Alois Gradauer (Bajuvaria Linz), Christian Höbart (Tauriska, Klagenfurt), Roman Haider (Donauhort zu Aschbach), Manfred Haimbuchner (Alemannia Linz), Werner Königshofer (Brixia Innsbruck, im Juli 2011 von der FPÖ ausgeschlossen), Werner Neubauer (Teutonia Linz), Elmar Podgorschek (Germania Ried), Walter Rosenkranz (Libertas Wien), Harald Stefan (Olympia), Lutz Weinzinger (Bruna Sudetia, Wien), Wolfgang Zanger (Corps Vandalia, Graz, Corps Austria, Knittelfeld), Klubdirektor Norbert Nemeth (Olympia).

** **Burschenschafter in der Wiener Parteiführung:** Landesparteiobmann ist Heinz-Christian Strache (Vandalia), Stellvertreter sind Harald Stefan (Olympia), Johann Herzog (Aldania) und Eduard Schock (Aldania), Landesparteisekretär ist Hans-Jörg Jenewein (Silesia), Landesgeschäftsführer Andreas Guggenberger (Aldania)

*** **FPÖ-Burschenschafter im Wiener Rathausklub:** Klubobmann Johann Gudenus (Vandalia), Landtagspräsident Johann Herzog (Aldania), Armin Blind (Aldania), Gerald Ebinger (Aldania), Udo Guggenbichler (Albia), Helmut Günther (Cimbria), Wolfgang Jung (Albia), Dietbert Kowarik (Olympia), RFJ-Obmann Dominik Nepp (Aldania), Bernhard Rösch (Gothia), Eduard Schock (Aldania), Rudolf Stark (Aldania), Alfred Wansch (Olympia).

**** **Mitarbeiter nach der Wahl 2008:** Arne Rosenkranz (Gothia), Gernot Schandl (Gothia), Karl Eggl (Silesia), Jan Ackermeier (Teutonia – als Veranstalter einer gemeinsam mit deutschen Neonazis organisierten „Schulungs- und Wanderwoche" gekündigt), Volker Knestel (stv. Vorsitzender des Österreichischen Pennälerrings ÖPR), Hubert Keyl (Silesia – hat nach seinem Ausschluss aus der Burschenschaft gekündigt), Michael Siedler (Olympia), Sebastian Ploner (Olympia) und Grafs Büroleiter Walter Asperl (Olympia)

Strache hat die Freiheitliche Partei einer deutschnationalen, in großen Teilen rechtsextremen und partiell neonazistischen politischen Subkultur ausgeliefert. Er hat die Burschenschaften, die bei großzügigster Berechnung nicht einmal ein halbes Promille (0,05 Prozent) der österreichischen Einwohnerzahl stellen, zur politisch am stärksten repräsentierten Randgruppe Österreichs gemacht. Dafür sind bei einem weiblichen Bevölkerungsanteil von 51 Prozent nur fünf von 38 Sitzen der FPÖ im Nationalrat und 5 von 30 im Wiener Landtag von Frauen besetzt.

Männliche Weltordnung: Frauen als Opfer der „Burschenpartei"

Unter dem Druck der Burschenschaften hat Strache nicht nur die „Buberlpartie", sondern auch die Frauen aus den Zentren der Macht an den Rand der Partei gedrängt. Unter Jörg Haider hatte die FPÖ noch versucht, beide Parteiflügel zu bedienen. Auf der einen Seite forderte Straches Vorgänger als Parteivorsitzender eine „Entlastung des Arbeitsmarktes durch Abbau der Frauenbeschäftigung", um die „Verfügbarkeit der Mutter für Familie und Kinder" sicherzustellen.[157] „Die heutige Form des Zusammenlebens" sei „kein Ideal im nationalen Sinn", vertraute er dem „Kurier" in einem Interview an. Partnerschaft bestehe aus zwei Funktionen: „dem dienenden und dem führenden Teil".[158]

▶ Auf der anderen Seite relativierte er solch ideologische Überzeugungen durch die politische Praxis, indem er Persönlichkeiten wie Heide Schmidt oder Susanne Riess-Passer an seiner Seite das Bild der Partei mitprägen ließ. Emanzipierte Frauen, die weder „verfügbar sein" noch „dienen" wollten, durften zumindest hoffen, dass Haiders patriarchal-autoritäres Gerede und Geschreibe nur den reaktionären, deutschnationalen Rand der Partei bei Laune halten sollte und für die Praxis ohne Bedeutung war.

▶ Straches ideologische Wende rückwärts warf Frauen auf jene Plätze zurück, die burschenschaftliche Tradition ihnen immer schon zuwies. Wie diese aussieht, zeigt beispielhaft eine Einladung der Burschenschaft Olympia aus den Achtzigerjahren, in der es heißt:

„Bist du hässlich, fett, krank oder fremd im Lande, bist du von Sorgenfalten, Weltschmerz oder linksliberaler Gesinnung gepeinigt, trägst du alternative oder Schicky-Kleidung oder gar ein Flinserl im Ohr, studierst du Psychologie, Politologie oder Theologie oder gar nicht, hast du den Wehrdienst verweigert oder eine Freundin mit, die weder schön noch still ist, kurz: bist du auf irgendeine Weise abnormal oder unfröhlich, dann bleib lieber zu Hause."[159]

Martin Graf gab diese Formulierung als „witzigen Gag" aus.[160] In Wirklichkeit aber ist sie verräterisch, weil sie die Gefühlslage der Burschenschaften auf den Punkt bringt und die Nähe zum nationalsozialistischen Gedankengut sichtbar macht: Kranke, Fremdrassige, Wehrdienstverweigerer (Kriegsgegner) und Exponenten des linksliberalen oder katholischen Widerstands wurden im Nationalsozialismus als „Feinde" und „Fremdkörper", als „störend" und „abnormal" eingestuft, gnadenlos bekämpft, in Konzentrationslager oder „Sonderheilanstalten" gesperrt und „ausgemerzt". Frauen waren weitgehend auf die Rolle der Mutter beschränkt und mussten sich in der politischen Männergesellschaft oft darauf beschränken, schön und still zu sein.

So sieht seit Straches Machtübernahme auch ihre Rolle in der Partei aus. In den Parlamenten sind Frauen unterrepräsentiert, in der Führungsriege der parlamentarischen Mitarbeiter so gut wie nicht vorhanden, in den Parteigliederungen auf untergeordnete, helfende und dienende Funktionen fixiert oder als Stellvertreterinnen auf die Rolle von „Alibifrauen" beschränkt.

Dass Barbara Rosenkranz als einzige Landesvorsitzende und stellvertretende Parteivorsitzende sogar für die Bundespräsidentschaft kandidieren durfte, stellt nur scheinbar einen Widerspruch dar. In Wirklichkeit spielt sie eine Schlüsselrolle bei der Durchsetzung des burschenschaftlich geprägten Rollenverständnisses, indem sie Frauenpolitik mit Familienpolitik gleichsetzt, Familie, Heim, Kindererziehung und Altenbetreuung als naturgegebene Aufgaben der Frau beschreibt und alle Forderungen nach politischer, wirtschaftlicher und sozialer Gleichberechtigung als Verschwörung von Kapitalisten, Marxisten und Feministinnen zur Abschaffung biologisch bedingter Unterschiede zwischen Mann und Frau ausgibt.[161]

Wie einst die Nationalsozialisten gegen den „liberalistischen Geist" kämpften, der Frauen in den Beruf treibe und sie „dem Familienleben entfremde", wie Hitler die Frauen ermunterte, ihrer „angeborenen, arteigenen Rolle" als Mutter gerecht zu werden,[162] stellt Straches weibliches Aushängeschild dem „Emanzen-Unwesen" die „echte Weiblichkeit" und „Mutterrolle" gegenüber. In ihrem Buch „MenschInnen" bezeichnet sie Kinderlosigkeit als „Virus"[163] und munitioniert damit jene Parteikollegen, die für ihren Kampf gegen den Feminismus und die Gleichstellung der Geschlechter den Begriff „Genderwahnsinn" geprägt haben.[164] Intellektuelle VerfechterInnen und politische BefürworterInnen der Gleichberechtigung bezeichnet sie als „fehlgeleitete Eliten, die glauben, sich über Naturgesetze ungestraft hinwegsetzen zu können.[165]

Karlheinz Klement brachte es auf den Punkt: „Die FPÖ ist eine Männerpartei."[166] Straches wegen Verhetzung verurteilter Ex-Stellvertreter und Ex-Generalsekretär, der durch die Organisation von Nazi-Treffen[167] und antisemitische Ausfälle in die Schlagzeilen geriet, hatte als „Gleichbehandlungsbeauftragter" der FPÖ einen Abwehrkampf gegen „wirre Emanzen", die „Scheidungsindustrie" und das „Frankenstein-Projekt" der Gender-Politik geführt, das „Buben zu Mädchen machen" wolle.[168]

Volksgemeinschaft: Mystifizierung der Mutterschaft

Das von den Burschenschaften geprägte und von der FPÖ bis heute verteidigte Rollenverständnis knüpft nahtlos an das nationalsozialistische Gesellschaftsmodell der „sozialen Volksgemeinschaft" an, in der, wie in einem Uhrwerk, jedes Rädchen seine Funktion zu erfüllen hat. Das biologistische Menschenbild, das dem Rechtsextremismus wissenschaftliche Scheinseriosität verleiht, beruft sich auf eine „naturgewollte Ordnung" und eine „natürliche Hierarchie", in der Frauen in erster Linie Mütter sind, die ihren Platz in der Familie haben. Begründet wird das mit jenen „konkreten biologischen Gegebenheiten", mit denen der Rechtsextremismus (unter – missbräuchlicher – Berufung auf Darwins Evolutionstheorie der natürlichen Auslese) auch den Rassismus zu legitimieren versucht.

Statt ethischer Normen wird das Triebverhalten der Tiere zum Maßstab menschlichen Handelns. Mit dem „Territorialtrieb" wird die Abgrenzung gegen „Andersrassige" und die Eroberung fremden Territoriums als „naturgegebenes Instinktverhalten" ausgegeben. Der „Dominanztrieb" erklärt Führersystem und „hierarchische Rangordnung" in der Gesellschaft. Mit Hinweis auf den „natürlichen Aggressionstrieb" und den „Reflex der Ausschließung" wird selbst Gewalt gegen Ausländer und Ausländerinnen als „natürliches Instinktverhalten" legitimiert.[169]

Dieses Denkmuster ist es, aus dem die untergeordnete Stellung der Frau abgeleitet wird: Im Tierreich sind „Territorialtrieb", „Dominanztrieb" und „Aggressionstrieb" männliche Triebe.[170] Wie einst die Nationalsozialisten berufen sich heute nationale Vordenker auf die „Gesetzmäßigkeit der Natur", die den Männern Schutz und Führung überträgt, Frauen das Recht auf Gleichberechtigung und Selbstverwirklichung abspricht und sie als Mitgestalterinnen der politischen Gesellschaft weitgehend ausschließt.[171]

Militarismus und Männlichkeitskult weisen die Rollen zu: Den Herren der Schöpfung ist Schutz und Führung übertragen, die Frauen haben zu dienen, zu helfen, für Mann und Kind verfügbar zu sein. In Veröffentlichungen der Freiheitlichen wird die vorgestrige Zukunft bis heute beschworen. Gender Mainstreaming, ein politisches Konzept, das europaweit die politische, wirtschaftliche und rechtliche Gleichstellung der Geschlechter anpeilt, wird als „ideologische Geschlechtsumwandlung"[172] und „Eingriff in die Persönlichkeitsrechte" beschrieben.[173] Kindergärten werden zur „Sünde wider die Natur", Pille und sexuelle Freizügigkeit zur „Erniedrigung der Frau", Sexualerziehung zum „Verbrechen an unseren Kindern". Ein staatliches Muttergeld solle „die strenge Aufzucht wieder schmackhaft machen".[174]

Agitation:
Gegen „Kampf-Emanzen" und „Quotenfrauen"

In einem solchen Weltbild haben emanzipatorische Bestrebungen keinen Platz. Statt feministische Politik als Weg Richtung Selbstbestimmung, Selbstorganisation und Gleichberechtigung zu akzeptieren, verhöhnen FPÖ-Politiker (und Politikerinnen) „Kampf-Emanzentum", „Radikalfeminismus", die „verwirrte Quotendiskussion"[175] oder die „wirre Welt der Frauenpolitik".[176] An freiheitlichen Stammtischen wird über „Quotenfrauen" gelästert und jeder Versuch, der Gleichberechtigung ein wenig näher zu kommen, als „Männerdiskriminierung" ausgegeben. In nationalen Internetforen, deren Teilnehmer ihre Sympathie für die FPÖ nicht zu verbergen suchen, werden die von rechtsextremen Vordenkern aufgeworfenen Fragen diskutiert, ob die Quote „sexistisch", Feminismus „rassistisch" oder gar „faschistisch" ist.

Parteiobmann Strache hält die „absurde Zwangsquote"[177] für „überflüssig": Frauen „setzen sich über kurz oder lang durch, wenn sie qualifiziert sind".[178] Sein Generalsekretär Harald Vilimsky lobt die Frauenförderung der FPÖ, „aus Überzeugung, nicht wie in anderen Parteien mit einer plumpen Quotenregelung".[179] FPÖ-Klubdirektor Norbert Nemeth, wie Martin Graf Mitglied der rechtsextremen Burschenschaft Olympia, bezeichnet die Quote als Ausdruck einer „zersetzenden Gleichbehandlungspolitik", die die „Freiheit des Bürgers" einschränke.[180] Für FPÖ-Frauensprecherin Carmen Gartelgruber wäre eine Frauenquote auf Wahllisten „fast eine Wählerentmündigung".[181]

Das Ergebnis von Quoten-Ablehnung und freiheitlicher „Frauenförderung aus Überzeugung" zeigt sich am Beispiel von Straches Wiener FPÖ: Mit dem Parteiobmann, drei seiner vier Stellvertreter, dem Landesgeschäftsführer, dem Landesparteisekretär, dem Klubobmann und dem zweiten Landtagspräsidenten sind acht der neun wichtigsten Führungspositionen mit Burschenschaftern besetzt, während eine einzige Frau die typische Alibi-Funktion einer Stellvertreterin ausübt. In der freiheitlichen Landtagsriege stehen fünf weibliche Mitglieder 25 männlichen gegenüber (siehe Fußnote Seite 54). Die von Strache beschworenen „qualifizierten Frauen", die sich „über kurz oder lang durchsetzen" und die Quote überflüssig machen, scheinen sich nicht in die FPÖ verirren zu wollen.

So bleibt der einzige Beitrag zur Gleichstellung ein gemeinsamer Vorstoß der FPÖ Oberösterreich und des österreichischen Kameradschaftsbundes für eine obligatorische Dienstpflicht von Mann und Frau beim österreichischen Bundesheer oder in einer zivilen Einsatzorganisation. Ausgenommen davon sollten nur Frauen mit Kindern sein.[182] Während der Kameradschaftsbund für ein Volksbegehren eintrat, plädierte der freiheitliche Klubobmann Günther Steinkellner für eine Volksabstimmung. Landesparteichef Manfred Haimbuchner assistierte: Für das Sozial- und Pflegesystem werde es notwendig sein, „dass alle jungen Menschen … einen Dienst für die Gesellschaft erbringen".[183]

Sprüche statt Politik: Wie FPÖ-Politiker Frauen sehen

Um die offene Diskriminierung von Frauen zu rechtfertigen, überbieten sich freiheitliche Politiker mit Aussagen, die den Unterschied zwischen Mann und Frau hervorheben. „Eine Frau ist eine Frau, ein Mann ist ein Mann" meint der Anwalt und FPÖ-Parlamentarier Peter Fichtenbauer tiefsinnig. „Stammesgeschichtlich hat sich die Verteilung, dass der Mann auf die Jagd geht und die Frau sich um das Heim kümmert, als Erfolgsmodell der Gattung Homo sapiens bewährt."[184]

Männer seien „wegen des körperlichen Unterschieds stärker", hat Generalsekretär Harald Vilimsky entdeckt. Den geringen Frauenanteil seiner Partei führt er auf die „andere Lebensplanung" zurück, bei der „eine fixe Partnerschaft und Nachwuchs" wichtiger seien. Der harte Polit-Job eigne sich eben weniger für Frauen, die „mehr darauf aus sind, zu gefallen" und „mehr Zeit für die Frisur und Kosmetik" verwenden.[185]

Der weibliche Drang nach Macht ist nicht so ausgeprägt wie bei Männern, meint der FPÖ-Parlamentarier Johannes Hübner. Frauen seien vom „Nestbauinstinkt" geprägt und suchten den „Löwenmann, der dann im Nest sitzen soll". Das wolle der Löwenmann aber nicht, „denn Alphatiere sind – wie im Tierreich – oft polygam und haben den Drang, den eigenen Samen weit zu verbreiten."[186]

Wie Strache die Rolle der Frau interpretiert, zeigt nicht nur die Zusammensetzung seiner Wiener Landespartei. Im Blitzlicht-Gewitter schreibt der FPÖ-Obmann als Party-Löwe Autogramme auf weibliche Busen – in einem T-Shirt, dessen Aufdruck ausgerechnet Che Guevara, dem Idol der Achtundsechziger-Bewegung, nachempfunden ist. Dass er damit Jugend- und Frauenverachtung signalisiert, fällt den Disco-Häschen gar nicht auf: Woher sollten sie wissen, dass Strache sie mit einem zum Idol aufgestiegenen marxistischen Guerillaführer zum Narren hält, der all das verkörpert, was die FPÖ bekämpft?

Familienpolitik statt Frauenpolitik:
Für Volk und Vaterland

Die Verknüpfung mit der Familienpolitik verwandelt die Frauenpolitik der FPÖ in rassistische Agitation. Über die von Strache geforderte „geburtenorientierte Politik"[187] sollen heimische Familien dazu ermuntert werden, den Bestand des eigenen Volkes gegen den Kinderreichtum von Zugewanderten zu sichern.[188] Ausländer würden „die Gebärmutter als Waffe der Invasion" einsetzen, hatten FPÖ-nahe Blätter wie das Burschenschafter-Organ „Aula" mehrfach gewarnt.[189] Jörg Haider hatte es in seinem Buch „Die Freiheit, die ich meine" weniger anstößig formuliert: „Die Geburtenentwicklung hat die demographischen Fundamente (...) ins Wanken gebracht."

In Hitlers „Mein Kampf" heißt es: „Die Ehe kann nicht Selbstzweck sein, sondern muss dem einen, größeren Ziel, der Vermehrung und Erhaltung der Art und Rasse dienen." Für Joseph Goebbels war das Ziel von Ehe und Familie, dem Land „Kinder zu schenken" und damit einen „Dienst am Volksganzen" zu erbringen.[190] Das Freiheitliche Bildungswerk definiert als „Ziel von Ehe und Familie" die „Hervorbringung (...) von Nachwuchs für das staatliche Gemeinwesen."[191] Die ideologische Gemeinsamkeit ist nicht zu übersehen: Der Kinderwunsch ist nicht Privatsache, nicht mehr Lebenswunsch liebender Partner, sondern Dienst am Volk, am Land, am Gemeinwesen, an der „Rasse".

Und noch eine Parallele drängt sich auf: Wie Hitler steuerliche Begünstigungen und Ehestandsdarlehen jenen vorenthielt, die nicht „deutschen Blutes" waren, versucht die FPÖ Ausländer und Ausländerinnen von Sozialleistungen auszuschließen (obwohl sie für diese als Steuerzahler mit aufkommen müssen).

Kampf gegen die Fristenlösung:
Ein Bischof als Verbündeter

Aus diesem Blickwinkel wird der Schwangerschaftsabbruch zur „Tötungshandlung", zu einer „klaffenden Wunde schreienden Unrechts", zu einem „Verbrechen an unserem Volk", letztlich sogar zum „Mord, der nur unter bestimmten Voraussetzungen nicht als Mord verfolgt wird", wie der einstige FPÖ-Parlamentarier Ewald Stadler als Präsident der Freiheitlichen Akademie in einem Vortrag vor den „Europäischen Bürgerinitiativen zum Schutz des Lebens und der Menschenwürde" formulierte.[192] Ausdrücklich berief sich der damalige FPÖ-Politiker auf die Aussage des Salzburger Weihbischofs Andreas Laun, der formuliert hatte, dieselben Gleise, die dereinst in die Vernichtungslager der Nationalsozialisten geführt hatten, würden heute in die Abtreibungskliniken führen.[193]

Auch Karlheinz Klement zog als Straches Stellvertreter und Bundesgeschäftsführer historische Vergleiche. Seit 1945 habe es mehr Tote durch Abtreibung gegeben als im gesamten Zweiten Weltkrieg. Daher sei die Gebärmutter der „gefährlichste Ort in Österreich". Allen Ernstes forderte er, Kinderlose aus dem Pensionssystem auszuschließen. [194]

Die Forderungen freiheitlicher Hardliner, die Fristenlösung zu verbieten und abtreibende Frauen zu kriminalisieren, flossen zwar nicht in das Parteiprogramm der FPÖ ein, stießen in Teilen der Partei jedoch auf Zustimmung. Strache war einer der ersten, der Stadlers und Klements Ideen aufgriff. Man könne die erlaubte Frist von drei Monaten, während der ein Schwangerschaftsabbruch straffrei ist, wenigstens verkürzen, meinte er.[195] Als dieser Vorstoß von allen im Parlament vertretenen Parteien zurückgewiesen wurde, forderte er, schwangere Frauen durch Auszahlung einer Prämie zum Austragen ihrer Kinder zu motivieren, die danach zur Adoption freigegeben werden könnten.[196] Und wieder war es der Versuch, Kinder „für Volk und Vaterland" gebären zu lassen.

Dass die FPÖ ihre Agitation gegen die Fristenlösung nicht aufgegeben hat, zeigt sich an Veranstaltungen, bei denen der Schulterschluss mit Österreichs reaktionärstem Kirchenmann, dem Salzburger Weihbischof Andreas Laun, gesucht wird. Bei einer von FPÖ-Frauensprecherin Carmen Gartelgruber initiierten und moderierten Diskussionsveranstaltung zum Thema „Abtreibung, Fristenregelung und notwendige begleitende Maßnahmen" durfte er als Diskutant vom Podium aus seine radikalen Positionen vertreten. Offen wurde bei dieser Veranstaltung davor gewarnt, dass Europa auszusterben drohe und durch gebärfreudige Türkinnen islamisiert würde.[197] Als Mitautor eines im Unzensuriert-Verlag erschienenen Buches der freiheitlichen Familiensprecherin Anneliese Kitzmüller darf Andreas Laun gegen die Fristenlösung wettern.

Als Anneliese Kitzmüller in ihrer Eigenschaft als Vertriebenen-Sprecherin ein gemeinsam mit Martin Graf herausgegebenes Buch über die „Schicksalswege vertriebener Frauen" vorstellte, überreichte ein anderer eindeutig positionierter FPÖ-Politiker einer betagten Vertriebenen die Ehrennadel: Gerhard Zeihsel, Obmann der Sudentendeutschen Landsmannschaft, der in die Schlagzeilen geraten war, als er „das Weltjudentum" für den Ausbruch des Zweiten Weltkrieges verantwortlich machte, weil dieses „gegen Deutschland zum Krieg gehetzt" habe,[198] und am Rande einer FPÖ-Kundgebung gegen SPÖ-Funktionäre handgreiflich geworden war.[199]

Verfassungsschutz: Akzeptanz von NS-Gedankengut

Seit Jahrzehnten fungieren die Burschenschaften als Kaderschmiede deutschnationaler, rechtsextremer und neonazistischer Gesinnung, wie auch Berichte des deutschen und österreichischen Verfassungsschutzes festhalten.[200] Die Agitation der Burschenschaften lasse den Versuch erkennen, „auf Umwegen eine gewisse Akzeptanz für nationalsozialistisches Gedankengut" zu schaffen, heißt es im Jahresbericht 1999 des Bundesministeriums für Inneres. [201] Der Innsbrucker Historiker Michael Gehler kommt zu dem Schluss, dass Österreichs Burschenschaften von einer „bis ins Neonazistische reichenden Gesinnung" geprägt sind. [202] Tatsächlich gibt es in Österreich kaum eine Führungsfigur des Neonazismus, die nicht aus dem korporierten Milieu kommt. [203]

In ihrer Selbstdarstellung berufen sich die Korporierten auf die „liberalen Traditionen" und die „bürgerlich demokratischen Ideen", die 1815 in Jena zur Gründung der Deutschen Burschenschaft geführt hätten. Das Gegenteil ist der Fall. Die burschenschaftlichen Traditionslinien haben vor allem fünf Konstanten: Deutschtümelei, Antisemitismus, Demokratiefeindlichkeit, Verleugnung des Gleichheitsprinzips („Rassen" wie Geschlechter betreffend) und Gewaltbereitschaft. Mit Ende des Zweiten Weltkrieges ist in Österreich eine sechste hinzugekommen: die revisionistische Geschichtsschreibung, braune Geschichtsfälschung, die sich über Erkenntnisse der seriösen Wissenschaft hinwegsetzt, um die Verbrechen des Nationalsozialismus zu verharmlosen. [204]

Burschenschaften:
Antisemitisch und antidemokratisch

Bücherverbrennung 1817:
„Giftbücher" und „lesende Aasfliegen"

Schon auf dem „Wartburgfest" von 1817, von Burschenschaftern zur „legendären Gründungsveranstaltung" verklärt, kam
es unter dem Motto „Ehre, Freiheit, Vaterland" zur ersten Bücherverbrennung von Werken jüdischer und „undeutscher"
Autorinnen und Autoren. „Verflucht der Schriftsteller, der sein
Volkstum schmäht" und „Hass alles Fremden ist des Deutschen
Pflicht" hatte Friedrich Ludwig Jahn in seinen Hetzschriften
gegen „Ausländerei", „Giftbücher" und „lesende Aasfliegen"
gewettert.[205]

Der Gründer der Burschenschaften, der nach Ende des Zweiten Weltkriegs aus Tarnungsgründen zum „Turnvater" verharmlost wurde, war Wegbereiter der nationalsozialistischen Rassenpolitik. Seine Bücher „Deutsche Turnkunst" und „Deutsches
Volkstum" haben Adolf Hitler als Vorlage für „Mein Kampf"
gedient. Die von Jahn geprägten Vokabeln und Parolen wie
„Rassenhygiene", „Völkerzucht", „gesundes Volksempfinden",
„für Volk und Vaterland" oder „Geistesfreiheit, Volkeseinheit,
Rassenreinheit" haben das politische Bewusstsein des burschenschaftlichen Milieus bis heute geprägt.[206]

Auf dem Wartburg-Fest wurde unter anderem eine 1816
veröffentlichte Hetzschrift des Heidelberger Professors Jakob
Friedrich Fries verlesen, in der dieser die „Endlösung" vorweg-
nahm, indem er forderte, die „Kaste" der Juden „mit Stumpf und
Stiel" auszurotten.[207]

Die „demokratischen Traditionen", auf die Vertreter des korporierten Milieus bis heute mit demonstrativ zur Schau gestell-

tem Stolz hinweisen, hat es in Wahrheit nie gegeben. Seit 1918 waren Burschenschafter an jeder antidemokratischen Erhebung gegen die Weimarer oder Erste Republik federführend beteiligt:[208] Am Kapp-Putsch von 1920 in Berlin, am „Marsch auf die Feldherrnhalle" von 1923 in München und am Juliputsch des Jahres 1934 in Wien.

Hitlers Putschversuch von 1923 wurde in den „Burschenschaftlichen Blättern" zum Kampf für Freiheit, Volk und Vaterland verklärt: „Am 8. November des Jahres ist in München versucht worden, eine revolutionäre Regierung der deutschen Freiheit zu bilden, am 9. November sind in München 20 deutsche Männer für Volk und Vaterland gefallen. Erschüttert steht Deutschland an der Bahre dieser Toten, die reinen Herzens ihr Leben geopfert haben."[209]

Jürgen Schwab (Thessalia zu Prag, aus der Germania Graz ausgeschlossen), der seit vielen Jahren als Referent und Publizist die braune Szene munitioniert, zählt zu den wenigen, die ihre antidemokratische Überzeugung nicht zu verbergen suchen. 2001 beschrieb der NPD-Ideologe in einem Vortrag bei der „Deutschen Akademie" in Thüringen die „antidemokratischen Traditionen" als „wesentliches Prinzip" der Burschenschaften.[210]

Bücherverbrennung 1933:
Burschenschaften und der Anschluss

1933 waren es wiederum Burschenschafter, die gemeinsam mit dem Nationalsozialistischen Deutschen Studentenbund (NSDStB) und der SA in 63 Städten die zweite Bücherverbrennung auf deutschem Boden organisierten.[211] Unter ausdrücklicher Berufung auf das Wartburgfest wurde die „Aktion gegen den jüdischen Zersetzungsgeist" vom Burschenschafter und Leiter des „Kampfbundes für deutsche Kultur" Alfred Rosenberg (Corps Rubonia Riga)[212] geleitet,[213] der danach zum führenden Ideologen des nationalsozialistischen Terrorsystems aufsteigen sollte.[*]

Antisemitismus und deutschnationale Tradition hatten die österreichischen Burschenschaften besonders anfällig für nationalsozialistische Propaganda gemacht.[214] Mit dem NSDAP-Verbot von 1933 waren auch zahlreiche Burschenschaften als nationalsozialistische Tarngruppen verboten worden. Das hinderte sie nicht daran, als „Illegale" politisch tätig zu bleiben. Über ihre Bedeutung während der Illegalität meinte der Rektor der Universität Wien im März 1938: „Das große Verdienst der deutsch eingestellten studentischen Korporationen Österreichs besteht darin, dass sie sich in der Zeit des Kampfes restlos in den illegalen politischen Aufbau (des Nationalsozialismus) eingefügt haben. Jede Körperschaft bildete einen in sich geschlossenen Kampftruppenteil."[215]

Untersuchungen des Historikers Michael Gehler bestätigen das. Die überwiegende Mehrheit der burschenschaftlichen Studenten hätte vor 1938 zu „geheimen Organisationen der illegalen NSDAP" gehört.[216]

Nach dem Anschluss drängten Burschenschafter in die Partei. An die 80 Prozent wurden Mitglieder der NSDAP. Österreichische Studenten waren damit stärker in der Partei vertreten als ihre reichsdeutschen Kommilitonen.[217]

---

[*] Zu den indizierten Autorinnen und Autoren, deren Bücher verbrannt wurden, gehörten u. a. Walter Benjamin, Ernst Bloch, Bertolt Brecht, Max Brod, Otto Dix, Alfred Döblin, Albert Einstein, Lion Feuchtwanger, Marieluise Fleißer, Leonhard Frank, Sigmund Freud, Iwan Goll, George Grosz, Jaroslav Hašek, Heinrich Heine, Ödön von Horvath, Heinrich Eduard Jacob, Franz Kafka, Georg Kaiser, Erich Kästner, Alfred Kerr, Egon Erwin Kisch, Siegfried Kracauer, Karl Kraus, Theodor Lessing, Alexander Lernet-Holenia, Karl Liebknecht, Georg Lukács, Rosa Luxemburg, Heinrich Mann, Klaus Mann, Ludwig Marcuse, Karl Marx, Robert Musil, Carl von Ossietzky, Erwin Piscator, Alfred Polgar, Erich Maria Remarque, Ludwig Renn, Joachim Ringelnatz, Joseph Roth, Nelly Sachs, Felix Salten, Anna Seghers, Arthur Schnitzler, Carl Sternheim, Bertha von Suttner, Ernst Toller, Kurt Tucholsky, Jakob Wassermann, Franz Werfel, Grete Weiskopf, Arnold Zweig und Stefan Zweig.

Als Martin Graf, zurzeit Dritter Präsident des Nationalrats, im Mai 2002 behauptete, die Korporationen wären „von 1938 bis 1945 verboten gewesen",[218] reproduzierte er eine Phrase aus dem Standardrepertoire burschenschaftlicher Geschichtsfälschung. In Wirklichkeit geschah die Eingliederung in den Nationalsozialistischen Deutschen Studentenbund freudig und freiwillig: Österreichs Burschenschafter feierten den Anschluss mit dem Aufziehen von Hakenkreuzfahnen. In der Festschrift anlässlich ihrer 130-Jahr-Feier berichtete die Olympia stolz von einer „eindrucksvollen Feier im großen Konzerthaussaal anlässlich der Überführung der waffenstudentischen Korporationen in die Gliederungen der NSDAP".[219] Die Überführung in den nationalsozialistischen Studentenbund sei „keine diktatorische, sondern eine logische, weil vom Herzen diktierte Maßnahme", hatte der „Völkische Beobachter" damals kommentiert.[220]

Die Unbelehrbaren:
In Treue fest zu den NS-Verbrechern

Als nach Kriegsende das ganze Ausmaß der Nazi-Verbrechen offenbar wurde, blieben die Burschenschaften unbeeindruckt. Keiner der nationalsozialistischen Verbrecher wurde aus seiner Verbindung ausgeschlossen.

▶ Die Innsbrucker Germania, die lange Jahre als Speerspitze des universitären Antisemitismus gewirkt hatte, führt den Euthanasiearzt und Kommandanten des Vernichtungslagers Treblinka, Irmfried Eberl, weiter in ihren Mitgliederlisten.[221]

▶ Die Grazer Arminia steht in Treue fest zu ihrem wegen vielfachen Mordes hingerichteten Bundesbruder Ernst Kaltenbrunner, der als Chef des Reichssicherheitshauptamtes zu den Zentralfiguren der nationalsozialistischen Terror- und Tötungsmaschinerie gezählt hatte.[222]

▶ Die Innsbrucker Suevia hält Gerhard Lausegger die Treue, der in der Reichskristallnacht ein Rollkommando geleitet hatte, das den Vorsitzenden der Israelitischen Kultusgemeinde ermordete. Die Burschenschaft verweigerte auch die Löschung von Lauseggers Namen auf ihrem „Ehrenmal" am Westfriedhof, wenige Meter vom jüdischen Friedhof entfernt.[223]

▶ Hermann Richter, SS-Obersturmbannführer, der als KZ-Arzt in Gusen und Dachau gesunden Lagerinsassen Organe entnahm, um zu testen, wie lange die Gefolterten ohne diese überleben konnten,[224] wurde aus der „Sängerschaft Scalden" ebenso wenig ausgeschlossen wie

▶ Ferdinand von Sammern-Frankenegg, SS-Polizeiführer des Distriktes Warschau, persönlich verantwortlich für die Ermordung von mindestens 1000 und für die Deportation von 55.000 Jüdinnen und Juden.[225]

▶ Anton Jerzabek, Führer des Antisemiten-Bundes, blieb Mitglied der seit 1889 „judenreinen" Olympia.[226]

▶ Georg Ritter von Schönerer, Begründer des Rassen-Antisemitismus, blieb „Ehrenbursch" der Innsbrucker Germania und einiger anderer Verbindungen.[227]

▶ Ende der Neunzigerjahre kursierte unter Burschenschaftern eine Liste mit Mitgliedern der „Arminia", denen „stets ein ehrendes Andenken bewahrt werden sollte".* Auf ihr fanden sich Namen wie Gestapo-Chef Herbert Kappler, für die Deportation von Tausenden Jüdinnen und Juden verantwortlich, Walter Reder, wegen gemeinschaftlichen Mordes an 1000 Zivilisten verurteilt, oder NS-Luftwaffenkommandant Ulrich Rudel, von Rechtsextremisten, Neonazis und Burschenschaftern zur braunen Ikone erhoben.[228]

---

* Verfasser war Oberstaatsanwalt Harald Eisenmenger, Corps Arminia Turicensis

Wie einst im Dritten Reich:
Der Arier-Paragraph gilt heute noch

Mit ihrem Antisemitismus zählten die Burschenschaften zu den Wegbereitern der nationalsozialistischen Rassenpolitik. Schon 1896 wurde der inoffiziell längst gehandhabte „Arier-Paragraph" auf dem Waidhofener Verbandstag von den österreichischen Bünden auch formell beschlossen. 1902 hieß es in den „Eisenacher Beschlüssen", dass „die ererbten Rasseeigenschaften der Juden durch die Taufe nicht berührt werden". Die Wiener Silesia begründete den Ausschluss der Juden mit dem Argument, „dass man eine unsere nationale Existenz und germanische Moral gefährdende Rasse isolieren" müsse.[229] Schon zehn Jahre vor der nationalsozialistischen Machtübernahme rühmten sich die Burschenschaften, „judenrein" zu sein.[230]

Nach 1945 hielten die Burschenschaften am Antisemitismus fest. Der Arier-Paragraph behielt seine Gültigkeit. Noch in den Sechzigerjahren rühmten sich Verbindungen, „die jüdischen Elemente entfernt" zu haben oder „seit 1882 judenrein" zu sein.[231] Im „Pauk-Comment" der Wiener pennalen Waffenstudenten heißt es: „Genugtuungsfähig auf Schläger ist jeder ehrenhafte arische Mann."[232] Die Innsbrucker Suevia stellte sich 1960 einem gemäßigten Kameraden gegenüber auf den Standpunkt, dass es „für die Deutsche Burschenschaft in Österreich unmöglich ist, Nichtdeutsche aufzunehmen" und dass „somit auch der Jude in der Burschenschaft keinen Platz hat".[233]

Noch 2007 bedauerte der dem liberalen Lager zuzurechnende Korporierte Harald Seewann, dass Burschenschafter sich heute noch auf die Waidhofener Beschlüsse berufen.[234] 1994 hatte er sein Bedauern über den korporierten Antisemitismus im Burschenschafter-Organ „Aula" beinahe wortgleich formuliert.[235]

In den Waidhofener Beschlüssen wurde Juden die Satisfaktionsfähigkeit abgesprochen: „In Anbetracht der vielen Beweise, die auch der jüdische Student von seiner Ehrlosigkeit und Charakterlosigkeit gegeben, und da er überhaupt der Ehre nach unseren deutschen Begriffen völlig bar ist", könnten Juden in Burschenschaften „keinen Platz" haben.

Was Harald Seewann als die „Auffassung Einzelner" ausgibt, ist in Wirklichkeit nicht nur Mehrheitsmeinung, sondern Grundsatz geblieben: Aus taktischen Gründen wird über den Arier-Paragraphen nicht mehr öffentlich gesprochen, aber er wird stillschweigend als geltendes Recht exekutiert.

Als es im Sommer 2011 wieder einmal zum Streit um die Aufnahme eines Burschenschafters asiatischer Abstammung kam, geiferte Fred Duswald aus dem oberösterreichischen Kallham in dem von den Freiheitlichen Akademikerverbänden herausgegebenen Burschenschafter-Organ „Aula", in dem freiheitliche Spitzenpolitiker gemeinsam mit Rechtsextremisten und Neonazis publizieren: „Umerzogene", „Volksvergessene" und „Verräter in den eigenen Reihen", hätten sich „in hündischer Unterwürfigkeit" dem „Diktat der Demagogen" gebeugt: „Dass ein Asiat kein Arier ist, sieht jeder ohne Nachweis",[236] fordert er den Arier-Paragraphen als geltendes Recht ein.

Seit Antisemitismus nur noch eingeschränkt zur Schau gestellt werden darf, haben sich die schlagenden Verbindungen ein neues Feindbild zugelegt. Nahezu nahtlos wurde das Feindbild „Jude" durch das Feindbild „Ausländer" ersetzt. Ähnlich wie in der Zwischenkriegszeit spielten auch diesmal die österreichischen Burschenschafter die Vorreiterrolle. Am Burschentag 1991 in Eisenach brachte die Wiener Olympia folgenden Antrag ein: „Die Unterwanderung des deutschen Volkes durch Angehörige von fremden Völkern bedroht die biologische und kulturelle Substanz des deutschen Volkes ... Das deutsche Volk ist vor Unterwanderung seines Volkskörpers durch Ausländer wirksam zu schützen."[237]

Die „Missgeburt" Österreich:
Verfassungsfeindliche Agitation

Österreichs Burschenschaften befinden sich in unversöhnlicher Opposition zu dem nach Kriegsende in der Bundesverfassung verankerten Anschlussverbot. Staatsvertrag und NS-Verbotsgesetz stellen Handlungen gegen die Selbständigkeit der Republik und Propaganda für den Anschluss an Deutschland unter Strafe. Daher müssen die Burschenschafter ihre Träume von der Wiedererstehung des deutschen Reiches hinter scheinbar unverfänglichen Worthülsen verstecken. Ihre Bekenntnisse zur „deutschen Nation" aber sind ebenso deutlich wie die aus dem Wortschatz von Hitler übernommene und von Jörg Haider 1988 im Inlandsreport des ORF[238] wiederholte Verunglimpfung der österreichischen Nation als „Missgeburt".*

In offener Gegnerschaft zur aufgeklärten Idee der Nation als politische Willensgemeinschaft versuchen Burschenschafter an ihrem schon im 19. Jahrhundert entstandenen Postulat der „Abstammungs-Gemeinschaft" festzuhalten, mit dem sie sich einst zum Wegbereiter der nationalsozialistischen Rassenpolitik gemacht hatten. Um nicht mit dem Strafrecht in Konflikt zu kommen, muss die Ablehnung der österreichischen Nation – so unsinnig das klingen mag – mit einem Bekenntnis zur Eigenstaatlichkeit Österreichs verbunden werden.

Während Österreichs Burschenschafter in der öffentlichen Diskussion penibel darauf achten, gesetzeskonform zu formulieren, sind die Autoren burschenschaftlicher Publikationen weniger vorsichtig. „Das Deutsche Reich ist 1945 nicht untergegangen und besteht unverändert fort", liest man in einem 2005 erschie-

---

* Hitler hatte diese Bezeichnung in „Mein Kampf" erstmals verwendet und bei einer Rede 1927 in Ansbach formuliert: „Etwas östlich von uns ist ein sogenannter deutscher Nachbar, Österreich, eine Missgeburt von sechs Millionen Menschen." Zitiert nach Norbert Schausberger, Hitler und Österreich, in: Österreich in Geschichte und Literatur 6/1984

nenen Handbuch der „Deutschen Burschenschaften" (denen die österreichischen Burschenschaften angehören).[239] Die Österreicher seien Deutsche, folglich sei „Österreich ein deutscher Staat". Die europäischen Grenzen empfindet die Burschenschaftliche Gemeinschaft als „einseitige Verletzung des Völkerrechts", weil „keine freiwillige Abtretung der deutschen Ostgebiete" stattgefunden habe.[240]

Martin Graf, wegen seiner rechtsextremen Kontakte umstrittener Dritter Präsident des österreichischen Nationalrats, zählt zu jenen FPÖ-Politikern, die mehrfach Kritik am Anschlussverbot geübt haben: „Die heutigen Staatsgrenzen sind willkürlich gezogen; das deutsche Volkstum muss sich frei in Europa entfalten können", zitierte ihn der „Spiegel".[241]

Wie sich seine Olympia die „freie Entfaltung" des Deutschtums vorstellt, machen Flugblätter deutlich, die in den Achtzigerjahren zum „Tag der deutschen Einheit" verteilt wurden. Diese zeigen ein Großdeutschland in den Reichsgrenzen vom 1. September 1939.[242]

Hand in Hand mit Neonazis:
Gegen Verfassung und Verbotsgesetz

Beim Kampf gegen das Verbotsgesetz arbeiten Korporierte und FPÖ mit Neonazis seit Jahren Hand in Hand. Für viele ist das ein Akt des Selbstschutzes: Immer wieder überschreiten Burschenschafter jene Grenzen, die der Gesetzgeber gezogen hat. So wurde 1995 Herwig Nachtmann (Brixia Innsbruck) als Chefredakteur der „Aula" wegen Verstoßes gegen das Verbotsgesetz verurteilt.[243] Andreas Mölzer (Corps Vandalia Graz) wurde 1987 wegen Übertretung des Verbotsgesetzes mit einer Verwaltungsstrafe belegt.[244] John Gudenus (Vandalia) wurde wegen nationalsozialistischer Wiederbetätigung zu einer einjährigen bedingten Freiheitsstrafe verurteilt, nachdem er die Gaskammern im Dritten Reich in Frage gestellt hatte.[245]

Verräterische Mitgliederlisten:
Die Elite der Neonazi-Szene

Zahlreiche Mitglieder von schlagenden Verbindungen haben es zu trauriger Berühmtheit gebracht, unter anderem

► Norbert Burger, Mitbegründer der später wegen der Teilnahme am Südtirol-Terror aufgelösten Olympia, ehemaliger Bundesvorsitzender des Ringes Freiheitlicher Studenten (RFS), Gründungsmitglied der in zahlreiche Fälle von Gewalt und Terror verstrickten NDP, deren Programm „in wesentlichen Kernpunkten mit den Zielen der NSDAP übereinstimmte" (Erkenntnis des Verfassungsgerichtshofes), als Südtirol-Terrorist in Italien zu lebenslänglich bzw. 28 Jahren, in Wien zu acht Monaten verurteilt (siehe Seiten 40–48);

► Herbert Fritz von der Olympia, beteiligt am Südtirol-Terror, NDP-Gründungsmitglied, Wahlhelfer für Norbert Burger und Otto Scrinzi bei deren Kandidatur um die Bundespräsidentschaft, Aktivist verschiedener rassistischer Gruppierungen, Organisator eines Vortrages von Auschwitz-Leugner David Irving,

► Gottfried Heinrich Küssel, Danubo Markomannia, dessen Volkstreue Außerparlamentarische Opposition (VAPO) die „Neugründung der NSDAP" und die „erneute Machtergreifung" zum Ziel hatte, wegen NS-Wiederbetätigung zu elf Jahren verurteilt (siehe Seiten 28–32);

► Gerd Honsik, Rugia Markomannia Wien, ehemaliges Mitglied des RFS, rechtskräftig verurteilter Brandbombenwerfer, dessen militante „Nationale Front" ein Programm zur Zerschlagung der parlamentarischen Demokratie ausgearbeitet hatte, bevor sie 1987 verboten wurde (siehe Seiten 233, 272, 274);

► Herbert Orlich und Alois Desch, beides „Teutonen" und Aktivisten in Küssels VAPO, die gemeinsam mit Honsik festgenommen wurden, als sie eine Matinee im Theater in der Josefstadt mit Simon Wiesenthal durch „Mörder-" und „Betrüger"-Rufe störten[246];

▶ Walter Ochensberger, einer von Österreichs prominentesten Immer-Wieder-Betätigern, zentrale Figur der rechtsextremen europäischen Gewaltszene, Versender eines Handbuchs für Putsch, Partisanenkampf, Sabotage und das lautlose Erledigen von Wachposten, der die Hilfe der Europa-Burschenschaft Arminia Zürich in Anspruch nahm, als er eine „Kontaktadresse" im Ausland brauchte.[247]

▶ Franz Radl, wegen NS-Wiederbetätigung verurteilter Sprecher des Wiener Korporationsringes und ehemaliges Mitglied der Wiener Akademischen Burschenschaft Teutonia.

Früher waren Burschenschafter wie Franz Radl, die ihre Begeisterung für den Nationalsozialismus allzu offen zu erkennen gegeben, Gruppierungen der neonazistischen Gewaltszene angehört oder sich an rechtsextremen Gewalttaten beteiligt hatten, zum Austritt gedrängt oder gar „unehrenhaft" entlassen worden. Anfang der Neunzigerjahre begann eine Gegenbewegung. Immer öfter wurden Rechtsextreme von ihren Verbindungen in Schutz genommen.

Ähnlich der Situation von 1933, als nach dem NSDAP-Verbot Burschenschaften und Turnvereine den illegalen Nationalsozialisten als Tarnorganisationen dienten, gewähren die Burschenschaften heute amtsbekannten Neonazis Aufnahme und Unterschlupf.[248] So las sich die Aktivenliste der Teutonia und der Cimbria* stellenweise wie ein Mitgliederverzeichnis von Gottfried Küssels Volkstreuer Außerparlamentarischer Opposition (VAPO).[249]

---

* Ehemalige Aktivisten von Gottfried Küssels nationalsozialistischer VAPO unter den Burschenschaftern: Alois Desch, Hubert Erhart, Kurt Hofinger, Herbert Orlich, Johannes Pammer, Walter Schöfecker, Kurt Unterrainer (alle Teutonia Wien); Franz Dempsey (Silesia Wien); Bernhard Eigner, Andreas Einspieler, Harald Kohlweiß, Straches Wehrsportfreund Marcus Ullmann (alle Cimbria Wien)

Grenzen der Geheimhaltung: Kaderschmiede für zwei Lager

Was auf den „Buden" der schlagenden Studentenverbindungen passiert, bleibt Außenstehenden weitgehend verborgen. Öffentlich wird nur, was die Burschenschaften selbst von sich preisgeben wollen. Das autoritäre Milieu und das Lebensbund-Prinzip lassen Indiskretionen kaum zu. Die politische Einordnung wird dadurch erschwert. Unmöglich gemacht wird sie nicht.

Einblicke ermöglicht vor allem der Veranstaltungskalender der Burschenschaften. Viele der öffentlich angekündigten Vorträge werden auch bei anderen Gelegenheiten, oft bei rechtsextremen Organisationen oder neonazistischer Parteien, gehalten, die Teilnehmern, die sich milieugerecht verhalten, ungehindert Einlass gewähren.

Die Liste der Vortragenden, die Burschenschaften zur „politischen Bildung" des studentischen Nachwuchses einladen, liest sich wie ein „Who is Who" des Neonazismus: rechtskräftig verurteilte Terroristen, Holocaust-Leugner, Rassisten, Antisemiten. Was Burschenschaften als „politische Bildung" ausgeben, wird von den Veranstaltungsprogrammen als rechtsextreme oder neonazistische Indoktrination des studentischen Nachwuchses entlarvt.

Im November 1999 lud der Dachverband „ARGE Grazer Burschenschaften" (mit Ausnahme der Stiria) den von Linksaußen nach Rechtsaußen gewechselten ehemaligen RAF-Terroristen Horst Mahler ein, der seit seiner politischen Kehrtwende die neonazistische Extremistenszene mit Erkenntnissen über das „negative jüdische Prinzip" und den jüdischen „Hass auf andere Völker" versorgt. In einem seiner Vortragsmanuskripte kündigt er den nächsten Holocaust an. Wenn die Globalisierung nicht als Judenfrage begriffen werde, könnten „Versuche, das Problem durch die Vernichtung der Juden zu lösen" nicht verhindert werden.[250]

Zuwanderung bezeichnet Mahler als „Kriegsverbrechen", Menschenrechte als „Völkermord". Gewalt gegen Ausländer und Ausländerinnen versucht er zu legitimieren. Ein „freier Abzug der Zuwanderer in Form einer unbelangten Abwanderung" sei „indiskutabel", da das „zwingende Völkerrecht" ein „Recht auf Strafe festgeschrieben hat."[251]

Hitler wird von Mahler zum „Sozialrevolutionär" verklärt, das deutsche Volk nimmt er gegen linke „Feindpropaganda", „Umerziehung" und „Denkverbote" in Schutz. Für Österreich hofft er, es werde „irgendwann aufgrund einer freien, souveränen Volksentscheidung wieder Teil Deutschlands" sein.[252] Walter Asperl, Mitarbeiter und Leibfuchs* von Martin Graf in der Olympia, konstatiert trotz solcher Ergüsse, dass die freiheitlichen Burschen Horst Mahler politisch „sehr nahe" stünden.[253] Seit 2009 sitzt Mahler eine insgesamt zwölfjährige Haftstrafe ab.

Andere Referenten aus der Rechtsextremisten- und Neonazi-Szene, die von Burschenschaften mehr oder weniger regelmäßig eingeladen werden, sind kaum weniger prominent und um nichts weniger eindeutig positioniert: Safet Babic, Bruno Haas, David Irving, Rolf Kosiek, Richard Melisch, Günter Rehak, Herbert Schaller, Franz Schönhuber, Jürgen Schwab:[254] Sie alle stehen beim Kampf für braune Geschichtsfälschung, für die Verharmlosung des Nationalsozialismus und die Wiederzulassung von Parteien, die sich an den nationalsozialistischen Grundsätzen der „Rassentrennung" orientieren, in der ersten Reihe.

Das demokratiepolitisch Bedenkliche daran besteht in der Tatsache, dass Burschenschafter Führungsrollen in zwei Lagern innehaben und damit für die ideologische Verknüpfung unterschiedlicher Milieus sorgen: Auf der einen Seite fungieren sie

---

* Jeder neu aufgenommene Burschenschafter (Fuchs oder Fux) wird von einem Leibbursch als Mentor betreut. Das „Leibverhältnis" bleibt über die Fuchsenzeit hinaus bestehen und soll Grundlage einer engen lebenslangen Verbindung sein.

als Führungskader der rechtsextremen, neonazistischen Szene, die zu den erbittertsten Feinden von Demokratie, Rechtsstaat und österreichischer Verfassung zählt. Auf der anderen Seite sind sie akademische Elite der durch demokratische Wahlen legitimierten FPÖ.

Da wie dort sorgen Burschenschafter für die weltanschauliche Schulung, da wie dort sind sie in Programmarbeit und Organisation führend involviert, da wie dort geben sie in der tagespolitischen Diskussion den Ton an und fungieren als intellektuelle Stichwortgeber in der politischen Auseinandersetzung.

Bekenntnisse und braune Traditionen

Provokation: Friedensnobelpreis für Rudolf Heß

Im Jahr 1987 schlug der Dachverband „Deutsche Burschenschaft in Österreich" (DBÖ) Rudolf Heß für den Friedensnobelpreis vor – ein offenes Bekenntnis zum Nationalsozialismus und seinen Verbrechen: Rudolf Heß war während des Nürnberger Prozesses als einziger der Angeklagten völlig uneinsichtig geblieben, hatte sich von den KZ-Grausamkeiten nicht erschüttert gezeigt und sich von keinem der NS-Verbrechen distanziert.

Hitlers Stellvertreter, der sich an der Verfolgung und Ermordung von sechs Millionen Menschen in führender Position organisatorisch beteiligt und zu den Planern von Hitlers Angriffskrieg gehört hatte,[255] betonte noch im Schlusswort vor dem Nürnberger Tribunal: „Ich bereue nichts. Stünde ich wieder am Anfang, würde ich wieder handeln, wie ich gehandelt habe, selbst wenn ich wüsste, dass am Ende ein Scheiterhaufen für meinen Flammentod bereit stünde."[256]

Dieser letzte Teil des Satzes war es, der ihn zur Ikone des Neonazismus aufsteigen ließ. Sein Versuch, im Mai 1941 durch einen Flug nach Schottland einen für Deutschland nicht gewinnbaren Zweifrontenkrieg zu verhindern, den er als „selbstmörderisches Risiko" für die „deutsche Rasse" bezeichnete, wird von Neonazis zur „Friedensmission" verfälscht und als Alibi missbraucht.[257] In Wirklichkeit ist es nicht Heß' „Friedensmission", die ihn zur Nazi-Ikone machte, sondern seine Treue zu Führer und NS-System sowie seine Bereitschaft zur Wiederholung der NS-Verbrechen, an der selbst ein brennender Scheiterhaufen nichts würde ändern können.

Arminia Czernowitz: Werbung mit NSDAP-Plakat

Der Versuch, Rudolf Heß für den Friedensnobelpreis vorzuschlagen, sollte nicht die einzige neonazistische Provokation aus dem Kreis der Burschenschafter bleiben. Ende April 2010 war der antisemitische Verschwörungstheoretiker und rechtsextreme „Experte" für Nahostfragen, Richard Melisch, bei der Burschenschaft Arminia Czernowitz als Referent zu Gast. Den Vortrag, den die Arminen zu hören bekamen, hatte er zuvor mehrmals bei Veranstaltungen der NPD gehalten: „Der Letzte Akt. Die Kriegserklärung der Globalisierer an alle Völker der Welt." Darin verzichtete der Autor von Neonazi-Zeitschriften wie „Huttenbriefe" oder „Volk in Bewegung" auf keines der bekannten Klischees aus der antisemitischen Propagandaküche, weder auf die „jüdische Weltverschwörung" noch auf die Warnung vor den „Hintermännern der Hochfinanz" oder auf die „Kriegserklärung der Zionisten an das Deutsche Reich".[258]

Der Skandal aber bestand nicht nur im Inhalt des Vortrages – antisemitische Ausfälle sind im burschenschaftlichen Alltag eher Regel als Ausnahme – sondern vor allem in der Aufmachung der Einladung. Die Arminia Czernowitz, der auch der Linzer FPÖ-Stadtrat Detlef Wimmer (siehe Seiten 184–188) und der freiheitliche Gemeinderat Markus Hein angehören, warb mit einem Originalsujet der NSDAP, auf dem nur der Text verändert war: Ein starker Arm würgt eine Schlange – zu Hitlers Zeiten war es die Hochfinanz, diesmal die Globalisierung. Die einzige grafische Änderung bestand in der Übermalung des Hakenkreuzes.[259] In rechtsextremen Kreisen ist das Motiv bekannt: Mehrfach wurde es für Einladungen neonazistischer Gruppen bzw. für Transparente und Plakate von Neonazi-Aufmärschen verwendet.

Libertas: Ein Preis für junge Neonazis

Zu den Burschenschaften, die ihr inniges Nahverhältnis zu Neo-nazi-Organisationen nicht einmal zu verheimlichen suchen, zählt die Wiener Libertas, der prominente FPÖ-Mitglieder wie Walter Rosenkranz (Niederösterreich, Abgeordneter zum Nationalrat), Hans Achatz (ehemaliger Landesrat in Oberösterreich), Reimer Timmel (langjähriger Obmann des Freiheitlichen Akademiker-verbandes) und der im wahrsten Sinne des Wortes „schlagende" Unirat Peter Weiß[*] angehören. Seit 2005 vergibt diese Verbindung den „Carl-von-Hochenegg-Preis" für „herausragende Taten im Sinne des national-freiheitlichen Gedankens".

2008 kam der neonazistische „Bund Freier Jugend" (BFJ) zu dieser Ehre. Begründet wurde die Preisvergabe mit den „von der Bevölkerung stark wahrgenommenen Veranstaltungen" und der Tatsache, dass sich der BFJ „für seine volkstreuen Aktivitäten stärkster staatlicher Repression" ausgesetzt sieht.[260]

Die Formulierung „stärkster staatlicher Repression" ist verrä-terisch: Zum Zeitpunkt der Preisvergabe waren mehrere Aktivis-ten des BFJ wegen nationalsozialistischer Wiederbetätigung vor-bestraft, andere standen gerade wegen des Verdachts vor Gericht, die „Wiedererrichtung der Hitler-Jugend" versucht zu haben.[261] Die Burschenschafter der Libertas bezeichnen die Exekution des Wiederbetätigungsgesetzes als „staatliche Repression" – eine kla-re Absage an die Grundsätze des Rechtsstaates.

Auch wenn der Versuch, die Hitler-Jugend wiederzubeleben, in diesem Verfahren nicht bewiesen werden konnte, belegt die vom BFJ herausgegebene Zeitschrift „Jugend Echo" die neona-zistische Ausrichtung der Gruppierung. Da wird der Empörung

---

[*] Bei den alljährlichen Kundgebungen des 8. Mai, bei denen Österreich die Befrei-ung vom Nationalsozialismus feiert, während deutschnationale Burschenschafter, Freiheitliche und Neonazis die „Niederlage" betrauern, hatte der streitbare Profes-sor 2003 einen Gegendemonstranten mit Fäusten attackiert. Nach einer Anzeige einigte sich Weiß mit seinem Opfer auf einen „außergerichtlichen Tatausgleich".

Raum gegeben, dass der oberösterreichische Markt Haslach Adolf Hitler die Ehrenbürgerschaft aberkannt hat, da wird das Ende des Dritten Reiches beklagt und behauptet, dass mit dem Nationalsozialismus eine „passende und völkisch geprägte Kultur" untergegangen sei.[262]

Bei den von der Libertas lobend hervorgehobenen, „von der Bevölkerung stark wahrgenommenen Kundgebungen und Veranstaltungen" des BFJ handelt es sich um Neonazi-Kundgebungen, bei denen neben rassistischen Sprüchen wie „Ali, Mehmet, Mustafa, geht zurück nach Ankara" Parolen aus dem Wortschatz der Nazis skandiert wurden, etwa in Abwandlung des Horst-Wessel-Liedes („Die Straße frei den braunen Bataillonen") „Die Straße frei der volkstreuen Jugend".[263]

In einem Gutachten über die „Arbeitsgemeinschaft für demokratische Politik" (AFP) und deren Jugendorganisation „Bund Freier Jugend" BFJ kommt der Verfassungsrechtler Heinz Mayer zu dem Urteil, mit der „Verherrlichung nationalsozialistischer Ideen", der „zynischen Leugnung von nationalsozialistischen Gewaltmaßnahmen" und einer „hetzerischen Sprache, die sich in aggressivem Ton gegen Ausländer, Juden und Volksfremde" richte, sowie mit einer Darstellung der Deutschen als „Opfer" werde in den Publikationen „massiv" gegen das Verbotsgesetz verstoßen. Von besonderer Aggressivität seien die Beiträge im „Jugendecho" des BFJ. Hier werde ständig die „Kampfbereitschaft der nationalen Jugend" eingefordert, NS-Biographien würden als „Vorbild" dargestellt, „Rassenhass" werde propagiert.[264]

Angesichts dessen kann kaum ein Zweifel daran bestehen, dass mit dem Geld, das die Libertas für die „herausragenden Taten im Sinne des national-freiheitlichen Gedankens" ausschüttete, neonazistische Propaganda finanziert wurde – was den Tatbestand der nationalsozialistischen Wiederbetätigung erfüllen würde.

Cimbria: Gemeinsam mit Nazis gegen die Wehrmachtsausstellung

Im April 2002 organisierten Mitglieder der Grenzlandsmannschaft Cimbria gemeinsam mit der Kameradschaft Germania eine Demonstration gegen die „Wehrmachtsausstellung" in Wien. Anmelder war Clemens Otten (Cimbria), gleichzeitig Generalsekretär des Ringes Freiheitlicher Jugend (RFJ), der immer wieder dabei ist, wo Freiheitliche und Neonazis gemeinsam marschieren. Mitorganisatoren waren Wilhelm Ehemayer (Tafelrunde zu Wien) und Küssel-Freund Felix Budin (Cimbria), ehemaliger Führungskader der neonazistischen „Neuen Jugend Offensive" (NJO).

Bei der Germania handelt es sich um eine neonazistische Organisation, deren Mitglieder sich im Internet als „junge nationalgesinnte Ostmärker" bezeichneten. Ihre – mittlerweile für die Öffentlichkeit gesperrte – Homepage strotzte vor nationalsozialistischen Kürzeln wie „88" (zweimal der achte Buchstaben im Alphabet: HH = Heil Hitler), „18" (Adolf Hitler) oder „14" (14 words, in den USA verbreitetes neonazistisches Kürzel für den Satz „We must secure the existence of our people and a future for white children", der auf Neonazi-Seiten so übersetzt wird: „Wir müssen den Fortbestand der weißen Rasse bewahren und die Zukunft arischer Kinder sicherstellen.").

Die Nutzer der Seite wetterten in ihren Postings gegen das „Holocaust-Lügengebäude", die „Abzocke der Juden" oder kündigten „Nationalistenfeten" an. Als die Homepage für die Öffentlichkeit gesperrt wurde und nur noch eingetragenen Usern zugänglich war, verriet die Linkliste die ideologische Ausrichtung: SiegHeil.net; Blut&Ehre; OdinsRage usw.[265]

Das neonazistische „Deutsche Kolleg" verteilte auf der Demo gegen die Wehrmachtsausstellung Flugblätter, auf denen der Zweite Weltkrieg zum „antideutschen Vernichtungsfeldzug" umgelogen und Hitler dafür gelobt wurde, Europa gegen die „asiatische Despotie" verteidigt zu haben.[266]

Die Cimbria schien an dieser Zusammenarbeit keinen Anstoß zu nehmen. Clemens Otten konnte bei der Demo als Sprecher der „Plattform gegen die Schändung des Andenkens Verstorbener" eine bunte Schar aus Burschenschaftern, Neonazis und FPÖ-Mitgliedern begrüßen. Danach marschierten die Teilnehmer durch die Wiener Innenstadt, skandierten „Sieg Heil" und „Deutschland den Deutschen". Videoaufnahmen bestätigten schließlich die Berichte von Augen- bzw. Ohrenzeugen: Von mehreren Teilnehmern der Nazi-Demo war der Liedtext der Skin-Band „Gestapo" gegrölt worden.[267]

„Ich mag Adolf und sein Reich,

alle Juden sind mir gleich,

ich mag Skinheads und SA,

Türken klatschen, ist doch klar ... "

Teutonia: Nazi-Schulung
„im Einklang mit der Bundlinie"

Im September 2010 schrillten bei der FPÖ alle Alarmglocken. Wenige Wochen vor der Wiener Landtags- und Gemeinderatswahl war aufgeflogen, dass Jan Ackermeier (Burschenschaft Teutonia), parlamentarischer Mitarbeiter des FPÖ-Abgeordneten zum Nationalrat Harald Stefan (Burschenschaft Olympia) sich als Organisator der rechtsextremen „Andreas Hofer Wander- und Vortragswoche" betätigt hatte.

Veranstalter dieser traditionsreichen „Schulungswoche" ist die „Junge Landsmannschaft Ostdeutschlands", die seit 1999 alljährlich den „Trauermarsch" in Dresden organisiert. Dieser hatte sich zu einem der größten Neonazi-Treffen Deutschlands entwickelt, bevor es 2010 Tausenden demonstrierenden Dresdnerinnen und Dresdnern gelang, das braune Spektakel zu verhindern. Laut sächsischem Verfassungsschutz wird der „Trauermarsch" von zahlreichen neonazistischen und rechtsextremen Gruppierungen – darunter die NPD – unterstützt und auch „von Österreichs Rechten frequentiert".[268]

Jan Ackermeier war der deutschen Neonazi-Gruppierung nicht nur als Ansprechpartner in Österreich gefällig, er saß als Beisitzer auch in deren Bundesvorstand.[269] Für die von ihm betreute Vortrags- und Wanderwoche hatte er drei rechtsextreme Publizisten eingeladen, die überall dabei sind, wo sich die braune Szene ideologisch munitionieren lässt: Richard Melisch (siehe Seite 81), Alois Mitterer und Thomas Hüttner, „Schriftleiter" des „Eckart". Bei dem zum „Eckart" mutierten „Eckartboten" der „Österreichischen Landsmannschaft" handelt es sich um eine Publikation, deren eindeutig neonazistische Inhalte bisher ohne strafrechtliche Folgen blieben, obwohl gegen alles verstoßen wird, was das Wiederbetätigungsgesetz unter Strafe stellt, von der Verharmlosung der NS-Verbrechen über die Leugnung der Gaskammern bis zu offener Anschluss-Propaganda – an der sich auch Jan Ackermeier als Autor beteiligt hat.[270]

Vier Wochen vor der Wiener Wahl mussten Harald Stefan und die FPÖ reagieren. Ackermeier wurde als parlamentarischer Mitarbeiter entlassen. Seine Burschenschaft Teutonia reagierte – mit Rücksicht auf die FPÖ – erst nach der Wiener Wahl mit der „Klarstellung", dass Ackermeiers „Vorgehensweise (…) im Einklang mit der allgemeinen Bundlinie" stehe. „Den Umgang mit Burschenschaftern, die aus persönlichem Vorteilsdenken handeln, lehnen wir ab" rügten sie Stefan und die Führung der FPÖ, die dem medialen Druck nachgegeben und Ackermeiers Kündigung veranlasst hatten. Mitglied der Teutonia könne nur sein, wer „weder Meinungen diktieren will, noch sich selbst Meinungen diktieren lässt".[271]

Das weiß die österreichische Staatspolizei seit Langem. In der Teutonia haben zahlreiche Mitglieder von Gottfried Küssels neonazistischer VAPO Unterschlupf gefunden, die für die Wiederzulassung der NSDAP und die Wiederherstellung des Deutschen Reiches gekämpft hatten (siehe Seiten 31, 32, 44).

Silesia im Rotlichtbezirk:
Straches Sekretärin holt Gottfried Küssel

Im März 2010 feierte die Silesia in einem Rotlicht-Lokal des Wiener Gürtels eine Burschenschafter-Fete, bei der es gegen drei Uhr morgens zum Streit kam. Straches Sekretärin Elisabeth Keyl und ihr Ehemann Hubert Keyl, persönlicher Referent von Nationalratspräsident Martin Graf, gerieten aneinander. Als Hubert Keyl den Fehler beging, sich mit einem der professionellen Rausschmeißer anzulegen, der ihn aus dem Lokal „geleiten" wollte, wurde er von diesem krankenhausreif geschlagen und mit Knochenbrüchen im Gesicht ins Wiener Allgemeine Krankenhaus (AKH) eingeliefert, wo er für zwei Wochen stationär aufgenommen werden musste. Straches Sekretärin Elisabeth Keyl, Ehefrau des Verprügelten, holte daraufhin einen guten Freund, der ihr so nahe steht, dass er selbst zu so ungewöhnlicher Stunde nicht zögerte, mir ihr an den Tatort zu kommen. Es war kein Geringerer als Österreichs bekanntester Neonazi Gottfried Küssel.[272]

Danach versuchte Hubert Keyl, Bundesbrüder der Silesia zu falschen Zeugenaussagen zu überreden. Als das an die Öffentlichkeit gelangte, wurde er von seiner Verbindung „in Unehren" lebenslang ausgeschlossen.[273] Jetzt hatte Martin Graf das Problem. Mit einem derart Verurteilten darf er als Burschenschafter eigentlich keinen Kontakt mehr pflegen.[274]

Die Spitze des Eisberges:
Burschenschafter, Neonazis und die FPÖ

Spektakuläre Beispiele für die Verknüpfung von Burschenschaften, FPÖ und Neonaziszene sorgen für Schlagzeilen. Andere, weniger spektakuläre Fälle, sorgen allenfalls für kurze Meldungen in den Medien. Einblick in die politische Positionierung aber geben auch sie.

▶ 1987 wurde der „Saalschutz" bei einem Vortrag des deutschen Brachial-Antisemiten Reinhold Oberlercher am Wiener Juridicum von Burschenschaftern gestellt, unter ihnen Martin Graf (Olympia), heute Dritter Präsident des Nationalrats.[275] Einige von Grafs Saalschutz-Kameraden der Olympia, Cimbria und Teutonia tauchten im Folgejahr bei der militanten nationalsozialistischen Truppe von Gottfried Küssel (Danubo Markomannia) auf,[276] der sich unter den Zuhörern des Vortrags befand.

▶ Georg Gasser (Europaburschenschaft Tafelrunde zu Wien) war gleichzeitig Mitglied des rassistischen Geheimbundes Ku-Klux-Klan, der die Wiederversklavung von amerikanischen Bürgern schwarzafrikanischer Herkunft propagiert und dieser Forderung mit Terror Nachdruck verleiht. Zwei Monate nach seinem Tod machte Gasser 2002 als mutmaßlicher Drahtzieher einer von der Polizei ausgehobenen „SS-Kampfgemeinschaft Prinz Eugen" Schlagzeilen, die neben nationalsozialistischem Propagandamaterial auch Waffen und Sprengstoff gehortet hatte.[277]

▶ Die Referentenliste der von Otto Scrinzis (VDSt Maximiliana Innsbruck) „Deutschem Kulturwerk Österreich" veranstalteten „Kärntner Kulturtage" liest sich wie das Who is Who der deutschen und österreichischen Neonazi-Szene – von den radikalen Rassentheoretikern und Publizisten Rigolf Hennig und Rolf Kosiek[278] bis zum spanischen Neonazi Pedro Varela, der Hitler als „zweiten Erlöser der Menschheit" bezeichnete, 1992 während der Veranstaltung festgenommen und des Landes verwiesen wurde.[279]

▶ Die rechtsextreme „Österreichische Landsmannschaft", die alljährlich gemeinsam mit dem Wiener Korporationsring (WKR) eine Sonnwendfeier veranstaltet, enge Kontakte zur NPD unterhält und den für seine neonazistischen Pamphlete berüchtigten „Eckart" (früher „Eckartbote") herausgibt, beschäftigt in ihren Gremien Korporierte in großer Zahl. Zu den prominentesten zählen der Wiener Landtagspräsident Johann Herzog (Aldania), Karl Katary, bis 1992 stellvertretender Obmann der FPÖ Niederösterreich (Bruna Sudetia Wien), der sich nebenbei in rechtsextremen Gruppierungen wie der „Österreichischen Gesellschaft der Völkerfreunde" engagiert, die als „Kontaktstelle der FPÖ zum organisierten Neonazismus" gilt,[280] oder Manfred Platschka (Germania Libera), FPÖ-Gemeinderat in Mistelbach und Mitglied der Landesparteileitung, der Veranstaltungen der rechtsextremen Republikaner besucht[281] und die FPÖ-Homepage mit einem Spruch des Nazi-Dichters Josef Hieß schmückte, der für die NSDAP als Propagandaredner tätig war.[282] Darauf angesprochen, erwiderte er: „Manch großer Nazi hat auch was Gescheites gesagt."[283]

▶ Die Wiener Gothia ging eine offene Kooperation mit dem neonazistischen „Bund freier Jugend" (BFJ) und den im Grenzbereich zum Neonazismus angesiedelten „Wiener Nachrichten Online" (WNO) ein, um für die aus der Propagandaküche brauner Geschichtsfälscher stammende Dokumentation „Geheimakte Heß" zu werben. Die dafür eingerichtete Homepage, auf der auch das Burschenschafter-Organ „Aula" und „Zur Zeit" als Unterstützer aufscheinen, führte im Impressum die Adresse FPÖ Wien III.[284]

► Gernot Schandl von der Gothia Wien kandidierte im März 2003 auf der Politik-Simulationsplattform „dol2day" auf der Liste „Freiheitlich-Unabhängig-National" (FUN) für das virtuelle Amt eines „Internetkanzlers". Der niedersächsische Verfassungsschutz attestierte FUN „neonazistische Bestrebungen" und eine „Nähe zur NPD". Die Träger der Plattform rieten Mitspielern ab, sich Nicks wie Hitler, Mengele oder 88 (Heil Hitler) zu geben. Nach seiner Teilnahme auf der Neonazi-Seite wurde Schandl zum Bundesobmann des Ringes Freiheitlicher Studenten (RFS) gewählt, was er bis 2008 bleiben sollte.[285]

► Aktivisten der Germania Libera stimmten auf der Bude der Arminia Turicensis zu Wien SA-Gesänge an.[286] Die Gothia Wels empfahl auf ihrer Homepage das neonazistische „Nationale Info Telefon" als „bestes tägliches Informationsmedium für Querdenker".[287] Dominik Modre (Corps Austria Knittelfeld) bestellte beim „Aufruhr-Versand", der ein umfangreiches Sortiment von Nazi-Devotionalien führt – und wurde Mitglied im steirischen Landesvorstand des RFJ.[288]

Am Beispiel Olympia:
Zwischen Neonazismus und FPÖ

FPÖ-Politiker ohne Berührungsängste
mit dem Neonazismus

Wie weit die Burschenschafter-Szene in das Neonazi-Milieu hineinreicht, dieses munitioniert und sich gleichzeitig von diesem munitionieren lässt, zeigt das Beispiel der Wiener Olympia, zu deren Mitgliedern neben dem Dritten Nationalratspräsidenten Martin Graf eine Reihe weiterer prominenter FPÖ-Politiker und deren Mitarbeiter zählen: Darunter Harald Stefan, Abgeordneter zum Nationalrat und stellvertretender Parteivorsitzender der Wiener FPÖ, Norbert Nemeth, Klubdirektor der FPÖ im Parlament, Dietbert Kowarik und Alfred Wansch, Abgeordnete zum Wiener Landtag, Martin Grafs Büroleiter Walter Asperl, Sprecher des Wiener Korporationsverbandes, sowie Grafs Mitarbeiter bzw. Ex-Mitarbeiter Michael Siedler und Sebastian Ploner. Dazu kommen erprobte Alt-Funktionäre der FPÖ wie Walter Sucher und zahlreiche deutschnationale Nachwuchshoffnungen, die bereits in den Startlöchern für eine politische Karriere stehen.

1938 hatte die Olympia den Anschluss gefeiert. Danach war sie, wie alle Burschenschaften, fester Bestandteil des nationalsozialistischen Systems und seiner Gliederungen. Wie hoch der Anteil der NSDAP-Mitglieder war, lässt sich nicht klären, weil die Olympia ihre Mitgliederlisten nicht veröffentlicht und ihre Zeitschrift nicht in öffentlichen Bibliotheken auflegen lässt – wozu sie eigentlich verpflichtet wäre.[289] Belegen lässt sich, dass zahlreiche Bundesbrüder nach Kriegsende in Glasenbach interniert waren, wo die amerikanischen Besatzer ein Internierungslager für belastete NS-Funktionäre und Kriegsverbrecher eingerichtet hatten.

In einem Nachruf auf den SS-Offizier und Bundesbruder Erich Brunar schreibt Helge Dvorak im Vereinsorgan „Der Olympe", Brunar habe während seiner Inhaftierung von 1946 bis 1947 in Glasenbach „zahlreiche Freunde und Bundesbrüder" getroffen.[290] Auch die Verfasser der Festschrift zum 130-jährigen Bestandsjubiläum schämen sich der alten Nazis in ihren Reihen nicht: Ein Großteil der Überlebenden sei nach dem Krieg „politisch verfolgt und mit Berufsverbot belegt" gewesen, heißt es in unverblümter Offenheit.[291]

Schon die Diktion ist verräterisch: Die „politische Verfolgung" in diesem Zusammenhang ist ein Begriff aus der neonazistischen Kampfsprache, der darüber hinwegtäuschen soll, dass viele der in Glasenbach Internierten in Wirklichkeit strafrechtlich verfolgt waren – für die in der Zeit des Nationalsozialismus begangenen Verbrechen. Berufsverbote erhielten jene, die aufgrund ihrer exponierten Stellung im Nationalsozialismus oder ihrer Verstrickung in NS-Verbrechen für eine berufliche Tätigkeit, die Respekt vor demokratischen Grundsätzen und die Beachtung demokratischer Gesetze erfordert, nicht geeignet waren.

Verbot wegen Staatsgefährdung und NS-Wiederbetätigung

Im Juni 1962 wurde die Burschenschaft Olympia verboten (ihre Neukonstituierung erfolgte erst 1973), nachdem sie als organisatorisches Zentrum des neonazistischen Südtirol-Terrors fungiert hatte.[292] Der Olympe Norbert Burger, Gründer des „Rings Freiheitlicher Studenten" (RFS), hatte gemeinsam mit Burschenschaftern aus der Olympia, der Innsbrucker Brixia und militanten Neonazis seinen „Kampf gegen Strommaste" zu einem Blutbad ausarten lassen. An die 30 Menschen fielen dem braunen Terror zum Opfer (siehe Seiten 41, 42, 74, 75).

Der Verfassungsgerichtshof begründete das Verbot der Olympia unter anderem mit den zahlreichen anhängigen Strafverfahren gegen Mitglieder der Burschenschaft, unter anderem nach dem Sprengstoffgesetz, dem Staatsschutzgesetz und dem NS-Verbotsgesetz.

Erwähnt wird in dem Urteil auch ein Vorfall nach einer von der Olympia veranstalteten Heldenehrung in der Aula der Wiener Universität. Der Olympe Herbert Fritz hatte beim Heimweg auf der Ringstraße das unter das Verbotsgesetz[293] fallende nationalsozialistische Kampflied „Es zittern die morschen Knochen" gesungen, mit dem Refrain: „Denn heute gehört uns Deutschland und morgen die ganze Welt." Bei seiner Anhaltung durch die Polizei hätten zwei andere Olympen „interveniert" und dabei den Beamten „Verletzungen verschiedenen Grades" zugefügt.[294]

„Wartet nur, bis der Hitler wieder kommt, dann lass ich euch alle aufhängen, ihr demokratischen Schweine", hatte Fritz Einblick in seine Geisteshaltung gegeben. Einer seiner Begleiter hatte bekräftigt, was offenbar politische Sichtweise der Olympen war: „Die Polizei und die Richter sind doch eine Brut im demokratischen Österreich."[295]

Die Gründung der NDP:
Olympen mit Terroristen und Neonazis

Nach dem Verbot der Olympia fanden deren Mitglieder in der reaktivierten Burschenschaft Vandalia Unterschlupf.* 1967 wurde aus dem Kreis der Südtirol-Terroristen die Nationaldemokratische Partei (NDP) gegründet. Unter Burgers Führung machten als Vandalen getarnte Olympen gemeinsam mit braunen Gewalttätern, Auschwitz-Leugnern und Demokratieverächtern wie Gottfried Küssel oder Gerd Honsik diese Abspaltung der FPÖ

---

* 1973 wurde die Olympia neu konstituiert, die meisten Mitglieder der Vandalia traten ihr bei.

vorübergehend zur stärksten Kraft des österreichischen Neonazismus.[296]

1988 wurde die NDP verboten, weil ihr Programm „in wesentlichen Kernpunkten mit den Zielen der NSDAP übereinstimmte". Diese Übereinstimmung sah der Verfassungsgerichtshof vor allem im „biologisch-rassistischen Volksbegriff" und der „großdeutsche[n] Propaganda".[297]

Der „biologisch-rassistische Volksbegriff" und die „großdeutsche Propaganda", die der Verfassungsgerichtshof als Gründe für das Verbot der NDP anführte, finden sich bis heute in der 1973 neu konstituierten Olympia. 1991 beim Burschentag in Eisenach stellte sie einen Antrag, in dem es heißt: „Die Unterwanderung des deutschen Volkes durch Angehörige fremder Völker" bedrohe dessen „biologische (...) Substanz".[298]

Dem in der Bundesverfassung verankerten Anschlussverbot, das auch ein Verbot „großdeutscher Propaganda" enthält, steht die Olympia in unversöhnlicher Opposition gegenüber. Sie bestreitet die Existenz einer österreichischen Nation und begreift Österreich als Teil des „deutschen Vaterlandes", das auch Südtirol und die „Ostgebiete" mit einschließt.[299]

▶ 1959 wurde in einer Festschrift der Olympia die österreichische Nation als „Hirngespinst" lächerlich gemacht. In den Achtzigerjahren verteilten Mitglieder der Olympia Flugblätter, die ein Großdeutschland in den Reichsgrenzen vom 1. September 1939 zeigten.[300] 1990 übten Vertreter der Olympia in einem Interview für die Rechtsaußen-Zeitschrift „Junge Freiheit" Kritik an der Anerkennung der Oder-Neiße-Grenze durch die deutsche Bundesregierung.[301]

▶ Als die Olympia 1996 den Vorsitz der Deutschen Burschenschaft übernahm, traten gemäßigte deutsche Verbindungen aus dem großdeutschen Dachverband aus. Begründet wurde dieser Schritt mit der Forderung der Olympia, „Österreich und Teile Polens in die Wiedervereinigung Deutschlands einzubeziehen".[302] 1997 kritisierte Martin Graf, die heutigen Staatsgrenzen seien „willkürlich gezogen" und ergänzte das durch die Forderung, das deutsche Volkstum müsse sich „frei in Europa entfalten können".[303]

► Grafs Verbindungsbruder Harald Stefan, FPÖ-Abgeordneter zum Nationalrat, stellte 1989 in einer Festschrift der Olympia fest: „In Österreich stellt der Kampf gegen die ‚so genannte österreichische Nation' eine neue Form des Volkstumskampfes dar."[304] 2008 erklärte er im ORF: „Ich fühle mich als Deutscher".[305]

Selbstschutz: Kampf gegen das Verbotsgesetz

Auch gegen das Verbotsgesetz, das nationalsozialistische Wiederbetätigung und die Verharmlosung der NS-Verbrechen unter Strafe stellt, sowie die Bundesverfassung, die jede großdeutsche Propaganda verbietet, kämpfen die Burschenschafter seit Jahren an. Die Olympia bezeichnete schon 1989 behördliche Schritte gegen die Auschwitzlüge und andere Geschichtsfälschungen als „Rückfall in eine längst überwunden geglaubte Zeit der geistigen Unfreiheit". Wenn ein Deutscher über sensible Fragen der Geschichte „nur in den von den Umerziehern und ihren Helfern vorgegebenen Bahnen denken und sprechen darf, stellt dies eindeutig einen Mangel an Meinungs- und Redefreiheit und somit auch ein Fehlen der Freiheit der Wissenschaft und der Lehre dar",[306] heißt es in einer Festschrift der Burschenschaft Olympia in typischer Neonazi-Diktion.

Nachdem die FPÖ im Jahr 2000 zum Regierungspartner der ÖVP geworden war, forderte Walter Asperl, „Leibfuchs" von Martin Graf in der Olympia, die zu Bundesministern ernannten Burschenschafter auf, etwas gegen das NS-Verbotsgesetz zu tun.[307]

„Judenreine" Olympia:
Antisemitismus und Ausländerfeindlichkeit

Die Olympia hat sich weder vom Antisemitismus noch von dessen führenden Repräsentanten befreit. Seit 1889 der letzte jüdische „alte Herr" entlassen wurde, darf sich die Olympia als „judenrein" bezeichnen.[308] Anton Jerzabek, der als Führer und erbarmungsloser Hetzer des Antisemiten-Bundes zu den Vorkämpfern der nationalsozialistischen Rassenpolitik zählte, wurde nie aus der Mitgliederliste gestrichen.[309] 1983 stellte der Olympe Harald Sucher kategorisch fest: „Ein Jude kommt nicht zu uns!"[310]

Als vom Antisemitismus keine mobilisierende Wirkung mehr ausging, fand der Rassismus der Olympia in den Ausländerinnen und Ausländern ein neues Ziel. Es gelte, das deutsche Volk vor der „Unterwanderung seines Volkskörpers durch Ausländer wirksam zu schützen", formulierte man 1991 in einem Antrag am Burschentag in Eisenach. In der vereinseigenen Zeitschrift „Der Olympe" wird Rassismus zum „natürlichen Abwehrwillen der Bevölkerung". Dieser werde durch „artfremdes Gedankengut" konterkariert.[311]

Ohne Berührungsängste: Kontakte ins Neonazi-Milieu

Olympen wie Martin Graf nehmen weder an den fast 30 Toten des Neonazi-Terrors in Südtirol noch am Neonazismus der NDP Anstoß: „Ich habe Norbert Burger immer geschätzt und tue das auch über den Tod hinaus", lässt der Dritte Präsident des Nationalrates an der Treue zu Österreichs prominentestem Nazi-Terroristen keine Zweifel aufkommen.[312]

Seine Verbindungsbrüder sehen das ähnlich. Der freiheitliche Universitätsrat Friedrich Stefan, wie Graf Mitglied der Olympia, bezeichnete Burgers tödlichen Terror als „Einsatz für das bedrohte Grenzland-Deutschtum".[313] Dem anlässlich der Bundespräsidentenwahl 1980 gegründeten Komitee „Waffenstudenten für

Dr. Burger" gehörten zahlreiche Olympen an.[314] Auf der Homepage der Olympia wird der Gründer der neonazistischen NDP als „hervorragender Olympe" angeführt.[315]

Dafür schürt Graf Zweifel an seiner Treue zu Österreichs antifaschistischer Bundesverfassung. Er halte nichts vom „antifaschistischen Grundkonsens", zitiert ihn das „Profil". In Österreich tauche der Begriff „überhaupt erst 1983 auf" und sei „nicht identitätsstiftend".[316]

Mehrfach waren Olympen gleichzeitig Mitglieder militanter Rechtsaußen-Gruppierungen. In den Siebzigerjahren engagierten sie sich bei der neonazistischen Schlägertruppe ANR (Aktion Neue Rechte). Die „Schulungsabende" dieser ersten neonazistischen Kaderorganisation auf österreichischem Boden[317] wurden von Männern wie Gerd Honsik und Gottfried Küssel geleitet.

Von den Olympen, die 1987 gemeinsam mit Martin Graf den „Saalschutz" bei einem Vortrag des antisemitischen Hetzers Reinhold Oberlercher am Wiener Juridicum übernommen hatten (Der Jude als „bakterieller Krankheitserreger"), tauchte etwa die Hälfte ein Jahr später bei Gottfried Küssels neonazistischer VAPO auf,[318] die zu den radikalsten neonazistischen Gruppierungen der Nachkriegszeit zählt. Andere Olympen traten dem Ring Freiheitlicher Studenten bei, was ihnen erlaubte, ein zweites, politisch harmloseres Gesicht zu zeigen.

„Freiheit für Küssel" und „alle politischen Gefangenen"

Solidarisch verbunden fühlen sich Burschenschafter der Olympia auch anderen Exponenten der braunen Gewaltszene. Auf der von Martin Graf gegründeten und von seinen Mitarbeitern betreuten Internet-Zeitung „unzensuriert" durfte ein User im April 2011„Freiheit für Küssel" und „Freiheit für alle politischen Gefangenen" fordern.[319] Auch Norbert Nemeth, Klubdirektor der Freiheitlichen im Parlament, hatte 1996 in einer Festschrift der Olympia dem damals inhaftierten Neonazi Gottfried Küssel Schützenhilfe geleistet und unter dem Titel „Wider die Gesinnungsjustiz" das Verbotsgesetz attackiert.[320]

Im November 1993 waren Volker Lindinger und Mathias Konschill in ihrer Eigenschaft als „Sprecher" bzw. „Schriftwart" der Olympia mit einem offenen Brief an die Öffentlichkeit getreten. In dem an Horst Jakob Rosenkranz, Ehemann der stellvertretenden Parteivorsitzenden Barbara Rosenkranz, adressierten Schreiben, das in der Zeitung „Fakten" veröffentlicht wurde,[321] solidarisieren sie sich mit Küssel und rufen zum Widerstand gegen den „Gesinnungsterror" des NS-Verbots auf: „Niemand darf dazu schweigen, jeder muss im Rahmen seiner Möglichkeiten zu diesem Unrecht Stellung beziehen."[322] Das mannhafte Eintreten für Küssel scheint Konschills Karriere nicht abträglich gewesen zu sein: Zwei Jahre später wählte ihn der Ring Freiheitlicher Studenten zum Spitzenkandidaten.[323]

Als Mitglieder des neonazistischen „Bundes Freier Jugend" wegen des Verdachts der nationalsozialistischen Wiederbetätigung in Untersuchungshaft saßen, machte sich die Olympia auf ihrer Homepage für die Inhaftierten stark: „Gebt Gedankenfreiheit deutsche Staaten!!!", stand da zu lesen, „(r)echte politische Gefangene sind eine Volksschande für die Demokratie."[324]

Widerstand gegen „Umerziehung": Weder Trauer noch Betroffenheit

Auf einem Flugblatt brüstet sich die Olympia mit der eigenen Unbelehrbarkeit, die sie an ewig gestrigen politischen Grundsätzen festhalten lässt: „An uns sind Umerziehung, Trauerarbeit und Betroffenheit (…) spurenlos vorbeigezogen."[325] Der von Neonazis geprägte Begriff der „Umerziehung" scheint zum festen Wortschatz der Olympia zu gehören. Auch in der Festschrift zum

130. Gründungstag wird die nach Kriegsende „von den Siegern betriebene systematische Umerziehung" beklagt. Dass diese „Umerziehung" nichts anderes zum Ziel hatte, als Nazi-Verbrecher und Nazi-Mitläufer von demokratischen Spielregeln zu überzeugen, bzw. diese durchzusetzen, wollen die Olympen natürlich nicht sehen.

Wie eine gefährliche Drohung gegen Demokratie, Demokratinnen und Demokraten liest sich ein Artikel auf der „Heimatseite" (für Homepage) der Olympia unter dem Titel „Umsturz 2010". Da heißt es: „Der aufmerksame Beobachter spürt schon seit längerem, dass sich die gesamte Welt in einem Gärungsprozess befindet. (…) Geschichte wiederholt sich eben doch. (…) Wir müssen uns durch mentale wie politische Vorbereitung rüsten, um dann, wenn es darauf ankommt, unsere Handlungsfreiheit bewahren zu können und uns zum Wohle unseres Volkes mit aller Kraft in die Waagschale werfen zu können! Jede Krise bringt ihre Revolution mit sich – lasst uns diese zu unserer werden!" [326]

Wie lässt sich diese Formulierung interpretieren? Angesichts der ideologischen Ausrichtung der Olympia ist es zumindest naheliegend, bei „Wiederholung der Geschichte" an die Rückkehr des Nationalsozialismus zu denken. Auch dieser hatte wirtschaftliche und politische Krisen zur Machtergreifung genützt.

Olympen als Veranstalter: Sommerlager mit NS-Symbolen

Die Olympen Walter Asperl (Büroleiter von Martin Graf), Sebastian Ploner (Vorstandsmitglied des RFJ Wien) und Martin Pfeil traten als Organisatoren einer von „Arge Sommerlager" in „Sturmadler" umbenannten rechtsextremen Gruppe in Erscheinung, die auf ihren völkischen Jugendlagern „deutsche Werte" vermittelte.[327] Unter dem Symbol der von SS und SA verwendeten Tyr-Rune wurden Fechten und Schießen trainiert, „Heldengedenken" veranstaltet und Lieder des NS-Funktionärs Hans Baumann gesungen, der für den „Feierkult" der Hitler-Jugend verantwortlich war.

Die Tyr-Rune war Divisionsabzeichen der 32. SS-Freiwilligen-Grenadier-Division „30. Januar" und Abzeichen der Reichsführerschulen der NSDAP. Der Leitsatz des Camps, „Jugend führt Jugend", wurde von einem NS-Dichter, dem SA-Mitglied Herybert Menzel, geprägt.[328] Die Sinnsprüche im Sturmadler-Kalender sind den Ergüssen von Nazi-Poeten entnommen, wie Georg Stammler, Verfasser des „Jungdeutschen Führerbuchs" oder Josef Hieß, Gauredner der NSDAP.[329] Postanschrift für das nationale Sommerlager war die Bude der Olympia. Der parlamentarische Mitarbeiter von Martin Graf, Sebastian Ploner, war Inhaber der Web-Domain.[330]

Derselbe Sebastian Ploner hatte 2006 beim deutschen „Aufruhr-Versand" einschlägige Bekleidung und Musik für mehr als 800 Euro bestellt, darunter ein T-Shirt mit dem Konterfei von Rudolf Heß und der Aufschrift „Ich bereue nichts",[331] andere Shirts mit Aufdrucken wie „White Power" und „Reichsbürger", sowie CDs von „Kraftschlag" und der Nazi-Band „Landser", die in Deutschland als „kriminelle Vereinigung" verboten ist.[332]

Martin Pfeil, der dritte Olympe im Sturmadler-Bund, gab sich im deutschen Magazin „blond" unter dem Decknamen Roland als Bewunderer der neonazistischen deutschen NPD zu erkennen, weil in dieser „Volk und Heimat (…) gewahrt" würden.[333] Da diese nur im „Altreich" aktiv ist, muss Pfeil sich bei seinem politischen Engagement mit dem Ring Freiheitlicher Jugend zufrieden geben.[334]

Beim Landesparteitag der Wiener FPÖ 2006 gab der Olympe Walter Sucher Einblick in das bis heute unverändert gebliebene Weltbild seiner Burschenschaft. Die „Deutschvölkischen" dürften es sich nicht nehmen lassen, Lieder wie die SS-Hymne „Wenn alle untreu werden" auch heute noch zu singen. Sucher beendete seine Rede mit dem Gruß, „der wirklich unser alter Gruß ist (...). Ich grüße euch mit einem kräftigen: Heil!"[335]

Walter Sucher ist als langjähriges Mitglied, Funktionär und Mandatar der FPÖ auch Vorsitzender des rechtsextremen „Ringes Volkstreuer Verbände". In einer Resolution dieser Organisation heißt es, 1945 sei die Deutsche Reichsregierung von den Siegermächten „gegen herrschendes Völkerrecht" gefangengesetzt worden. Das Deutsche Reich bleibe zwar „existent", sei aber „nicht handlungsfähig". Zuletzt wird prophezeit, nur die „Aufhebung der Teilung des Deutschen Reiches kann Österreich die gewünschte Sicherheit geben".[336]

Martin Graf:
Mit dem Witiko-Bund für Großdeutschland

Im Mai 2003 wurde Martin Graf zum Vorsitzenden des österreichischen Witiko-Bundes gewählt und in den Vorstand des pangermanischen Witiko-Bundes kooptiert. Diese radikalste Gruppierung der „Vertriebenen" gibt zwölf Jahre nach der Wiedervereinigung die „Einheit Deutschlands" als Ziel an – womit nur die Einbeziehung der Ostgebiete und Österreichs gemeint sein kann. Im „Witiko-Brief" finden sich antisemitische Textstellen und braune Geschichtsfälschung: „Zu den gewaltigsten Geschichtslügen der jüngsten Vergangenheit gehören die sechs Millionen Juden."[337] Ein Bericht über das „8. Kulturpolitische Seminar" endet mit der Textzeile des SS-Liedes: „Wenn alle untreu werden, so bleiben wir doch treu."[338]

Gegründet wurde der Witiko-Bund von ehemaligen hohen NSDAP-Funktionären. Seine Mitgliederliste liest sich wie ein Who is Who des deutschen Rechtsextremismus und Neonazismus. Neben prominenten Burschenschaftern, ehemaligen SS-Offizieren und Exponenten aller möglicher rechtsextremen und neonazistischen Gruppierungen finden sich Namen führender Politiker der NPD, DVU, Republikaner, darunter auch solche, die von Grafs Olympia als Referenten eingeladen wurden.[339]

Referenten der Olympia: Antisemiten und Holocaust-Leugner

Die Einladungsliste der Olympia macht die politische Positionierung dieser Burschenschaft deutlich. Bei den Vortragenden, denen die politische Weiterbildung des studentischen Nachwuchses anvertraut wird, handelt es sich vorwiegend um Führungsfiguren des Neonazismus, Geschichtsfälscher und deutschnationale Rassentheoretiker. Für Unterhaltung sorgen Liedermacher aus dem Neonazi-Milieu.

Auffallend ist der große Anteil von Gästen aus den Reihen der NPD, der stärksten Kraft des deutschen Neonazismus, in deren Umfeld braune Gewalttäter wie die Gruppierung „nationalistischer Untergrund" des Mördertrios von Zwickau materielle Hilfe, Tarnung und Unterschlupf finden.

Der Verfassungsschutz des deutschen Innenministeriums schreibt der NPD eine „ausgeprägte Affinität zur Ideologie des Nationalsozialismus" zu. Im Verfassungsschutzbericht heißt es: „Die Agitation der Partei ist darüber hinaus rassistisch, antisemitisch, revisionistisch und verunglimpft die demokratische rechtsstaatliche Ordnung des Grundgesetzes.[340] Holger Apfel, der Ende 2011 Udo Voigt an der Spitze der NPD ablöste, hat mehrfach betont: „Jawohl, wir sind verfassungsfeindlich!"[341]

David Irving: Geschichtsfälscher über Adolf Eichmann

Nachdem die „Freiheitlichen Akademikerverbände" David Irving schon 1989 zu einer Vortragsreihe quer durch Österreich vermittelt hatten, sollte der mehrfach vorbestrafte Auschwitz-Leugner am 11. 11. 2005 einen Vortrag beim Stiftungsfest der Olympia halten, zu einem Thema, das zweifellos auf großes Interesse gestoßen wäre: „Die Verhandlungen Adolf Eichmanns mit jüdischen Führern in Ungarn."[342] Die Veranstaltung wurde abgesagt, weil Irving verhaftet und vor Gericht gestellt wurde. Die Verhandlung endete mit einem Schuldspruch wegen nationalsozialistischer Wiederbetätigung.

Es war nicht Irvings erstes Prozessdebakel. Europas skrupellosester Geschichtsfälscher, der in zahlreichen Ländern mit Einreiseverbot belegt wurde, ist immer gescheitert, wenn es darum ging, Gerichte von seinen braunen Thesen zu überzeugen. Rechtskräftige Urteile erlauben es, ihn „Lügner", „Fälscher", „Antisemit", „Rassist", „Hetzer" und „Neonazi" zu nennen (siehe Seiten 48–50).[343]

Bruno Haas:
Führer des braunen Terrors zum Thema „Politjustiz"

Schon 1990 hatte die Olympia Bruno Haas auf ihre „Bude" eingeladen, um zum Thema „Politjustiz in Österreich" zu referieren. Der berüchtigte Führer der neonazistischen „Aktion neue Rechte" (ANR), der auch Burschenschafter der Olympia angehörten, hat mit der „Politjustiz" reichlich Erfahrung gesammelt. Ende der Siebziger-, Anfang der Achtzigerjahre hatte er sich mit seiner braunen Schlägertruppe in die Schlagzeilen der österreichischen Zeitungen geprügelt und dem Neonazismus eine neue Qualität verliehen: Die ANR war die erste neonazistische Kaderorganisation der Nachkriegszeit auf österreichischem Boden.[344]

Zahlreiche Führungsfiguren des Rechtsextremismus sind aus dieser Gruppierung hervorgegangen oder standen mit ihr in Verbindung. Zu den ersten Vortragenden der „Schulungstreffen" hatte Gerd Honsik gezählt, zu den eifrigsten Aktivisten Gottfried Küssel. Brand- und Bombenanschläge, Überfälle auf „linke" Treffpunkte und Parteilokale und Straßenschlachten mit der Polizei gingen auf das Konto der Terror-Truppe (siehe Seite 271).

Die beiden ANR-Führer Bruno Haas und Harald Schmidt, Sohn eines FPÖ-Abgeordneten, waren gleichzeitig Mitglieder des Rings Freiheitlicher Jugend (RFJ). Als der Skandal aufflog, verfiel die Bundesorganisation in Panik: Sie schloss nicht nur die beiden Exponenten des Nazi-Terrors aus, sondern auch den niederösterreichischen Jugend-Vorsitzenden Johannes Widmayer, der die Aufnahme ermöglicht hatte.[345]

Schutz vor Verfolgung: Drei Rechtsextreme zum Verbotsgesetz

2001 lud die Olympia gleich drei Referenten aus dem rechtsextremen Milieu ein, um bei ihrem „Burschenschaftlichen Abend" über das Verbotsgesetz zu referieren: Für den ideologischen Teil war der Publizist Jürgen Schwab[346] zuständig, der in so ziemlich allen Medien schreibt, die in den Berichten des deutschen Verfassungsschutzes als „neonazistisch", „rechtsextrem", „rassistisch" und „verfassungsfeindlich" beschrieben werden.[347] Daneben bedient der NPD-Ideologe, dem seine eigene Partei „zu gemäßigt" ist,[348] als regelmäßiger Kolumnist das neonazistische „Störtebeker-Netz" mit Gastkolumnen.

Schwab gilt als der führende Exponent rechtsextremer Demokratiekritik. Über den von ihm geführten „Bund Frankenland" (BF) heißt es im Bayerischen Verfassungsschutzbericht, Ziel sei die „Beseitigung des Grundgesetzes und der parlamentarischen Demokratie" und die Schaffung eines „Vierten Deutschen Reiches (…) nationalistisch-rassistischer Prägung".[349]

Schwab gelang das Kunststück, aus der in Fragen rechter Gesinnung keineswegs besonders sensibel agierenden Burschenschaft Germania Graz wegen seiner politischen Arbeit ausgeschlossen zu werden.[350] Mitglied der Burschenschaft Thessalia zu Prag in Bayreuth ist er geblieben. Und auch die Olympia sieht keinen Grund, auf ihn als Referenten zu verzichten.

Die Beantwortung juristischer Fragen besorgte Neonazi-Anwalt Herbert Schaller, dessen Kampf gegen die „Gaskammern-Lüge" ihm mehrere Disziplinarverfahren eingetragen hat. Noch heute behauptet er, der Holocaust sei nicht „ordnungsgemäß bewiesen", von einem „Nachweis der NS-Gaskammern" könne „nach wie vor keine Rede sein" und ihre „Existenz" scheine „im Rang eines quasi-religiösen Dogmas zu stehen".[351]

Dritter im Bunde war Günter Rehak, dem eine Neugründung der NSDAP in Form einer Vermengung mit Elementen der Sozialdemokratie vorschwebt.[352] Nach der Verurteilung von David Irving empörte sich Rehak über die „unwürdige Rolle", die dieser durch sein Abgehen von der Gaskammerleugnung vor Gericht gespielt habe. Den Staatsanwalt des Prozesses bezeichnete er als „Mini-Freisler", die Geschworenen, die Irving einstimmig schuldig gesprochen hatten, als „handverlesene Kretins".[353]

Schönhuber: Werbung mit SS-Mitgliedschaft

Ein weiterer Gast auf der Bude der Olympia war der 2005 verstorbene Franz Schönhuber, der im Laufe seiner rechtsextremen Karriere für drei Rechtsaußen-Parteien kandidiert hat: In den Neunzigerjahren für die von ihm gegründeten „Republikaner", 1998 für die Hitler-Nostalgiker der „Deutschen Volksunion" (DVU), zuletzt 2005 für die NPD.

Als der prominente Neonazi im November 2002 auf der Olympia-Bude zum Thema „Chancen für eine europäische Rechte" sprach, warben die Gastgeber mit Schönhubers SS-Mitgliedschaft: „Er meldete sich nach dem Abitur in München 1942 freiwillig zur Waffen-SS und wurde im Kampfeinsatz auf Korsika mit dem Eisernen Kreuz ausgezeichnet. Später war er Ausbildner und Dolmetscher bei der SS-Division ‚Charlemagne'. Angehörige dieser Einheit gehörten im Frühjahr 1945 zu den letzten Verteidigern der Reichskanzlei in Berlin."[354]

Rolf Kosiek: Rassentheoretiker und NPD-Funktionär

Bei dem von der Olympia im November 2004 mitveranstalteten „Konrad-Lorenz-Symposium" trat unter anderem der neonazistische Multiaktivist und NPD-Politiker Rolf Kosiek als Referent auf. Der radikale Antisemit und Rassentheoretiker zählt zu den führenden Ideologen des braunen Milieus, in dem jenes neonazistische Mördertrio untertauchen konnte, das unter dem zynischen Begriff „Kebab-Mörder" im Herbst 2011 auch in Österreich Schlagzeilen machte.[355] Schon 1980 hatte er bei einem Vortrag vor der rechtsextremen „Gesellschaft für freie Publizistik" – der nach Einschätzung des deutschen Bundesamtes für Verfassungsschutz „mitgliederstärksten rechtsextremen Kulturvereinigung Deutschlands"[356] – den Kampf gegen die „Landnahme durch Millionen Ausländer" zur „zentralen ökologischen Aufgabe" erklärt.[357]

Rolf Kosiek gehört dem Führungskreis der rechtsextremen „Deutschen Studiengesellschaft" (DSG) und einer Reihe anderer Gruppierungen im neonazistischen Umfeld an. Seit Jahren engagiert er sich gegen das „gefährliche Gift" des jüdischen Einflusses und die „Zersetzung der deutschen geistigen Tradition".[358] Mit seinem Kampf gegen die „Multikulturalisten" und „Umvolker" der „Frankfurter Schule" um Max Horkheimer und Theodor W. Adorno fügt er sich nahtlos in die ideologische Ausrichtung deutschnationaler Burschenschaften ein.

Umstrittener „Rassenforscher": Wie einst im Nationalsozialismus

Im Februar 2010 lud die Olympia zum Vortrag eines Mannes ein, den sie in ihrer Einladung als „Wissenschaftler von Weltrang" pries: Philippe Rushton, Autor des Buches „Rasse, Evolution und Verhalten". Weltbekannt wurde der „Wissenschaftler", der an der kanadischen Universität Western Ontario unterrichtet, jedoch nicht durch die Qualität seiner Arbeiten, sondern durch die Entrüstung, die diese auslösten.

Mehr als 90 Prozent seiner Kollegen lehnen Rushtons Thesen ab, halten seine Arbeiten für unwissenschaftlich, ihn selbst für einen Scharlatan oder Rassisten. Sein Buch wird wegen der umstrittenen Thesen, die an die nationalsozialistischen Rassentheorien anschließen, nicht mehr verlegt. Dafür fügen sie sich nahtlos in das Weltbild der Olympen ein: Die „schwarze Rasse" sei, was Gehirngröße, Intelligenz und Lebenserwartung betrifft, den asiatischen und weißen „Rassen" deutlich unterlegen. Dafür führten „Schwarze" bei Testosteronspiegel und Muskelaufbau, Kriminalitätsrate, außerehelichen Kindern und HIV-Infektionen.[359]

Musik mit Frank Rennicke:
Glorifizierung von Hitler und Heß

Im Juni 2000 hatte die Olympia wieder einmal den prominenten Nazi-Barden Frank Rennicke eingeladen, den der Verfassungsschutz zu den „zentralen Figuren des deutschen Neonazismus" zählt.[360] Wenige Wochen zuvor hatte dieser in Coburg, Oberfranken, ein Benefizkonzert für das damals untergetauchte Thüringer Nazi-Trio gegeben, dem zumindest zehn Morde zur Last gelegt werden.[361] Als Uwe Böhnhardt, Uwe Mundlos und Beate Zschäpe untertauchen mussten, fanden sie im ideologischen und personellen Umfeld der NPD willige Unterstützer. Frank Rennicke war einer davon. 3000 bis 4000 D-Mark sollen bei seinem Konzert für die Verdächtigen gesammelt worden sein.[362]

Im Juni 1993 war Rennicke, der sonst bei Neonazi-Veranstaltungen wie dem „Rudolf-Heß-Gedenkmarsch" für Stimmung sorgt, schon einmal bei der Olympia aufgetreten. Die Gastgeber – unter ihnen zahlreiche FPÖ-Politiker mit Martin Graf, dem Dritten Präsidenten des Nationalrats, an der Spitze – wussten also, wen sie da einluden: den prominentesten Interpreten schwülstiger Hitler- und Heß-Glorifizierung. In einer seiner Balladen heißt es:

Landauf, landab, im kleinen wie großen
Wirst du immer auf's neue auf Adolf stoßen (...)
Gewöhn' dich daran, und fällt es auch schwer,
denn ohne Adolf läuft heute nichts mehr."

Oder:

"Mit Rudolf Heß ist uns ein Held geboren,
er ist unser Lehrer, Vorbild und Garant ...[363]

Rennicke stellte sich den Olympen in der von Martin Graf herausgegebenen Zeitschrift „Der Olympe" so vor:

"Durch ein NPD-Plakat fand ich den Weg in nationale Kreise. Seit Jahren lese ich sehr viel und erkannte bald, wie sehr uns Lüge, Umerziehung und Überfremdung weich klopfen (...) In der Wiking-Jugend lernte ich eine Gemeinschaft kennen, die mich Kameradschaft und Volkstum lehrte."[364]

Michael Müller: Verhöhnung der Nazi-Opfer

Ein anderer Sänger, der bei der Olympia im Januar 2003 für Stimmung sorgen durfte, ist der mittlerweile verstorbene Burschenschafter Michael Müller (Teutonia zu Regensburg).[365] Auch er hat für die NPD kandidiert und überall aufgespielt, wo sich Neonazis, Rechtsextreme und Burschenschafter trafen: bei Vorträgen von Rassisten und Geschichtsfälschern wie Horst Mahler[366] oder Manfred Roeder ebenso wie beim Rudolf-Heß-Gedenkmarsch. [367]

Lieder von ihm sind auf der verbotenen „Schulhof-CD" zu hören, mit der die NPD seit 2004 versucht, Jugendliche mit rechtsextremen Botschaften zu indoktrinieren.[368] In der Rhetorik der NSDAP wird auf dieser CD der Nationalsozialismus verherrlicht und der heutigen politischen Elite mit einem „Tribunal" gedroht.[369]

Berüchtigt wurde Müller durch seine menschenverachtende Umdichtung des Schlagers von Udo Jürgens, „Mit 66 Jahren …“, in der er die jüdischen Opfer des Nationalsozialismus verhöhnt:

„ Mit sechs Millionen Juden,
da fängt der Spaß erst an,
bis sechs Millionen Juden
da bleibt der Ofen an
(…) wir haben reichlich Zyklon B (…)
Bei sechs Millionen Juden
Ist noch lange nicht Schluss "

Jörg Hähnel:
Ehrung für den Mörder von Rosa Luxemburg

Im Januar 2007 hatte der im Bundesvorstand der NPD sitzende rechte Liedermacher Jörg Hähnel in der Bezirksversammlung Berlin Lichtenberg vorgeschlagen, den nach einem NS-Widerstandskämpfer benannten Anton-Saefkow-Platz in Waldemar-Papst-Platz umzubenennen.[370] Waldemar Pabst war jener Freikorps-Offizier, der 1919 Rosa Luxemburg und Karl Liebknecht verhört und danach ihre Ermordung befohlen hatte.[371]

Ausdrücklich hatte Hähnel die Morde an den beiden Galionsfiguren der deutschen Arbeiterbewegung als „mutigen Einsatz" und „Akt des Demokratieerhalts" gebilligt. Die gerichtliche Verurteilung nach dieser Straftat blieb nicht seine einzige. Unter anderem hatte er Briefe an Politiker mit Migrationshintergrund verschickt und sie in drohender Form zur Ausreise aufgefordert.[372]

Nachdem Hähnel wegen solcher und ähnlicher Delikte mehrfach vor Gericht gestanden war, hatte die Olympia ihn am 26. 1. 2008, im Vorfeld des Wiener Korporationsballes, zu einem Gesangsabend auf ihre „Bude" eingeladen.[373]

Braune Tradition
gegen antifaschistische Verfassung

Gemeinsam:
Neonazis, Burschenschafter und der 8. Mai

Wie eng der Schulterschluss zwischen Burschenschaften, FPÖ und Neonazi-Szene ist, wird alljährlich am 8. Mai sichtbar. An diesem Tag feiert das demokratische Österreich die Befreiung vom Nationalsozialismus und das Ende des von Hitler geführten Versklavungs- und Vernichtungskrieges. „Kommunistische Kader und Juden wurden liquidiert, die Zivilbevölkerung dezimiert, was übrig blieb, sollte den deutschen Herrenmenschen als Sklaven dienen", brachte Hans Rauscher im „Standard" den Inhalt des „Plan Ost" auf den Punkt.[374]

Burschenschafter, Neonazis und FPÖ sehen das anders. Gemeinsam betrauern sie die „totale Niederlage".[375] Aus der Sicht unbelehrbarer Nazis war sie das auch: Noch am Abend des 8. Mai 1945 wurde von der provisorischen Staatsregierung das Verbot der NSDAP erlassen. Ehemalige NSDAP-Mitglieder wurden vom Wahlrecht ausgeschlossen, bekamen keine Posten im öffentlichen Dienst, durften keine größeren Betriebe leiten. Die Rädelsführer des braunen Terrors, NS-Funktionäre, Kriegsverbrecher und Exponenten der braunen Vernichtungsbürokratie, wurden in Lager gesperrt.

Dass das Ende des nationalsozialistischen Verbrecherregimes alljährlich am Heldenplatz öffentlich betrauert wird, macht deutlich, dass sich das rechte Lager mit dem antifaschistischen Nachkriegs-Konsens, der Grundlage der Republiksgründung war, bis heute nicht abgefunden hat.

Der Burschenschafter und freiheitliche Wiener Landespolitiker Kurth-Bodo Blind erklärte während einer nächtlichen Rechnungshofdebatte, „nur Geschichtsfälscher" glauben, im 45er-Jahr seien „Befreier" gekommen.[376]

Der FPÖ-Politiker Wolfgang Jung (Albia Bad Ischl), der 2002 als Redner der Gedenkveranstaltung die „totale Niederlage" betrauerte, interpretiert den Konflikt zwischen braunen Geschichtsfälschern und empörten Demokratinnen und Demokraten, die gegen Verharmlosung und Verklärung des Nationalsozialismus demonstrieren, auf seine Weise: „Was würde uns blühen, wenn dieses Pack da drüben an die Macht käme?", ruft er ins Mikrofon.[377]

Zu jenen FPÖ-Politikern, die als „Trauerredner" auftraten, zählte 2001 auch Heinz-Christian Strache (Vandalia). 2011 war er als Redner vorgesehen, reagierte jedoch in letzter Minute auf das kritische Medienecho und sagte wegen eines „wichtigen Treffens" mit Politikern in Italien ab – von dem nie geklärt wurde, ob es tatsächlich stattfand.[378] Der freiheitliche EU-Abgeordnete Andreas Mölzer (Corps Vandalia Graz) empörte sich darüber und nannte das Auftreten beim Heldengedenken eine „moralische Verpflichtung".[379]

Fester Bestandteil des burschenschaftlichen Trauertages ist die Teilnahme neonazistischer Gruppierungen, die in Ankündigung und Werbung voll einbezogen sind. 2006 hatte im Forum des neonazistischen Wikinger-Versandes ein „Nationales Ehrenkomitee 8. Mai" zu Aktionen aufgerufen: „Wenn die Verräter die Niederlage des deutschen Volkes feiern, werden wir mit unserem Ehrendienst auch an diesem Tag den nationalen Widerstand ins Volk tragen."[380]

Auf der Website der mittlerweile vom Netz genommenen „alpen-donau" las man 2011, was auch Meinung der veranstaltenden Burschenschafter ist, dass sich nämlich „der anständige Teil unseres Volkes" – womit Neonazis sich offenbar selbst meinen – „nicht auf Kriegsfuß mit unserer Vergangenheit" befinde.

Besonders freuen sich die Verfasser darüber, dass die Veranstaltung ausgerechnet auf dem Heldenplatz stattfand, wo Adolf Hitler „seinerzeit Österreich aus der tiefsten Krise führte".[381]

Dass die Burschenschafter wissen, mit wem sie gemeinsame Sache machen, dokumentiert ein nach dem Totengedenken aufgenommenes Foto, das zu einer Anzeige wegen Wiederbetätigung führte. Es zeigt einen auf der Mölkerbastei von zahlreichen Burschenschaftern flankierten jungen Mann, der mit deutschem Gruß provoziert.[382]

Trauer um Nowotny:
„Vergaser 88" und „Kamerad Stefan Herzog"

Ähnlich eng ist die Zusammenarbeit zwischen Burschenschaftern, FPÖ und Neonazis bei den alljährlichen Gedenkveranstaltungen am Grab von Walter Nowotny (Vandalia Laa). Der erfolgreiche Jagdpilot der deutschen Luftwaffe ist zum Idol der Neonazi-Szene geworden. Als im Jahr 2003 der Wiener Gemeinderat die Aberkennung des Ehrengrabes beschloss, wurde von dem Wiener Stadtrat Johann Herzog (FPÖ), ORF-Chefredakteur Walter Seledec und Hans-Jörg Jenewein, Landesparteisekretär der FPÖ Wien, der „Verein zur Pflege des Grabes von Walter Nowotny" gegründet, der seither als Organisator der alljährlichen Kranzniederlegungen zu Allerheiligen in Erscheinung tritt.

Zu den mehr oder weniger regelmäßigen Teilnehmern des Rechtsextremistentreffens zählen neben Burschenschaftern und FPÖ-Politikern österreichische und deutsche Neonazis, darunter mit Gottfried Küssel und Felix Budin Schlüsselfiguren der braunen Szene.[383] Als Strache 2004 als Redner auftrat, weilte Gottfried Küssel unter den Zuhörern.[384] Wahrheitswidrig behauptet Strache, Nowotny sei „kein Nazi, sondern ein anständiger Soldat" gewesen.[385] Auch wenn die Kranzniederlegungen teilweise getrennt stattfanden, wurden sie gemeinsam beworben:

► Die vom neonazistischen Bund freier Jugend (BJF) ins Netz gestellte Ankündigung der Veranstaltung fand sich wortgleich auf der gemeinsamen Einladung des Ringes Freiheitlicher Studenten (RFS), des Ringes Freiheitlicher Jugend (RFJ) und des Wiener Korporationsringes (WKR).[386]

► Der Aufruf eines RFJ-Funktionärs, der per Mail um Teilnehmer warb, wurde wortgleich im Verteilernetz deutscher Neonazis veröffentlicht.[387]

► Neonazi-Websites, darunter die der NPD, des neonazistischen „Wikinger-Versands" und des Nazi-Netzwerks „alpendonau", an dessen verhetzenden Aktivitäten Küssel nach Einschätzung der Staatspolizei beteiligt sein dürfte, hatten Aufrufe zur Teilnahme veröffentlicht.[388]

► Zahlreiche Neonazis folgten den Einladungen. In Zweierreihen marschierten sie mit Reichskriegsflaggen und schwarzen Fahnen über den Friedhof. Als Bannerträger fungierten der Burschenschafter und Küssel-Freund Felix Budin (Cimbria), der seit Mitte der Neunzigerjahre in der neonazistischen Szene aktiv ist,[389] und ein Aktivist der Neonazigruppierung „Blood & Honour".[390]

► Budin trat auch als Redner in Erscheinung. Stolz betonte er, dass Nowotny, der am 1. Mai 1938 der NSDAP beitrat, schon „vor seiner Soldatenzeit" als illegaler Nazi aktiv war. Dass Nowotny vor 1938 als illegaler Nazi agierte, ist trotz aller Dementis aus Familie und FPÖ eindeutig belegt. Der „Völkische Beobachter" hatte in seiner Würdigung nach Nowotnys Tod im November 1944 geschrieben, dieser habe „als junger Führer der Hitler-Jugend trotz aller Verfolgungen in der Verbotszeit" Hitler „begeistert die Treue gehalten".[391]

► Der Einladung gefolgt waren auch Sascha Gasthuber von der neonazistischen Kameradschaft Germania und Clemens Otten (Cimbria), ehemaliger Generalsekretär des Rings Freiheitlicher Jugend (RFJ), die schon bei der Protestdemo gegen die Wehrmachtsausstellung zusammengearbeitet hatten.[392]

▶ In den Foren der „Germanen", die sich als „national gesinnte Ostmärker" beschreiben und über das „Holocaust-Lügengebäude" spotten, postete Gasthuber unter dem nationalsozialistischen Zahlencode „sascha 1488" (für 14 words – siehe Seite 84 – und Heil Hitler).[393]

▶ Das von Gasthuber ins Leben gerufene „Schutzbündnis Soldatengrab" mobilisierte nicht nur auf österreichischen und deutschen Neonazi-Websites, sondern auch im elektronischen Gästebuch des Kärntner Ringes Freiheitlicher Jugend (RFJ). Dort hieß es, dass die Berichte von deutschen Verbrechen im Zweiten Weltkrieg „jeder Grundlage entbehren, vor keinem Gericht je bewiesen werden konnten und ausschließlich auf Lug und Trug, auf Folter und Verschleppung, auf Meineid, Macht und Mord bauen."[394]

▶ Marcus Vetter, Mitarbeiter von Martin Graf, damals Vorsitzender des RFJ Donaustadt, ist auf dem Foto einer Kranzniederlegung gemeinsam mit Gottfried Küssel zu sehen.[395]

▶ Die neonazistische Homepage „stoertebeker" berichtete nach der Veranstaltung stolz, „studentische Korporationen, Freiheitliche und Nationalsozialisten" hätten „an der Grabstelle innegehalten und Kränze niedergelegt". Nach dem Totengedenken habe eine „Saalveranstaltung" stattgefunden, die von „wesentlichen Kräften nationaler Politik" in Wien und Niederösterreich besucht worden sei.[396]

▶ Ein „H8Skinhead" (Heil-Hitler-Skinhead) aus der „Ostmark" gab auf einer Neonazi-Website eine Telefonnummer der Wiener FPÖ als Auskunftsstelle an – etwa für die Frage, ob Transparente mitgeführt werden können.[397]

▶ Ein User, der sich „Vergaser 88" (88 für „Heil Hitler") nennt, fordert Reisewillige auf, sich für die „Buskoordination bei

Kamerad Johann Herzog zu melden". Die Veröffentlichung der Handynummer schließt alle Zweifel aus: Es war die des freiheitlichen Wiener Landtagsabgeordneten, inzwischen zum stellvertretenden Parteiobmann der Wiener FPÖ und Landtagspräsidenten avancierten Johann Herzog, Vorstandsmitglied des „Vereins zur Pflege des Grabes von Walter Nowotny".[398]

▶ 2006 führte die Rede von Gerhard Pendl (Oberösterreichische Germanen), Mitglied des Vorstands des „Vereins zur Pflege des Grabes von Walter Nowotny", zu dessen Abberufung als Universitätsrat, nachdem er Nowotny gewürdigt und Antifaschisten als „RAF-Sympathisanten" bezeichnet hatte. Das Unterrichtsministerium sah in Pendls „unkritischer Haltung zum Nationalsozialismus" eine „schwere Pflichtverletzung".[399] Pendl legte Einspruch beim Höchstgericht ein, wobei er vom ehemaligen Justizminister Harald Ofner (FPÖ) vertreten wurde. Der Verfassungsgerichtshof bestätigte im April 2008 die Korrektheit der Abberufung, wobei er in der Begründung anführte, dass die „kompromisslose Ablehnung des Nationalsozialismus ein grundlegendes Merkmal der 1945 wiedererstandenen Republik" sei.[400] Mehrere neonazistische Websites hatten zu Leserbrief- und Unterschriften-Aktionen für Pendl aufgerufen.

▶ Immer wieder wurde am Grab von Nowotny „Wenn alle untreu werden" gesungen. Im Dritten Reich war dieses alte „Treuelied" zu einer Art SS-Hymne geworden. Seit der nach Kriegsende vorgenommenen Einstufung der SS als „verbrecherische Organisation" wird dieses Lied nur noch in rechtsextremen und neonazistischen Kreisen gesungen.

▶ Im November 2007 nahm an der Nowotny-Ehrung eine Delegation der „Nationalen Volkspartei" von Straches Wehrsportfreund Andreas Thierry teil. In einschlägigen Internet-Foren wie dem vom deutschen BKA als „kriminelle Vereinigung" eingestuften „thiazi.net" wurde abgeraten, „szenetypische Kleidung wie Bomberjacken oder Stahlkappenstiefel" zu tragen. Auch sollten die Kameraden „weder Waffen noch Adressbücher, Listen oder ähnliches" mit sich führen, da „mit Kontrollen seitens der Stapo zu rechnen" sei.[401]

▶ Dass die regelmäßige Teilnahme von Nazi-Skins keine Erfindung antifaschistischer Medien ist, machte ein Blogger auf der Website des neonazistischen Wikinger-Versands deutlich, der an der „unwürdigen Adjustierung" mancher Teilnehmer Anstoß nahm: „Etwa 100 Leute, von denen mal 50 aussahen, als wären sie gerade aus einer Mülltonne gekrochen, Vollglatze, Bomberjacken, Stiefel, aufgestrickte Hosen, weiße Schuhbänder, zig Aufnäher, alle fünf Minuten die rechte Hand (zum Hitlergruß) oben." Beim Lied am Abschluss hätten dann vielleicht drei Leute mitgesungen, „der Rest kannte den Text nicht", nahm er an der großen Bandbreite des Milieus Anstoß, das Nazi-Skins und konservativ gekleidete „Krawatten-Nazis" zusammenführt.

Sonnwendfeiern: Werbung auf der Nazi-Plattform

Ähnlich dem Nowotny-Gedenken sind auch die vom Wiener Korporationsring (WKR) und der rechtsextremen „Österreichischen Landsmannschaft" veranstalteten Sonnwendfeiern traditionelle Treffpunkte von Burschenschaftern, FPÖ-Politikern und Neonazis. Als Strache 2007 die „Feuerrede" auf dem Wiener Cobenzl hielt, wurde Gottfried Küssel von der Veranstaltung ferngehalten: Küssel beklagte sich darüber in einem offenen Brief. Er habe „eine Hochschulpartie gefochten", siebeneinhalb Jahre in „politischer Haft" verbracht und schon immer an Sonnwendfeiern teilgenommen.[402]

2008 hielt Barbara Rosenkranz bei der Sonnwendfeier in ihrem Heimatort Seebarn die Feuerrede. Zur freien Entnahme lagen

Aufkleber gegen das NS-Verbotsgesetz auf. Gesungen wurde zuerst ein Lied aus dem Liederbuch der Hitler-Jugend und danach das berüchtigte SS-Lied „Wenn alle untreu werden". Das alte Studentenlied war von den Nazis umgetextet worden. In Seebarn tönt es aus vollen Kehlen in der SS-Version.[403]

Die Sonnwendfeier 2011, bei der der Grazer FPÖ-Stadtrat Mario Eustacchio (Burschenschaft Stiria) die Feuerrede hielt, wurde auf der mittlerweile vom Netz genommenen Neonazi-Plattform alpen-donau.net angekündigt. Das Programm war in der von den Nazis bevorzugten, heute kaum mehr Verwendung findenden Frakturschrift gedruckt. In der offiziellen Broschüre wird das Lied „Flamme empor" durch ein Foto illustriert, das Burschenschafter mit dem Kühnen-Gruß zeigt, der in Deutschland als Abwandlung des Hitler-Grußes verboten ist. In Eustacchios Feuerrede wurden Texte von nationalsozialistischen Propaganda-Schriftstellern verarbeitet. Gesungen wurden Lieder aus dem „Nationalsozialistischen Volksliederbuch" und – natürlich – die SS-Hymne „Wenn alle untreu werden".[404]

Ulrichsberg: Nazis mobilisieren für Volksabstimmungs-Kommers

Zu den Traditionsveranstaltungen, bei denen Burschenschafter und FPÖ-Politiker gemeinsam mit Neonazis, SS-Angehörigen und Hitler-Nostalgikern feiern, zählt auch das alljährlich zum 10. Oktober stattfindende Treffen auf dem Ulrichsberg bei Klagenfurt, bei dem offiziell der Opfer „beider Weltkriege und des Kärntner Abwehrkampfes" gedacht werden soll. Inoffiziell fungiert der Ulrichsberg seit Jahrzehnten als Treffpunkt der internationalen Rechtsextremisten- und Revisionisten-Szene, die sich dem deutschnationalen Ziel von 1920, die slowenische Volksgruppe total zu assimilieren, immer noch verbunden fühlt. Landesverweser Arthur Lemisch hatte damals formuliert: „Nur ein

Menschenalter haben wir Zeit, diese Verführten zum Kärntnertum zurückzuführen" und das „Erziehungswerk" zu vollenden. Nach dem Anschluss ging die völkische Grenzlandideologie im Nationalsozialismus auf, der den 10. Oktober zum Feiertag machte und 917 Slowenischsprachige in deutsche Arbeitslager deportierte.[405]

In den Achtzigerjahren hatte die Staatspolizei 50 Hakenkreuz-Abzeichnen bei einer einzigen Veranstaltung konfisziert. Danach wurden zahlreiche Gedenktafeln für neonazistische Organisationen und SS-Verbände entfernt.[406] 2009 hatte Verteidigungsminister Norbert Darabos die Unterstützung durch das Bundesheer untersagt, nachdem publik geworden war, dass der Obmann der Ulrichsberg-Gemeinschaft mit NS-Devotionalien gehandelt hatte.[407]

2010 hatte der Dachverband „Deutsche Burschenschaft" (DB), dem auch die österreichischen Burschenschaften angehören, zu einem Kommers* unter dem Titel „90 Jahre Volksabstimmung in Kärnten" geladen. Fest in die Organisation eingebunden war der Kärntner FPÖ-Chef Christian Leyroutz, Obmann des Freiheitlichen Akademikerverbandes (FAV).[408] Mobilisiert aber wurde auch auf Plattformen deutscher Neonazis und der Ende 2011 vom Netz genommenen „alpen-donau". Zahlreiche „Volkstreue" und Hitler-Nostalgiker kündigten ihre Teilnahme auf Facebook an.[409]

1995 hatte ein Video die internationale Zusammensetzung der angereisten Gäste zur Ulrichsberg-Veranstaltung gezeigt, unter ihnen Gudrun Burwitz, Tochter von Reichsführer SS Heinrich Himmler, Otto Kumm, letzter Kommandant der SS-Leibstandarte Adolf Hitler, der dänische Kriegsverbrecher Sören Kam und SS-Offiziere wie Peter Timm von der berüchtigten SS-Sturmbrigade Dirlewanger oder Henri Moreau von der SS-Division Wallonie.[410]

---

* Festliche Veranstaltung von Studentenverbindungen zu besonderen Anlässen

WKR-Ball: Tanz der Auschwitz-Leugner am Auschwitz-Gedenktag

Diese Blamage hätte sich die Republik Österreich ersparen sollen: Ausgerechnet am 27. Januar 2012, dem von der UNO zum Holocaust-Gedenktag erklärten Jahrestag der Befreiung von Auschwitz, durfte die Elite der europäischen Auschwitz-Leugner in der Hofburg ihren WKR-Ball feiern. Gastgeber sind jene Burschenschaften,

▶ die am 8. Mai nicht die Befreiung vom Nationalsozialismus feiern, sondern die „totale Niederlage" des NS-Staates betrauern,

▶ die Hitler-Stellvertreter Rudolf Heß des Friedensnobelpreises für würdig befunden haben,

▶ die gemeinsam mit Neonazis das Andenken an Symbolfiguren des NS-Systems wie Walter Nowotny aufrecht halten,

▶ die an der Gründung der neonazistischen NDP beteiligt waren und mit der Unterstützung des Nazi-Terroristen Norbert Burger ihre Treue zum nationalsozialistischen Gedankengut deutlich machten,

▶ die den Arier-Paragraphen in ihren Verbindungen immer noch wie geltendes Recht exekutieren,

▶ die sich mit nationalsozialistischen Wiederbetätigern wie Gottfried Küssel solidarisieren,

▶ die Mitglieder neonazistischer Gruppierungen aus dem Umfeld von Küssel und Honsik in ihre Verbindungen aufnehmen,

▶ die einer Neonazi-Gruppierung, deren Aktivisten wegen NS-Wiederbetätigung vor Gericht stehen, einen Geldpreis zuerkennen,

▶ die Europas Elite der braunen Geschichtsfälscher, Auschwitz-Leugner und Rassisten in ihren Medien publizieren lassen und zu Festveranstaltungen einladen,

► die bei Feierlichkeiten Nazi-Barden aufspielen lassen, deren Balladen Hitler und Heß verherrlichen oder die Opfer des Nazi-Terrors mit Textzeilen wie „Mit sechs Millionen Juden, da fängt der Spaß erst an …" verhöhnen und

► die bei feierlichen Anlässen das SS-Lied „Wenn alle untreu werden" und andere Nazi-Lieder anstimmen.

Die geladenen Gäste aus dem Ausland sind politisch ebenso eindeutig positioniert wie ihre Gastgeber. In den vergangenen Jahren zählten dazu Männer wie Jean-Marie Le Pen, Gründer und langjähriger Vorsitzender des antisemitischen, rassistischen und allzeit gewaltbereiten „Front National" (FN). Le Pen hat sich in schlechten Zeiten durch den Vertrieb von Nazi-Liedern über Wasser gehalten. Er hat im Algerien-Krieg gefoltert, bei Saalschlachten ein Auge eingebüßt und eine sozialistische Kandidatin, die gegen ihn demonstrierte, eigenhändig verprügelt. Einer seiner Anhänger hat am 14. Juli 2002 einen Anschlag auf Frankreichs Staatspräsident Jacques Chirac versucht. Wann immer in Frankreich eine Moschee in Flammen aufgeht oder ein jüdischer Friedhof geschändet wird, sucht und findet die Polizei die Täter im Umfeld des Front National.

Kaum weniger prominent ist Le Pens Parteifreund und prominenter Antisemit Bruno Gollnisch, der sich wegen Holocaust-Leugnung mehrfach vor Gericht verantworten musste[411] und seiner Universität verwiesen wurde.[412]

Von ähnlichem Zuschnitt sind die Ehrengäste des Vlaams Belang, Nachfolger des antisemitischen und radikal rassistischen Vlaams Blok. Nachdem ein ordentliches Gericht die Partei als „rassistisch" und „eine Gefahr für die belgische Demokratie" eingestuft hatte, kamen die Nationalisten durch Selbstauflösung einem Parteienverbot zuvor, um sich danach neu zu gründen und unter neuem Namen den alten Zielen zu widmen. Die in der Tradition belgischer SS-Veteranen stehende Separatisten-Partei ist mit Bekenntnissen zur nationalsozialistischen Vergangenheit vorsichtiger geworden. Die Zeiten, als man einen Wahlparteitag demonstrativ an Hitlers Todestag veranstaltete, sind vorbei. Der Kampf für Amnestie und Rehabilitation der Nazi-Kollaborateure wird nur noch thematisiert, wenn man bei Traditionsveranstaltungen der alten Ehemaligen unter sich ist. Wenn eine Anhängerin im Antwerpener Rathaus mit dem Hitler-Gruß einen Tumult verursacht, beteuert die Parteiführung, mit dieser Frau „nichts zu tun" zu haben.

Ähnlich der FPÖ betreibt man die Wahlwerbung mit Nazi-Parolen, nur dass es Ausländer statt Juden heißt: „So viele Arbeitslose – weshalb noch Juden?", hatten in den Dreißigerjahren die Nazis gehetzt. Mit „So viele Arbeitslose – weshalb noch Ausländer?" wirbt die belgische Rechtsaußen-Partei. Die Nazis waren einst mit Besen durch belgische Städte gezogen, um sich als „Saubermacher-Partei" zu profilieren. Der Vlaams Belang hat die Tradition der nationalsozialistischen „Besenmärsche" einfach übernommen. Belgische Medien beschreiben die Partei als „braune Plage", Regierungspolitiker deren Führer als „perfekte Nazis".

Ähnlich ließen sich auch die alljährlichen Ballgäste aus der NPD beschreiben: Matthias Faust, Mitglied des Bundesvorstandes und 2011 Spitzenkandidat in Bremen, der die Fusion von NPD und DVU vorbereitet hat, um Deutschland eine „starke rechte Kraft" zu geben;[413] Andreas Molau, Bildungsreferent und führender Ideologe der NPD, bevor er über die DVU zur rechtsextremen Bürgerbewegung „Pro NRW" wechselte.[414] 2007 war der im Bundesvorstand der NPD sitzende mehrfach vorbestrafte rechte Liedermacher Jörg Hähnel Ehrengast des WKR-Balles, der den Mord an Rosa Luxemburg und Karl Liebknecht als „mutigen Einsatz" und „Akt des Demokratieerhalts" gepriesen und Politiker mit Migrationshintergrund zur Ausreise aufgefordert hatte.[415]

Die NPD, aus der mehrfach neonazistische Gewalt hervorgegangen ist, steht eindeutig in der Tradition des Nationalsozialismus und des Dritten Reiches.[416] In ihren Medien haben Holocaust-Leugnung und Verharmlosung des nationalsozialistischen Terrorsystems einen festen Platz.

Die Liste rechtsextremer Ehrengäste des WKR-Balles ist lang. Sie reicht von Vertretern der „Schwedendemokraten", die ein Nahverhältnis zur neonazistischen „Nordischen Reichspartei" unterhält, über den russischen Faschisten Alexander Dugin und alle möglichen osteuropäischen Vertreter rechtsextremer Parteien bis zum spanischen Falangisten Enrique Ravello. Dass der WKR-Ball 2012 nicht wenigstens auf ein anderes Datum gelegt wurde, kennzeichnet die Einstellung seiner Veranstalter, die nichts daran finden, am Auschwitz-Gedenktag das Tanzbein zu schwingen.

Als die Betreibergesellschaft der Wiener Hofburg (Hotels Intercontinental, Hotel Sacher, Austria-Hotels, Schick-Hotels und Casino Austria) beschließt, die Galaveranstaltung der rechtsextremen und neonazistischen Elite in Zukunft nicht mehr stattfinden zu lassen, ruft Martin Graf auf der von seinen Mitarbeitern betreuten Website „unzensuriert.at" zum Boykott auf. Zahlreiche Burschenschafter, aber auch ausgewiesene Neonazis, die nie einen Fuß ins Sacher setzen würden, versenden die vorformulierte Vorlage.[417]

Die Angst vor dem Boykott dürfte sich in Grenzen halten: In Österreich beträgt der Anteil der Burschenschaften nicht einmal 0,05 Prozent der Bevölkerung, in Deutschland ist er noch geringer. Ein Boykott der durch Medienberichte mobilisierten Gegner des Burschenschafter-Rummels könnte den Veranstaltern ein Vielhundertfaches teurer kommen.

„Aula": Bindeglied zwischen Burschenschaften, FPÖ und Neonazismus

Am deutlichsten wird die enge Verknüpfung zwischen FPÖ und Neonazi-Szene im Burschenschafter-Organ „Aula". Das rechtsextreme „Intellektuellenblatt" spricht seit Jahrzehnten jene Leserschaft an, unter der sich erfolgreich für Bücher wie „Zions Griff zur Weltherrschaft" oder „Der Auschwitz-Mythos. Legende oder Wirklichkeit?" werben lässt.[418]

Geworben wird auch für Publikationen wie die „Deutsche Stimme" der NPD, die laut Einschätzung des deutschen Verfassungsschutzes „die nationalsozialistische Herrschaft insgesamt als positives Gegenstück zur freiheitlichen demokratischen Grundordnung darstellt". Für die „Aula" steht diese neonazistische Zeitschrift „der FPÖ und der korporierten Studentenschaft nahe".[419]

Zu den rechtsextremen Publikationen, für die in der „Aula" geworben wird, zählen auch die „Vierteljahreshefte für freie Geschichtsforschung", über die der deutsche Verfassungsschutz urteilt: „In der pseudowissenschaftlich aufgemachten Publikation" würden „der Völkermord an den europäischen Juden geleugnet" und „die deutschen Kriegsverbrechen relativiert."[420] Der wegen „Aufstachelung zum Rassenhass" und Holocaust-Leugnung vorbestrafte ehemalige Herausgeber Germar Rudolf hatte sich 1996 einem neuerlichen Prozess durch Flucht ins Ausland entzogen.[421]

Unter den Autoren der „Aula" findet sich neben FPÖ-Politikern die Elite brauner Geschichtsfälscher, Holocaust-Leugner, Rassisten, Antisemiten und Demokratieverächter, die als Referenten von Burschenschafter-Veranstaltungen auftreten und gleichzeitig als Stichwortgeber der neonazistischen Gewaltszene agieren. Regelmäßig druckt das Burschenschafter-Magazin Artikel aus rechtsextremen und neonazistischen Blättern ab wie „National-Zeitung", „Nation Europa", „NHB-Report" (Zeitschrift des nationaldemokratischen Hochschulbundes in Deutschland), „Criticon", „Mut", „Lot und Waage", „Staatsbriefe", „Völkerfreund", „Eckartbote" oder „Kommentare zum Zeitgeschehen".[422]

Die revisionistische, rassistische und antisemitische Schreibweise der „Aula" hat FPÖ-Funktionäre schon mehrfach in Verlegenheit gebracht.[423] Die Fernsehserie „Holocaust" wurde als „Hetzfilm" diffamiert, der „Lügen ohne Ende" verbreite, unter anderem über „die Zahl der sechs Millionen vergasten oder ausgerotteten Juden während der NS-Herrschaft", die „der historischen Wahrheit nicht entspricht."[424] Im Gedenkjahr 1988 hatte das Blatt über den „Medienterror" gegeifert und sich darüber erregt, dass es an manchen Abenden „gleich drei bis vier Böse-Nazis-Brave-Juden-Sendungen hintereinander" gebe. [425]

Seit Jahrzehnten wehrt sich die „Aula" gegen das „verordnete Geschichtsbild des Holocaust",[426] gegen die „totale Herrschaft der Umerzogenen"[427] und die „irrwitzige Geisteshaltung, die 1945 noch immer als Befreiung betrachtet"[428]. Es gebe zwei Arten von Weltgeschichte, wird in der „Aula" behauptet. „Die eine ist die offizielle, verlogene, für den Schulunterricht bestimmte, die andere ist die geheime Geschichte, welche die wahren Ursachen der Ereignisse birgt."[429]

Fester Bestandteil der Blattlinie ist die Agitation gegen das NS-Verbotsgesetz: „Mit dem Festhalten am Verbotsgesetz (...) erfüllt die umerzogene, nachgeborene Politikergeneration als geistige 5. Besatzungsmacht die Wünsche der Umerzieher."[430]

Auch die Agitation gegen Demokratie und Rechtsstaat hat in der „Aula" Tradition. Demokratische Regime würden sich vom Nationalsozialismus dadurch unterscheiden, dass „die Schreibtischtäter à la Eichmann durch die Abstimm-Mörder auf den Parlamentsbänken ausgetauscht wurden, mit dem Erfolg, dass jetzt zehnmal mehr Unschuldige völlig legal umgebracht werden als Hitler Juden ermorden ließ."[431] Wer die von den Parlamentariern Ermordeten sein sollen, bleibt der Artikel schuldig. In der Jugend-„Aula" schreibt der freiheitliche EU-Parlamentarier Andreas Mölzer: „Der westliche Parteienstaat (...) kann vor den Gesetzen der Geschichte nicht haltbar sein."[432]

Im Juni 1994 behauptete die „Aula" unter Berufung auf ein „Gutachten" des ehemaligen Präsidenten der Ingenieurskammer, Walter Lüftl, dass die von Zeitzeugen und geständigen Tätern geschilderten Massenvergasungen mittels Zyklon B „nach den Naturgesetzen und technischen Möglichkeiten so nicht stattgefunden haben" können.[433] Das von Lüftl verfasste Machwerk, „Holocaust, Glaube und Fakten", wurde als „Meilenstein auf dem Weg zur Wahrheit" gepriesen. Das Landesgericht für Strafsachen in Graz verurteilte daraufhin „Aula"-Geschäftsführer Herwig Nachtmann wegen nationalsozialistischer Wiederbetätigung.[434]

Eine Fortsetzung fand der Skandal, als der Klagenfurter Vizebürgermeister und Nazi-Buchstabierer (Nazi: „Neu, Attraktiv, Zielstrebig, Ideenreich")[435] Reinhard Gaugg einen Bausachverständigen als Gutachter für das Klagenfurter Hallenbad brauchte und die Wahl – wen wundert es? – ausgerechnet auf Auschwitz-Leugner Walter Lüftl fiel.[436]

Mitte der Neunzigerjahre brachte eine Briefbomben- und Bomben-Serie, an deren tragischem Höhepunkt Anfang Februar 1995 vier Roma Opfer einer Sprengfalle wurden, die „Aula" in Bedrängnis (siehe Seite 277). Systematisch hatte sie gegen jene „Umvolkungspolitiker", Minderheiten und Minderheitenvertreter gehetzt, die anschließend Opfer der Anschläge wurden.

Als die inhaltlichen und stilistischen Übereinstimmungen zwischen Bekennerbriefen und „Aula" in den Medien thematisiert wurden und die Staatspolizei die Bezieherliste beschlagnahmte, sagte sich die FPÖ-Spitze vom burschenschaftlichen Ideologie-Organ los.[437] Die Ermittler waren davon ausgegangen, dass die

Täter „möglicherweise in einer Burschenschaft" zu suchen und „Bezieher der Aula" seien.[438]

Mehrfach hatten Autoren der „Aula" Gewalt als legitimes Mittel im Kampf gegen die drohende „Umvolkung" ausgegeben. Unter Berufung auf Biologen und Mediziner beschrieb Ingomar Pust „Mord, Totschlag und Genozid" als „naturgegebenes Verhalten" und beklagte, dass der Staat auf das „Notwehrrecht der Todesstrafe" verzichte und „menschlichem Auswurf" das Leben sichere.[439] Leserbriefschreiber durften in der „Aula" sogar fordern, Politiker, denen es nicht gelinge, „die biologische Substanz der Bevölkerung" zu bewahren, „am nächsten Baum aufzuknüpfen."[440]

Ähnlich sieht das Richard Melisch, seit vielen Jahren Vordenker der Neonazi-Szene, wenn er den „Aula"-Lesern das Buch eines französischen Rechtsextremisten ans Herz legt, der zum „Befreiungskrieg" gegen die „Kolonisation Europas" durch die Immigration von Muslimen aufruft. Der Kampf solle jedoch nicht durch antimuslimische Pogrome, sondern durch Terror gegen die „Verräter und Verbrecher" aus dem „eigenen Volk" geführt werden, also gegen jene Politiker, die für den „Ethno-Suizid verantwortlich sind".[441]

Strache als Schirmherr:
Freibrief für neonazistische Agitation

Der von Jörg Haider eingeleitete Versuch, die Partei zu modernisieren und sie vom Burschenschafter-Mief aus Deutschtümelei und brauner Geschichtsfälschung zu befreien, war 2005 mit Straches Wahl zum Parteiobmann beendet worden. Das „dritte Lager" habe in ihm einen „Verbündeten", die „Aula" einen „verlässlichen Ansprechpartner", hatte Strache bereits 2003 eine Art burschenschaftlichen Treueeid abgelegt.[442] Mehrfach stand Strache der „Aula" als Autor und Interviewpartner zur Verfügung,[443]

Ende 2011 gratulierte er dem rechtsextremen Magazin zum 60. Bestandsjubiläum.[444]

Die Autoren der „Aula" empfanden Straches demonstrative Rückendeckung als Freibrief, die vorübergehend zurückgenommene revisionistische und neonazistische Agitation wieder zu verstärken. Nach Straches Wahl zum Parteichef schrieb Otto Scrinzi[*] einen Nachruf auf den NSDAP-Blutordensträger, SS-Obersturmbannführer, stellvertretenden Gauleiter und FPÖ-Mitbegründer Klaus Mahnert. Dieser habe als „Idealist" im Nationalsozialismus ein System „sozialer Gerechtigkeit, volksgemeinschaftlichen Denkens" und „klarer Verantwortungs- und Führungsstrukturen statt endlosen Feilschens um Parteiinteressen" gefunden.[445]

Im August desselben Jahres durfte der Antisemit Wolfgang Strauss in der „Aula" seinen Hass auf Juden abladen.[446] Beigelegt war dem Heft ein Prospekt des Aula-Verlages. In diesem wurde neben rassistischen Hetzschriften und Veröffentlichungen hochrangiger SS-Schergen für das Buch „Gattenwahl" geworben, dem „Leitfaden einer Eheplanung als Grundlage einer gesunden völkischen Arterhaltung".[447]

In der darauffolgenden Nummer stellte die „Aula" den ehemaligen Wiener FPÖ-Politiker und mehrfach verurteilten Auschwitz-Leugner Wolfgang Fröhlich, Verfasser des neonazistischen Pamphlets „Der Gaskammerschwindel – naturwissenschaftliche Fakten und politische Hintergründe des Jahrhundertbetrugs", in typischer Neonazi-Diktion als Opfer der „Gesinnungsjustiz" dar.[448]

Zwei Nummern danach wird über einen Auftritt prominenter deutscher Neonazis bei der Grazer Burschenschaft Cheruskia berichtet. Bei seinem Vortrag über „Chancen und Perspektiven der nationalen Bewegung in der BRD und Österreich" hatte der Vorsitzende der neonazistischen und verfassungsfeindlichen

---

[*]   im Januar 2012 verstorben

NPD, Udo Voigt, unter anderem „Sammellager" für Migranten gefordert.[449]

In der Folgenummer machte Fred Duswald die homosexuellen Opfer des Nazi-Terrors zu „homosexuellen Tätern" und erklärte ihre hohe Todesrate damit, dass sie wegen ihrer „gegen die Schöpfungsordnung gerichteten Sexualität" auch in Freiheit die am meisten gefährdete Gruppe bilden, was ihn Apostel Paulus zitieren lässt: „Der Sünde Sold ist der Tod." Im selben Heft warnt der kurz zuvor verstorbene Franz Schönhuber in seinem letzten Interview davor, bei den Versuchen der FPÖ, die europäische Rechte zu einen, aus „Angst vor der Weltmeinung" auf die NPD zu vergessen.[450]

In dieser Tonart neonazistischer Hetze geht es weiter. Die „Aula"-Macher wissen ja: Strache steht hinter ihnen. Also werben sie für das revisionistische Machwerk „Geheimakte Heß"[451] und lassen den deutschen Neonazi Rigolf Hennig, der gerade eine neunmonatige Freiheitsstrafe verbüßt, das Ende Israels prophezeien. Für den „mit den Mitteln der Gewalt, Vertreibung, Entrechtung und des Mordes" gegründeten „Zwergstaat mit Weltmachtallüren" werde es kein Entrinnen geben: In Israel mordeten Hamas und Hisbollah, und auch in Mitteleuropa „dürfte es für das kleine Wandervolk im Zuge der Ereignisse früher oder später eng werden", artikuliert Hennig kaum verhüllte Vernichtungswünsche.

Freiheitliche Spitzenpolitiker scheinen an solch antisemitischen Hasstiraden keinen Anstoß zu nehmen: Im selben Heft finden sich Interviews mit Strache und dem steirischen FPÖ-Chef Gerhard Kurzmann.[452]

Also bleibt die „Aula" auf Linie und lässt Friedrich Romig das antisemitische Machwerk „The Jewish Revolutionary Spirit" besprechen. Was der Autor E. Michael Jones und sein Rezensent da behaupten, ist ernst gemeint, auch wenn es lächerlich klingt. Wie unter Hitler wird den Juden an allem und jedem die Schuld gegeben: von Pornografie und Sexualunterricht, Homosexuel-len-Rechten, Feminismus, Göttinnen-Verehrung, Abtreibung, Ehebruch, Scheidung, Partnertausch, Inzest, Pädophilie, Selbstbefriedigung, künstliche Befruchtung, embryonale Stammzellenforschung ...[453]

Wenn es gerade nicht um die Juden geht, wird Hitler und dem Nationalsozialismus gehuldigt. In einem Interview kommt der ehemalige NS-Abwehroffizier Franz Wimmer-Lamquet zu Wort, der sich an den Führer-Eid „immer noch gebunden" fühlt, Hitlers „Kultiviertheit" und „umfassende Bildung" bewundert, die „guten Taten" seines Stellvertreters Rudolf Heß preist und seine Wertschätzung für Reinhard Heydrich, den Organisator der „Endlösung" betont.[454]

Bemerkenswert ist die immer wieder demonstrativ zur Schau gestellte Übereinstimmung mit der neonazistischen NPD, deren gewaltbereitem Umfeld zahlreiche Anschläge und Morde in Deutschland zugeschrieben werden. In einem Doppel-Interview des NPD-Politikers Jürgen Gansel und des Wiener FPÖ-Politikers Johann Gudenus (FPÖ-Klubobmann im Wiener Landtag) wird deutlich, dass es zwischen den beiden Parteien in der Bewertung des Zuzugs von „rassefremden" Menschen und jener „verbrecherischen Politiker", die diesen ermöglichen, kaum Unterschiede gibt.[455]

Die vom österreichischen Verfassungsrechtler Heinz Mayer als „neonazistisch" klassifizierte Arbeitsgemeinschaft für demokratische Politik (AFP), die nationalsozialistische Ideen verherrlicht und nationalsozialistische Gewaltmaßnahmen zynisch leugnet (siehe Seite 166), darf in der „Aula" für die Freilassung der inhaftierten Kader ihrer Jugendorganisation „Bund freier Jugend" (BFJ) werben.[456]

Noch 2007 wird der mehrfach vorbestrafte Nazi-Fälscher und Auschwitz-Leugner David Irving als „renommierter Historiker" gefeiert. Im April 2009 kommt mit Herbert Schweiger ein anderer Auschwitz-Leugner zu Wort. Der Anfang Juli 2011 verstorbene einstige Spitzenkandidat der FPÖ in Graz munitioniert seit Jahren die deutsche Neonazi-Szene mit absurder Nazi-Propaganda. Die „Aula" nennt das „abweichende Ansichten zur jüngsten Geschichte".[457]

Zwischen Gut und Böse wird in der Bewertung kirchlicher Würdenträger unterschieden. Zu den „Guten" zählt die „Aula" den als Auschwitz-Leugner vorübergehend exkommunizierten Bischof Williamson der reaktionären „Priesterbruderschaft Pius X".[458] Zu den Bösen zählt der „Polen-Paule" genannte Papst Johannes Paul II., an dessen Seligsprechung man Anstoß nimmt, weil seine Mutter Jüdin war.[459]

Auschwitz-Leugner finden in der „Aula" auch dann Unterstützung, wenn sie aufgrund ihrer aggressiven Politik, ihrer Atomprogramme und ihrer kriegerischen Rhetorik weltweit isoliert sind, wie der iranische Präsident Mahmoud Ahmadinedschad. Der verlangt nicht nur die Ausrottung aller Juden, sondern stellt auch den Holocaust in Abrede, was ihm die Anerkennung der „Aula" einträgt, weil er „westliche Dogmen der Zeitgeschichte in Frage zu stellen wagt".[460]

Dass Burschenschafter und FPÖ-Politiker in der „Aula" gegen das NS-Verbotsgesetz anschreiben, erscheint angesichts dieser Fülle an Nazi-Verharmlosung und Nazi-Verherrlichung als Akt des Selbstschutzes. Selbst das Verbot des Hakenkreuzes stößt der „Aula" sauer auf. Empört werden die Ermittlungen gegen einen Rechtsextremisten registriert, der seinem „Kameraden" Friedhelm Busse, führender Kopf der militanten deutschen Neonazi-Szene, eine Reichskriegsflagge mit Hakenkreuz ins Grab nachgeworfen hat.[461]

Der ehemalige oberösterreichische FPÖ-Landesobmann Hans Achatz bezeichnet das Verbotsgesetz als „Armutszeugnis für die

Demokratie"[462]. Für Schriftleiter Martin Pfeiffer ist es ein „Relikt aus dunkelster Besatzungszeit" das zur „Niederhaltung unliebsamer Meinungen" missbraucht werde.[463]

Im Mai 2010 wird Pfeifer auf der 50. Jahrestagung der von hochrangigen Ex-Nazis und SSlern gegründeten „Gesellschaft für freie Publizistik" (GFP) zu deren Vorsitzendem gewählt. Bei der Jubiläumsveranstaltung treten treue Weggefährten auf: Der NPD-Politiker Holger Apfel und Andreas Mölzer, FPÖ-Abgeordneter im Europaparlament. Gerhard Frey, der langjährige Vorsitzende der neonazistischen DVU, Herausgeber der „National-Zeitung" und Versender von Neonazi-Literatur, wird bei der Tagung mit der „Ulrich-von-Hutten-Medaille" ausgezeichnet. Das Unterhaltungsprogramm bestreitet der für seine Hitler-Glorifizierung berüchtigte Nazi-Barde Frank Rennicke (siehe Seiten 107, 108).[464]

Im Juni 2011 sorgte der oberösterreichische „Aula"-Autor Fred Duswald (Danubia München) für einen geschmacklosen Höhepunkt neonazistischer Agitation. Nachdem die Holocaust-Überlebende Ruth Klüger am Jahrestag der Befreiung des Konzentrationslagers Mauthausen im österreichischen Parlament eine berührende Rede gehalten hatte, verhöhnte der ehemalige NDP-Funktionär unter dem Titel „Lügt Klüger?" sowohl die Referentin als auch die KZ-Opfer.

Die KZ-Insassen nennt er „kriminelle Elemente", die aus Mauthausen Befreiten „Landplage". Klügers Erinnerung bezeichnet er als Lüge. Zu Kronzeugen macht er den Auschwitz-Leugner Walter Lüftl und Hanns Kreczi, den einstigen Sekretär des prominenten Nationalsozialisten, Linzer Oberbürgermeisters und SS-Brigadeführers Franz Langoth, der als Richter am Volksgerichtshof Todesurteile gefällt hatte.[465]

Führende FPÖ-Politiker, die der Burschenschafter-Postille als Autoren und Interviewpartner zur Verfügung stehen, scheinen an der seit Jahrzehnten betriebenen neonazistischen Hetze

131

keinen Anstoß zu nehmen. Einige spenden gar öffentliches Lob, wie der Rieder Abgeordnete zum Nationalrat Elmar Podgorschek, der sich bei der „Aula" ausdrücklich für deren „Gesinnungstreue" bedankt.[466]

Mölzers „Zur Zeit":
Mit Neonazis und Verfassungsfeinden

Wichtigster publizistischer Meinungsmacher im burschenschaftlichen Milieu ist der freiheitliche EU-Abgeordnete Andreas Mölzer (Corps Vandalia Graz). Der Chefredakteur und Herausgeber von „Zur Zeit", der Rassistenvokabeln wie „Umvolkung" in den politischen Sprachgebrauch einführte, hat in so ziemlich allen Druckwerken publiziert, die der deutsche Verfassungsschutz als „neonazistisch", „faschistisch", „verfassungsfeindlich" oder „staats- und demokratiegefährdend" einstuft:

▶ in „Deutschland in Geschichte und Gegenwart" unter Chefredakteur Wilfried van Oven, der als einstiger Adjutant und Pressechef von Propagandaminister Joseph Goebbels stets daran festhielt, dass es keine Beweise für den Mord an Juden gebe;[467]

▶ in den „Deutschen Monatsheften" des „Deutschen Kulturwerks europäischen Geistes", eines von ehemaligen SS-Offizieren und Nazi-Größen gegründeten Vereins, dessen Mitarbeiterin dem (mittlerweile verstorbenen) Neonazi-Führer Michael Kühnen einst zur Flucht verholfen hat;[468]

▶ im Neonazi-Magazin „NHB-Report", das vom NDP-Studentenbund herausgegeben wird,

▶ in „Nation Europa", einem vom ehemaligen SS-Hauptsturmführer und Chef der „Bandenbekämpfung" im Führerhauptquartier, Arthur Ehrhardt, gegründeten Blatt, in dem der (mittlerweile verstorbene) nationalsozialistische Rassenfanatiker die neonazistische Elite Europas publizieren ließ.

Wie in der „Aula" findet auch in „Zur Zeit" die Zusammenführung von Burschenschaftern, FPÖ-Politikern und Neonazis statt. Mit nahezu den gleichen Themen: Braune Geschichtsfälscher dürfen die deutsche Kriegsschuld leugnen, den Angriffskrieg als „notwehrhafte Präventivaktion" (...) „zum Schutz Europas" ausgeben, Hitler zum „großen Sozialrevolutionär", dessen Stellvertreter Rudolf Heß zum „kühnen Idealisten" stilisieren und das Nürnberger Tribunal als „größten Schauprozess der Weltgeschichte" lächerlich machen. Wie in der „Aula" wird auch in diesem Blatt behauptet, „Massenvergasungen mittels Zyklon B" seien technisch gar nicht möglich gewesen. Der Holocaust und die sechs Millionen Ermordeten werden als „Mythos" und „Dogma" verhöhnt. [469]

Natürlich wurde John Gudenus (Vandalia), damals Mitherausgeber von „Zur Zeit", nach seiner Verurteilung in Schutz genommen: Ausgerechnet der für seine antisemitischen Tiraden berüchtigte Friedrich Romig schreibt von „Hetzjagd" und einem „Schulbeispiel für politische Prozesse". Gudenus habe nur von seinem „Recht auf freie Meinungsäußerung" Gebrauch gemacht. [470]

Von den zahlreichen Anzeigen, die das „Dokumentationsarchiv des österreichischen Widerstandes" (DÖW) wegen Verstößen gegen das Verbotsgesetz einbrachte, führte nur eine zu einer Verurteilung. Der Geschichtsfälscher Hans Gamlich wurde wegen Wiederbetätigung verurteilt. Ein Verfahren gegen Andreas Mölzer wurde eingestellt, weil dieser den Text vor Drucklegung nicht gelesen haben wollte. [471]

Seit der Verurteilung findet die braune Sudelpropaganda hauptsächlich in Form von Buch-Rezensionen statt. Unter den Autoren, deren Arbeiten besprochen werden, finden sich Namen, die es in der Neonazi-Szene zu höchstem Ansehen gebracht haben, unter anderem der wegen Volksverhetzung mehrfach vorbestrafte

Holocaust-Leugner Udo Walendy („Wahrheit für Deutschland –
die Schuldfrage des Zweiten Weltkrieges"), der als Quellenfäl-
scher überführte David L. Hoggan („Der erzwungene Krieg"), der
revisionistische Autor Walter Post („Die Ursachen des Zweiten
Weltkriegs")[472] oder der berüchtigte Antisemit und Geschichtsfälscher Helmut Schröcke („Der Zweite Weltkrieg")[473].

Ausführlich besprochen wird auch das Buch „Das Ende der
Tabus", mit dem der Auschwitz-Leugner Rudolf Czernin die
neonazistische Fälscher-Szene munitioniert.[474] Der Autor kommt
zum Ergebnis, dass „Massenvergasungen mittels Zyklon B so
nicht stattgefunden haben können". Die Liste der „angeblichen"
deutschen Kriegsverbrechen werde immer kürzer. Kaum eines
halte einer naturwissenschaftlich-technischen Überprüfung stand.
„Demgegenüber stehen unverrückbar die tatsächlichen Kriegsverbrechen der Siegermächte."[475]

Zu den Rechtsextremisten und Neonazis, die „Zur Zeit" zu
Wort kommen lässt, zählen Männer wie

▶ Franz Radl, ehemaliger Sprecher des Wiener Korporationsringes und „wissenschaftlicher Berater" von Auschwitz-
Leugner Gerd Honsik,[476]

▶ der zwischen nationalem und katholischem Extremismus
hin- und hergerissene Antisemit Friedrich Romig, Gegner
von Aufklärung und demokratischem Verfassungsstaat,[477]
Befürworter eines katholischen Gottesstaates,[478] der das „Dokumentationsarchiv des österreichischen Widerstandes" der
„Lüge", „Fälschung" und des „Landesverrats" bezichtigte
und dafür rechtskräftig verurteilt wurde,[479]

▶ der deutsche Terrorist und Hitler-Bewunderer Horst Mahler,
der Menschenrechte als „Völkermord" bezeichnet, Gewalt
gegen Ausländer zu legitimieren versucht[480] und seit 2009
eine insgesamt zwölfjährige Haftstrafe absitzt,

- der wegen Volksverhetzung verurteilte NPD-Politiker Peter Dehoust, der sich überall engagiert, wo der Nationalsozialismus verharmlost, die deutsche Kriegsschuld geleugnet und Rassismus gepredigt wird,[481]
- der in Südafrika lebende deutsche Neonazi Claus Nordbruch, der im Interview auf der (mittlerweile verbotenen) Nazi-Plattform „Blood & Honour" ankündigte: „Am Ende steht der Sieg",
- Nazi-Barde und NPD-Politiker Frank Rennicke, der in seinen Balladen Adolf Hitler und Rudolf Heß glorifiziert (siehe Seite 108),[482]
- der französische Antisemit und Rassist Bruno Gollnisch vom „Front National", der den Holocaust relativiert,[483] Antirassismus als „geistiges Aids" bezeichnet[484] und wegen seiner rechtsextremen Ausfälle von der Jean-Moulin-Universität in Lyon ausgeschlossen wurde.[485]
- István Csurka, Vorsitzender der rechtsextremen „Ungarischen Wahrheit- und Lebenspartei" (MIÉP), der Europa von der jüdischen Weltverschwörung entmachtet und geistig kolonialisiert sieht[486] oder
- Frank Vanhecke, Vorsitzender der pro-nazistischen flämischen Nationalisten, die sich – um einem Parteiverbot zu entgehen – als Vlaams Blok auflösten, um sich danach als Vlaams Belang neu zu erfinden.

Die Inhalte sind so, wie Autoren und Interviewpartner das vermuten lassen. Da wird in typischer Neonazi-Diktion die Geschichte verfälscht, gegen das Verbotsgesetz agitiert, vor dem jüdischen Tätervolk",[487] dem „jüdischen Schurkenstaat",[488] der „weltweiten jüdischen Dominanz"[489] oder den „Machthabern der US-Ostküste"[490] gewarnt. Da ist es nicht ungewöhnlich, wenn ein Beitrag mit der in Deutschland verbotenen NS-Parole „Deutschland erwache" endet,[491] die dem „Adolf Hitler zugeeigneten" Lied „Sturm,

Sturm, Sturm" entnommen ist und in dem Lied „Heil Hitler Dir" aufgegriffen wurde, in dem es unter anderem heißt: „Gib fremden Juden in deinem Reich nicht Raum (…) Juda entweiche aus unserem deutschen Haus!"[492]

Im Juli 2004 freut sich „Zur Zeit" über die nationalsozialistische Herkunft der neuen freiheitlichen Parteiführung: Die Eltern der neuen Vorsitzenden Ursula Haubner (Jörg Haiders Schwester) hätten sich „in ihrer Jugend als idealistische Nationalsozialisten verstanden". In der Korporation ihres Stellvertreters Günther Steinkellner (Akademisches Corps Alemannia Wien zu Linz) sei „in den Zwanzigerjahren auch der NS-Agitator Horst Wessel (…) aktiv" gewesen. Und auch der Großvater des neuen Generalsekretärs Uwe Scheuch „war ein prominenter Nationalsozialist"[493].

Im Juni 2006 wird „Zur Zeit" als Unterstützerin der Homepage eines „Kulturrings" genannt, der gemeinsam mit der „Aula", der Burschenschaft Gothia und dem neonazistischen Bund Freier Jugend (BFJ) für eine „sensationelle DVD-Dokumentation" wirbt. In Wirklichkeit ist „Geheimakte Heß" ein brauner Propagandafilm, der vom deutschen Neonazi Horst Mahler als Beleg für die „vielfältigen Friedensinitiativen des Deutschen Reiches" gepriesen wird.[494]

2007 demonstriert das Blatt zu seinem zehnjährigen Bestandsjubiläum, dass sich an seiner Einstellung nichts geändert hat. Stargäste der Festveranstaltung sind ausgerechnet der Neonazi-Anwalt und Auschwitz-Leugner Herbert Schaller, der einmal mehr behauptet, dass es für Gaskammermorde „keine Sachbeweise" gebe, und Europas prominentester brauner Geschichtsfälscher, David Irving, der nur per Video-Einspielung teilnehmen kann, weil er nach seiner vorzeitigen Haftentlassung Ende 2006 mit Einreiseverbot belegt ist.[495] Dass in der Jubiläumsnummer unter dem Motto der „Meinungsfreiheit" gegen das Wiederbetätigungsgesetz agitiert wird und vor Gericht stehende Neonazis als „volkstreue Patrioten" verharmlost werden, ist nur noch Zugabe.[496]

Kurz vor dem Jubiläum hatte das Berliner Schwesterblatt „Junge Freiheit", aus deren Wiener Ausgabe „Zur Zeit" hervorgegangen war, die Zusammenarbeit gekündigt, weil Andreas Mölzer allzu offen mit der neonazistischen NPD zusammengearbeitet und diese auch in die Verhandlungen über eine Fraktion der europäischen Rechtsparteien im Europaparlament mit einbezogen hatte.

Im deutschen Verfassungsschutzbericht wird der NPD, aus deren Umfeld immer wieder Gewalt hervorgegangen ist, eine „ausgeprägte Affinität zum Nationalsozialismus" bescheinigt.[497] Das Urteil von Dieter Stein, Chefredakteur der „Jungen Freiheit", die wegen ihrer Rechtsaußen-Position selbst unter Beobachtung des Verfassungsschutzes steht, fällt womöglich noch härter aus. Die NPD sehe sich „ausweislich ihrer eigenen Verlautbarungen in der Tradition des Nationalsozialismus und des Dritten Reiches", heißt es in dem Schreiben an Andreas Mölzer. Sie feiere „Otto Ernst Remer, der den 20. Juli 1944 niedergeworfen hat" als Helden*, integriere neonazistische Symbolfiguren wie Jürgen Rieger oder Friedhelm Busse und lasse auf ihrem Parteitag mit Christian Worch eine „Leitfigur der deutschen Neonazi-Szene sprechen". Für Stein ist die Zusammenarbeit mit der am Rande des Parteienverbots agierenden NPD, aus der immer wieder Gewalt hervorgegangen ist und in deren Umfeld Gewalttäter Unterschlupf und Hilfe finden, kein Kavaliersdelikt. Also beendet er die publizistische Zusammenarbeit „mit sofortiger Wirkung" und untersagt „Zur Zeit" eine weitere Übernahme von JF-Artikeln.[498]

---

* Otto Ernst Remer, Verräter des Umsturzversuches vom 20. Juli 1944, profilierte sich nach Kriegsende als Holocaust-Leugner und wurde wegen Volksverhetzung verurteilt.

Nebenbei: Der Brief wurde formuliert, lange bevor das Mördertrio von Zwickau aufflog, das im Umfeld der NPD untergetaucht war, wo es großzügige Hilfe und Unterstützung fand. Als möglicher Unterstützer der Terroristen wurde im November 2011 Ralf Wohlleben verhaftet, der von 2006 bis 2008 als stellvertretender NPD-Vorsitzender in Thüringen agierte. Gemeinsam mit einem weiteren Freund der Terroristen hatte er das „Fest der Völker" der neonazistischen „Kameradschaft Jena" mitorganisiert, auf dem „Zur Zeit" mit einem Info-Stand präsent war.

Die enge Verbindung zwischen Andreas Mölzers „Zur Zeit" und der NPD beschränkt sich nicht auf Autoren, Interviewpartner und ideologische Ähnlichkeiten. Da wird die NPD für ihren „Achtungserfolg" bei den Wahlen in Sachsen gelobt, der gezeigt habe, dass „unermüdliche Basisarbeit" vom Volk honoriert werde und dieses sich „nicht von Verbotsanträgen (…) irritieren lässt".[499] Da wird unter dem Titel „Klarheit im Denken" ein „Positionspapier" beschrieben, in dem die NPD ihre Vorstellungen einer „neuen Ordnung" darlegt.[500]

2010 wird der „Trauermarsch" in Dresden – eines der größten Neonazi-Treffen Deutschlands – als „wichtigste nationale Gedenkveranstaltung" gewürdigt. Neonazi-Portale aus ganz Europa hatten zur Teilnahme an der – mittlerweile verbotenen – Kundgebung aufgerufen. Auf der mittlerweile vom Netz genommenen österreichischen Neonazi-Seite „alpen-aonau" wurde zu einem Vorbereitungstreffen in das „Dr. Fritz Stüber Heim" der neonazistischen „Arbeitsgemeinschaft für demokratische Politik" (AFP) geladen, auf deren Veranstaltungen Führungsfiguren der Neonazi-Szene neben Burschenschaftern und FPÖ-Politikern auftreten (siehe Seiten 157–167).

Unsere Ehre heißt Treue:
Burschenschafter machen Politik

Mehrfach griffen Burschenschafter in die österreichische Tagespolitik ein, meist dann, wenn die FPÖ sich zu liberal gab und sich zu weit von jenen Traditionen entfernt hatte, die für die deutschnationalen Verbindungen zentraler Teil ihres Selbstverständnisses sind.

► Anfang der Sechzigerjahre nützten Burschenschafter der Olympia und der Brixia unter Norbert Burgers Führung (damals noch Bundesvorsitzender des „Ringes Freiheitlicher Studenten" und Mitglied der „Freiheitlichen Akademikerverbände") die zäh verlaufenden Südtirol-Verhandlungen zur Inszenierung eines terroristischen „Befreiungskampfes", der in Wirklichkeit keiner war. Ohne Rücksicht auf historische Tatsachen wurden die Bombenanschläge zur „großdeutschen Sache" umgelogen. Was als Kampf gegen Strommaste begonnen hatte, eskalierte zum Blutbad, das an die 30 Menschenleben forderte.

► Mitte der Sechzigerjahre erfolgte aus dem Kreis jener Burschenschafter, die den Südtirol-Terror inszeniert hatten, die Gründung der NDP nach dem Vorbild der NSDAP. Bis zu ihrer Auflösung 1988 durch den Verfassungsgerichtshof wurde die Neonazi-Partei von Burschenschaftern dominiert, denen die FPÖ zu angepasst, zu demokratisch und zu wenig deutschnational war. Die von den Gründern angestrebte Spaltung der FPÖ blieb aus. Angesichts ihrer Radikalität kam die NDP bei der Nationalratswahl 1970, der einzigen, an der sie teilnahm, über 0,06 Prozent der Stimmen nicht hinaus.

► 1980 unterstützte ein Komitee „Waffenstudenten für Norbert Burger" die Kandidatur des Südtirol-Terroristen und NDP-Gründers zum Amt des Bundespräsidenten. Wieder war es ein Affront der Burschenschafter gegen die FPÖ, die mit Wilfried Gredler ihr liberales Aushängeschild nominiert hatte. Mit burschenschaftlicher Hilfe errang Österreichs prominentester Neonazi mit 140.000 Stimmen bzw. 3,2 Prozent einen Achtungserfolg, den Europas braune Szene euphorisch feierte.

▶ 1982 gründeten Burschenschafter um Gerd Honsik (Rugia-Markomannia), Gottfried Küssel (Danubo Markomannia) und Herbert Fritz (Olympia) gemeinsam mit Neonazis die als Wahlplattform gedachte „Ausländer-Halt-Bewegung" (AUS), die zwar nie zu Wahlen antrat, publizistisch jedoch durch hasserfüllten Rassismus und systematisch wiederholte Holocaust-Leugnung in Erscheinung trat.

▶ Von Burschenschaftern und Neonazis gemeinsam getragen war der von NDP, „Ausländer-Halt-Bewegung" und „Aktion Neue Rechte" (ANR) 1982 gestartete Versuch einer „Bürgerinitiative zur Durchführung eines Volksbegehrens gegen die Überfremdung Österreichs", der jedoch scheiterte. Immerhin gelang es den Aktivisten, den von Joseph Goebbels geprägten Begriff „Überfremdung" fest im politischen Wortschatz zu verankern.

▶ 1986 unterstützten Burschenschafter die Kandidatur von Otto Scrinzi (VDSt Maximiliana Innsbruck) bei der Wahl zum Bundespräsidenten, der jedoch nur auf 1,2 Prozent kam, obwohl ihm kein FPÖ-Kandidat gegenüberstand. Der Alt-Nazi, der sich stolz dazu bekannte, „auch innerhalb der NSDAP" immer rechts gestanden zu sein,[501] hatte zwei Jahre zuvor aus Ärger über die liberale Politik der FPÖ die „National-Freiheitliche Aktion" (NFA) gegründet.

▶ Im selben Jahr katapultierte ein „Putsch der Burschenschafter" (Norbert Steger)[502] Jörg Haider (Silvania) an die Spitze der Partei. Norbert Steger hatte erfolglos versucht, der FPÖ ein liberales Profil zu geben und auf „Kellernazis" zu verzichten. Die Reaktion war ein Aufstand gegen die „Ent-ideologisierung" und „Verleugnung der deutschnationalen Grundsätze", mit dem die rechtsextreme Hegemonie wieder hergestellt und Burgers NDP obsolet gemacht wurde.[503]

▶ Als sich die auf Haider gesetzten Hoffnungen auf Re-Ideologisierung und Radikalisierung nur teilweise erfüllten, gründeten 1990 die Burschenschafter Norbert Burger (Olympia), Franz Radl (Teutonia), Gottfried Küssel (Danubo Markomannia), Gerd Honsik (Danubo Markomannia) und Herbert Fritz (Olympia) gemeinsam mit Horst Jakob Rosenkranz und einer Reihe prominenter Neonazis die Liste „Nein zur Ausländerflut". Der Ehemann von Straches heutiger Stellvertreterin Barbara Rosenkranz, der sich davor in der 1988 verbotenen neonazistischen NDP betätigt hatte, erlitt ein zweites Mal Schiffbruch: Auch die Liste „Nein zur Ausländerflut" wurde vom Verfassungsgerichtshof als neonazistisch eingestuft und verboten.

▶ Jörg Haider wusste um die Macht der Burschenschaften und reagierte mit einer Doppelstrategie. Auf der einen Seite versuchte er, die Partei zu modernisieren und zu entideologisieren, indem er unbelastete Quereinsteiger (Buberlpartie) in die erste Reihe stellte und den Anteil der Burschenschafter in Parteigliederungen und demokratischen Gremien deutlich zurückführte und der „Deutschtümelei" eine Absage erteilte. Auf der anderen Seite hielt er den deutschnationalen Kern durch Sprüche bei Laune, mit denen er jeweils knapp an der NS-Wiederbetätigung vorbeischrammte: Schon 1985 hatte er den Kriegsverbrecher Walter Reder einen „Soldaten wie hunderttausend andere auch" genannt, der „nur seine Pflicht erfüllt" habe, 1988 übernahm er den von Hitler geprägten Ausdruck „Missgeburt der österreichischen Nation", 1991 sprach er von der „ordentlichen Beschäftigungspolitik im

Dritten Reich", 1993 forderte er „Schluss mit der Kriminalisierung der eigenen Geschichte", 1995 machte er die Konzentrationslager der Nazis zu „Straflagern" und behauptete, die deutsche Wehrmacht habe die „Demokratie in Europa (…) ermöglicht".

▶ Als nach dem Regierungseintritt im Februar 2000 Susanne Riess-Passer versuchte, die Partei in der Mitte zu positionieren, zettelten Burschenschafter den Aufstand von Knittelfeld an, den der damalige Generalsekretär Peter Sichrovsky als „rechtsradikale Revolution" charakterisierte.[504] Nach dem Absturz bei der Wahl 2002 und der Spaltung der Partei besorgte Strache, als er 2005 zum Bundesvorsitzenden gewählt wurde, die Wende rückwärts, indem er den Burschenschaftern, die 0,05 Prozent der Bevölkerung stellen, die Macht in der Partei weitgehend überließ.

▶ Während der Krise hatten die Burschenschafter 2004 noch einmal ihre Macht gezeigt. Als die FPÖ unter dem vor der Ablöse stehenden Herbert Haupt versuchte, mit Hans Kronberger einen ideologisch unbelasteten Kandidaten für die EU-Wahl zu nominieren, organisierten sie eine Vorzugsstimmen-Kampagne für den ideologisch eindeutig positionierten Andreas Mölzer, der mit fast 11.000 Vorzugsstimmen ins Europa-Parlament einzog. Dem Personenkomitee für Mölzer gehörten neben den burschenschaftlichen Initiatoren über 40 Personen an, die im „Handbuch des österreichischen Rechtsextremismus" einschlägig beschrieben sind.

▶ Nach dem Erfolg 2004 sorgte auch 2009 ein Personenkomitee für die Wahl Mölzers. Wieder fanden sich auf der Liste berüchtigte Antisemiten, Rassisten, Auschwitz-Leugner und ausgewiesene Neonazis, darunter mit Karl Polacek ein profilierter Vertreter der braunen Gewaltszene, der schon 2005 als „Zeitzeuge" an einem von Mölzer herausgegebenen Buch mitgewirkt hatte.[505] In Deutschland war Polacek ausgewiesen worden, nachdem er eine Antifaschistin mit einer Axt attackiert hatte. In Braunau gab er die Untergrund-Postille „Braunauer Ausguck" heraus, in der unter anderem behauptet wird, „vergasen" sei eine „humane Art, Menschen und Ungeziefer umzubringen". An anderer Stelle findet sich ein Bekenntnis zum politischen Guerillakrieg: „Wir verzichten auf Parteien und Wahlen und den billigen Demokrötenmist."[506]

Um keinen Zweifel aufkommen zu lassen, wer in der Partei wirklich das Sagen hat, haben die Burschenschafter Strache schon mehrmals die Rute ins Fenster gestellt. Erste kritische Stimmen gab es, als der FPÖ-Chef die rechte Ikone Barbara Rosenkranz im Präsidentschaftswahlkampf fallen ließ. Dann erzürnte Straches Israel-Reise und die Fusion mit den „Verrätern" der Freiheitlichen in Kärnten (FPK) die Burschenschafter so sehr, dass der Doyen des Dritten Lagers, Otto Scrinzi, seine Ehrenmitgliedschaft zurücklegte. Beinahe zum Eklat kam es, als Strache 2011 seine Zusage nicht einhielt, die Gedenkrede zum 8. Mai auf dem Heldenplatz zu halten. Andreas Mölzer empörte sich darüber, dass Strache dem „polemischen Antifaschismus" nachgegeben habe. Die Rede zum 8. Mai sei vielleicht „nicht opportun", aber sie sei „moralische Verpflichtung."[507]

Zehn Mal haben sich Österreichs deutschnationale Burschenschaften unmittelbar in die Tagespolitik eingebracht: Einmal als Organisatoren von Nazi-Terror, zweimal als Gründer neonazistischer Parteien, deren Erfolg eine Spaltung der FPÖ zur Folge gehabt hätte. Viermal unterstützten Burschenschafter deutschnationale Rechtsaußen-Kandidaten, in zwei Fällen gegen von der FPÖ nominierte „Liberale". Einmal versuchten sie ein rassistisches Volksbegehren zu initiieren. Zweimal putschten sie gegen eine ihrer Meinung nach zu liberale Parteiführung.

Die Burschenschaften wissen um ihre Stärke. Mehrfach haben sie die FPÖ vor die Alternative gestellt, sich entweder zu fügen oder eine Schwächung bzw. Spaltung der Partei in Kauf zu nehmen. Bedrückende Wirklichkeit ist: Eine politische Subkultur mit einem Bevölkerungsanteil von 0,05 Prozent, die sich bis heute von den Traditionen des Nationalsozialismus nicht gelöst hat, führt eine 30-Pozent-Partei an der Leine.

Resümee:
Burschenschafter als Nazi-Aktivisten und Mitläufer

Auch wenn sich die Burschenschaften um Geheimhaltung bemühen und es durch das autoritäre Milieu und das Lebensbund-Prinzip kaum zu Indiskretionen kommt, ist die Rolle der Korporationen als neonazistische Kaderschmieden belegbar. Die berüchtigten Führer der österreichischen Neonaziszene wie Gottfried Küssel, Gerd Honsik, Franz Radl oder Felix Budin sind nahezu ausnahmslos aus dem Korporierten-Milieu hervorgegangen.[508] Neonazis aus allen möglichen Gruppierungen – auch aus Küssels gewaltbereiter „Volkstreuer Außerparlamentarischer Opposition" (VAPO) – haben in Burschenschaften Aufnahme gefunden.

Verhängnisvoll ist die politische Beeinflussung der jungen Studierenden, um die Burschenschaften mit kameradschaftlicher Einbindung, billigen Wohnmöglichkeiten, billigem Bier und der Aussicht auf Protektion beim Übergang ins Berufsleben (oder in die Politik) werben. Trotz materieller Vorteile fällt es den Verbindungen schwer, ausreichend Nachwuchs zu finden. Aus „Sprecherberichten" der Olympia geht hervor, dass junge Studenten immer schon „gekeilt" werden mussten.[509] Was der Anwerbung folgt, ist aus den oben dokumentierten Fällen ablesbar: Auf den Buden ist der studentische Nachwuchs rechtsextremer Beeinflussung bis hin zur nationalsozialistischen Indoktrinierung ausgesetzt.

Im Oktober 2008 wehrte sich die Olympia gegen eine derartige Einschätzung. Über ihre Rechtsanwälte ließ sie allen Parlamentsklubs mitteilen, die Einladung von „Personen, die in der Öffentlichkeit als ‚kontroversiell' angesehen werden" bedeute nicht, dass man sich mit deren Standpunkten identifiziere.[510] Olympen wie Walter Asperl haben dieser Darstellung explizit widersprochen. So hatte der Mitarbeiter von Martin Graf 2002 nach einer Vortragsveranstaltung konstatiert, dass freiheitliche Burschenschafter dem zurzeit einsitzenden deutschen Neonazi Horst Mahler politisch „sehr nahe" stünden.[511]

Aber auch ohne solche Aussagen darf man Zweifel an den Ausführungen der Olympia-Anwälte anmelden. Da ist zuerst einmal die Tatsache, dass zu „wissenschaftlichen Veranstaltungen" fast ausschließlich jene exponierten Extremisten eingeladen werden, die systematisch den organisierten Neonazismus munitionieren und deren Tätigkeit bis weit in jene Gewaltszene hinein reicht, in der das Mördertrio von Zwickau Schutz und Hilfe fand.

Verdeutlicht wird die neonazistische Motivation der Veranstalter auch durch die Tatsache, dass so gut wie keine politischen Gegenmeinungen zugelassen werden. Bei den „wissenschaftlichen Veranstaltungen" der Olympia sind Männer der gemäßigten demokratischen Mitte nicht vertreten – von Exponenten der Linken oder den von Burschenschaftern verhassten Menschenrechts-Aktivisten gar nicht zu reden. Die jungen studentischen Aktiven, die zum Teil ohne politisch gefestigtes Weltbild zur Olympia stoßen, sind damit ausschließlich antisemitischer, rassistischer, deutschnationaler und neonazistischer Indoktrination ausgesetzt.

Noch deutlicher wird der politische Standort der Olympia, wenn man sich jene Gäste ansieht, die zu gesellschaftlichen Anlässen für Unterhaltung sorgen. Michael Müller, Frank Rennicke und Jörg Hähnel zählen zu den schlimmsten Hetzern der deutschen Neonazi-Szene. In ihren Texten werden Adolf Hitler

145

und Rudolf Heß glorifiziert, werden die Opfer des NS-Terrors lächerlich gemacht, werden alle Klischees transportiert, die den europäischen Neonazismus ausmachen. Zudem sind alle drei Exponenten der NPD, deren „ausgeprägte Affinität zur Ideologie des Nationalsozialismus" und deren „rassistische, antisemitische, revisionistische, die demokratische rechtsstaatliche Ordnung des Grundgesetzes verunglimpfende" Agitation der deutsche Verfassungsschutzbericht ausdrücklich festgestellt hat.[512]

Im Schreiben der Olympia-Anwälte heißt es unter anderem, Müller habe die Udo-Jürgens-Parodie „Mit sechs Millionen Juden, da fängt der Spaß erst an – bis sechs Millionen Juden, da ist der Ofen an", auf der Bude der Olympia gar nicht gesungen. Ist das glaubhaft? Da lädt die Olympia einen neonazistischen Liedermacher ein, der mit dem geschmacklosesten Lied aller Zeiten zu traurigem Weltruhm gelangt ist – und dann soll er ausgerechnet jenes Lied, das über Monate die von Burschenschaftern als Feinde empfundenen Demokratinnen und Demokraten empörte und traurige Schlagzeilen machte, nicht gesungen haben?

Der Innsbrucker Historiker Michael Gehler kommt zu dem Schluss, dass Österreichs Burschenschaften von einer „bis ins Neonazistische reichenden Gesinnung" geprägt sind.[513] Das Dokumentationsarchiv des österreichischen Widerstandes zählt die Olympia zu den „rechtsextremen" Burschenschaften.

Wie die oben geschilderten Fälle dokumentieren, greifen im Fall der Olympia selbst diese Befunde zu wenig weit. Die Programme und Gäste ihrer Vortragsveranstaltungen, aber auch die Aktivitäten ihrer Mitglieder, die bei Nazi-Versandhäusern bestellen, Jugendlager mit nationalsozialistischen Bezügen, Symbolen und Texten veranstalten, sich positiv über Inhalte neonazistischer Hetzer äußern und sich von neonazistischen Liedermachern auf der Bude unterhalten lassen, rücken die Olympia eindeutig in die Nähe der Neonazi-Szene.

Dass eine Reihe österreichischer Spitzenpolitiker aus dieser Burschenschaft kommt und zahlreiche Exponenten des neonazistisch indoktrinierten Nachwuchses schon auf dem Sprung in die Politik sind, ist eine offene Herausforderung für Rechtsstaat und Demokratie. Dass mit Martin Graf der zweithöchste Repräsentant der Republik dieser Burschenschaft angehört und seine schützende Hand über deren Mitglieder halten darf, ist für ein Land, dessen Bürger und Bürgerinnen im Nationalsozialismus vielfach schuldig geworden sind, eine beispiellose Blamage. Für jene Demokratinnen und Demokraten, die den antifaschistischen Verfassungsauftrag ernst nehmen, muss es Herausforderung bleiben.

Dabei ist die Olympia kein Einzelfall. Auch Burschenschafter aus Verbindungen, deren ideologische Ausrichtung sich nicht anhand von Vorträgen und Liederabenden festmachen lässt, leisten dem gewaltbereiten Milieu des unreflektierten Neonazismus Hilfestellung. Durch ihre akademischen Titel, ihre berufliche Reputation, ihre Verbindungen in Politik, Wirtschaft, Justiz und Verwaltung, nicht zuletzt durch ihre Führungsrolle innerhalb der FPÖ, tragen sie dazu bei, Rechtsextremismus und Neonazismus einen salonfähigen Anstrich zu geben und jene Grenzen hinauszuschieben, die der Gesetzgeber mit dem Verbot nationalsozialistischer Wiederbetätigung gezogen hat.

Solange sich die honorigen Männer von Rechtsaußen in ihrem beruflichen Umfeld unauffällig verhalten, gibt es keine Möglichkeit, Korporierte als Richter, Staatsanwälte oder Entlastungsgutachter von Neonazi-Prozessen auszuschließen.[514] Den Unterschied zwischen Burschenschaften und Nazi-Skinheads brachte Matthias Bleckmann (Bruna Sudetia Wien) in einem ORF-Interview auf den Punkt: „Wir denken."[515]

Zwischen Burschenschaftern, FPÖ-Politikern und Neonazis hat sich eine praxisorientierte Aufgabenteilung ergeben:

► Burschenschafter spielen die Rolle der intellektuellen Vordenker und Führer, die nicht nur die ideologischen Argumentationslinien festlegen, sondern auch dafür Sorge tragen, dass die durch Verfassung und Verbotsgesetz gezogenen Grenzen zumindest formal annähernd eingehalten werden.

► Die Neonazis agieren als Kampftruppe an der Front. Sie sorgen in ihren Internet-Foren für die Verbreitung des rechtsextremen Gedankengutes, für die Teilnahme von Gesinnungsgenossen aus allen Teilen Österreichs und Deutschlands bei Neonazi-Aufmärschen, bei Totengedenken am 8. Mai oder am Grab von Walter Nowotny und – bei Bedarf – für die Mobilisierung der Straße.

► Die von Burschenschaftern dominierte FPÖ gibt der verfassungsfeindlichen Agitation und braunen Geschichtsfälschung das politische Gewicht einer durch demokratische Wahlen legitimierten Partei.

Es ist dieser Dreiklang aus studentischer Tradition, Politik und primitivem NS-Fanatismus, der Antisemitismus, Rassismus und braune Geschichtslügen am Leben hält. Ohne Vordenker aus den Korporationen wären Rechtsextremismus und Neonazismus in Österreich zur Bedeutungslosigkeit degradiert, würden braune Gedenkveranstaltungen und Heldenehrungen nur noch als Folklore weniger Ewiggestriger belächelt.

Österreichs Burschenschafter sind ihrem „Lebensbund" treu geblieben, als dieser auf rechtsextreme und partiell neonazistische Abwege geriet. Auch jene, die nicht „Mittäter" sind, müssen es sich gefallen lassen, von demokratisch wachen Menschen als „Mitläufer" einer gegen Demokratie und Menschenrechte gerichteten Bewegung wahrgenommen zu werden.

Braune Verbindungen:
Die FPÖ im Netzwerk der Neonazis

Die Österreichische Landsmannschaft
und ihr Gedenken an Hitler

In einem weit über Österreichs Grenzen hinaus reichenden Netzwerk sind FPÖ und Neonazi-Szene eng miteinander verknüpft. Zu den Organisationen, die eine Scharnierfunktion zwischen diesen beiden Lagern erfüllen, zählt die „Österreichische Landsmannschaft" (ÖLM). Offiziell gibt sich der „Vertriebenenverband" als Hilfsorganisation für „unsere deutschen Landsleute in den ehemaligen Kronländern der Donaumonarchie" aus.[516] In Wirklichkeit fungiert er mit seiner Zeitschrift „Eckart" (früher „Eckartbote") als Bindeglied zwischen Burschenschaften, FPÖ und Neonazismus.[517]

Unbeeindruckt vom NS-Verbotsgesetz wurde im „Eckartboten" ein „amerikanischer Fachmann" zitiert, „der nach Untersuchungen an Ort und Stelle in Auschwitz, Birkenau und Majdanek" sowie „umfangreichen chemischen Analysen" zu dem Ergebnis gekommen sei, dass in den als Vergasungskammern bezeichneten Gebäuden „nie Massenvergasungen vorgenommen worden sein können."[518] 17 Jahre nachdem dieser Text geschrieben und das „Lachout-Dokument" des angeblichen „Mauthausen-Betrugs" als Fälschung enttarnt worden war, durfte Auschwitz-Leugner Walter Lüftl im „Eckart" neuerlich die Ergebnisse seriöser Geschichtsforschung und die Opfer des Nazi-Terrors verhöhnen und Beweise für die Fälschung in Zweifel ziehen. Gleichzeitig bat er Leser um Mithilfe bei seinem Versuch, den Vorwurf der Fälschung zu widerlegen.[519]

Im „Eckart" werden Kriegsverbrecher wie Walter Reder in Schutz genommen und Kriegsverbrechen geleugnet: „Experten sind sich nun sicher, dass es das Massaker von Marzabotto nicht gegeben" habe.[520] Die Namen der „Experten" bleibt der „Eckart" schuldig. Mit gutem Grund: Es gibt keinen einzigen ernst zu nehmenden Historiker, der an der Schuld von Walter Reder zweifelt, der 1951 für eines der scheußlichsten Einzelverbrechen des Zweiten Weltkrieges verurteilt worden war. Er hatte im Herbst 1944 die Zivilbevölkerung des ganzen Landstriches Marzabotto ausrotten lassen, nachdem die von ihm verfolgten Partisanen in unwegsames Berggelände geflüchtet waren, um die Zivilbevölkerung nicht zu gefährden.

1951 wurde Reder wegen gemeinschaftlichen Mordes an 1830 Zivilisten verurteilt. Die Zeugenaussagen des Prozesses sind so entsetzlich, dass sie sich hier nicht wiedergeben lassen. Das Gericht beschreibt in seinem Urteil den Exzess aus Blutrausch und sexueller Perversion mit den folgenden, nüchternen Sätzen: „Reder ist ein Mensch, der mit bodenloser Gemeinheit (...) Frauen vergewaltigte und zuließ, dass seine Offiziere und Truppen (Frauen) vergewaltigten, die erst kurz zuvor aus den Haufen der Leichen niedergemetzelter Eltern, Verwandter und Freunde herausgezogen worden waren."[521]

Nachdem das Dokumentationsarchiv des österreichischen Widerstandes Anzeige nach dem Verbotsgesetz erstattet hatte, korrigiert sich der „Eckart". Es hätte heißen sollen, dass es das Massaker „so" nicht gegeben habe.[522]

In Schutz genommen wird im „Eckart" auch der nationalsozialistische Kriegsverbrecher Erich Priebke. Der ehemalige SS-Hauptsturmführer hatte zu den Hauptverantwortlichen der Ermordung von 335 Geiseln gezählt. Nach Darstellung des „Eckart" habe man ihn „aus Rachsucht" in einer Zelle „schmachten" lassen.[523] Nicht einmal das entsprach den Tatsachen: Priebke, der 1998 vom italienischen Militärgerichtshof zu einer lebenslangen Haftstrafe verurteilt worden war, verbüßte diese unter Hausarrest.

Als Neonazis 2004 für den SS-Mörder demonstrieren wollten, war der Burschenschafter, FPÖ-Politiker und Schriftleiter der „Aula", Otto Scrinzi, als Redner angekündigt. Es kam nicht dazu, weil die römischen Behörden die Neonazi-Kundgebung für den NS-Verbrecher verboten.[524]

Seit Jahrzehnten versucht der „Eckartbote", Traditionen des Nationalsozialismus zu verteidigen und dessen „gute Seiten" darzustellen. „Wir haben gejubelt im März 1938", konnte man einem Beitrag entnehmen, in dem der Anschluss als die „Erfüllung einer politisch untermauerten Sehnsucht" beschrieben wurde.[525] Die „Mehrheit der Bevölkerung" sei „zufrieden" gewesen mit der NS-Herrschaft, „deren positive Leistungen heute vergessen sind."[526]

„Wir denken an den Geburtstag (...) des Führers und Reichskanzlers Adolf Hitler", hieß es in einem Beitrag, in dem Hitler als „eine der dynamischsten Erscheinungen unseres Jahrhunderts" beschrieben wird. [527] Auch des Todestages von Reinhard Heydrich wurde gedacht, der als oberster Chef der Polizei maßgeblichen Anteil an den Verfolgungen von NS-Gegnern und an den Massenmorden an europäischen Juden hatte.[528] Die wenigen Helden, die Hitler Widerstand leisteten, wurden im „Eckartboten" als „Verschwörer, Hochverräter, Fahnenflüchtige, Landesverräter und Saboteure" an den Pranger gestellt.[529]

Erklärtes Feindbild sind – wie bei allen neonazistischen Publikationen – die USA, denen die Schuld an der deutschen Niederlage zugeschrieben wird. Das Motiv des Eingreifens aber sieht der „Eckartbote" weder im deutschen Versklavungs- und Vernichtungskrieg oder in den Verbrechen der Nazis. Als Beweggrund nennt er vielmehr, dass das Deutsche Reich sich dem vom internationalen (jüdischen) Kapital beherrschten Finanz- und Handelssystem entziehen wollte und versuchte, ein Gegenmodell aufzubauen".[530]

Ein weiterer Schwerpunkt des braunen Blattes ist der Kampf für die „Erhaltung des Deutschtums". Beklagt werden die „Defizite an nationaler Identität". Die „Antifaschismuskeule"[531] sei dafür verantwortlich, dass das Ende des Krieges als „Befreiung" dargestellt und „deutsche Art, deutsches Wesen und deutsche Selbstbehauptung in den Ketten der Demütigung gefangen" gehalten werden.[532] Das deutsche Volk sei nach dem Krieg einer „Gehirnwäsche" unterzogen worden.[533] Grundlage der Zeitgeschichtsforschung sei ein „unter Folter zustande gekommenes Geständnis vor dem Nürnberger Kriegsverbrecher-Tribunal".[534]

Bedauert wird von den „Eckart"-Autoren, dass der Nationalsozialismus „ohne Wenn und Aber als verbrecherisch abgetan" wird. Der „Krieg" gegen deutsche Kultur und Sprache habe zu einer „Eigenkulturverweigerung" geführt.[535] „Wer heute nationale Identität einfordert, wird sofort rechtsextremer Gesinnung verdächtigt. Antifaschismus und Antigermanismus sind zum wahren und einzigen Prinzip erhoben."[536] Die von Deutschland geleisteteWiedergutmachung wird als „moralische Erpressung" ausgegeben und es wird gefordert, „die Auschwitzkeule beiseite (zu) legen".[537]

Für das Ergebnis der „Umvolkung" verwendet der „Eckartbote" den in der NS-Zeit geprägten Ausdruck „multiethnische Bastardisierung"[538]. Chinarestaurants werden in Nazi-Diktion als „Metastasen eines Krebsgeschwürs" beschrieben.[539] Als Ergebnis der „Türkisierung" sagen die braunen Propheten „bürgerkriegsähnliche Unruhen" voraus[540] und fragen: „Wird demnächst in Weihnachtskrippen ein kleiner Muslim liegen und über ihm ein Halbmond baumeln?"[541] Über „Zigeuner" heißt es, Stehlen und Lügen wäre ein „allgemein übliches Phänomen" dieser „uns fremden Kultur".[542] Dass der „Eckartbote" trotz solcher Textstellen gerichtlich nie belangt wurde, spricht weniger für ihn als gegen die Handhabung des NS-Verbots-gesetzes.

Verständnis bringt der „Eckart" brauner Gewalt entgegen: „Könnte es nicht sein, dass die aggressiven Glatzköpfe in Mitteldeutschland so voller Hass sind, weil sie als einzige begriffen haben, in welcher Schande und Würdelosigkeit Deutschland zu leben gezwungen ist?"[543]

Gemeinsam mit den Nazi-Gruppierungen ganz Europas warb der „Eckart" für den „Trauermarsch" in Dresden, für den unter anderem auch das braune Netzwerk der NPD mobilisierte. Als Organisator fungierte die „Junge Landsmannschaft Ostpreußens" (JLO), auf deren Homepage Hitler als „Garant deutscher Größe" bezeichnet wurde.

Daneben warb der „Eckart" für Publikationen der deutschen Neonazi-Szene, die nur von einschlägigen Versandhändlern angeboten wurden. Die beiden Broschüren „Vom nationalen Widerstand zum nationalen Angriff" und „Grundlagen des nationalen Welt- und Menschenbildes" hatten neonazistische Foren als Schulungsmaterial für Aktivisten „wärmstens" empfohlen. Die deutsche Bundesprüfstelle setzte sie auf den Index jugendgefährdender Schriften.[544] Der „Eckart" bewertete sie als „hervorragende Schrift" und „fundierte Analyse".[545] In Form von Buchbesprechungen wird für antisemitische Machwerke wie „Jüdische Kriegserklärung an Deutschland" geworben, einem Buch aus der neonazistischen Propagandaküche des deutschen Verlegers und DVU-Gründers Gerhard Frey.[546]

Die Kontakte reichen bis weit in die Neonazi-Szene hinein. Durch gemeinsame Inhalte, gemeinsame Autoren und Veranstaltungen, die gemeinsam beworben werden, weiß sich die Landsmannschaft unter anderem der neonazistischen „Aktionsgemeinschaft für demokratische Politik" (AFP) verbunden. Deren radikaler Nachwuchs, der „Bund freier Jugend" (BFJ), wird

153

im „Eckart" als „unabhängige Jugendorganisation" beschrieben, die sich „für die Erhaltung von Volkskultur, Brauchtum und deutscher Sprache einsetzt."[547]

„Schriftleiter" (Eindeutschung von Chefredakteur) des „Eckart" und Vorstandsmitglied der Landsmannschaft Helmut Müller, der das Verbotsgesetz als „menschenverachtend" bezeichnet,[548] nahm nicht nur am „Tag des nationalen Widerstandes" teil, bei dem die neonazistische NPD Strategien zur Bekämpfung des Parteienverbots diskutierte, er besuchte auch mehrere NPD-Kreisverbände.[549]

Ständige Kontakte hält die Landsmannschaft zu zahlreichen rechtsextremen und neonazistischen Organisationen und deren Medien, zum SS-Traditionsverband „Kameradschaft IV" – und folgerichtig zu den am weitesten rechts stehenden Burschenschaften wie der Olympia, der Cimbria, der Vandalia, dem Österreichischen Pennälerring (ÖPN) und der Arminia zu Zürich.

Je nach Anlass tritt die Landsmannschaft als Teil der Neonazi-Szene oder als Vorfeldorganisation der FPÖ in Erscheinung. Seit Jahren wird der Vorstand von prominenten FPÖ-Politikern und Politikerinnen dominiert. Lange Jahre waren das mit Barbara Wiebke Schöfnagel und Obmann Helmut Kowarik zwei Mitglieder des Wiener Landtags. Auch Kowarik ist eindeutig positioniert. In seinem „Volkstums-Verlag" veröffentlichte er Autoren wie Wilhelm Landig, in dessen „Europakorrespondenz" Hitler-Nostalgiker und Auschwitz-Leugner revisionistische Geschichtsfälschung betreiben durften. Zitat: „Es hat während des Krieges in Europa weder in Auschwitz noch an anderen Orten Gaskammern gegeben."[550] Gemeinsam mit Holocaust-Leugner David Irving und dem in Belgien zum Tode verurteilten Kriegsverbrecher Robert Jan Verbelen trat Kowarik unter anderem bei den „Norddeutschen Kulturtagen" auf.[551]

Seit dem altersbedingten Führungswechsel gehören dem Leitungsgremium der Landsmannschaft mit dem Burschenschafter und Vizepräsidenten des Wiener Landtags, Johann Herzog, dem Wiener Landtagsabgeordneten Rudolf Stark und der Bundesrätin und Vizepräsidentin des Wiener Stadtschulrates Monika Mühlwerth – Amtsnachfolgerin von Barbara Wiebke Schöfnagel – prominente FPÖ-Politiker und Politikerinnen an. Die Verantwortung für die im „Eckart" verbreitete Hetze gegen „Siegerwillkür" „Umerziehung" und „Umvolkung"[552] ist innerhalb der FPÖ an die nächste Generation weitergegeben worden.

Landsmannschaft (ÖLM) und FPÖ sind auch organisatorisch eng miteinander verknüpft. Das „Schulvereinshaus" der ÖLM steht nicht nur rechtsextremen Organisationen wie der nationalrevolutionären Kadertruppe „SOS-Heimat" zur Verfügung, sondern auch dem Freiheitlichen Bildungsinstitut und der FPÖ-Josefstadt. Diese lud dort unter anderem zu einem Vortrag des radikalen Antisemiten Richard Melisch ein, der seit Jahren zu den intellektuellen Führungsfiguren der Neonazi-Szene zählt und in den führenden Neonazi-Medien Europas publiziert.[553]

Auch Führungskräfte der Partei nehmen an der Verbreitung brauner Sudelpropaganda im „Eckart" keinen Anstoß. Parteichef Strache hielt 2007 die Feuerrede bei einer jener „Sonnwendfeiern", die der Wiener Korporationsring gemeinsam mit der Landsmannschaft veranstaltet.[554] Barbara Rosenkranz gab dem „Eckart" anlässlich ihrer Kandidatur zur Bundespräsidentschaft ein ausführliches Interview. Vizekanzler und Gesundheitsminister Herbert Haupt nannte den „Eckart" zum 50. Bestandsjubiläum „ein Fundament der österreichischen Medienlandschaft, das verlässlich im Dienst des deutschen Sprach-, Kunst- und Kulturlebens steht."[555]

Treffpunkt AFP:
Antisemiten, Auschwitz-Leugner und NS-Nostalgiker

Anfang 1992 flog im „Freiherr-von-der-Trenck-Heim" der „Aktionsgemeinschaft für demokratische Politik" (AFP) die „Wehrsportgruppe Trenck" auf,[*] die NS-Propagandamaterial und Waffen gehortet hatte. Aufgefallen waren sechs ihrer jugendlichen Mitglieder, als sie Passanten mit „Heil Hitler!", „Judensau!" und „Ausländer raus!" angepöbelt hatten.[556]

Bei den darauffolgenden Hausdurchsuchungen fand die Polizei Waffen und jede Menge einschlägiges Propagandamaterial: Bücher wie Honsiks „Freispruch für Hitler?", den NS-Leitfaden „Technische Dienste: Sprengen", Hakenkreuz- und Reichskriegsflaggen, Broschüren zur „Holocaust-Lüge", Flugzettel und Aufkleber mit Texten wie: „Schluss mit dem Holocaust – Deutscher, willst du ewig zahlen?", „Wir scheißen auf eine Regierung, die Österreich umbringt", „Deutschland ist größer als die Bundesrepublik" oder: „Österreich stirbt! Gehst Du hin?"[557]

Das Organisationsschema der gewaltbereiten Neonazi-Truppe orientierte sich an dem der verbotenen „Kameradschaft Babenberg", unter deren Mitgliedern sich mit Gottfried Küssel, Gerd Honsik und Herbert Fritz Exponenten der radikalsten Neonazi-Organisationen der Nachkriegszeit befanden. Mehrfach hatte Küssel, der als „Reichsleiter" und VAPO-Gründer junge Kameraden auf die „Neugründung der NSDAP" und die „erneute Machtergreifung" militärisch vorzubereiten suchte, als „Ehrengast" an den „geselligen Treffen" im „Trenck-Heim" teilgenommen.[558]

Bei den polizeilichen Einvernahmen hatten Mitglieder der Neonazi-Truppe in nationalsozialistischem Größenwahn von einem drohenden „Bürgerkrieg" gefaselt. Sie hätten die österrei-

---

[*] Der österreichische Oberst Franz Freiherr von der Trenck stellte zu Beginn des österreichischen Erbfolgekrieges 1741 ein Pandurenkorps auf; er kämpfte tapfer, wurde aber wegen der von seiner Truppe begangenen Gräueltaten 1746 zum Tod verurteilt, dann zu lebenslänglicher Haft begnadigt.

chische Regierung „wegen ihrer ausländerfreundlichen Politik" stürzen, das Parlament stürmen und den Bundeskanzler unter Hausarrest stellen wollen.[559]

Das Auffliegen der Neonazi-Truppe hatte das „Trenck-Heim" in die Schlagzeilen gebracht. Also musste die auf Schadensbegrenzung bedachte AFP, die sich in ihrem Bemühen um Annäherung an die FPÖ einen demokratischen Anschein zu geben versuchte, wieder einmal das Türschild wechseln. Das AFP-Haus heißt seither „Fritz-Stüber-Heim". Die neue Bezeichnung signalisiert, dass sich die politische Richtung nicht geändert hat: Stüber hatte sich unter den Nazis mit Hitler-Verherrlichungs-Lyrik den Karriereweg zum Chefredakteur des „Wiener Tagblattes" und vielbeschäftigten Autor des „Reichssenders Wien" geebnet.[560]

Wo die AFP politisch steht, zeigen seit vielen Jahren die Texte ihrer Medien. Im „Wiener Beobachter", wird die Politik Hitlers als „Reaktion auf die Missetaten der anderen" geschildert.[561] Unter „Buch-Tipps" werden in der AFP-Postille „Kommentare zum Zeitgeschehen" Geschichtsfälscher empfohlen, von Irving-Ergüssen[562] und „Leuchter-Report"[563] bis zum „Jahrhundert-Betrug" von Arthur Butz mit dem Untertitel: „Ein amerikanischer Historiker rechnet mit den Lügen um die KZ ab."[564] Journalistinnen und Journalisten, die solcher Geschichtsbetrachtung nicht folgen wollen, beschimpfen AFP-Autoren als „stinkende Ratten"[565]. Der „Kurier" wird gewohnheitsmäßig als „Stimme Israels" verspottet. Vertretern der Kirchen wird nur dann Respekt gezollt, wenn sie wie Piusbruder Williamson die Morde in den Gaskammern öffentlich leugnen.[565]

In ihren Grundsätzen erklärt sich die AFP in der Diktion der Nationalsozialisten zum Gegner des „Systems", das „bald bankrott machen wird". Was Demokratinnen und Demokraten erwartet, sollten die Kämpfer für Deutschtum und Rassenreinheit an die Macht kommen, lässt sich aus einzelnen Formulierungen ihres Programmes zumindest erahnen: „Wir wissen, dass wir heute noch nicht in der Lage sind, die Verantwortlichen zur Rechenschaft zu ziehen. Aber es ist unsere Aufgabe, schon jetzt dieses System und seine Träger des Verbrechens an der Zukunft unseres Volkes anzuklagen.[567]

Bis die AFP ihr Ziel erreicht hat, Demokratinnen und Demokraten „bestrafen" zu können, gibt sie Wahlempfehlungen für die FPÖ ab[568] und versucht zur Vernetzung der neonazistischen Szene beizutragen, indem sie unter Angabe von Adressen und Kontaktmöglichkeiten über Organisationen und Publikationen des rechten Randes informiert. Die Liste enthält neben dem gesamten Spektrum des deutschen und österreichischen Neonazismus die „nationalen Ansprechpartner" im Umfeld der FPÖ: die Österreichische Landsmannschaft, den Wiener Korporationsring, einzelne Burschenschaften, das Burschenschafter-Organ „Aula", und Andreas Mölzers Rechtsaußen-Blatt „Zur Zeit".[569]

Das AFP-Heim ist nicht nur Treffpunkt alter Neonazi-Kader aus Küssels VAPO oder der mittlerweile aufgelösten Gruppierung „Blood&Honour",[570] es fungiert auch als Kontaktplatz für die Vernetzung neonazistischer Jugendgruppen, die sich dort mit Aktivisten des BFJ austauschen können. Für den Aufbau eines „Jugend-Arbeitskreises" im Stüber-Heim zur „Planung und Abstimmung nationaler Aktivitäten" hatte unter anderem der neonazistische deutsche „Wikingerversand" geworben.[571]

Einen Beitrag zur Vernetzung der Neonazi-Szene leisten auch die alljährlichen „Akademien" der AFP, bei denen freiheitliche Politiker gemeinsame Sache mit der braunen Elite Europas machen. Zu den Referenten der AFP-Tagungen zählten in den vergangenen Jahren u. a.:[572]

▶ Holocaust-Leugner wie Walter Lüftl, der als Präsident der österreichischen Bundesingenieurkammer (bis 1992) ein „Gutachten" erstellte, in dem die Existenz von Gaskammern geleugnet wird, Othmar Michael Friedrich, ehemaliger

Professor an der Montanistischen Hochschule Leoben, Verfasser der Nazi-Hetzschrift „Auf dem Stundenplan", in der Gaskammern geleugnet werden, der Schweizer Auschwitz-Leugner Bernhard Schaub,[573] Thies Christophersen, Verfasser der „Auschwitzlüge",[574] Herbert Schweiger, der einstige Spitzenkandidat der FPÖ in Graz, der nach seiner Verurteilung wegen Wiederbetätigung in die deutsche Neonazi-Szene wechselte und als Holocaust-Leugner vom Dienst bis zu seinem Tod mit braunen Thesen munitionierte. Am Rande einer AFP-Tagung plauderte er mit Journalisten locker über das „parasitäre Unwesen" des „ewigen Juden", der „ausgemerzt" gehöre, um die „biologische Substanz des deutschen Volkes zu erhalten".[575]

► Zu den AFP-Referenten zählen auch die NPD-Vorsitzenden Günter Deckert und Holger Apfel, der sich der AFP zuliebe sogar über das gegen ihn verhängte Einreiseverbot nach Österreich hinwegsetzte und im Tagungshotel unter falschem Namen nächtigte,[576] NPD-Politiker wie die Liedermacher Frank Rennicke, der bei Neonazi-Feten mit Hitler- und Heß-Balladen für Stimmung sorgt, und Michael Müller, der sich „mit sechs Millionen Juden…" zu einer Kultfigur der braunen Szene machte;

► führende Neonazis vom Schlag eines Roland Wuttke, dem die NPD zu „gemäßigt" ist, Straches einstiger Wehrsport-Freund Andreas Thierry, der aus ähnlichen Gründen die NPD verließ, Richard Miosga vom „Deutschen Rechtsbüro", das Rechtsextremisten juristische Hilfe gewährt,[577] Konrad Windisch, mehrfach wegen der Verbreitung neonazistischer Artikel vorbestrafter „Schriftleiter" der AFP-Broschüre „Kommentare zum Zeitgeschehen",[578] Bruno Haas, dessen „Aktion Neue Rechte" sich in den Achtzigerjahren durch linke Lokale geprügelt und der Polizei Straßenschlachten geliefert hatte (siehe Seite 271), Ludwig Reinthaler, dessen Welser Liste „Die Bunten" 2003 als neonazistisch eingestuft und verboten wurde und der davor als Veranstalter von „Erlebnisflohmärkten" aufgefallen war, auf denen Nazi-Devotionalien feilgeboten wurden,[579] der Wiederbetätiger Franz Radl, dem die AFP ein „Ehrenzeichen für Verdienste um Volk und Heimat" verlieh,[580] oder der Niederösterreicher Andreas Mayerhofer, dessen neonazistische Plattform „Sieg oder Tod" nicht nur NS-Propaganda veröffentlichte, sondern auch über Veranstaltungen der Neonazi-Szene informierte;[581]

► Kriegsverbrecher wie der mittlerweile verstorbene Robert Jan Verbelen, in Belgien wegen Mordes an 101 Widerständlern in Abwesenheit zum Tod verurteilt,[582] und Terroristen wie Neonazi-Anwalt Manfred Roeder, dessen „Deutsche Aktionsgruppen" Sprengstoffanschläge durchführten, bei denen zwei vietnamesische Flüchtlinge starben,[583] oder Horst Mahler, der vom Linksextremisten der RAF zum Neonazi mutierte, danach als Vortragsreisender in Sachen Antisemitismus und Geschichtsfälschung von Neonazi-Veranstaltung zu Neonazi-Veranstaltung tingelte[584] und seit 2009 eine insgesamt zwölfjährige Haftstrafe absitzt;

► Rassisten wie Jürgen Rieger, Staranwalt der deutschen Neonazi-Szene, Redner beim Rudolf-Heß-Gedenkmarsch, Vorsitzender der „Gesellschaft für biologische Anthropologie", deren pseudowissenschaftliche Publikationen das System der nationalsozialistischen „Rassenhygiene" fortschreiben,[585] Heinrich Schade, Mitglied der Gutachterkommission, die das Sterilisierungsprogramm des NS-Regimes vom Juli 1933 guthieß,[586] oder der NPD-Abgeordnete Udo Pastörs, der gegen „Krummnasen", „Judenrepublik" und „türkische Samenkanonen" polterte und dafür wegen Volksverhetzung verurteilt wurde;[587]

160

► radikale Antisemiten wie Thomas Dienel, Neonazi aus der ehemaligen DDR, der im Lauf seiner abenteuerlichen Rechtsaußen-Karriere auch bei Gottfried Küssel mitmischte, bevor er wegen Volksverhetzung verurteilt wurde, weil er vor laufender Kamera Sätze wie diesen gegrölt hatte: „Wenn es das Bonner Judenregime so will, dann brennen eben noch mehr Neger und noch mehr Fidschis" („Fidschi": Nazi-Jargon für Asiaten),[588] oder Marton Gyöngyösi von der gewaltbereiten ungarischen Rassistenpartei Jobbik,[589] deren paramilitärische „Ungarische Garde" offenen Terror gegen Roma ausübt. Die von der FPÖ umworbenen radikalen Nationalisten, deren Repräsentanten immer wieder wegen Gewaltdelikten vor Gericht stehen, haben Rhetorik, Symbolik und Selbstdarstellung jener nationalsozialistischen „Pfeilkreuzler" übernommen, die in Ungarn während der Besetzung durch Nazi-Deutschland herrschten;

► Deutschtümler wie Alfred Manke, der bei einem halben Dutzend rechtsextremer und neonazistischer Vereine und Parteien engagiert ist und einst bei der „Aktion Widerstand" mitmischte, die mit Parolen wie „Brandt an die Wand!" von sich reden machte;[590]

► Vordenker der „Neuen Rechten" wie Alain de Benoist, der im „bürgerlichen Liberalismus" den Hauptfeind sieht, weil dieser sich der Rassenmischung „am wenigsten in den Weg stellt",[591] Max Wahl, ehemaliger Herausgeber der Schweizer Neonazi-Zeitung „Der Eidgenosse",[592] oder Pierre Krebs, erster Vorsitzender des Thule-Seminars. Namensgeber dieses neurechten Intellektuellenzirkels ist die 1918 gegründete Thule-Gesellschaft, die als Wiege der NSDAP gilt. Zu den Mitgliedern des streng antisemitischen „Germanen-Ordens" zählten oberste Nazi-Repräsentanten wie Hitler, Heß, Göring, Streicher und Himmler.[593]

▶ Einer der Höhepunkte in der Geschichte der AFP war zweifellos der Auftritt des spanischen Neonazis Pedro Varela, dessen CEDADE („Circulo Espanol de Amigos de Europa" – Spanischer Kreis der Freunde Europas) Wiederbetätigern wie Gerd Honsik oder Walter Ochensberger Fluchthilfe leistete und Unterschlupf bot, als diese sich der Strafverfolgung entzogen. Im trauten Kreis der AFP glaubte Varela, offen plaudern zu können. Also bezeichnete er Hitler als „zweiten Erlöser der Menschheit" und meinte, dass die „von ihm vorgeschlagenen Lösungen ohne weiteres angewendet werden könnten."[594] Der neonazistische Ausritt brachte ihm eine Einladung bei Otto Scrinzis „Österreichischem Kulturwerk", eine Verhaftung und eine Anklage wegen Wiederbetätigung mit anschließendem Freispruch ein, weil die Geschworenen ihm „Rechtsirrtum" zubilligten: Er habe nicht wissen können, dass solche Äußerungen in Österreich verboten seien.

▶ Verteidigt wurde Varela von dem Holocaust-Leugner Herbert Schaller, der sich mit Beweisanträgen dafür, dass es Vergasungen in den Konzentrationslagern des Dritten Reiches nicht gegeben habe, immer wieder selbst dem Verdacht der Wiederbetätigung aussetzt. Als Referent der AFP hatte Schaller zum Thema „Verfassung und Verbotsgesetz" gesprochen.

▶ Gottfried Küssel hat den Kontakt zur AFP nie abreißen lassen. Im November 2000 war er nach einer Rauferei im „Fritz-Stüber-Heim" gemeinsam mit seinem einstigen Stellvertreter der „Außerparlamentarischen Opposition", Gerd Endres, von der Polizei angehalten worden.[595] 2012 stand die Galionsfigur des österreichischen Neonazismus im Verdacht, für das verbotene Neonazi-Forum „Alpen-donau" verantwortlich zu sein, das über Veranstaltungen der AFP berichtet und dabei erstaunlich viel Insiderwissen gezeigt hat.[596] Die unter dem Schutz der Anonymität gestaltete und auf einem amerikanischen Server liegende Homepage ist nach Einschätzung des Dokumentationsarchivs des österreichischen Widerstandes (DÖW) „maßgeblich" aus den alten Strukturen von Küssels „Volkstreuer Außerparlamentarischer Opposition" und der Jugendgruppe der AFP hervorgegangen.[597] Auffällige Ähnlichkeiten in Themenwahl, Sprache, verwendeten Quellen und grafischer Aufmachung bestätigen diese Einschätzung.

Gemeinsame Auftritte:
Freiheitliche mit Europas Neonazi-Elite

Dass FPÖ-Politiker und Publizisten aus dem freiheitlichen Umfeld regelmäßig an den neonazistischen AFP-Veranstaltungen teilnehmen, zählt zu den Phänomenen der politischen (Un-)Kultur in Österreich. Auffallend – aber nicht überraschend – ist die Tatsache, dass die prominentesten FPÖ-Redner dieser Neonazi-Treffen aus dem Kreis der Burschenschaften kommen. Und es sind keineswegs unbedeutende Mitläufer der braunen Basis, sondern führende Vertreter der Strache-Partei, die mit der Elite des europäischen Neonazismus gemeinsame Sache machen, wie zum Beispiel

▶ der Burschenschafter Andreas Mölzer (Corps Vandalia Graz), Mitglied des Europaparlaments, als Chefredakteur und Herausgeber von „Zur Zeit" einer jener Ideologen, die den Kurs der FPÖ entscheidend mitbestimmen und dabei die Interessen der Burschenschaften vertreten;[598]

▶ Straches Statthalter in Wien, der Burschenschafter Johann Gudenus (Vandalia), Klubobmann der FPÖ im Wiener Landtag, der Nazi-Vokabeln wie das Unwort der „Umvolkung" verwendet und als Reaktion auf eine Kritik von Caritas-Präsident Franz Küberl erklärt hatte: „Im alten Rom wurden diejenigen, die sich am Volkswohl versündigten, verbannt. Schade, dass es diesen alten Brauch nicht mehr gibt";[599]

- der Burschenschafter Hans Jörg Jenewein (Silesia), Wiener Landesparteisekretär der FPÖ, Mitbegründer des „Vereins zur Pflege des Grabes von Walter Nowotny" und Organisator der alljährlichen Kranzniederlegungen, zu der Neonazis aus ganz Österreich und Deutschland anreisen (siehe Seite 112–116), der an den Neonazis der AFP nichts Anstößiges findet: „Ich habe dort durch die Bank normale Menschen kennen gelernt, die mit Messer und Gabel essen";[600]

- Gerhard Kurzmann, Landesparteiobmann der steirischen FPÖ, Mitglied der „Kameradschaft IV", des Traditionsverbandes der in Nürnberg als „verbrecherische Organisation" verurteilten Waffen-SS, die an der Ausrottung von Millionen Jüdinnen und Juden in ganz Europa beteiligt war. Im Landtagswahlkampf 2010 hatte Kurzmann mit dem „Moschee-Baba-Spiel", auf dem Minarette und Muezzins weggeschossen (weggeklickt) werden konnten, für Schlagzeilen gesorgt. Am Vorabend des Gedenktages für die Opfer des Nationalsozialismus erklärt er, die KZ-Opfer täten ihm weniger leid als diejenigen, die vor den „Tito-Partisanen" fliehen mussten.[601]

- Als Referent der neonazistischen AFP trat auch der ehemalige Wiener Landtagsabgeordnete und Burschenschafter Helmut Kowarik (Aldania), langjähriger Vorsitzender der rechtsextremen Österreichischen Landsmannschaft, Verleger, brauner Geschichtsfälscher und Herausgeber des neonazistischen „Eckart" in Erscheinung (siehe Seite 149–155). Ihm gleich taten es

- der FPÖ-Bezirksrat und Burschenschafter Walter Sucher (Olympia), der seine Rede beim Wiener Landesparteitag 2006 mit jenem Gruß enden ließ, „der wirklich unser alter Gruß ist (…). Ich grüße euch mit einem kräftigen: Heil!",

- der wegen Holocaust-Leugnung vorbestrafte ehemalige NDP-Aktivist und Verlagsleiter des Burschenschafter-Organs „Aula", Herwig Nachtmann (Brixia),

► Martin Pfeiffer, seit 2004 Schriftleiter der „Aula", Vorsitzender der von hochrangigen Ex-Nazis und SSlern gegründeten „Gesellschaft für freie Publizistik" (GFP),

► Horst Jakob Rosenkranz, Ehemann der FPÖ-Abgeordneten Barbara Rosenkranz, der 1990 gemeinsam mit der Elite neonazistischer Burschenschafter wie Norbert Burger (Olympia), Gottfried Küssel (Danubo Markomannia), Gerd Honsik (Rugia Markomannia) und Franz Radl (Teutonia, ehemaliger Sprecher des Wiener Korporationsringes) versucht hatte, die Spitzenvertreter der neonazistischen Gewalt-Szene in seiner Liste „Nein zur Ausländerflut" zusammenzuführen.

Die Teilnahme an den Veranstaltungen der AFP hat Tradition in der FPÖ. Zahlreiche frühere Politiker und Politikerinnen haben dieses gemeinsame Forum von Neonazis, Auschwitz-Leugnern, Antisemiten und Rassisten genützt, um ihre Positionen zu verdeutlichen, darunter der langjährige Abgeordnete zum Nationalrat und Burschenschafter Otto Scrinzi (VDSt Maximiliana Innsbruck), einst Mitglied des FPÖ-Parteivorstandes, der ehemalige Abgeordnete zum Nationalrat und Mitglied des FPÖ-Bundesvorstandes Georg Hanreich, die ehemalige Klubobfrau der FPÖ im Kärntner Landtag, Kriemhild Trattnig, Walter Marinovic, der als langjähriger Leiter des „Kulturforums freie Kunst" in der „Freiheitlichen Akademie" gegen „entartete Kunst" agitieren durfte, die niederösterreichische Landtagsabgeordnete Ilse Hans oder die Wiener Bezirksratskandidatin Gertraud Repp [602]

Prominente Freiheitliche wie der ehemalige Justizminister Harald Ofner beehrten den braunen Extremistenzirkel als Gäste und interessierte Zuhörer.[603] Weniger prominent sind kleine Gemeindepolitiker, deren Teilnahme unbemerkt bleibt, solange ihre Verbindungen in die braune Szene nicht öffentlich geworden sind – wie etwa die des FPÖ-Gemeinderats Ernst Kronegger aus Steinbach/Ziehberg, der auf seinem Grundstück Neonazi-Feten veranstaltet, bei denen Führungsfiguren der Neonazi-Szene wie Gottfried Küssel und Felix Budin und freiheitlicher Nachwuchs einander zuprosten.[604] Auch optisch wird die Gemeinsamkeit von Freiheitlichen und Neonazis deutlich. Auf AFP-Tagungen stecken sich zahlreiche Teilnehmer die Kornblume demonstrativ ins Knopfloch – bis 1938 das Erkennungszeichen der illegalen NSDAP während ihres Verbots im Austrofaschismus. Für Freiheitliche ist diese Geste nichts Neues. Mehrfach haben sie sich bei den ersten Parlaments- bzw. Landtagssitzungen einer neuen Legislaturperiode mit den blauen Symbolen brauner Gesinnung geschmückt.[605]

Das Gutachten:
„Massive" Verstöße gegen das NS-Verbotsgesetz

Der österreichische Verfassungsschutzbericht beschreibt die AFP als das „aktivste und größte Sammelbecken der rechtsextremen Szene in Österreich" und bescheinigt ihr eine „ausgeprägte Affinität zum Nationalsozialismus".[606] Der österreichische Verfassungsrechtler Heinz Mayer geht in einem Rechtsgutachten einen Schritt weiter: Die von ihm geprüften Texte aus AFP-Publikationen würden belegen, dass die AFP „seit Jahrzehnten massiv gegen die Bestimmungen des Verbotsgesetzes" verstoße.

Mayer zitiert zahlreiche Textstellen, in denen nationalsozialistische Verbrechen geleugnet oder verharmlost werden. Die Gaskammern der KZ werden als „Attrappen" ausgegeben, „zu deren Bau das amerikanische Militär nach der Kapitulation inhaftierte SS-Angehörige gezwungen hatte", Vergasungen hätten „niemals stattgefunden", Massenmorde könne es „niemals gegeben" haben. Mit offenem Hohn werde über Konzentrationslager geschrieben. Der Holocaust sei ein „amerikanisches Kulturprodukt", die Vergangenheitsbewältigung fresse sich „wie ein Tumor durch den deutschen Körper". Hitlers Leistungen werden glorifiziert, nationalsozialistische Ideen verherrlicht, nationalsozialistische Karrieren als „vorbildlich" hingestellt. Dazu komme rassistische Hetze gegen Ausländer, Juden und „Volksfremde". [607]

In dem von der AFP-Nachwuchsorganisation „Bund Freier Jugend" (BFJ) herausgegebenen „Jugend-Echo", das sich „Kampfschrift der nationalen Jugend" nennt, wird Rassenhass propagiert und nationalsozialistisches Gedankengut verbreitet. Unter anderem empört man sich darüber, dass die Gemeinde Haslach an der Mühl Adolf Hitler die Ehrenbürgerschaft aberkannt hat.[608] In einem programmatischen Artikel über das „Programm der nationalen Bewegung" des Auschwitz-Leugners Herbert Schweiger[609] finden sich „inhaltliche und ideologische Übereinstimmungen" mit dem Parteiprogramm der NSDAP und Passagen aus Hitlers „Mein Kampf".[610] Über die FPÖ wird kritisch vermerkt, dass sie die „nationale Linie" verleugne. Der FPÖ-Gründer Anton Rheintaller „war ein Nazi von Anbeginn", heißt es bewundernd.[611]

Das Dokumentationsarchiv des österreichischen Widerstandes hatte bereits 2004 festgestellt, dass der BFJ „alle taktischen Rücksichtnahmen auf das Verbotsgesetz hinter sich gelassen" habe.[612] Das Bundesamt für Verfassungsschutz und Terrorismusbekämpfung hat den BFJ als „rechtsextrem" und „neonazistisch" eingestuft.[613]

Resümee:
FPÖ Funktionsträger als Teil der Neonazi-Szene

Als Autor muss man sich fragen: Ist es notwendig, eine neonazistische Gruppierung wie die AFP derart ausführlich zu beschreiben? Ist es notwendig, so viele Namen zu nennen? Mehrere Gründe sprechen dafür:

► Erstens steht die AFP als aktivstes und größtes Sammelbecken des Rechtsextremismus[614] exemplarisch für die Vernetzung der österreichischen und deutschen Neonazi-Szene.

► Zweitens ist die AFP die einzige österreichische Gruppierung, die in ihren Veranstaltungen nicht nur Teilbereiche rechtsextremer Ideologie, sondern das gesamte Spektrum neonazistischer Weltsicht abdeckt.

► Drittens hat ihr Ruf als wichtigster Treffpunkt brauner Aktivisten dazu beigetragen, dass sie sich nicht mit Referenten aus der zweiten Reihe zufrieden geben muss, sondern die braune Elite des deutschen Sprachraums auf den von ihr veranstalteten „Akademien" vollständig vertreten ist.

Dass FPÖ-Politiker einen festen Platz in den Veranstaltungskalendern der Neonazi-Szene haben, hätte sich auch an einem Dutzend anderer Organisationen des rechten Randes dokumentieren lassen: Wo immer Neonazis zusammenkommen, um gemeinsam zu überlegen, wie ihre ewiggestrigen, demokratiefeindlichen Inhalte für die Zukunft bewahrt und aufbereitet werden können, sind Freiheitliche dabei. Die Aussagekraft dieser Dokumentation aber hätte sich durch eine flächendeckende Bestandsaufnahme, die das gesamte neonazistische Netzwerk umfasst, kaum verbessern lassen: Es sind überall und immer wieder dieselben Galionsfiguren des Neonazismus, die als Referenten eingeladen werden, es sind dieselben Geschichtsfälscher, die zitiert, dieselben Vorurteile und Verschwörungstheorien, die verbreitet, dieselben braunen Pamphlete, die verteilt, dieselben Nazi-Lieder, die gesungen werden.

Es reicht also, das Beispiel der AFP herauszugreifen. An keiner anderen Gruppierung lässt sich die Einbindung der FPÖ in das neonazistische Netzwerk so lückenlos festmachen. Es ist ja nicht so, dass nur unbedeutende Mitläufer der Freiheitlichen den Einladungen der AFP gefolgt wären. Es ist auch nicht so, dass FPÖ-Politiker naiv oder unwissend in diesen Kreis geraten wären.

Strache hatte 2008 versucht, diesen Anschein zu erwecken, als er einräumen musste, eine von Küssels Wehrsportveranstaltungen besucht zu haben. Er sei von einem Freund „mitgenommen" worden, habe „nicht gewusst", wo er da landen würde, sei „entsetzt" gewesen von den Leuten, habe seine Teilnahme zuletzt abgebrochen, sei vorzeitig nach Hause gefahren ...[615]

Im Fall der AFP ist solch ein rhetorischer Eiertanz nicht möglich. Es sind politische Großkaliber der FPÖ, deren Vorträge seit mehr als drei Jahrzehnten fester Bestandteil der wichtigsten Neonazitreffen auf österreichischem Boden sind. Regelmäßig machen Spitzenpolitiker der FPÖ gemeinsame Sache mit Europas prominentesten Antisemiten, Geschichtsfälschern, Auschwitz- und Kriegsschuldleugnern, mit Gewalttätern und Gewaltverherrlichern, mit Demokratie- und Verfassungsfeinden, mit rechtskräftig verurteilten Wiederbetätigern und Volksverhetzern.

Die AFP – und zahlreiche andere Gruppierungen der Neonazi-Szene – revanchiert sich dafür nicht nur mit regelmäßigen Wahlempfehlungen, sondern auch mit politischer Unterstützung, Werbung für Veranstaltungen und Zeitschriften der FPÖ,[616] mit logistischer Zusammenarbeit, Mobilisierung bei Anlässen wie dem 8. Mai, den Kranzniederlegungen am Grab der Nazi-Ikone Walter Nowotny oder Sonnwendfeiern. Dass bei Straches Wahlveranstaltungen Aktivisten aus dem neonazistischen Umfeld der FPÖ als Securities, Saalschutz oder Claqueure agieren, ist diesem nur dann peinlich, wenn sie durch Adjustierung oder politische Gesten wie den Hitlergruß ihre politische Herkunft erkennen lassen (siehe Seite 198–201).[617]

Es war notwendig, die Aktivitäten der AFP so ausführlich zu beschreiben und die braune Prominenz der Teilnehmer ihrer „Akademien" aufzulisten, um als Ergebnis langer Recherchearbeit das Urteil fällen zu dürfen: Wesentliche Teile der freiheitlichen Führungsgarnitur sind fester Bestandteil eines weit über Österreichs Grenzen reichenden neonazistischen Netzwerks. Die FPÖ ist eine Partei mit zwei Gesichtern: einem auf die Wünsche der Wählerinnen und Wähler zugeschnittenen modernen, demo-

169

kratischen, das sie im Nationalrat und in den Landesparlamenten zu zeigen bemüht ist, und einem ewiggestrigen, partiell neonazistischen, verfassungsfeindlichen, das jenem Burschenschafter-Milieu entspringt, dem Strache nicht nur die ideologische Ausrichtung, sondern auch die Führung der Partei überantwortet hat.

An dieser Stelle muss widerholt werden, was in anderem Zusammenhang schon erwähnt wurde: Bei einem Bevölkerungsanteil von 0,05 Prozent stellen Burschenschafter in Wien den Bundes- und Landesparteiobmann, drei von vier Stellvertretern, den Landesparteisekretär, den zweiten Präsidenten des Landtags und die Hälfte der Abgeordneten. Mit Burschenschaftern besetzt sind zudem fast alle wichtigen Stabsstellen und Führungspositionen in Parteiführung und Bezirken.

Das innerparteiliche Machtgefüge weist die FPÖ als Partei aus, in der die Elite einer kleinen politischen Subkultur, die noch dazu autoritärem Staatsverständnis nachhängt, alle Macht in Händen hält. Das ist das Gegenteil von Demokratie, die auf dem Grundsatz gleichberechtigter Teilhabe aller Bevölkerungsschichten beruht.

Der Ring freiheitlicher Jugend: Rechte Speerspitze der Partei

Johann Gudenus: Ideologisierung statt Zeitgeist

Im Juni 2003 endet ein Richtungsstreit zwischen liberalen und nationalen Exponenten des Rings freiheitlicher Jugend (RFJ) mit der Wahl des Burschenschafters Johann Gudenus zum Bundesvorsitzenden. Der neue Star des ultrarechten Parteiflügels kann die politische Prägung durch seinen Vater John Gudenus nicht verleugnen. Unmittelbar nach seiner Wahl bekennt er sich zu einem Richtungswechsel unter dem Motto „Ideologie statt Zeitgeist", kündigt eine vermehrte „ideologische Schulung" des Parteinachwuchses auf dem Fundament „alter freiheitlicher Werte" an, lässt den „Grundsatzreferenten" des RFJ ein rassistisches Manifest über Europa als „Wiege der Weißen" verfassen, verwendet das Nazi-Vokabel „Umvolkung", warnt vor der „dritten Türkenbelagerung", der Zerstörung der „völkischen Struktur" Europas, der „Immunschwäche" der europäischen Völker und dem „Untergang des Abendlandes",[618] zu dessen „Grundpfeilern" er das „Germanentum" zählt.[619]

Gudenus' Machtübernahme ist das Startsignal für eine ganze Serie rassistischer und neonazistischer Wortmeldungen an der Basis und auf den Internet-Plattformen des RFJ:

▶ Der oberösterreichische Parteinachwuchs sieht in der Errichtung eines Erstaufnahmezentrums für Flüchtlinge im Mühlviertler Freistadt eine „Katastrophe ungeahnten Ausmaßes" und fordert die Abschiebung von „Asylbetrügern und Drogenhändlern".[620]

▶ Das neonazistische „Schutzbündnis Soldatengrab" darf die auf deutschen Neonazi-Seiten veröffentlichte Behauptung „frei erfundener deutscher Verbrechen" im Zweiten Weltkrieg, die „jeder Grundlage entbehren" und vor „keinem unabhängigen Gericht bewiesen werden konnten" auf der Homepage des RFJ veröffentlichen und bei dieser Gelegenheit auf den „Grundkonsens" der Zweiten Republik schimpfen, der aus „Schänden und Beschmutzen, Lügen und Betrügen, Bereichern und Verschachern" bestehe.[621]

▶ Der Aufruf für die Kranzniederlegung am Grab von Walter Nowotny wird textgleich auf der Homepage des RFJ und der Neonazi-Seite „stoertebeker" veröffentlicht.[622]

▶ In Kärnten brüstet sich ein freiheitlicher Jungrecke unter dem Neonazi-Kürzel 88 (Heil Hitler) auf seiner Plattform damit, „ein paar Zecken" (Skin-Jargon für Linke) durch „die halbe Stadt getreten" zu haben, und verabschiedet sich von den „Kameraden" mit einem „donnernden Sieg Heil".[623]

▶ Der RFJ in Wien 22 ruft zur Teilnahme an einer Neonazi-Demo auf, berichtet vom „Tag der volkstreuen Jugend" des neonazistischen BFJ und widmet einen Artikel der Abrechnung Gerd Honsiks mit der seiner Meinung nach viel zu angepassten FPÖ – was in den Foren des RFJ in Salzburg und Kärnten prompt weiter verbreitet wird.[624]

▶ Nachdem das Dokumentationsarchiv des österreichischen Widerstandes diese und andere Beiträge aus dem RFJ veröffentlicht hatte, droht ein User der Homepage des RFJ Wien 22: „Die DÖW-Juden sollen bloß nicht frech werden, sonst …" Der Eintrag wird mehr als eine Woche lang nicht gelöscht.[625]

▶ Mitglieder und Funktionäre des RFJ werden als Kunden von Versandhäusern geoutet, die auf die Lieferung von Nazi-Devotionalien, Nazi-Musik und Kleidung mit NS-Symbolen spezialisiert sind.[625]

In Neonazi-Medien wird der Richtungswechsel als Sieg des „burschenschaftlich orientierten (…) authentisch nationalen Flügels" gefeiert. Mit Johann Gudenus sei ein „überzeugter National-Frei-heitlicher" gewählt worden.[627]

Ein Jahr nach dem Führungswechsel nimmt der deutsche Philipp Hasselbach auf der Neonazi-Site „Wikingerversand" die FPÖ gegen Kritik in Schutz, „zu wenig national" zu sein. Er weist die deutschen Kameraden darauf hin, dass die Parteijugend „deutlich radikaler" sei als ihre „im Moment noch an das System angebiederte Mutterpartei".[628]

In der FPÖ würden „nicht wenige Nationalsozialisten" die Parteistruktur nützen, da man in der „Ostmark" durch das Wiederbetätigungsverbot „schneller in den Bau geht als man glaubt", postet Hasselbach fünf Monate später. In der FPÖ-Jugend seien „sogar führende Funktionäre im Bundesvorstand intern als Nationalsozialisten bekannt".[629] Im elektronischen Gästebuch des RFJ Wien 22 schreibt der prominente Neonazi: „Kameraden! Weiter so und täglich kämpfen für die deutsche Sache! Voran zum Sieg!"[630]

Auch österreichische Neonazis versuchen, für Gudenus Stimmung zu machen. Die Tatsache, dass RFJ-Mitglieder sich gegen den Begriff „Umvolkung" gewandt hätten, sei ein „Treppenwitz", schreibt Konrad Windisch in den „Kommentaren zum Zeitgeschehen" der neonazistischen AFP. Beschwichtigend – aber entgegen historischen Tatsachen – behauptet er, dass dieser Begriff nicht im Nationalsozialismus, sondern „in der damals aufstrebenden FPÖ" kreiert worden sei. Bei so viel Übereinstimmung zwischen Neonazis und FPÖ-Jugend überrascht es nicht, dass die Broschüre der neonazistischen AFP für die RFJ-Zeitschrift „Die Tangente" wirbt.[631]

Unter Gudenus haben Burschenschafter im RFJ flächendeckend die ideologische Ausrichtung übernommen. Nationale Rechtsausleger wie Felix Budin (Cimbria), ehemaliger Führer der neonazistischen „Neuen Jugendoffensive", werden zu Vorträgen

173

und Schulungen eingeladen.[632] Im Einzugsbereich der Universitätsstädte mehren sich neonazistische Zwischenfälle durch Mitglieder des RFJ, an denen Burschenschafter beteiligt sind oder die Täter bei Burschenschaftern Rückhalt finden. Die innerhalb der Burschenschaften belegbare deutschnationale und teilweise neonazistische Indoktrination des studentischen Nachwuchses wird auf das universitätsferne Milieu des RFJ übertragen.

Gudenus bleibt von alldem unberührt. Er lässt Kritik weder an der ideologischen Ausrichtung noch an antisemitischen, rassistischen oder eindeutig neonazistischen Botschaften auf den Websites des RFJ oder am Verhalten einzelner Funktionäre gelten. Auch das Bundeslied „Nur der Freiheit gehört unser Leben" verteidigt er. Geschrieben hat es Hans Baumann, Autor zahlreicher Nazi-Lieder wie z. B. „Heute gehört uns Deutschland und morgen die ganze Welt". Dass das Freiheitslied einst für die Hitler-Jugend geschrieben wurde, ist für Gudenus irrelevant: „Der Text ist in unserem Sinne und wir singen ihn gerne", erklärt er.[633]

Bei der vom Korporationsring gemeinsam mit der Österreichischen Landsmannschaft veranstalteten Sonnwendfeier 2006 betont Gudenus sein Bekenntnis zur „deutschen Heimat", kritisiert die „bewusst gesteuerte Ethnomorphose" (Umvolkung), verkündet ein „kollektives Notwehrrecht" und ruft zum „Widerstand" angesichts einer „dritten Türkenbelagerung" auf.[634]

Am Beispiel Steiermark:
Die FPÖ und ihre Nazi-Schläger

Am 30. Januar 2010 (dem Jahrestag der nationalsozialistischen Machtübernahme in Deutschland) richtete sich der „Widerstand" einer Gruppe gewaltbereiter Neonazis in Bomberjacken, Springerstiefeln und T-Shirts mit Neonazi-Codes gegen Besucher des „Zeppelin", eines Lokals im Grazer Uni-Viertel. Mit Parolen wie

„Heil Hitler", „Heil Strache" und dem Absingen des Horst-Wessel-Liedes („Die Fahne hoch – SA marschiert!") versuchen sieben junge Männer, die Musik einer Geburtstagsfeier zu übertönen.[635] Als der Jubilar vermitteln will, schlagen sie ihn krankenhausreif und zertrümmern Teile der Einrichtung.[636]

Im Polizeiprotokoll ist festgehalten: „Einer der Beschuldigten (…) stampfte mit einem Fuß wuchtig auf den am Boden aufliegenden Kopf (des Opfers) und führte spätestens dadurch mehrfache Brüche des Nasenbeins und beider Augenhöhlen herbei sowie einen vom Nacken bis zum Scheitel reichenden Bluterguss am Hinterkopf." Ein Zeuge berichtete: „Sein Gesicht war schon richtig zermatscht. Die haben gewirkt wie komplett Wahnsinnige im Blutrausch."[637]

Die Zusammensetzung der Schlägertruppe war typisch für die soziale Struktur der freiheitlichen Nachwuchsorganisation: Mit von der Partie waren unter anderen Christian Juritz, stellvertretender Stadtjugendobmann des RFJ Graz, der sich im Internet als „rechter Recke" aus der „Stadt der Volkserhebung" (NS-Ehrentitel für Graz) vorstellte, und Richard Pfingstl, der aus dem RFJ ausgeschlossen worden war, aber nicht wegen seiner allgemein bekannten Neonazi-Kontakte, sondern wegen einer anstößigen Presseaussendung. Stefan Juritz, Bezirksobmann des RFJ in Deutschlandsberg, wurde von Gästen des Lokals als Mittäter identifiziert. Zwei Jahre nach der Schlägerei aber hatte er plötzlich ein Alibi durch seine Verlobte und deren Eltern. Das Gericht entschied in erster Instanz: im Zweifel für den Angeklagten, also Freispruch. Die sechs anderen Beteiligten wurden in erster Instanz zu Haftstrafen zwischen achtzehn Monaten und drei Jahren verurteilt. Die Verfahren in zweiter Instanz waren bei Drucklegung noch nicht abgeschlossen. Bis sie rechtskräftig werden – was unter Umständen noch Jahre dauern kann – muss die Unschuldsvermutung gelten.

Richard Pfingstl und Stefan Juritz und wurden im burschen-schaftlichen Milieu ideologisch geprägt. Beide kommen aus der „Germania im CDC", der auch Armin Sippel, Klubobmann der Grazer FPÖ, angehört.

Zwischen dem RFJ-Funktionär Stefan Juritz und dem zum Klubobmann aufgestiegenen Armin Sippel gibt es signifikante ideologische Gemeinsamkeiten. Sippel trat 2007 als Vorsitzender des Ringes Freiheitlicher Studenten (RFS) für die Abschaffung des Verbotsgesetzes ein. Sein mit vollem Namen unterschriebe-ner Aufruf wurde unter anderem auf der im Juni 2012 stillgeleg-ten, größten deutschsprachigen Neonazi-Site forum.thiazi.net, die sich im Untertitel „Germanische Weltnetzgemeinschaft" nennt, in vollem Wortlaut veröffentlicht. Wie unter allen anderen Beiträgen prangt auch unter seinem die Parole: „Judentum ist biologische Erbkriminalität".[638]

Kaum zwei Monate danach stellte Stefan Juritz die gleiche Forderung auf, verband diese jedoch mit der Forderung nach Freilassung von drei inhaftierten Aktivisten des neonazistischen BFJ, die er in typischem Neonazi-Jargon als „politische Gefan-gene" bezeichnet.[639] Beide Politiker lagen mit ihrer Forderung ganz auf der Linie des RFJ: Auch Johann Gudenus hatte 2007 das Verbotsgesetz „kritisch hinterfragen" wollen[640] und dabei vom steirischen FPÖ-Chef Gerhard Kurzmann Rückendeckung erhal-ten: „Ich bin dafür, dass man darüber diskutiert, ob dieses Gesetz nicht abgeschafft werden sollte."[641]

Sippel scheint zudem auf den von Hackern ins Internet ge-stellten Bestelllisten des neonazistischen „Aufruhr-Versandes" auf. Unter anderem soll er ein Hemd mit der Aufschrift „Germa-nia 88" und ein Shirt mit „Nationalist – Ehre, Freiheit, Vaterland" erstanden haben. Germania ist der Name seiner Verbindung, de-ren Leitspruch „Ehre, Freiheit, Vaterland" lautet, 88 steht für Heil Hitler. Die Bestellung streitet Sippel trotzdem ab.

Die in erster Instanz als Nazi-Schläger Verurteilten machen die Zusammensetzung des RFJ-Milieus deutlich. Von Zeugen als „Anführer" bezeichnet wurde der Kickboxer Gerhard Taschner, der zum harten Kern der österreichischen Neonazi-Szene zählt.[642] Der Sportler aus Gleisdorf, der für die „Kickboxunion Pischelsdorf" schon Medaillen geholt hat, ist in beiden Lagern fest verwurzelt. Gemeinsam mit seinen Freunden nimmt er an Kundgebungen der FPÖ ebenso teil wie an Neonazi-Aufmärschen.

Aus seiner politischen Einstellung macht er kein Geheimnis. Im Netz stellt er sich als „politischer Soldat" vor, wirbt mit Parolen wie „Rassismus ist gesunder Volkserhaltungstrieb", grüßt mit „Heil dir!" oder „Der Sieg ist unser!", schwärmt für Musikgruppen wie „Landser" („Adolf Hitler, unser Führer, unser Held") und die neonazistischen Liedermacher Frank Rennicke und Michael Müller (die auch bei der Olympia aufspielten). Fotos zeigen ihn bei Nazi-Aufmärschen in Dresden, an denen er gemeinsam mit Gottfried Küssel und Franz Radl teilnahm,[643] oder im Neonazi-Block bei der Anti-EU-Demonstration 2008 in Wien unter dem Banner „Freiheit für (Holocaust-Leugner) Honsik".[644] Im Internet informierte er gleichzeitig über Entwicklungen der lokalen FPÖ und warb mit Videos der verbotenen Neonazi-Homepage „alpen-donau", deren „Programm" deckungsgleich dem der NSDAP ist.[645]

Auf mehreren Internet-Seiten kursieren Fotos, auf denen Taschner gemeinsam mit seinen RFJ-Freunden Stefan Juritz und Richard Pfingstl auf einer Neonazi-Fete des BFJ gemeinsam mit Gottfried Küssel und Felix Budin zu sehen ist. Veranstalter war der FPÖ-Gemeinderat Ernst Kronegger aus Steinbach/Ziehberg (Bezirk Kirchdorf, Oberösterreich).[646] Zu den Gästen zählt auch der RFJ-Funktionär und freiheitliche Gemeinderat Stefan Kohlbauer aus dem oberösterreichischen Pettenbach, der sich

177

gemeinsam mit Küssel beim „ariogermanischen Raufball" fotografieren lässt.[647]

Die Feierrede dieser Veranstaltung wird zu einem Treuegelöbnis für die inhaftierten Neonazis des BFJ und die (nationalsozialistische) „Bewegung". In Zeiten der „Verfolgung und Repression" sei es wichtig, sich „nicht unterkriegen" zu lassen. „Auch wenn man Freunde aus unseren Reihen reißt und in den Kerker dieses nach außen so scheinheiligen Systems sperrt, kann uns das nicht einschüchtern oder stoppen, sondern uns nur in unserem ganzen Tun und Handeln bestärken. Denn gerade diese Verfolgung, Verbote und Meinungsunterdrückungen beweisen uns, wie recht wir haben und desto mehr man unsere Bewegung bekämpft desto sicherer können wir sein, dass wir uns auf dem richtigen Weg befinden."[648]

Bei den als Nazi-Schläger erstinstanzlich Verurteilten handelt es sich um jene typischen Mitläufer, die bereit sind, auf Kommando zu applaudieren, Parolen zu schreien oder zuzuschlagen. Ungefährlich sind sie nicht. Drei von ihnen nahmen gemeinsam mit Richard Pfingstl im Juni 2010 am Public-Viewing des Fußball-WM-Spiels Deutschland gegen Ghana auf dem Grazer Karmeliterplatz teil. Nachdem sie andere Zuschauer angepöbelt und mit Parolen wie „SS, SA, wir sind wieder da!" provoziert hatten, schlugen sie einen Mitarbeiter des Politikers Werner Kogler – Spitzenkandidat der Grünen für die steirischen Landtagswahlen – krankenhausreif.[649]

Auch mit dem Neonazi Franz Radl stehen die mutmaßlichen Schläger (bis zum Abschluss des Verfahrens gilt die Unschuldsvermutung) in Verbindung. Gemeinsam mit dem „Berater" von Holocaust-Leugner Gerd Honsik sollen sie Aufkleber mit der Aufschrift „Freiheit für Honsik" verteilt haben. Radl hatte bei der Gemeinderatswahl in Fürstenfeld mit einer eigenen Liste kandidiert, gemeinsam mit Markus Gruber, der danach von der rechtsextremen Gruppierung als Listenführer zur FPÖ wechseln konnte.[650] Auf den Holocaust angesprochen, antwortete Gruber:

„Man kann sich den Kopf zerbrechen, ob es auf diese Weise passiert ist oder nicht."[651]

Im März 2010 behauptete Armin Sippel, die beiden als mutmaßliche Nazi-Schläger vor Gericht Stehenden seien „längst" aus dem RFJ ausgeschlossen.[652] Auf dem Internet-Portal des RFJ las man es ein Jahr später noch anders: Stefan und Christian Juritz waren in ihren Positionen verblieben, wie Karl Öllinger, Nationalratsabgeordneter der Grünen, in einer Aussendung feststellte.[653] Daraufhin erklärte der steirische FPÖ-Chef Gerhard Kurzmann, beide würden ausgeschlossen, sollten sie schuldig gesprochen werden.[654]

Die von der FPÖ nahezu gewohnheitsmäßig zelebrierten Ausschlussverfahren sind nichts anderes als Alibihandlungen ohne praktische Bedeutung. Das gilt vor allem in kleinen Gemeinden, wo FPÖ-Politik an „nationalen Stammtischen" gemacht wird. Die Zusammensetzung der Stammtischrunden bleibt ebenso unverändert wie die ideologische Ausrichtung und die Bereitschaft zu gemeinsamen Aktionen, nur dass das offizielle Amt an einen weitergegeben wird, der sich (noch) nicht hat erwischen lassen.

Bestes Beispiel dafür ist Richard Pfingstl, einer der in erster Instanz als Grazer Nazi-Schläger Verurteilten, der aus seiner Burschenschaft und dem RFJ ausgeschlossen wurde. Selbstverständlich bleibt er Mitglied der freiheitlichen Gemeinschaft, selbstverständlich engagiert er sich weiterhin für die „nationale Sache". Die Freundschaft mit seinen Bundesbrüdern wird er in Zukunft außerhalb der „Bude" pflegen. Seine Aktivitäten für den RFJ hat er bereits fortgesetzt: Zwei Jahre nach seinem Ausschluss verteilte er während des Hochschülerschafts-Wahlkampfes Dosenbier am Wahlstand des RFS mit Sprüchen wie „Prost, wenn dir die Linken stinken".[655]

Weiterhin gemeinsame Sache mit dem RFJ macht Pfingstl auch bei sogenannten Anti-Antifa-Aktionen, die „Kameraden" der rechten Szene zu Gewalt ermuntern: Politische Gegner werden ausspioniert, fotografiert und mit Adressen ins Netz gestellt. Im Juni 2008 hatte Pfingstl gemeinsam mit Sascha Ranftl, Mitglied des RFJ-Bundesvorstandes, TeilnehmerInnen einer Anti-FPÖ-Demonstration fotografiert.[656] Eines dieser Fotos wurde danach gleich zweimal auf alpen-donau gezeigt.[657] Das Bild des ÖH-Vorsitzenden Cengiz Kulac (GRAS, Grüne & Alternative StudentInnen) wurde auf alpen-donau mit Namen und Adresse gleich fünfmal veröffentlicht.[658]

Es gibt ein weiteres Indiz für die Zusammenarbeit des RFJ mit Österreichs radikalster Nazi-Website, die Ende 2011 vom Netz genommen wurde: Nachdem der RFJ seinen Mitgliedern eine „ehrenwörtliche Erklärung" abverlangt hatte, zu keiner Zeit mit alpen-donau in Kontakt getreten zu sein, landete der Text prompt – auf der Website von alpen-donau. Österreichs aggressivste Nazi-Plattform riet daraufhin den RFJ-Mitgliedern, „diesen Wisch" zu unterschreiben. „Macht euch nicht verdächtig. Bleibt unerkannt … unsere Stunde naht!"[659]

Natürlich bleibt der ausgeschlossene Pfingstl mit seinen RFJ- und Nazi-Freunden im Internet vernetzt. Die Liste reicht dabei von hochrangigen FPÖ-Politikern – meist aus dem burschenschaftlichen Milieu – bis tief in die neonazistische Gewaltszene der Taschners, Radls, Küssels.

Zu seinem Freundeskreis zählt auch Luca Kerbl, Obmann des RFJ Fohnsdorf, Spitzenkandidat der FPÖ bei der Gemeinderatswahl 2011, der gegen „Umvolkung", aber auch gegen „islamische Bäcker und Geschäfte, wie es sie in Wien gibt" wettert. Auf seiner Facebook-Pinwand finden sich Hass-Postings, Nazi-Sprüche, Links zu Nazi-Liedern und Botschaften wie „Arbeit macht frei" (Aufschrift über dem Tor von Auschwitz und anderer nationalsozialistischer Konzentrations- und Vernichtungslager). Diese werden von ihm nicht gelöscht, was er als Akt der „Meinungsfreiheit" bezeichnet.[660]

Luca Kerbl vertritt damit die gleichen Positionen wie andere Mitglieder seiner Burschenschaft Corps Austria zu Knittelfeld. Zu diesen zählt der FPÖ-Politiker Wolfgang Zanger, der unmittelbar nach seiner Wahl in den Nationalrat für Schlagzeilen gesorgt hatte. „Natürlich hat es gute Seiten des Nationalsozialismus gegeben", meinte er im ORF-Interview, „nur die hören wir heute nicht mehr." Der Führer habe den Leuten „Hoffnung gegeben". Seine historischen Einsichten bezog Zanger nicht etwa aus Geschichtsbüchern, sondern aus dem „Wirtshaus", von einer „Dame aus Deutschland", die dafür „beschimpft" worden sei.[661]

Von ähnlichem Kaliber ist Gunter Hadwiger (Akademische Fliegerschaft Wieland Staufen, Graz), der nach seiner Wahl in den steirischen Landtag gemeint hatte, er stehe „neutral" zum Nationalsozialismus. „Es war nicht wirklich alles schlecht."[662]

Der Fall der mutmaßlichen Nazi-Schläger von Graz ist deshalb so ausführlich geschildert, weil er exemplarisch zeigt, wie der im burschenschaftlichen Milieu ideologisch geschulte FPÖ-Nachwuchs mit Hilfe seiner Verbindungsbrüder Karriere in der Politik macht, gleichzeitig jedoch Kontakte mit der neonazistischen Gewaltszene aufrecht erhält. Der Überfall auf das Grazer Lokal macht die Aufgabenverteilung deutlich: Burschenschafter besorgen die ideologische Ausrichtung, geschulte Neonazis fungieren als „Führer", Mitläufer als „Soldaten", sprich: Schläger. Burschenschaft, FPÖ und Nazi-Szene heißt das unheilvolle Dreieck, das unter Parteiobmann Strache und seinem Wiener Adepten Gudenus zu einer Herausforderung für Österreichs politische Kultur geworden ist.

Es würde den Rahmen eines Buches sprengen, die unzähligen lokalen Strukturen dieses unheilvollen Zusammenspiels mit ähnlicher Ausführlichkeit zu untersuchen. Die Schilderung der folgenden Beispiele rechtsextremer Vorfälle im Umfeld von RFJ und FPÖ muss sich daher auf eine Kurzform beschränken:

▶ Der ehemalige RFJ-Obmann Michael Winter wurde wie seine Mutter wegen Verhetzung verurteilt, nachdem er als „Sofortmaßnahme gegen muslimisch-türkische Vergewaltigungen" gefordert hatte, im Grazer Stadtpark Schafe weiden zu lassen.[663] Für Mörder, Kinderschänder und in schweren Fällen von Drogenkriminalität fordert er die Todesstrafe.[664]

▶ Ex-Nationalrat Udo Grollitsch (Akademischer Turnverein Graz) überreichte seinem im RFJ engagierten politischen Ziehsohn Daniel Geiger als Geburtstagsgeschenk Hitlers „Mein Kampf".[665] Der Beschenkte stellte während des Landtagswahlkampfes ein Foto des grünen Spitzenkandidaten Werner Kogler auf Facebook, das plakativ überschrieben war: „Eine echte linke Sau."[666]

▶ Die freiheitliche Jugendreferentin Mariazeller Land, Silvana Wallmann, veranstaltete in ihrer „Silvana-Bar" ein Konzert der Nazi-Band „Agitator". Mit Texten wie „Ich bin mit Leib und Seele Nazi (…) ich bleib Nazi für alle Zeit" animierten die Musiker Gäste zum Hitlergruß. Auf einem Foto posierte Hans Ploderer, FPÖ-Spitzenkandidat in St. Sebastian, mit einem T-Shirt der Nazi-Gruppe „Skinhead Steiermark", auf einem anderen trug der freiheitliche Gemeindepolitiker Dominik Ungerböck als Gast der Silvana-Bar eine 88 (Heil Hitler) im Lorbeerkranz auf seiner Kleidung.[667]

▶ Anfang Dezember 2011 kann sich selbst der am rechten Rand der FPÖ angesiedelte steirische FPÖ-Chef Gerhard Kurzmann nicht mehr blind stellen. Beim außerordentlichen Bezirksparteitag in Tauplitz (Bezirk Liezen) schließt er den stellvertretenden Landesobmann des RFJ und ehemaligen FPÖ-Bezirksobmann André Taschner handstreichartig aus, nachdem dieser Neonazis zu Parteimitgliedern machen wollte und eine rechtsextreme Parallelorganisation zum RFJ gegründet hatte. Taschner hat einen zweiten Job: Er ist Referent im Büro Martin Graf, Dritter Präsident des Nationalrats und Mitglied der Burschenschaft Olympia, die immer wieder durch Vortragende aus dem Neonazi-Milieu in die Schlagzeilen gerät.[668]

Oberösterreich: Wo FPÖ und Neonazismus miteinander verschmelzen

Zu einer partiellen Verschmelzung von FPÖ und Neonazi-Szene kommt es vor allem dort, wo im Umfeld von Universitätsstädten rechtsextreme Burschenschaften für die Indoktrination des Parteinachwuchses sorgen. Die oberösterreichische FPÖ wird seit Jahren von Führungsfiguren der Burschenschaften dominiert. Lutz Weinzinger, Mitglied der Burschenschaft Bruna Sudetia und Autor des rechtsextremen Burschenschafter-Organs „Aula", verlangt am Vorabend des Gedenktages für die Opfer des Nationalsozialismus eine „Revision der Geschichtsschreibung", um „nicht nur die Nazis als Verbrecher erscheinen zu lassen."[669] Im Wahlkampf 2008 fällt er mit der Feststellung auf, jede blonde, blauäugige Frau deutscher Sprache brauche drei Kinder, „weil sonst holen uns die Türkinnen ein".[670] An einer von Weinzinger organisierten und auch von der FPÖ beworbenen Burschenschafter-Veranstaltung konnte Gottfried Küssel in Begleitung von 20 seiner Anhänger unbehelligt teilnehmen.[671]

Weinzingers Nachfolger Manfred Haimbuchner gehört gemeinsam mit Günter Steinkellner, Klubobmann der FPÖ im oberösterreichischen Landtag, dem Corps Alemannia Wien zu Linz an. Die Verbindung hat SA-Sturmführer Horst Wessel nie aus ihrer Mitgliederliste gestrichen.[672]

Unter Haimbuchners Amtsführung wurden die Info-Folder für die Anträge auf Wohnbeihilfe in Türkisch und Serbokroatisch vom Netz genommen. Mit dieser Schikane konfrontiert, argumentiert der FPÖ-Politiker, bei Menschen, die fünf Jahre in

Österreich gelebt haben, müsse man die Kenntnis der Sprache voraussetzen. Offenbar nur dann, wenn man aus dem Osten kommt: Auf Französisch und Englisch blieben die Anträge im Netz.[673]

Natürlich ist Haimbuchner auch dabei, als beim Jubiläumsfest von Andreas Mölzers „Zur Zeit" im Wiener Palais Pálffy der Neonazi-Verteidiger Herbert Schaller einmal mehr behauptet, für die Gaskammern der Nazis gebe es keine „Sachbeweise" und der aus Österreich abgeschobene britische Holocaust-Leugner David Irving per Video-Einspielung die österreichischen Behörden mit den „Nazis" vergleicht.[674]

Haimbuchner ist Stellvertretender Vorsitzender der Österreich-Sektion des rechtsextremen Witiko-Bundes, als deren Vorsitzender Martin Graf fungiert.[675] Die nach Kriegsende von ehemaligen NSDAP- und SS-Führern gegründete radikalste Gruppierung der Vertriebenenverbände kämpft für ein wiedervereinigtes Großdeutschland – ein in Österreich verfassungswidriges Ziel. Im „Witikobrief" finden sich Sätze wie dieser: „Zu den gewaltigsten Geschichtslügen der jüngsten Vergangenheit gehören die sechs Millionen Juden."[676] (Siehe auch Seiten 101, 102)

Das Mitgliederverzeichnis des Witiko-Bundes liest sich wie ein Who is Who des deutschen Neonazismus. Es umfasst neben führenden Funktionären von NPD, DVU, Republikanern und (zum Teil mittlerweile verbotenen) neonazistischen Kleingruppen viele jener Rassisten, Antisemiten und Holocaust-Leugner, die als Vortragsreisende vom Dienst die deutsche und österreichische Neonazi-Szene mit Verschwörungstheorien und Geschichtslügen versorgen.[677]

Wenn ein derart im Rechtsextremismus verankerter Burschenschafter wie Haimbuchner den „liberalen" Flügel der oberösterreichischen FPÖ repräsentiert, kann man sich ausrechnen, wie die Exponenten des nationalen Flügels aussehen. An dessen Spitze steht mit dem Linzer FPÖ-Stadtrat Detlef Wimmer der ehemalige Vorsitzende des oberösterreichischen RFJ, Mitglied jener Burschenschaft Arminia Czernowitz, die mit einem Nazi-Sujet für den Vortrag des Antisemiten Richard Melisch warb (siehe Seite 81). Die Arminia Czernowitz ist Mitglied jener „Burschenschaftlichen Gemeinschaft", die für ein Großdeutschland in den Grenzen von 1939 eintritt.[678]

Seit Jahren wird Wimmer von Neonazis in deutschen und österreichischen Internet-Foren als „Zukunftshoffnung" gefeiert – natürlich auch auf der mittlerweile stillgelegten alpen-donau, jener radikalsten Nazi-Plattform, die in der Tradition der NSDAP agierte, Hitler-Reden in Endlos-Schleifen veröffentlichte, politische Gegner bedrohte, deren Privatadressen ins Netz stellte und dazu aufforderte, „Schädlingsbekämpfungsmittel" gegen „linkes Ungeziefer" einzusetzen oder Hetzparolen auf Hauswände zu schmieren.[679] In den Foren dieser Seiten wurde Wimmer gegen den Vorwurf in Schutz genommen, *kein* Nationalsozialist zu sein. Im Gegensatz zu „Arschlöchern" und „liberalen Systemlingen" in der FPÖ sei Wimmer „in unserem Sinn ganz in Ordnung". Nur das Verbotsgesetz zwinge ihn zu „pragmatischer Zurückhaltung".[680]

Mario Moser, Funktionär der FPÖ Linz, betreibt eine Facebook-Seite mit dem Titel „Detlef Wimmer mit uns – und wir mit Detlef Wimmer". Daneben wirbt Moser durch Links für die deutsche Neonazi-Band „Zillertaler Türkerjäger", die gelegentlich mit der als „kriminelle Vereinigung" verbotenen Neonazi-Band „Landser" gemeinsame Titel wie „Arisches Kind" aufnimmt.[681]

Im Wahlkampf warb Wimmers RFJ mit Aufklebern, auf denen eine Zigarettenpackung mit Warnhinweis abgebildet war: „Gemischte Sorte. Zuwanderung kann tödlich sein." Dennis Russel Davies, Chefdirigent des Bruckner-Orchesters, erstattete daraufhin Anzeige wegen rassistischer Diskriminierung.[682]

Wimmer stützt sich auf einen Kreis enger Verbündeter, die aus der gleichen ideologischen Ecke kommen: Michael Raml, sein „Leibfuchs" bei der Arminia Czernowitz, Obmann des RFS und rühriger Funktionär des RFJ, hat im Interview mit den „Oberösterreichischen Nachrichten" darauf bestanden, dass im Nationalsozialismus „nicht alles falsch" war.[683]

Sebastian Ortner, Wimmers Nachfolger als Klubobmann der FPÖ im Linzer Gemeinderat, war unter seinem damaligen Namen Sebastian Müllegger für Gottfried Küssels Terror-Truppe VAPO (Volkstreue außerparlamentarische Opposition) aktiv gewesen.[684] Als „stellvertretender Kameradschaftsführer" dieser „Frontorganisation für die Ostmark" hatte Ortner für die „Zerschlagung der Demokratie", die „Neugründung der NSDAP", den „Anschluss an Deutschland" und die „Aussiedlung der Juden" gekämpft (siehe Seite 31, 32, 44). Danach nahm er gemeinsam mit prominenten Neonazis wie Gerd Honsik und Ewald Althans an den Treffen des Vereins „Dichterstein Offenhausen" teil, den der Verfassungsrechtler Professor Heinz Mayer in einem Gutachten als „tief in die Geisteswelt des Nationalsozialismus eingebettet" beschreibt.[685]

Neben dem jungen Ortner hat Wimmer auch einen Altrechten im Linzer Gemeinderat installiert: den auf die achtzig zugehenden rechtsextremen Publizisten und Burschenschafter der Danubia München, Horst Rudolf Übelacker, ehemaliger Aktivist der bayerischen Rechtsaußen-Partei „Republikaner", langjähriges Mitglied des Witiko-Bundes und Autor im „Eckartboten" (siehe Seite 149–155), jenem neonazistisch agitierenden Organ der „Österreichischen Landsmannschaft", die den Holocaust verharmlost und Nazi-Größen verherrlicht.[686] Den deutschen Verfassungsschützern ist Übelacker aufgrund seiner zahlreichen Kontakte in die Neonazi-Szene bestens bekannt: „Er füllt ganze Aktenordner."[687]

186

Detlef Wimmer unterhält seit Jahren beste Beziehungen zum neo-nazistischen „Bund Freier Jugend" (BFJ), bei dessen Veranstaltungen braune Prominenz wie Gottfried Küssel oder Felix Budin mit Mitgliedern des FPÖ-Nachwuchses ideologische Fragen diskutiert und gemeinsam feiert. Zumindest eine dieser Veranstaltungen hat Wimmer selbst besucht: Als 2007 Horst Jakob Rosenkranz, Ehemann der Strache-Stellvertreterin Barbara Rosenkranz, bei der Neonazi-Gruppierung als Referent auftrat, weilte er unter den Zuhörern.[688] Das Heeresnachrichtenamt verweigerte Wimmer aufgrund seiner Nazi-Kontakte die Offizierslaufbahn[689] und versetzte ihn zwangsweise vom Miliz- in den Reservestand,[690] eine Entscheidung, die von der Parlamentarischen Beschwerdekommission, bei der Wimmer Berufung einlegte, „vollinhaltlich" bestätigt wurde.[691]

Im April 2012 sickerten brisante Details aus dem zuvor streng unter Verschluss gehaltenen Akt des Heeres-Abwehramtes durch.[692] Danach habe Wimmer bei zwei Einvernahmen Angaben gemacht, die „nachweislich nicht den Tatsachen entsprachen" und seine Kontakte zu verfassungsfeindlichen Organisationen verschwiegen. In der Bewertung kommt das Abwehramt zu dem Ergebnis, Wimmer fehle die „erforderliche Distanz zur Zielsetzung verfassungsfeindlicher Bestrebungen". Es gebe objektiv nachvollziehbare Anhaltspunkte, dass von ihm „eine Gefahr für die militärische Sicherheit" ausgehe.[693]

Wo Wimmer politisch steht, wurde am 20. April 2012 – Hitlers Geburtstag – deutlich. Da hatte ein User auf Facebook, der mit zweitem Namen Adolf heißt (oder sich zumindest so nennt), in der für die Neonazi-Szene typischen Verschlüsselung, aber trotzdem unmissverständlich, gepostet: „Heute strahlt die Sonne besonders schön. Muss wohl ein wichtiger Tag sein." Wimmer antwortete darauf ebenso unmissverständlich: „Gefällt mir".[694]

Wimmer rechtfertigte sich damit, er habe sich nur über das schöne Wetter gefreut. Nicht einmal das kann stimmen: Laut Oberösterreichischem Wetterdienst war der „wichtige Tag" eher kühl und der Himmel bedeckt.[695]

Für Detlef Wimmer ist der „Bund freier Jugend" (BFJ), der nationalsozialistische Verbrechen „zynisch leugnet", NS-Ideen „verherrlicht", in „hetzerischer" Sprache „Rassenhass" schürt und „massiv" gegen das Verbotsgesetz verstößt (Beurteilungen durch den Verfassungsrechtler Heinz Mayer, siehe Seiten 166–167) „eine Jugendorganisation wie jede andere". Was nicht stimmt: Der BFJ ist nicht im Vereinsregister eingetragen, arbeitet illegal im Untergrund und bedient sich der neonazistischen Taktik mehrfacher Namenswechsel. 2008 hat sich die Nachwuchsorganisation der neonazistischen AFP in „Junge Aktion" umbenannt, tarnt sich jedoch auch unter anderen Namen.[696]

In der Teilnahme von RFJ-Aktivisten an NPD-Demos oder Veranstaltungen der neonazistischen Kaderschmiede BFJ sieht Wimmer kein Problem. Sogar Doppelmitgliedschaften werden von ihm ausdrücklich geduldet.

▶ Christian Aichinger, Obmann der FPÖ-Nachwuchsorganisation RFJ im oberösterreichischen Perg, hatte auf seinem Aufnahmeantrag zum neonazistischen BFJ unter „Besondere Interessengebiete" vor allem „Lügen zur Zeitgeschichte" angegeben.[697]

▶ Stefan Haider, RFJ-Bezirksobmann in Linz Land, hatte auf seinem Aufnahmeantrag neben „Lügen zur Zeitgeschichte" auch noch den folgenden Satz angekreuzt: „Ich traue mir zu, meine volkstreue Weltanschauung immer und überall zu vertreten."[698]

▶ Stefan Haiders Stellvertreter Andreas Retschitzegger wurde fotografiert, als er an einer Neonazi-Demo gegen die Wehrmachtsausstellung in Deutschland teilnahm. Auf dem BFJ-

Aufnahmebogen bekannte er sich zu seiner „volkstreuen Weltanschauung" und kreuzte folgenden Satz an: „Ich traue mir zu, allein vor einer Schule Flugblätter zu verteilen."[699]

► Stefan Kohlbauer, langjähriger Obmann des RFJ im Bezirk Kirchdorf, der sich auf Festen des Bundes Freier Jugend (BFJ) mit Neonazis wie Gottfried Küssel, Felix Budin oder Richard Pfingstl fotografieren ließ und sich als „Nationalist" bzw. „Faschist" outete, stieg danach zum FPÖ-Gemeinderat im oberösterreichischen Pettenbach auf. In dieser Funktion kündigte er Ende 2011 auf Facebook seine Teilnahme an einem Solidaritätskonzert für den SS-Verbrecher Erich Priebke an, der für die Ermordung von Hunderten italienischen Zivilisten lebenslänglich unter Hausarrest steht.[700] Im Oktober 2009 war es zu einem Eklat gekommen, als politische Gegner ein Foto Kohlbauers, das ihn beim Hitlergruß zeigt, als „Werbeplakat" für die FPÖ affichierten.[701]

► Der Priebke-Fan bekommt prompt Unterstützung aus dem freiheitlichen Lager. Barbara Gunacker, FPÖ-Gemeinderätin in Bad Ischl, die einst die Facebook-Seite der neonazistischen Bunten „nebenberuflich" administrierte, schließt sich der Forderung „Freiheit für Priebke" an.[702]

► Im März 2010 thematisiert Karl Öllinger, Abgeordneter der Grünen im Nationalrat, die Teilnahme von RFJ-Funktionären, die gleichzeitig dem neonazistischen BFJ angehörten, an einem Treffen der rumänischen Nazi-Truppe „Noua Dreapta".[703]

► Mit dem Nazi-Slogan „Volk ans Gewehr", Refrain eines NS-Liedes, das Joseph Goebbels gewidmet war, antwortet der RFJ-Funktionär Florian Meilinger auf eine Facebook-Eintragung. Zum Verbotsgesetz fiel ihm ein: „Anscheinend ist unsere Strolchen-Republik nicht einmal so gefestigt, dass sie freie Meinungsäußerung verträgt ..."[704]

► RFJ-Funktionär Arnold Lehner attackiert die Kabarettistin Monica Weinzettl mit den Worten „Weg mit dem Dreck!", womit er „Antifa und Co" meinte „und der Grüne Gutmensch Öllinger gleich mit!"[705] Karl Öllinger hatte die Neonazi-Kontakte des RFJ mehrfach zum Gegenstand seiner Presseaussendungen gemacht und unter anderem die Forderung des RFJ Oberösterreich thematisiert, den Artikel 3g des NS-Verbotsgesetzes ersatzlos zu streichen.[706]

► Löschenberger, Obmann des RFJ in der Attersee-Attergau-Region Oberösterreichs, warf auf seiner Facebook-Seite mit Nazi-Sprüchen um sich, schmückte diese mit Nazi-Codes wie 14/88 (14 words: siehe Seite 84, 88 für Heil Hitler) oder W.P.W.W. (White Pride World Wide: beliebtes Rassisten-Kürzel: weltweit weißer Stolz) und warb mit einem Link für ein Video des Neonazi-Forums alpen-donau. Auch ist er Mitglied der Facebook-Group „Racial Volunteer Force", einer Nachfolgeorganisation der neonazistischen Terrorgruppe „Combat 18" und anderer, ähnlicher Organisationen.[707]

► Jürgen Wallner, jugendlicher FPÖ-Gemeinderat im oberösterreichischen Redleiten, wurde als Teilnehmer einer Demonstration der neonazistischen NPD fotografiert, posierte auf einem anderen Foto mit einem T-Shirt der Neonazi-Band „Weiße Wölfe", bewarb auf seiner Facebook-Seite ein Video der deutschen Neonazi-Band „Hassgesang" und outete sich als „Fan" des braunen „Deutsche Stimme Verlages". Er steht auf der Facebook-Freundesliste des Ebenseer Naziklub-Betreibers Windhofer, der auf seiner mit Hakenkreuzen geschmückten Seite die Alliierten als Kriegsverbrecher bezeichnet, deren deutsche Opfer er betrauert. Unter anderem ist Windhofer Rädelsführer der mittlerweile aufgelösten Neonazi-Gruppe „Kampfverband Oberdonau" und der neonazistischen „Aktionsgruppe Passau", die auf ihrer Internet-Seite angekündigt hatte, eine antifaschistische Demonstration in Schärding anzugreifen.[708]

▶ Dominik Lepschi, Schriftführer des RFJ Freistadt, hat einen Online-Test auf seiner Facebook-Seite veröffentlicht: „Welcher Diktator passt zu dir?" Wenig überraschendes Ergebnis: „Adolf Hitler. Du bist eine Führungsfigur. Auf deinen Befehl hin würden deine Untertanen Friedhöfe schänden, in den Krieg ziehen oder Selbstmord begehen." Dazu veröffentlicht Lepschi ein Hitler-Foto. An anderer Stelle verlinkt er ein Video des Neonazi-Liedermachers Sleipnir.[709]

▶ Gemeinsam mit Dominik Lepschi posiert Gerald Schauer im RFJ-Fußballdress und auf einem anderen Foto mit einem T-Shirt der vom deutschen Verfassungsschutz als „kriminelle Vereinigung" verbotenen Nazi-Band „Landser". Verlinkt ist er mit „Hassgesang", „Stahlgewitter" und „Sturm 18" (Adolf Hitler). Deutsche „Kameraden" grüßt Schauer mit einem „donnernden Heil aus der Ostmark", wünscht ihnen „gutes marschieren", fordert gegen das „dreckige Zeckenpack" (Zecken: Skin-Jargon für Linke) „Blut muss fließen" und wirbt für eine Veranstaltung mit dem Titel „Freiheit für Gottfried Küssel".[710]

▶ Dominic Winkler, stellvertretender RFJ-Obmann in Lasberg (Bezirk Feistadt) teilt Lepschis Musikgeschmack. Auf seiner Facebook-Seite outet er sich als Fan des deutschen Michael Regener, Sänger der neonazistischen Band „Landser".[711]

▶ Von Thomas Pointner, RFJ-Bezirksobmann und FPÖ-Gemeinderat in Grünbach bei Freistadt, gibt es Fotos einer Wahlveranstaltung am Linzer Hauptplatz, die ihn gemeinsam mit seinen Parteifreunden mit Hitler-Gruß, Kühnen-Gruß – oder bei der Bestellung von fünf Bier – zeigen.[712]

▶ Auf der Homepage des RFJ Linz fand sich ein Link zur neonazistischen Seite „gesinnungsterror", der erst gelöscht wurde, als Medien davon Wind bekamen.[713]

▶ Auf der Homepage des RFJ Linz Land wurde eine Rede des Trauner Obmanns Sebastian Aigner veröffentlicht, in der dieser in Neonazi-Diktion gegen die „Umerziehung" herzog, die sogar die „volkstreue Jugend" erfasst habe. Unter anderem geißelt er die „Ausrottung der deutschen Kultur" durch „Musik negroiden Ursprungs".[714]

▶ Der RFJ-Funktionär und Voest-Alpine-Betriebsrat Harald Haas, in dessen Auto die Polizei am „Tag der volkstreuen Jugend" eine schwarz-weiß-rote Fahne mit dem Aufdruck „Nationaler Widerstand" sicherstellte, fällte ein bemerkenswertes Urteil: „Ich sehe keinen Unterschied zwischen (dem neonazistischen) BFJ und (dem freiheitlichen) RFJ".[715] Nicht alles, was ein Mann der rechten Szene sagt, muss falsch sein.

▶ Manuel Koller, Jugendreferent und stellvertretender Schriftführer der FPÖ Burgkirchen bei Braunau, nahm an Robert Fallers „Patrioten-Stammtisch" der neonazistischen Nationalen Volkspartei NVP teil, stellte sich auf Facebook mit „Sturmführerkommando" (SFK) vor und stellt Sprüche wie diesen ins Netz: „Wenn ich glaub' es geht nicht mehr – dann lade ich mein Sturmgewehr."

▶ Die Website des RFJ Braunau ist zu einem Treffpunkt von Rechtsextremisten und Neonazis aus ganz Österreich geworden. Die Partei scheint nichts daran zu finden, dass Buttons von RFJ und „Nationaler Widerstand" nebeneinander stehen und User unter „Interessen" SS-Abzeichen zeigen.[716] Als die Polizei nach einjähriger Ermittlungsarbeit eine Brandserie in Oberösterreich klärt, bei der ein Schaden von rund 400.000 Euro entstanden ist, stellt sich heraus, dass Funktionäre des RFJ Braunau zu den Brandstiftern zählten.[717]

Resümee:
FPÖ als Tarnkappe und Schutzschild für Neonazis

Es würde den Rahmen eines solchen Buches sprengen, die RFJ-Gliederungen aller Bundesländer mit gleicher Ausführlichkeit zu dokumentieren. Die Beispiele Oberösterreich und Steiermark reichen aus, um feststellen zu können: Beim Ring Freiheitlicher Jugend (RFJ) handelt es sich weniger um die Nachwuchsorganisation einer demokratischen Partei, die gelegentlich an den Neonazismus anstreift, als vielmehr um eine in weiten Teilen neonazistische Gruppierung, die sich des Schutzes der FPÖ bedient, um das Risiko juristischer Verfolgung zu minimieren.

Nirgends wurde das so deutlich wie in Tirol. Nachdem der Parteivorstand jahrelang tatenlos zugesehen hatte, wie Mitglieder des RFJ antisemitische Tiraden ins Netz stellten, Nazi-Parolen brüllten, mit Hitler-Gruß provozierten, gegen die Schließung eines Nazi-Treffs agitierten, „linke" Veranstaltungen attackierten und neonazistische Postings ins Netz stellten, versuchte Landesparteichef Gerald Hauser den Befreiungsschlag: Er schloss fünf RFJ-Mitglieder – darunter drei des Landesvorstands – aus der Partei aus und übergab der Staatsanwaltschaft „brisante Schriftstücke über rechte Umtriebe". In offener Frontenstellung zwischen der um demokratischen Anschein bemühten Mutterpartei und ihren neonazistisch agierenden „Kameraden" zeigte der Parteinachwuchs, wo er sich zugehörig fühlte: Die 600 Mitglieder der Parteijugend erklärten sich mit den wegen ihrer neonazistischen Umtriebe Ausgeschlossenen solidarisch und traten gemeinsam aus der FPÖ aus.[718]

Wahlkämpfer Strache:
Braune Helfer, braune Fans

Straches Helfer: Eine „Nationalsozialistin" für die FPÖ

Eine besonders aktive 24-jährige Wahlhelferin der FPÖ und ein 21-jähriger Wahlhelfer wurden Ende 2011 wegen nationalsozialistischer Wiederbetätigung zu je 14 Monaten bedingter Haft verurteilt. Der junge Mann erhielt unter Bedachtnahme auf eine 28-monatige Freiheitsstrafe wegen Raubes und gefährlicher Drohung zusätzlich drei Monate unbedingt.[719]

Aufgeflogen war die neonazistische Wahlhilfe für die FPÖ ein Jahr zuvor, als „News" Fotos veröffentlichte, auf denen die in der Neonazi-Szene als Meli Goschi bekannte Frau mit einem anderen, mittlerweile verstorbenen Freund beim Wahlkampfeinsatz für die Freiheitlichen und mit prominenten FPÖ-Politikern, aber auch bei Neonazi-Veranstaltungen und in Neonazi-Posen zu sehen war.[720]

Wie immer, wenn ihre Vernetzungen ins neonazistische Milieu thematisiert werden, reagierte die FPÖ mit Realitätsverweigerung. Generalsekretär Harald Vilimsky bezeichnete die Enthüllungen als „falsch", sprach von einer „Inszenierung" und betonte, die FPÖ sei nicht für „irgendwelche Personen" auf „freien Versammlungen" verantwortlich. Seine Wortwahl entsprach dem, was Freiheitliche auch in anderen Fällen sagen, wenn JournalistInnen ihre politischen Verbindungen durchleuchten: „Lächerlich", „blamabel" (gemeint: für die Aufdecker von „News", nicht für die FPÖ), „billig", „Unfug", „letztes Aufgebot journalistischer Primitivpropaganda".[721]

Generalsekretär Herbert Kickl versuchte seinen Kollegen noch zu übertreffen. Die auf den Fotos Abgebildeten seien „weder Wahlhelfer, noch Mitglieder oder sonst irgendwas in der FPÖ". Die Freiheitlichen würden gegen „derartige, aus der Luft gegriffene" Anschuldigungen „den Klagsweg gegen ‚News‘ beschreiten". „News" habe versucht, die FPÖ mit „unwahren Geschichten anzupatzen". Das sei „Journalismus der übelsten Sorte" und sollte „eine Verurteilung durch den Presserat" nach sich ziehen.[722]

Selbst während des Prozesses blieb die FPÖ dabei: „Mit dieser Frau haben wir nichts zu tun." Hätte ein FPÖ-Politiker Ähnliches vor Gericht und nicht bloß im „Kurier"[723] gesagt, er hätte sich wegen falscher Zeugenaussage wohl strafbar gemacht. Der unter seinem legendären Lehrmeister Alfred Worm zu Österreichs Aufdecker Nummer eins avancierte Kurt Kuch dokumentierte in „News", wie weit sich die beiden Generalsekretäre von der Wahrheit entfernt hatten.

Melanie (Meli Goschi) und Jürgen, der im November 2010 im Alter von nur 34 Jahren tot in seiner Wohnung aufgefunden wurde, waren in der Neonazi-Szene fest verankert. Auf ihrer Facebook-Seite hatte Melanie als politische Einstellung „nationalsozialistisch" angegeben. Als Geburtsdatum nannte sie den 20. April, Hitlers Geburtstag.

In „News" veröffentlichte Fotos zeigen Melanie im Kellerlokal der neonazistischen AFP, wo Führer-Geburtstage gefeiert und Nazi-Lieder gesungen werden,[724] mit einem bekannten deutschen Neonazi auf der Fahrt zum Nazi-Aufmarsch in Dresden und gemeinsam mit ihrem damaligen Lebensgefährten Jürgen mit Hitlergruß vor einer Deutschland-Fahne posierend, während sich ihre Mutter mit Hitler-Gruß vor einem Faymann-Plakat hatte ablichten lassen.[725]

Gleichzeitig war das aktive Neonazi-Duo bei der FPÖ engagiert. Melanie und Jürgen waren als Parteimitglieder aktiv in die Wahlwerbung der FPÖ eingebunden. Fotos zeigen sie bei diversen Auftritten mit freiheitlichen Politikern, am Rand von Wahlveranstaltungen oder beim Kampf gegen die Moschee in der Dammstraße im 20. Wiener Gemeindebezirk.[726]

Jürgens Aktionsradius reichte von seiner Burschenschaft (Rugia Eisgrub) und der FPÖ bis tief in die Neonazi-Szene und zu den Fußball-Hooligans. Auf Facebook war er mit vier freiheitlichen Abgeordneten zum Nationalrat, mit dem EU-Abgeordneten Andreas Mölzer und mit zahlreichen freiheitlichen Landes- und Gemeindepolitikern befreundet. Sein Veranstaltungskalender bestätigt dieses Bild mit zahlreichen Burschenschafter- und FPÖ-Events.[727]

Fotos zeigen ihn unter anderem mit Udo Guggenbichler, Chef des Österreichischen Pennäler-Ringes und Bezirkspartei-Vorsitzender der FPÖ in Wien Währing, bei diversen FPÖ-Veranstaltungen und als Wahlhelfer an einem Stand der Freiheitlichen, wie er einer Passantin Auskunft erteilt.[728] Als sein Facebook-Profil nach den Enthüllungen gelöscht wurde, war es zu spät: „News" hatte es bereits archiviert. Nach seinem Tod kondolierte der FPÖ-Abgeordnete Christian Höbart mit „Ruhe in Frieden, lieber Jürgen".[729]

Auch „Nationalsozialistin" Melanie, die sich an der Alten Donau von Gleichgesinnten mit SS-Runen, Hakenkreuzen und „Heil Hitler" beschmieren und danach in NS-Posen fotografieren ließ, ist mit Spitzenpolitikern der FPÖ nicht nur oberflächlich bekannt und nicht nur auf Facebook befreundet. Fotos zeigen sie mit Strache im Wahlkampf, beim vertraulichen Tête-à-tête, den Kopf an seine Schultern gelehnt, mit Strache im Gasthaus. Mit Melanies Mutter Margit, die ebenfalls für Fotos mit Hitler-Gruß posierte, hat sich der FPÖ-Chef im Keller des Ringes Freiheitlicher Jugend (RFJ) fotografieren lassen.[730]

Es gibt auch Fotos von Melanie, die sie zwischen Strache und Barbara Rosenkranz zeigen, und Fotos, auf denen sie ihre Wange vertraulich an die von Susanne Winter legt. Dass sie nach dem medialen Wirbel aus der FPÖ ausgeschlossen wurde und die Generalsekretäre Vilimsky und Kickl sie nicht einmal kennen wollen, von „irgendwelchen Personen" auf „freien Versammlungen" sprechen und „mit dieser Frau nichts zu tun haben" wollen, quittiert sie mit Empörung: „Ich hab mich sechs Jahre für die Partei geopfert und dann sowas, na danke!!", machte sie ihrer Wut auf Facebook Luft.[731]

Nazi-Skin als Security: Mit Blood&Honour und FPÖ

Ein anderer aus der ersten Reihe der Neonazi-Szene fiel beim alljährlichen FPÖ-Weinfest in Stammersdorf als Security auf: Gregor Tschenscher, Mitbegründer der österreichischen Division des neonazistischen Untergrund-Netzwerks Blood&Honour, das mit Fußball-Fanclubs und bei Neonazi-Rockkonzerten für Randale sorgt, wurde von Aktivisten der Sozialistischen Jugend identifiziert. Als diese Aufkleber und Flugzettel gegen die Strache-Partei verteilen wollten, trat er ihnen gemeinsam mit anderen kahlgeschorenen Männern in FPÖ-T-Shirts als „Ordnerdienst" entgegen. Zuletzt wurden die Jugendlichen von den „Ordnern" sogar bedroht: „Wir kriegen euch. Wir passen euch vor der Haustüre ab."[732]

Der polizeibekannte Skinhead Gregor Tschenscher, den das Dokumentationsarchiv des österreichischen Widerstandes (DÖW) zur Führungsriege der braunen Gewaltszene rund um Gottfried Küssel und Felix Budin zählt, ist überall dabei, wo Freiheitliche mit Neonazis gemeinsame Sache machen. Fotos zeigen ihn bei der Gedenkkundgebung am Grab der Nazi-Ikone Walter Nowotny als Träger des Transparents. Er war Teilnehmer der „Politischen Akademie" der neonazistischen AFP, bei der hochrangige FPÖ-Politiker gemeinsam mit Antisemiten und der Elite der Holocaust-Leugner auftreten. In den Jahren 2004 und 2005 war Tschenscher sogar als Referent angekündigt. Gemeinsam mit Küssel, Budin und 30 weiteren Neonazis nahm Tschenscher am „Heldengedenken" 2007 in Retz teil, bei dem Ex-SS-Mann Herbert Schweiger, der vom Spitzenkandidaten der FPÖ in Graz zum

Chefideologen des deutschen Neonazismus aufgestiegen war, die Rede hielt. Nicht zuletzt war er als Rapid-Hooligan führend an Ausschreitungen beteiligt.[733]

Die FPÖ-Führung reagierte wie immer in solchen Fällen. Die Berichte seien „Blödsinn", der Skin sei ein „völlig Unbekannter", den man „keinesfalls als Geleitschutz angeheuert" habe und der rein zufällig an der „öffentlichen Veranstaltung" teilgenommen habe.[734]

Brauner Ordner und rechte Strache-Fans in der Lugner-City

So unglaubwürdig die gebetsmühlenartig vorgetragenen Unschuldsbeteuerungen der FPÖ-Führung klingen, der letzte Beweis, dass es sich wieder um Ausreden handelt, wird sich kaum führen lassen. In einem anderen Fall schon. Markus Pollak wurde fotografiert, als er 2010 beim Wahlkampf-Auftakt von Strache in der Lugner-City Ordner-Dienste versah.[735] Pollak hat Erfahrungen als Security. Schon bei der Demonstration gegen die Wehrmachtsausstellung, nach deren Abschluss sich die Teilnehmer mit Nazi-Parolen durch die Wiener Innenstadt grölten, sorgte er für Ordnung. Mit Küssel, Budin und Tschenscher nahm er am Nowotny-Gedenken teil und auch am Überfall auf das Ernst-Kirchweger-Haus 2005 war er beteiligt.[736]

Ein hübsches Foto gibt es mit Strache und einem anderen Mann in typischer FPÖ-Adjustierung. Michael Neuhofer heißt der Glatzköpfige, der sich stolz mit dem freiheitlichen Parteichef ablichten ließ. Und wieder sollen wir den FPÖ-Beschwichtigern glauben: Natürlich war er kein Wahlhelfer. Sicher hat er sich die FPÖ-Jacke, mit der die Wahlhelfer gemeinsam auftraten, irgendwo selbst besorgt. Natürlich konnte Strache nicht wissen, dass sein selbsternannter Schützer und Foto-Partner Veranstaltungen der italienischen Neonazi-Organisation „Veneto Fronte Skinheads" besucht und auf Fotos mit anderen glatzköpfigen Freunden in T-Shirts der amerikanischen Neonazi-Band „Children oft the Reich" posiert.[737]

Nicht nur Straches Securities, auch seine Anhänger zeigen offen ihre Gesinnung. Zur Auftaktveranstaltung der Wiener Gemeinderatswahl in der Lugner-City ließ sich eine Journalistin des „Standard" von der Rechtsextremismus-Expertin Christa Bauer (Autorin des Buches „Rechtsextrem") begleiten. Diese erkannte auf Kleidung und Tattoos zahlreiche Nazi-Symbole, unter anderem das Zahnrad, das die nationalsozialistische Massenorganisation „Deutsche Arbeiterfront" einst in ihrem Logo verwendete, die „schwarze Sonne", die als zwölfarmiges Hakenkreuz gedeutet wird und die in der Neonazi-Szene beliebte Abkürzung „A.C.A.B" (All cops are bastards). Auf dem Unterarm eines Mannes war in Frakturschrift das Wort „Honour" zu erkennen, Teil des typischen Emblems des Neonazi-Netzwerks „Blood&Honour". Und auch die von „nationalen Versandhäusern" vertriebenen und in der rechten Szene so beliebten Kleidermarken „Thor Steinar" und „Lonsdale" machten deutlich, welches Publikum der FPÖ-Chef anzieht.[738]

Straches Anhänger: Hitler-Gruß und Nazi-Parolen

Bei anderen Veranstaltungen des FPÖ-Chefs mündet die politische Bekenntnisfreude direkt in den Straftatbestand nationalsozialistischer Wiederbetätigung. Junge Burschen in FPÖ- und RFJ-T-Shirts, die ihr Idol mit deutschem Gruß und Heil-Hitler-Rufen feiern, sind bei Strache-Kundgebungen keine Seltenheit.

Im Mai 2009 hatte Andreas Mölzer noch behauptet, derartige Nazi-Provokationen „würden wir uns verbieten".[739] Auf YouTube und zahlreichen Internet-Seiten finden sich Videos und Fotos, die belegen, wie wenig sich Strache-Fans an dieses „Verbot" halten. Während des EU-Wahlkampfes in Graz entstand ein Foto, das eine Gruppe junger Männer in RFJ-T-Shirts zeigt, von denen etwa die Hälfte die Hand zum deutschen Gruß erhoben hat.[740]

Auf YouTube finden sich Filmchen von Strache-Kundgebungen, auf denen nicht nur der Hitler-Gruß zu sehen, sondern auch „Heil Hitler" zu hören ist.[741] Fast schon skurril die Abschlussveranstaltung des EU-Wahlkampfes in Linz, bei der Strache offensichtlich entdeckt, dass seine Anhänger, die ihn mit deutschem Gruß feiern, gefilmt werden: „Händ owe, Händ owe!" (Hände runter), reagiert er beinahe panisch.[742] Sonst unternimmt er nichts.

Der SPÖ-Abgeordnete Hannes Fazekas macht die Tatsache, dass bei solchen Vorfällen nicht gegen die Täter vorgegangen wird, zum Gegenstand einer parlamentarischen Anfrage.[743] Offenbar mit Erfolg. Als Strache ein Jahr danach bei einer Demonstration gegen ein islamisches Kulturzentrum von einem begeisterten Fan mit deutschem Gruß gefeiert wird, schreitet die Polizei ein. Das Landesgericht verurteilt den mehrfach vorbestraften Neonazi im Juli 2012 zu 18 Monaten Haft.

Wie sehr der deutsche Gruß Bestandteil der FPÖ-Wahlkämpfe geworden ist und wie wenig die Partei an solchen Nazi-Provokationen Anstoß nimmt, zeigen Aufnahmen, die im September 2010 auf Straches eigener Internet-Seite www.hcstrache.at zu sehen waren. Das Video zeigt, wie der FPÖ-Chef die Wiener Disco „Praterdome" betritt, Besucherinnen und Besucher aufmunternd anlächelt und dabei den Daumen nach oben hält. Einige der Begrüßten antworten – deutlich erkennbar – mit dem deutschen Gruß.

Karl Öllinger, Nationalratsabgeordneter der Grünen, erstattet Anzeige gegen „unbekannte Täter" nach dem Verbotsgesetz.[744] Eigentlich müsste sich die Anzeige auch gegen Strache beziehungsweise jene Mitarbeiter richten, die den Internet-Auftritt betreuen und diesen Film einem großen Publikum sichtbar gemacht haben.

Braune Bekenntnisse:
„Sieg Heil" und „Heil Hitler"

Offen und öffentlich:
Gemeinsame Sache mit Neonazis

Freiheitliche Politiker machen mit Neonazis gemeinsame Sache,
lassen polizeibekannte Neonazis als „Securities" oder Claqueure auftreten, „übersehen" es, wenn sie von ihren Anhängern mit
Hitler-Gruß gefeiert werden, „überhören", wenn Nazi-Lieder gesungen werden, malen oder tätowieren sich NS-Symbole auf den
Körper, veranstalten Vorträge, bei denen der Nationalsozialismus
verharmlost und der Holocaust geleugnet wird.[745] FPÖ-Funktionäre nehmen an Nazi-Aufmärschen und Veranstaltungen der neonazistischen NPD teil[746] und beklagen sich über die „Bluthunde
des Staates", wenn Polizei und Justiz eingreifen.[747] Sie liefern als
Textilunternehmer der Neonazi-Szene Kleidung mit NS-Symbolen,[748] bestellen bei „nationalen Versandhäusern", die auf die
Lieferung von Nazi-Devotionalien und CDs von Neonazi-Bands
spezialisiert sind,[749] reichen Nazi-Lieder an Freunde weiter,[750] re-
produzieren SS-Sprüche wie „Unsere Ehre heißt Treue",[751] provozieren mit Horst-Wessel-Lied,[752] deutschem Gruß, „Sieg Heil"
und „Heil Hitler",[753] horten Waffen,[754] verwenden Nazi-Vokabeln
wie das von Joseph Goebbels geprägte „gesunde Volksempfinden"[755] und bezeichnen politische Gegner in Nazi-Diktion als
„Volksschädlinge"[756] oder „rote Metastasen"[757].

Der Umfang eines Buches lässt es nicht zu, die lange Liste
neonazistischer Bekenntnisse, Entgleisungen und Provokationen
auch nur annähernd vollständig zu dokumentieren. Einige ausge-
suchte Beispiele müssen reichen, den politischen Standort großer
Teile der FPÖ (und verhältnismäßig kleiner Teile ihrer Wählerschaft) zu dokumentieren.

Der Fall Podgorschek:
Gemeinsam mit Gottfried Küssel

FPÖ-Politiker haben keine Scheu, mit bekannten und bekennenden Neonazis gemeinsame Sache zu machen und sich mit ihnen in der Öffentlichkeit zu zeigen. Elmar Podgorschek (Germania Ried), Abgeordneter zum Nationalrat, ist bei einer Gedenkfeier für den von Napoleon hingerichteten „deutschgesinnten" Buchhändler Johann Philipp Palm, den Neonazis (zu Unrecht) für sich reklamieren, auf einem Foto gemeinsam mit Gottfried Küssel, Felix Budin und Stefan Magnet vom neonazistischen BFJ zu sehen.[758] Der Oberösterreicher nimmt an Gedenkveranstaltungen der „Kameradschaft IV" teil, dem Veteranenverband der Waffen-SS, die in Nürnberg als verbrecherische NS-Organisation eingestuft wurde.[759]

Der Fall Wieser: Einsatz für neonazistische Listen

Der Welser FPÖ-Vizebürgermeister Bernhard Wieser unterstützte mit seiner Unterschrift die Kandidatur der neonazistischen „Nationalen Volkspartei" (NVP), die einen Schulungstext der SS nahezu unverändert als Parteiprogramm übernommen hatte. Als die Stadtwahlbehörde die Kandidatur der neonazistischen Liste der „Bunten" verhinderte, stimmte die FPÖ unter Wiesers Führung dagegen. Sein Engagement blieb letztlich erfolglos: Beide Parteien wurden trotz seines Einsatzes vom Verfassungsgericht als neonazistisch eingestuft und verboten, gegen ihre Führer, Ludwig Reinthaler und Robert Faller, wegen Wiederbetätigung ermittelt. Die Neonazis revanchierten sich für Wiesers Bemühen, indem sie im Internet dazu aufriefen, „unseren Kandidaten" Bernhard Wieser zu wählen.[760]

Wieser ist nicht der einzige FPÖ-Politiker, auf den die „Bunten" zählen können. Ludwig Reinthaler, dessen Truppe durch Hitler-Gruß und Provokationen in der KZ-Gedenkstätte Mauthausen in die Medien geriet, ist auf Facebook nicht nur mit führenden Köpfen der militanten Neonaziszene, NPD-Funktionären und Auschwitz-Leugnern befreundet, sondern auch mit zahlreichen FPÖ-Politikern, unter ihnen die steirische Abgeordnete zum Nationalrat Susanne Winter, der Wiener Klubobmann der FPÖ Johann Gudenus, Walter Rainer, Mitglied der FPÖ-Bezirksparteileitung im salzburgischen Flachau, Andreas Klinger, Ortsparteiobmann der FPÖ im oberösterreichischen Suben, Franz Hager, Gemeinderat im oberösterreichischen Asten, Erwin Kiebler, Ortsparteiobmann im oberösterreichischen Mitterkirchen, Jürgen Franzelin, Gemeinderat im salzburgischen Piesendorf oder Manfred Hurbal, der sich sowohl in der FPÖ Simmering als auch in der neonazistischen AFP engagiert. Keinen scheint es zu stören, dass auf Reinthalers Seite Texte wie dieser veröffentlicht werden: „Das Bildungsministerium warnt: Wer denkt, könnte Nazi werden!"[761]

Der Fall Christian: FPÖ-Kandidat von rechtsaußen

Strache-Fan Alexander Christian, Ex-Generalsekretär der österreichischen Rechtsanwaltskammer, 2006 noch FPÖ-Kandidat zum Nationalrat und danach in der freiheitlichen Bezirksorganisation Wien Alsergrund aktiv, wurde im September 2007 mit Nazi-Skins fotografiert, die mit ausgestrecktem rechtem Arm und geballter Faust „Nationaler Widerstand" skandierten, marschierte bei der Anti-EU-Demonstration im März 2008 neben den Neonazis Gottfried Küssel und Franz Radl, wurde beim Gedenken am Grab von Walter Nowotny mit Rechtsextremen fotografiert und zeigte sich mit einschlägiger Bekleidung und Tätowierung überall dort, wo Neonazis gegen das „System" demonstrieren.[762] Unmittelbar nachdem die Medien Christians neonazistischen Umgang dokumentiert hatten, löste die Rechtsanwaltskammer das Dienstverhältnis mit ihm auf.[763]

203

Der Fall Otten:
Mit Neonazis gegen die Wehrmachtsausstellung

Für Strache-Freund Clemens Otten (Cimbria) machte es sich bezahlt, gemeinsam mit Aktivisten der neonazistischen Germania und Küssel-Freund Felix Budin (Cimbria) die Nazi-Demo gegen die Wehrmachtsausstellung organisiert zu haben, in deren Folge NS-Parolen gebrüllt und Nazi-Lieder gesungen wurden. Kurze Zeit danach rückte er in den Vorstand des RFJ auf und wurde wenig später Bundesgeschäftsführer der Freiheitlichen Nachwuchsorganisation (siehe Seite 84).

Der Fall Ballmüller:
Neonazi-Aktivist als FPÖ-Spitzenkandidat

Eigentlich hätte Christian Ballmüller Vizebürgermeister von Traismauer werden sollen. Dann kam ans Licht, dass er von der neonazistischen „Nationalen Volkspartei" (NVP), die große Teile ihres Parteiprogramms aus dem Schulungslehrplan der SS abgeschrieben hatte, direkt zur FPÖ gewechselt war und trat zurück.[764] Auf der neonazistischen Website „Altermedia" hatte Ballmüller antisemitische Tiraden veröffentlicht und „Freiheit für Honsik" gefordert.[765] Nachdem Ballmüller zur FPÖ gewechselt war, hatten ihm die „Kameraden" seiner NVP gratuliert: „Wir hoffen, dass er als Nationalist auch außerhalb unserer Partei seinen Standpunkten treu bleibt".[766]

Der Fall Kampl:
„Wenn es den Hitler nicht gegeben hätte ..."

Auch Hitler-Bewunderer und SS-Nostalgiker geben sich offen zu erkennen: „Wenn es den Hitler nicht gegeben hätte, wäre Österreich jetzt kommunistisch", meinte Siegfried Kampl, freiheitlicher Bundesrat und Bürgermeister von Gurk in Kärnten. Ohne den Anschluss 1938 hätte „die Hälfte der Bauernhöfe zusperren müssen".[767] Wehrmachtsdeserteure bezeichnet er als „Kameradenmörder" und beklagt die „Verfolgung der Nazis" nach Ende des Zweiten Weltkrieges.[768]

Straches Kameradenmörder:
Gegen historische Erkenntnis

Die für die Neonazi-Szene typische Geschichtsfälschung, die Wehrmachtsdeserteure als „Kameradenmörder" darstellt, hat auch Strache übernommen. „Man sollte nicht den Fehler begehen, diese Menschen zu glorifizieren – es sind oftmals auch Mörder gewesen", erklärte er 2009 zum 70. Jahrestag des Kriegsbeginns. Dann schob er die Behauptung nach, dass „mindestens 15 Prozent" der Deserteure Kameraden ermordet hätten.

Wissenschaftliche Arbeiten widerlegen das. So hat der Politikwissenschaftler Walter Manoschek 1300 Fälle untersucht, bei denen er nur auf zwei Tötungsdelikte stieß, das sind 0,15 Prozent. Ein Vielfaches größer war die Zahl derer, die für ihren Entschluss, bei Hitlers Vernichtungsfeldzug nicht mitzumarschieren, mit dem Leben bezahlten. Von den etwa 2000 angeklagten österreichischen Deserteuren dürften 1500 von der NS-Militärjustiz hingerichtet worden sein.[769]

Der Fall Kashofer:
Hitlers Ehrenbürgerschaft und braune Sprüche

Auch bei Abstimmungen machen Freiheitliche deutlich, in welcher Tradition sie stehen. Als die Gemeinde Amstetten am 24. 5. 2011 Adolf Hitler die Ehrenbürgerschaft aberkannte, enthielt sich die FPÖ-Mandatarin Brigitte Kashofer der Stimme. Mehrfach schon war die freiheitliche Mandatarin durch rechtsextreme Sprüche aufgefallen. Die Kriegsverlierer würden „noch heute" zu „einseitigen Schuldbekenntnissen" aufgefordert, „während in Vergessenheit gerät, dass England den Krieg

205

begonnen hat". Das Verbotsgesetz wurde ihrer Meinung nach nur erlassen, um „die Gebildeten unter den Kritikern mundtot zu machen". Es dürfe „kein Meinungsmonopol in einer Demokratie geben."[770] 2007 verteidigte Kashofer den damaligen Bezirksobmann des Rings Freiheitlicher Jugend, der in einem Forum gepostet hatte: „Antifaschismus ist keine Meinung, sondern eine Geisteskrankheit."[771]

Der Fall Egger:
Keine Stimme gegen den Antisemitismus

Anlässlich des Gedenktages für die Opfer des Nationalsozialismus fand eine Resolution der Bezirksvertretung Wien Landstraße gegen Antisemitismus und Rassismus die Zustimmung aller Parteien – mit Ausnahme der FPÖ. Der freiheitliche Bezirksrat Klaus Egger meinte, man solle die Vergangenheit endlich ruhen lassen und sich stattdessen mit der Gegenwart auseinandersetzen, vor allem mit dem sich „durch die Straßen prügelnden linken Mob". Egger ist Mitarbeiter des Dritten Nationalratspräsidenten Martin Graf.[772]

Tourismus in Kitzbühel: Braune Geschichtsfälschung

Unverhüllte NS-Nostalgie wird auch bei freiheitlichen Bildungsveranstaltungen zur Schau gestellt. Im Kitzbüheler „Activ Sunny Hotel Sonne" des ehemaligen FPÖ-Bezirksobmannes Paul Steindl, dessen Tochter im Bezirksvorstand sitzt, fand eine Tagung brauner Geschichtsfälscher statt, bei der auch die „Helmut-Sündermann-Medaille" verliehen wurde – benannt nach einem SS-Obersturmbannführer und Stellvertreter des Reichspressechefs der Nazis.

Gebucht hatte die Kitzbüheler Agentur von Gerhard Resch, der als Stadtparteiobmann der FPÖ zurückgetreten war, nachdem die Partei junge Rechtsausleger ausgeschlossen hatte. Resch betont, für ihn sei Gert Sudholt, Organisator der Tagung, „ein Ehrenmann".[773] Der NPD-Politiker war Herausgeber der „Deutschen Monatshefte", die im Verfassungsschutzbericht des deutschen Innenministeriums als „staats- und demokratiegefährdend" eingestuft wurden. In seinen Verlagen erscheinen Druckwerke mit Titeln wie „Antigermanismus – Eine Streitschrift zu Dachau und Auschwitz" oder „Zions Griff zur Weltherrschaft".[774]

Lindenbauer, Leitmann, Pühringer: Bekenntnisse auf der Haut

Einigen besonders Linientreuen ist auch das noch nicht genug. Sie lassen sich ihre braunen Bekenntnisse auf die Haut malen oder tätowieren. Bei einer Fete im Vereinskeller des RFJ hielt Franz Lindenbauer, stellvertretender Bezirksobmann des RFJ, seinen entblößten Oberarm in die Kamera, um ein dort gut sichtbares Hakenkreuz zu zeigen. Das Foto landete im Internet. Jetzt hatte er Erklärungsbedarf und behauptete, „irgendein Parteifreund" habe ihm „irgendetwas" auf den Oberarm gekritzelt.[775] Kurz darauf legte Lindenbauer seine Parteifunktionen zurück, was er jedoch „keinesfalls als Schuldeingeständnis" verstehen wollte.[776] Zur Gemeinderats- und Bezirksvertretungswahl im September 2010 war er wieder da: als Kandidat auf dem sicheren vierten Platz der FPÖ-Bezirksliste Leopoldstadt.[777]

Der FPÖ-Gemeinderat Gerry Leitmann aus Ebenthal bei Klagenfurt ließ sich auf seinen Unterarm „Blut und Ehre" tätowieren, einst Motto und Grußformel der Hitler-Jugend, heute Titel der besonders radikalen Nazi-Website „Blood&Honour".[778]

Manfred Pühringer, Linzer FPÖ-Gemeinderat und Landesobmann der Freiheitlichen Arbeitnehmer, hält nicht nur Kontakte zur neonazistischen „Nationalen Volkspartei" von Robert Faller, er trägt auf dem Bauch in deutlicher SS-Anspielung die Tätowierung „Ehre-Treue-Vaterland".[779]

Der Fall Haberler: „Sturmtruppe" aus dem FPÖ-Lokal

Gemeinsam mit Gerd Honsik publizierte ein Mann im antisemitischen Mitteilungsblättchen „Völkerfreund", das NS-Nostalgie und offener Hitler-Verehrung Raum gab: Wolfgang Haberler, FPÖ-Obmann im niederösterreichischen Industrieviertel, Gemeinderat in Wiener Neustadt und Abgeordneter zum niederösterreichischen Landtag. Er stellte das Parteilokal der FPÖ einer „Sturmtruppe Ost" als Ausgangsbasis und Druckerei zur Verfügung. „Österreich war deutsch, ist deutsch und bleibt deutsch", heißt es auf Plakaten, die auf dem PC der FPÖ angefertigt wurden. Unterschrieben sind sie mit „Sturmtruppe Ost", wobei das große S der „Sturmtruppe" den S der SS-Runen unverwechselbar nachempfunden ist.[780] Als Chef der im FPÖ-Parteilokal festgenommenen „Sturmtruppe" wurde von der Polizei der frisch gekürte Führer des Ringes Freiheitlicher Jugend (RFJ) ausgeforscht.

In die Schlagzeilen geraten war Haberler auch, als seine „Freiheitliche Aktivgruppe" mit einem Flugblatt warb, das einen Grünen am Galgen zeigte, an dessen Leichnam Getier herumnagt. Dazu der Text: „Auch ein Alternativer ist biologisch abbaubar!"[781]

**Der Fall Kiebler:
„Maximaler Hass" oder „Heil Hitler"?**

Der FPÖ-Fraktionschef im oberösterreichischen Mitterkirchen, Erwin Kiebler, provozierte bei einem Lokalaugenschein des Gemeinderates einen Eklat, indem er mit einem „MaxH8"-Shirt der von ihm vertriebenen Modemarke auftauchte. „MaxH8" steht für „Maximal Hate" (maximaler Hass), aber auch für „Max (oder maximal) Heil Hitler". Daneben vertreibt Kieblers „Netzladen für die aufrechte Kundschaft" auch T-Shirts mit Aufdrucken wie „Ostmark", „Runensturm" oder „Nordischer Krieger".[782]

Vereinzelter Widerstand:
Austritte und ihre Begründung

Nur vereinzelt regt sich in der FPÖ Widerstand gegen den immer deutlicheren Trend nach Rechtsaußen. Darum sollen die mutigen Reaktionen jener FPÖ-Funktionäre, die Widerstand gegen die Annäherung an den Neonazismus geleistet haben, zumindest erwähnt werden. Widerstand gab es vor allem in der Steiermark: FPÖ-Bauernchef Andreas Schellnegger gab als Grund für seinen Parteiaustritt an, er habe in FPÖ-Sitzungen gehört: „Der Hitler hat schon Recht gehabt!"[783] Der Fürstenfelder Bezirksobmann Karl Pledl verließ die Partei, weil Franz Radl, „wissenschaftlicher Berater" des inhaftierten Neonazis Gerd Honsik, bei einer Ortsgruppensitzung nicht nur anwesend war, sondern mit dem Hitler-Gruß empfangen worden sei. Walter Markolin, Bürgermeister der Gemeinde Zeutschach, erklärte seinen Austritt damit, dass man sich „fast schämen" müsse, bei der FPÖ zu sein, wo es „nur noch Propaganda" gebe. Horst Prodinger, Bürgermeister von Predlitz-Turrach, schämte sich nicht nur für das „Moschee-baba"-Spiel, sondern auch dafür, dass Parteimitglieder „die Hand zum (deutschen) Gruß heben."[784]

Internet: Das braune Netzwerk

Facebook und Twitter:
FPÖ-Politiker und ihr braunes Umfeld

Wofür sich FPÖ-Politiker interessieren und mit wem sie Umgang pflegen, konnte man sich früher allenfalls ausmalen, beweisen konnte man es nicht. Seit einigen Jahren ist das anders. Auf Facebook und Twitter findet man die Persönlichkeitsprofile der Freiheitlichen: ihre Interessensgebiete, ihre Freunde, die Organisationen, mit denen sie vernetzt sind.

Interessenten müssen nicht lange suchen. Es genügt, jene Seiten anzuklicken, die den Freundeskreis der FPÖ dokumentieren, etwa das „basisdemokratische Web-Kollektiv bawekoll", das sich augenzwinkernd „anonymes Denunziantentum" nennt, oder die Plattform „rfjwatch". Dokumentiert werden die wichtigsten Ergebnisse danach vom Dokumentationsarchiv des österreichischen Widerstandes auf „Neues von ganz rechts" oder von der Plattform „Stoppt die Rechten", die von den Grünen unter Leitung des NR-Abgeordneten Karl Öllinger betrieben wird.

Da reicht ein Mausklick, um zu erfahren, dass selbst Spitzenpolitiker wie FPÖ-Generalsekretär Harald Vilimsky, der burgenländische Landesparteiobmann Johann Tschürtz oder der Grazer Stadtrat Mario Eustacchio Mitglieder der Facebook-Gruppe „Besseres Österreich" sind. Ein Administrator dieser Seite stellte mit einem Foto, das ihn vor dem Grabstein von Rudolf Heß zeigt, seine politische Gesinnung zur Schau, ein zweiter hatte versucht, auf einer nichtöffentlichen Facebook-Gruppe für die Aufstellung einer paramilitärischen Gruppe zu werben. Verlinkt ist „Besseres Österreich" mit der Seite „Juden und ihre Lügen" und mit „Gates of Vienna", die das „Manifest" des norwegischen Terroristen Breivik veröffentlichte.[785]

210

Hakenkreuze und SS-Symbole:
Die Nazi-Freunde der FPÖ-Spitze

Auch die blütenblaue Weste von Straches Stellvertreter Norbert Hofer hat durch das Internet braune Flecken bekommen. Der vermeintliche „Alibi-Liberale" (Profil), gegen den erster Verdacht aufkam, als er der NPD-Zeitschrift „hier und jetzt" als Interviewpartner zur Verfügung stand, ist Mitglied einer Internet-Community mit dem unverfänglichen Titel „Besseres Europa", die sich bei näherem Hinsehen als gut getarnte Neonazi-Organisation von eindeutig positionierten Administratoren entpuppt: Yvonne Klüter gibt sich als begeisterte Freundin von Hermann Göring zu erkennen, Roland Scheutz stellte Sprüche wie diesen ins Netz: „Trau keinem Fuchs auf grüner Heid – und keinem Jud bei seinem Eid."

Auf Hofers Facebook-Konto, das nur für Freunde zugänglich ist, fanden die Hacker von „bawekoll" unter anderem eine Frau mit dem klingenden Namen Amanda Alice Maravelia, die als politische Einstellung „NS/NPD" angibt, sich zu einem „starken Staat" basierend auf dem Prinzip „Ein Volk, ein Reich, ein Führer" bekennt, Hakenkreuze postet und mit Norbert Hofer „bis zum Endsieg" befreundet ist.[786]

Der Facebook-Auftritt, den Maravelia da gestaltet hat, ist geschmückt mit NS-Symbolen, NS-Plakaten, SS-Uniformstücken und NS-Devotionalien. Unübersehbar sind die großformatigen Hakenkreuze und Parolen wie „Ruhm und Ehre der Waffen-SS" und „Unsere Ehre heißt Treue".

Die Freundesliste von Maravelia, die ihre Sympathie für den Nationalsozialismus so offen bekundet, liest sich wie ein Who is Who der Neonazi-Szene. Sie las sich viele Monate hindurch aber auch wie ein Who is Who der FPÖ. Unter anderem fanden sich darauf Strache-Stellvertreterin und Ex-Präsidentschaftskandidatin Barbara Rosenkranz, die Nationalratsabgeordneten Susanne

Winter, Werner Königshofer (2011 ausgeschlossen), Elmar Podgorschek und Wolfgang Zanger, der Wiener Landesparteisekretär und Bundesrat Hans-Jörg Jenewein, sein Bundesrats-Kollege Johann Ertl, der Europaabgeordnete Franz Obermayr, der Wiener Klubobmann Johann Gudenus, die Wiener Landtagsabgeordnete Henriette Frank, der burgenländische FPÖ-Chef Johann Tschürtz, der burgenländische Landtagsabgeordnete Gerhard Kovasits, der Landesobmann der Freiheitlichen Arbeitnehmer Kärntens, Alexander Petschnig, dazu die oberösterreichische FPÖ, ganze Ortsgruppen, Bezirksräte, Gemeinderäte und eine lange Reihe kleiner FPÖ-Funktionäre sowie bekennender FPÖ- und Strache-Fans.[787]

Gelöscht wurden die Freundschaften erst, als die Medien den Skandal aufdeckten,[788] allerdings nicht von allen FPÖ-Gliederungen: Die oberösterreichischen Freiheitlichen und einige Bezirksorganisationen verteidigten ihre Freundschaft zu NS-Maravelia viele Wochen hindurch gegen das mediale Trommelfeuer „linker Systemmedien" oder des „jüdischen ‚Standard'".[789]

„Für Adolf und sein Reich" und „Türkenklatschen"

Auch im Internet gilt: Man kann sich seine Freunde aussuchen. Daher ist die Freundschaftsliste eines Hannes Schneider durchaus aussagekräftig, der für einen Security-Dienst im oberösterreichischen Marchtrenk arbeitet. Seine Facebook-Seite schmückt der erklärte FPÖ-Fan mit Hakenkreuzen, seine Freunde grüßt er mit 88 (Heil Hitler) und auch seine Postings lassen an Deutlichkeit nichts zu wünschen übrig: „Ich mag Adolf und sein Reich ...", „Die arische Rasse gegen den Rest der Welt", „Wie viele Türken passen in den Bodensee? Ich hoffe alle." Manches spielt sich in Dialogform ab. Wenn Schneider postet: „Türken klatschen, das ist fein, drum lade ich euch alle ein", antwortet einer seiner Freunde: „... und dann schickst du sie zu mir in den Heizkeller."[790]

Trotz (oder wegen?) solcher Einträge gibt es erstaunlich viele User, die mit ihm befreundet sind. Die FPÖ Groß Enzersdorf, Hagenberg und Weikendorf gehören dazu, die Freiheitliche Jugend des Burgenlands, der RFJ in Tulln und Lilienfeld, der FPÖ-Bezirksstammtisch Lichtenwörth ...[791]

Auch namhafte FPÖ-Politiker zählen zum Freundeskreis des nationalen Kämpfers: Die Nationalratsabgeordneten Susanne Winter und Werner Königshofer (Juli 2011 ausgeschlossen), der Welser Stadtrat Andreas Rabl, der Millstätter Gemeinderat Anton Pertl, Werner Rogner aus Weissenbach an der Triesting oder Alfred Pfeiffer aus Wien-Brigittenau.[792]

Mit FPÖ-Politikern gegen „Zionistenschweine"

Ein anderer Mann mit großem freiheitlichem Freundeskreis ist David Kandur, der gegen „jüdische Rassisten" und „Zionistenschweine" wettert, die Auflösung des Grabes von Hitler-Stellvertreter Rudolf Heß als „offensichtlichen Rechtsbruch" beklagt, die deutsche Kriegsschuld für eine Erfindung von „Linksextremisten" hält, sich als Fan der verbotenen Nazi-Band „Landser" outet und NS-Propagandabilder verschickt.

Daneben ist er fest eingebunden in einen Kreis prominenter FPÖ-Freunde.[793] Zu seinem Geburtstag gratulieren ihm unter anderem Parteichef Strache, der freiheitliche Nationalratsabgeordnete Christian Höbart und die Klagenfurter Gemeinderätin Sandra Wassermann. Dazu stellt Kandur Fotos ins Internet, die ihn beim 29. Stadtparteitag der Klagenfurter Freiheitlichen mit Vizebürgermeister Albert Gunzer, der Stadträtin Christine Jeremias und Stadtrat Wolfgang Germ zeigen, oder auch beim Karaoke-Abend mit Christine Jeremias und dem freiheitlichen Landtagsabgeordneten Peter Zwanziger.[794]

Die FPÖ Traiskirchen brachte es sogar fertig, eine Facebook-Freundschaft mit dem wegen Geldfälschung, Nötigung, schwerer Körperverletzung, Verstößen gegen das Waffen- und Sprengstoffgesetz mehrfach vorbestraften Neonazi Karl-Heinz Hoffmann zu schließen, der vom deutschen Verfassungsschutz zu den gefährlichsten Terroristen Europas gezählt wird. Mitglieder der Wehrsportgruppe Hoffmann wurden unter anderem für den blutigen Anschlag beim Oktoberfest 1980 in München verantwortlich gemacht.[795]

Straches Anti-Türken-Seite:
„Bomben" und „Freisetzung von Giftgas"

Im August 2011 veröffentlichte bawekoll Inhalte einer nur Mitgliedern zugänglichen Facebook-Seite, bei der FPÖ-Chef Strache als Administrator aufschien. Unter dem Titel „Türkei nicht in die EU!!!!!!" wurde da zum „Abschlachten" von Moslems, zur „Freisetzung von Giftgas", zum „Bombenregen auf islamischen Boden" und zum „Ertränken" politisch Andersdenkender aufgerufen.[796]

Bedauert wird, dass das Erdbeben in der Türkei „nicht stark genug" war. „Ein Tsunami wär nicht schlecht", meint ein User, während einem anderen Ehrenmorde „wurscht" sind, „denn je weniger Weiber desto weniger Reproduktionen".[797] Natürlich wird die Gefahr eines Bürgerkrieges beschworen, ein von „den Museln" angezettelter „Weltkrieg" behauptet und angekündigt, die für Multikulti Verantwortlichen würden sich vor einem „Volkstribunal" verantworten müssen. Ein anderer User würde sich damit begnügen, „Mohammed mal so richtig in die Eier treten zu können".[798]

Neben Hass-Botschaften wie diesen fanden sich Würdigungen von Hitler, Fotos von Goebbels (Hitlers Propagandaminister), Fotomontagen, die Moslems den Geschlechtsverkehr mit Tieren unterstellen und Links zu Seiten, auf denen die Existenz von Gaskammern geleugnet wird. Zahlreiche User grüßten mit 88 (Heil

Hitler) oder stellten Fotos ins Netz, die sie vor dem Grabstein von Hitler-Stellvertreter Rudolf Heß zeigen.[799]

Wieder sind neben Neonazis führende FPÖ-Politiker als „Freunde" beteiligt, unter anderem die Nationalratsabgeordneten Harald Vilimsky (Generalsekretär der FPÖ), Susanne Winter und Elmar Podgorschek, die Klubobleute Johann Gudenus (Wien), Kurt Scheuch (Kärnten), Günther Steinkellner (Oberösterreich) und Dieter Egger (Vorarlberg). Neben zahlreichen FPÖ-Funktionären und Mandatsträgern auf Bezirks-, Stadt- und Gemeindeebene sowie einer großen Zahl von RFJ-Funktionären sind ganze freiheitliche Orts- und Bezirksorganisationen der türkenfeindlichen Seite in Freundschaft verbunden.[800] Als Medien die Veröffentlichung von bawekoll aufgriffen, wurde Strache als Administrator der Seite gelöscht, blieb jedoch Mitglied.

Im Vergleich dazu nimmt sich Martin Grafs Internet-Zeitung „unzensuriert" direkt harmlos aus, obwohl auch auf dieser von Usern der Holocaust bezweifelt,[801] „Freiheit für Küssel" und „Schluss mit dem Verbotsgesetz!" gefordert wird.

Straches Fan-Club: „An den Galgen" und „Mauthausen aufsperren"

Aufschlussreich ist auch die Seite des „Strache Fan-Clubs", auf der FPÖ-Wählerinnen und Wähler – oft unter falschem Namen – ihrem Idol mit Sprüchen wie diesem huldigen: „Sieg Heil Strache, dem Führer". Unter seinem richtigen Namen fragt sich ein Patrick Kisser, ob das „dämliche Herumposten" der richtige Weg sei. Lieber würde der energiegeladene Nationalist, der mit einer ganzen Reihe namhafter FPÖ-Politiker befreundet ist, „einem Kanaken auf die Fresse" hauen und auch bei den Auseinandersetzungen mit den „linken Landesverrätern" zu „Taten übergehen".[802] Zu Wiens Bürgermeister Michael Häupl fällt dem Strache-Fan ein Gedicht ein, dessen Reime verbesserungsfähig sein mögen, das jedoch inhaltlich seine politische Position eindeutig widergibt: *Häupl du wirst hängen / die SPÖ wird rennen. / Auch Antifa und Grüne („kotz") / verschwinden von der Bühne.*[803]

Im Sommer 2011 antworteten Aktionskünstler auf Straches Plakate „Daham statt Islam" mit „Hamam statt Daham", einer mit dem „Werkstätten- und Kulturhaus" (WUK) organisierten „linken Provokation", die auf Straches Facebook-Seite blanke Mordlust auslöste: „Hurenkinder", „stinkende Moslem-Sauen", „Abschaum", Drecksmurchen", „an die Mauer", „an die Wand", „erschießen", „steinigen", „ertränken", „aufhängen", „abschlachten", „an den Galgen", „an die Laterne", „WUK anzünden", „wie wär's mit einem Putsch?"[804]

Trotz Klagsdrohungen blieben die Hass-Botschaften mehrere Wochen auf der Seite des FPÖ-Chefs. Als der mediale Druck schließlich zu groß wurde, ließ Strache die widerlichsten und strafrechtlich relevantesten Postings löschen. Bleiben durften Einträge wie: „HC, mach sie fertig!", „Balkanaffen", „Scheiß Krüppel", „Drecksgesindel", „Dreckspack", „Vollidioten" oder „Abschaum". Natürlich richtete sich die von Strache geschürte Volkswut nicht nur gegen Ausländerinnen und Ausländer, sondern auch gegen „linke Zecken" und „die Drecksviecher vom Standard".[805]

Weitergepostet wurden Hass-Botschaften wie „eini in den Zug und nach Mauthausen. Wir brauchen nur die Weichen stellen und den Strom aufdrehen", oder „genau für die sollten wir ein gut erhaltenes Anhaltelager wieder in Betrieb nehmen". Einer, der sich von spielenden Ausländerkindern gestört fühlte, postete: „Ich leg mir Betäubungspfeile zu und dann fahr ich den Dreck gleich auf die Entsorgungsstelle." Ein anderer grüßt mit „Heil Strache!".[806]

Wenn FPÖ-Mandatare sich auf Facebook outen

Natürlich gibt es auch FPÖ-Funktionäre, die sich auf ihren Facebook-Seiten selbst outen. So ruft Christian Kain, FPÖ-Gemeinderatskandidat aus Bad Ischl, zum Krieg gegen „Kuffnucken" (Moslems) auf, beklagt sich darüber, dass der Nazi-Barde Frank Rennicke mit seinen Hitler-Balladen auf dem deutschen Index gelandet ist, beschwert sich über den „jüdischen Standard" und über „Kanaken" die in den Brunnen „pissen" und „sch…".[807]

Dass so etwas medialen Widerstand provozieren oder strafrechtliche Folgen haben könnte, versuchen UserInnen wie Andrea Reichart, die sich selbst als „stolze Nationalsozialistin" bezeichnet,[808] ihren „Freunden" aus FPÖ und Neonazi-Szene klar zu machen: „Ich habe die Warnung erhalten, dass das BMI (Bundesministerium für Inneres) gezielt Facebook per Raster auf Schlüsselworte kontrolliert", schreibt sie und mahnt: „a) Profil sauber machen, b) alle Kreuze ec … entfernen, c) alle Skins reißen sich ab jetzt bitte zusammen – OK?"[809]

„alpen-donau":
„Juden erschlagen" und „die Leiche anzünden"

Unter den braunen Internet-Auftritten nahm das Ende 2011 vom Netz genommene „alpen-donau"-Forum in mehrfacher Hinsicht eine Sonderstellung ein. Die einzige österreichische Neonazi-Plattform von Bedeutung gab sich deutlich radikaler, militanter und gewaltbereiter als ihre deutsche Konkurrenz. Sie markierte einen Generationswechsel in der Neonazi-Szene: auf der einen Seite den Wandel von der braunen Nostalgie zum offenen Kampf gegen das demokratische System, auf der anderen Seite aber auch den Wechsel von der persönlichen Teilnahme an Kundgebungen, Tagungen und Vortragsveranstaltungen oder der persönlichen Verteilung gedruckter Agitation zur völligen Anonymität des Internet.

Die Inhalte haben sich nicht geändert, auch wenn sie mit bisher nicht gekannter Radikalität vertreten wurden. Das Parteiprogramm der NSDAP wurde auf „alpen-donau" als „Bibel", Horst Wessel als „unsterblicher (...) Prophet des Glaubens" bezeichnet, Hitler fast wie ein Gott verehrt: „Immer wird Braunau nur mit IHM verbunden sein."[810] „Mein Kampf", dessen Verkauf in Deutschland, Österreich und der Schweiz verboten ist, wurde als online-Lektüre angeboten und konnte als 27-stündiges Hörbuch heruntergeladen werden.[811]

Auffallend war die Militanz, mit der gegen die verhasste Demokratie agitiert und offen zur Gewalt aufgerufen wurde. Österreich sei ein von „Minderwertigen", „Bonzen", „Parasiten" und „jüdischem Gammelfleisch" regierter „Völkermordapparat", der den „Volkskörper" aussauge und „fremde Gifte injiziert". Den in Nazi-Diktion als „Untermenschendreck", „Wanzen" und „Läusen" bezeichneten politischen Gegnern wurde „Eliminierung" angedroht.[812]

Die auf Neonazi-Seiten übliche Holocaust-Leugnung – „Schwindel", „Lüge", Mythos" – wurde durch Gewalt-Parolen wie „Hamas, Hamas, alle Juden ins Gas" und Aufrufe zur „Vernichtung" von Judentum, „Zionistenstaat" und seinen „Filialen" ergänzt.

Unter dem Motto „Planen, Handeln, Abtauchen" wurden die „unabhängigen Kleingruppen" zur Gewalt gegen Politiker, Journalisten und Antifaschisten aufgerufen:[813] Nur „Waschlappen" und „Feiglinge" würden behaupten, Gewalt sei keine Lösung, hieß es da beispielsweise. „Natürlich löst Gewalt alle Probleme und ist außerdem eine internationale Sprache, die jeder versteht." Den Lesern empfahl man Waffen, die nicht gemeldet und registriert werden müssen: „Doppelläufige Schrotflinten! (...) Setzt euch zur Wehr!"[814]

In dem schwer zugänglichen Forum, in dem „ethnisch Nichteuropide" unerwünscht waren, ließen User ihren Mordphantasien freien Lauf: „Jeder Jude ist eine Reklame für den nächsten Holocaust", oder „Wenn ich einen sehe, schleife ich ihn bis zum nächsten Innenhof und prügle auf seinen hässlichen Schädel ein bis er nicht mehr atmet. Dann zünde ich vermutlich noch seine Leiche an." Dem an den Rollstuhl gefesselten Abgeordneten der Grünen Gunther Trübswasser wurde mit der „Giftspritze" gedroht. Natürlich veröffentlichte „alpen-donau" Bekennerschreiben zu neonazistischen Anschlägen, ermunterte zu weiteren Straftaten und kündigte den „Tag der Rache" an. Unterschrieben wurde mit „Heil Hitler".[815]

In einer Antifa-Datenbank fanden Interessenten Namen, Adressen, Telefonnummern und Fotos jener, die nationale Aktivisten als „Antifa-Pack" „in die Tonne treten" sollten.[816]

Beklemmende Verbindungen:
Die FPÖ und die Alpen-Nazis

Es zählt zu den beklemmendsten Entwicklungen der österreichischen Nachkriegsgeschichte, dass es zwischen den mordbereiten Staats- und Demokratiefeinden von „alpen-donau" und der drittgrößten Partei im Nationalrat belegbare Verbindungen gab. Die Gestalter der neonazistischen Website versuchten die Nähe zu der „einzigen Partei des völkischen Lagers" gar nicht zu verbergen. Sie griffen die politischen Inhalte freiheitlicher Wahlkämpfe auf, gaben Wahlempfehlungen für freiheitliche Kandidaten ab, hatten Links zu Martin Grafs „unzensuriert", zur FPÖ und zu Seiten ihrer Mandatare eingerichtet, warben für FPÖ-Veranstaltungen und Auftritte – natürlich auch für Straches „Totenrede" vom 8. Mai 2011, die in letzter Minute abgesagt worden war.[817]

Offen bekannte „alpen-donau", dass man beim „Widerstand" in unserem „vom Feind besetzten Land" auf die „Verbündeten" der „national ausgerichteten Studentenverbindungen und Turnerbünde" setzte: „Zudem haben wir in der Freiheitlichen Partei Österreichs eine Vorfeldorganisation, die uns Unterschlupf gewährt und auf deren Strukturen wir zurückgreifen können."[818]

Als sich die FPÖ im Wahlkampf von Barbara Rosenkranz um die Bundespräsidentschaft zum Verbotsgesetz bekannte, assistierte „alpen-donau": „Wir verlangen von der FPÖ gemäß unserer Abmachung das unerbittliche Eintreten gegen das verfassungswidrige Verbotsgesetz."[819]

Es gibt zahlreiche Belege für die personellen und organisatorischen Verbindungen zwischen FPÖ und den gewaltbereiten Hardcore-Nazis: Wiederholt veröffentlichte „alpen-donau" interne Dokumente aus dem FPÖ-Klub, jeweils mit dem Hinweis: „Wurde uns per Netzpost zugespielt".

FPÖ-Funktionäre wie Günther Harmuss, stellvertretender Bundesobmann der freiheitlichen Unternehmer (DFU) und Funktionär des „Rings Freiheitlicher Wirtschaftstreibender" (RFW), oder sein RFW-Kollege Marcel Trauninger hatten auf ihren Facebook-Seiten durch Links und Videos Werbung für „alpen-donau" gemacht.

Ende 2009 triumphierten die militanten Neonazis von „alpendonau", dass Reinhardt Racz, FPÖ-Bürgermeister im steirischen Neumarkt, „nicht vorhat, irgendwelche antifaschistischen Ausstellungen zuzulassen". Zwei Jahre zuvor hatte Racz eine Gedenktafel für die Blut-und-Boden-Dichterin Agnes Millonig, die sich als illegale Nationalsozialistin betätigt hatte, verteidigt. „alpen-donau" spendete der nationalen Tat Beifall und rügte deren Kritiker. „Kreaturen" und „menschlicher Unrat" wie das steirische Regierungsmitglied Kurt Flecker (SPÖ) würden versuchen, den Nationalsozialismus zu „verunglimpfen und zu besudeln".[820]

Eine Einladung zur Kranzniederlegung am Ulrichsberg wurde auf „alpen-donau" mit dem Hinweis veröffentlicht, die Kärntner FPÖ habe darum „gebeten". „Zwecks Anfragen" enthielt die Einladung die Telefonnummer der beiden FPÖ-Funktionäre

Harald Jannach und Franz Schwager.[821] Ein andermal wurde ein „offener Brief" des FPÖ-Abgeordneten Christian Höbart an das Dokumentationsarchiv des österreichischen Widerstandes (DÖW) mit dem Hinweis veröffentlicht, darum „gebeten" worden zu sein.[822]

Einige User der Nazi-Website gaben sich offen als FPÖ-Mitglieder zu erkennen und belegten das mit parteiinternem Wissen.[823] Als der steirische RFJ seine Mitglieder Erklärungen unterzeichnen ließ, dass sie keine Beziehungen zu „alpen-donau" hätten, wurde damit das Gegenteil belegt: Die nicht-öffentliche Erklärung wurde prompt auf der Nazi-Seite veröffentlicht.[824]

Als im steirischen Wahlkampf 2010 das von der FPÖ eingesetzte Moschee-Baba-Spiel vom Netz genommen werden musste, war „alpen-donau" hilfreich zur Stelle und setzte fort, was der FPÖ per einstweiliger Verfügung verboten worden war.[825]

Ein Brief des FPÖ-Abgeordneten Peter Fichtenbauer, mit dem dieser als „Liberaler" in Misskredit gebracht hätte werden sollen, wurde gleichzeitig zwei Neonazi-Seiten zugespielt. „alpen-donau" hatte den Absender entfernt, bevor das Schreiben ins Netz gestellt wurde. Die Betreiber des Nationalen Informationsdienstes „nid-infoblog" aber waren nachlässig und veröffentlichten es samt Telefonnummer, von der aus es gefaxt worden war: Es war die des ehemaligen FPÖ-Politikers John Gudenus, an dessen Adresse auch sein Sohn Markus gemeldet war, der als Parlamentsmitarbeiter von Strache tätig ist.[826]

Ein anderes Schreiben landete auf „alpen-donau", bevor es noch öffentlich war und konnte daher nur von Sebastian Ploner (Mitarbeiter von Parlamentspräsident Martin Graf und Burschenschafter der Olympia) oder dessen Rechtsvertreter kommen.[827]

Zahlreiche Einträge auf der Neonazi-Seite wiesen ins burschenschaftliche Milieu. Ein User gab sich durch Insiderwissen als Mitglied einer „deutsch-nationalen Verbindung" zu erkennen, zudem gab es Links zum „Wiener Korporationsring" und zum „österreichischen Pennälerring". Korporierte Veranstaltungen wie Kommerse oder der WKR-Ball wurden von „alpen-donau" im Vorfeld beworben.[828]

Als der Tiroler FPÖ-Chef Gerald Hauser fünf Mitglieder des RFJ wegen ihrer offensichtlichen Neonazi-Kontakte ausschloss, rief „alpen-donau" zur Solidarität mit den Ausgeschlossenen auf. Die Parteijugend tat, wie die „alpen-donau"-Nazis befohlen hatten: Alle 600 verließen die Partei.[829]

Deutliche Verbindungen gab es zwischen „alpen-donau" und der neonazistischen AFP, bei der freiheitliche Spitzenpolitiker gemeinsam mit der Elite der Europäischen Holocaust-Leugner, Antisemiten und Rassisten auftreten (siehe Seite 156–167). Da wurde auf „alpen-donau" zu Treffen im „Stüber-Heim" der AFP eingeladen, da wurden Flugblätter der beiden Organisationen zeitgleich verteilt, da wurde für dieselben Veranstaltungen in nahezu wortgleicher Diktion geworben.[830]

Als im Zuge der Ermittlungen gegen „alpen-donau" bei Hausdurchsuchungen NS-Propaganda und Waffen sichergestellt wurden, fand sich auf der Nazi-Seite die Bestätigung, dass die Staatspolizei bei den Richtigen gesucht hatte. Unter anderem beklagte sich ein User, dass eine „Kalaschnikov, Kaliber 7,62 x 39 mit der Typenbezeichnung R-94" beschlagnahmt worden war. Diese Information hatten nur die Täter.[831]

Nachdem es zu ersten Verurteilungen von Usern von „alpendonau" gekommen und die Nazi-Seite vorübergehend stillgelegt worden war, ging sie an Hitlers Geburtstag mit der Drohung online, „wir sind gut gerüstet und zum Gegenschlag bereit. Jederzeit und mit allen Mitteln, auf jeder Ebene, an jedem Ort.[832] Ende 2011 wurde die Seite endgültig stillgelegt. Der Prozess gegen die vermeintlichen Betreiber war bei Drucklegung des Buches noch nicht abgeschlossen.

Im Verdacht, für die Seite verantwortlich zu sein, stehen drei bekannte Neonazis, die alle Verbindungen zur FPÖ haben: Gottfried Küssel und Christian W. Anderle haben ihre politische Karriere bei den Freiheitlichen begonnen. Küssel hat 1980 als „nationaler Hoffnungsträger" in Payerbach an der Rax für die FPÖ kandidiert.[833] Christian W. Anderle, der Anfang der Neunzigerjahre an der Schändung des jüdischen Friedhofs in Eisenstadt beteiligt war, hatte sich als RFJ-Mitglied der besonderen Protektion des damaligen FPÖ-Staatssekretärs Karl Schweitzer erfreut.[834] Der Burschenschafter Felix Budin (Cimbria) ist immer wieder dabei, wenn FPÖ-Politiker und Neonazis gemeinsame Sache machen. Bis das Verfahren abgeschlossen ist – was in Österreich noch Jahre dauern kann – gilt die Unschuldsvermutung.

Der Fall Königshofer: „Wie hätte Hitler ...?"

Im September 2011 wurde Werner Königshofer aus der FPÖ ausgeschlossen, nachdem er monatelang für Schlagzeilen gesorgt hatte. Zuerst war der Tiroler Abgeordnete zum Nationalrat und Burschenschafter der Brixia mit einer auf seiner Homepage veröffentlichten, 172-seitigen rassistischen Hetzschrift gegen Muslime, Türken und „Neger" in die Schlagzeilen geraten, die zu Ermittlungen wegen des Verdachts der NS-Wiederbetätigung geführt hatte.[835] Unter dem Titel „Tirol oder Türol" stand da zu lesen, Muslime würden die „Samenkanone" als „Kriegsgerät" für die „Orientalisierung" Tirols einsetzen. Anklagend hieß es: „Unsere Medizin sorgt dafür, dass ja kein Moslem zu früh stirbt." Oder: „Wer heute einen Neger in Afrika rettet, ist schuld, dass in einigen Jahrzehnten deshalb zehn Neger sterben, die sonst nicht geboren worden wären."

Neben Forderungen nach „Arbeitsanstalten" für abgelehnte Asylanten, einem Verbot der Pille und der Einführung der Todesstrafe enthielt der Text zahlreiche NS-Bezüge. Da war von „tatsächlichen und vermeintlichen Taten Hitlers" zu lesen, da wurden Fremde in unverkennbarer Nazi-Diktion als „Schädlinge" für das „Wirtsvolk" bezeichnet, da stieß man auf Ratschläge zur Erhöhung der Geburtenrate, etwa in Form der Frage: „Wie hat Hitler die Geburtenfreudigkeit erhöht?"[836]

Auf seiner Facebook-Seite hatte Königshofer Marokkaner als „Kanaken"[837] bezeichnet, sich über „warme Brüder" erregt und Kardinal Schönborn aufgefordert, sich um „Klosterschwuchteln und Kinderschänder" zu kümmern.[838] Als Journalisten zuletzt auf die neonazistischen Facebook-Freunde des freiheitlichen Abgeordneten aufmerksam wurden, die für die Wiedereinführung der Nürnberger Rassegesetze plädierten und ihre Hassbotschaften mit Hitlerbildern zierten,[839] wetterte Königshofer gegen die „Naziblockwartmanier" der „linkslinken Systempresse" und den „demokratiepolitischen Amoklauf" der „linksgrünen Chaoten".[840]

Danach wurde das politische Vorleben Königshofers publik: In den Siebzigerjahren hatte er als zweiter Landessprecher der neonazistischen NDP fungiert, 1973 bis 1976 die Tiroler Lokalredaktion von Walter Ochensbergers Neonazi-Blatt „aktuell" geleitet[841] und 1975 den „Mitteleuropäischen Jugendkongress" organisiert, der von den Sicherheitsbehörden als neonazistisch eingestuft und verboten worden war.[842]

Zuletzt lief Königshofer auch noch in eine Falle, die der Wiener Rechtsanwalt Georg Zanger gemeinsam mit einem Kriminalpolizisten gestellt hatte. Die beiden hatten den FPÖ-Politiker mit markierten Unterlagen versorgt, die sich kurz darauf auf Österreichs radikalster Neonazi-Homepage „alpen-donau" fanden. Wie das Handelsgericht Wien feststellte, habe Königshofer die Nazi-Plattform „zweifelsfrei" mit Material beliefert.[843] Als Königshofer wahrheitswidrig behauptete, der Linzer Kriminalbeamte und Datenforensiker Uwe Sailer habe in seinem Namen einen gescannten Zeitungsartikel an „alpen-donau" gemailt, wurde er im Juni 2012 zu einer Geldstrafe verurteilt.[844]

All das hätte Königshofer nicht in Bedrängnis gebracht, hätte er nach dem Massaker von Oslo nicht nachgelegt. Er verharmloste den Mord an 77 jungen Menschen, indem er ihn mit der Abtreibung und dem Terror von Islamisten verglich. Diese hätten in Europa „schon tausendmal öfter zugeschlagen".[845]

Nachfolger von Werner Königshofer als Abgeordneter zum Nationalrat wurde Mathias Venier. Dieser stand auf der Bestellerliste eines Versandhauses, das auf die Lieferung von Kleidung mit mehr oder weniger versteckten NS-Bezügen spezialisiert ist.[*] In der ZiB 24 erklärte der Jungabgeordnete selbstbewusst, das Geschäft sei „nicht verboten", also „braucht sich niemand, der dort kauft, zu rechtfertigen."[846]

Der Fall Werner Herbert: Anfrage eines Polizisten

Dass der Neonazi-Informant Werner Königshofer vor und nach seinem Ausschluss aus der Partei auf Facebook reichlich Unterstützung von Mitgliedern und Wählern der FPÖ fand, kam nicht überraschend. Einer seiner Verteidiger aber tat sich besonders hervor: der freiheitliche Nationalratsabgeordnete Werner Herbert, Bundesobmann der FP-Polizeigewerkschaft (AUF). Er wollte von der Innenministerin wissen, ob es zu den Aufgaben eines Polizisten gehöre, „manipulierte Dokumente an Abgeordnete des Nationalrats zu versenden". Zur Verteidigung seines Parteifreundes kopierte er ausgerechnet ein Mail der Neonazis von „alpendonau" in die Anfrage, mit dem diese „Hilfestellung" leisten, „der Wahrheit auf den Fuß helfen" und verhindern wollten, dass in „denunziatorischer Weise" versucht wird, „anständige Deutsche

---

[*]   Mit ihrer Aktion „nazi-leaks" sorgten im Januar 2012 AktivistInnen aus dem Umfeld von „Anonymous" für Aufregung, als sie bei Hacks erbeutete Kundenlisten von Versandhäuern ins Netz stellten, die auf die Lieferung von NS-Devotionalien spezialisiert sind.

hinter Gitter zu bringen." Danach fragte der oberste freiheitliche Polizeigewerkschafter seine Dienstherrin allen Ernstes: „Wird die Homepage alpen-donau.info von Mitarbeitern Ihres Ressorts betrieben?" Und: „Wenn ja, von wem?"[847]

Der Polizeigewerkschafter, der Neonazis zu Zeugen aufruft und Kollegen in Verdacht bringt, im Auftrag der Innenministerin eine Neonazi-Seite zu gestalten, ist kein unbeschriebenes Blatt. Die Gratiszeitung seiner Gewerkschaft hatte 2011 einen Artikel über die schwierigen Arbeitsbedingungen der Exekutive mit einem Aquarell des Holocaust-Überlebenden Etienne van Ploeg illustriert, das die Leiden von NS-Zwangsarbeitern thematisierte. Vielleicht war Werner Herbert der einzige Österreicher, der in dieser Darstellung „keinen geschichtlichen Bezug" entdecken konnte.[848]

Die geschmacklose Verharmlosung der Zwangsarbeit in den Konzentrationslagern blieb ohne Folgen: In den eigenen Reihen für Sauberkeit zu sorgen zählt nicht zu den Stärken von Polizei und Justiz.

Wie desinteressiert die Polizei an der Aufklärung rechtsextremer Straftaten ist, zeigt sich auch am Fall der niederösterreichischen Gemeinde Dietmanns. Dort hatte der Administrator der FPÖ-Seite gleichzeitig das Neonazi-Forum „RR-Load" betreut, das Hakenkreuze, SS-Runen und Nazi-Sprüche veröffentlichte. Zwei Jahre nachdem Anzeige erstattet wurde, musste die Justizministerin in Beantwortung einer Anfrage zugeben, dass die Ermittlungen „noch nicht" begonnen hätten.[849]

FPÖ: „Absurde Schnüffelei linker Provokateure"

Die FPÖ versucht die Dokumentation ihrer Nazi-Kontakte und Nazi-Freundschaften als „politische Halluzinationen" und „absurde Schnüffelei" von „linken Provokateuren" darzustellen. Einer Gruppe beizutreten heiße ja nicht, „irgendwelche Ansichten von Verrückten gutzuheißen", versucht Generalsekretär Herbert Kickl die Tatsache herunterzuspielen, dass die FPÖ Neonazis und Gewalttätern auf ihren Websites eine Bühne gibt. Von JournalistInnen auf braune Botschaften ihrer Internet-Community angesprochen meint Susanne Winter, es lasse sich nicht immer verifizieren, „wer Rechtsanwälte sind, wer Priester oder Neonazis."[850] Sie sei „nicht verpflichtet", die politische Einstellung ihrer Facebook-Freunde „zu prüfen".

Prüfen? Was könnte man „prüfen" auf Seiten, die großformatige Hakenkreuze, SS-Runen, SS-Sprüche und Nazi-Symbole wie 14/88 abbilden, die Landkarten Großdeutschlands oder Logos des Ku-Klux-Klan zeigen? Was sollte man „prüfen" auf Seiten mit Fotos von „Autonomen Nationalisten" beim Werfen von Molotow-Cocktails oder Fans mit Hitler-Gruß?

Susanne Winter ist mit der islamfeindlichen Facebook-Seite „Open Speech" befreundet, deren Auftritt ein Foto von am Galgen Baumelnden ziert. Die Seite „Ram Page", die ebenfalls zu Winters „Freunden" zählt, schmückt ihr Profil mit einer Tafel, auf der ein stilisiertes Männchen seine Notdurft in einen abgestellten Schuh verrichtet. Damit kein Zweifel aufkommt, wie das gemeint ist, steht groß die Erklärung dabei: „Moschee, Bitte die Notdurft hier verrichten." Gibt es da wirklich etwas zu „prüfen"?[851]

Der Umfang eines Buches ist begrenzt. Die wenigen Beispiele müssen daher reichen, um zu belegen: Wesentliche Teile der FPÖ und ihrer Führungsriege sind fest eingebunden in ein weit über Österreichs Grenzen hinausreichendes Neonazi-Netzwerk, dessen menschenverachtende Inhalte und dessen offen zur Schau gestellte Gewaltbereitschaft einen unverhüllten Anschlag auf die Menschenrechte darstellen, alle gesetzlich gezogenen Grenzen verletzen und in der demokratischen Kultur ohne Beispiel sind. Von den Spitzen der Partei-Hierarchie bis in die braunen Rüpelkeller an der Basis ist die FPÖ mit braunen Geschichtsfälschern,

Auschwitz-Leugnern, Hitler-Verehrern, Antisemiten, Rassisten, Gewalttätern, Terroristen und Kriegshetzern vernetzt, verlinkt und befreundet. Führende Mandatare und hunderte Funktionsträger haben die FPÖ zum festen Bestandteil eines Netzwerkes gemacht, das mit Hakenkreuzen, Nazi-Parolen, NS-Symbolen und nationalsozialistisch inspirierten Hassbotschaften offen zu religiöser Schändung, Gewalt, Mord, Krieg und der Wiederinbetriebnahme von Konzentrationslagern aufruft.

Auch im Internet wird die hierarchische Struktur des Neonazismus deutlich: Auf der einen Seite die „Krawatten-Nazis", professionell formulierende Autoren oft aus den Reihen der Burschenschaften, die sich zu „Führern" berufen fühlen, mit ihren ideologischen Vorgaben die Szene aufrüsten und mit ihren juristischen Kenntnissen bzw. ihren gesellschaftlichen Positionen für strafrechtliche Schadensbegrenzung sorgen. Auf der anderen Seite die „Stiefel-Nazis", deren in holprigem Deutsch abgefasste Postings vor Rechtschreibfehlern strotzen. Sie verstehen sich als „Kampftruppe" für die „deutsche Sache" und sind überall dabei, wo „Volk" als Kulisse für die Auftritte von „Führern" benötigt wird, wo Securities, Claqueure oder auch „echte Kämpfer" gefragt sind. Und dann ist da die dritte Gruppe, die in der Geschichte fast genau so viel Unheil angerichtet hat wie die beiden zuvor beschriebenen: die der Mitläufer, der Wegschauer, der Verdränger – der potenziellen Wählerinnen und Wähler.

228

Signale an den rechten Rand:
Der Vergangenheit verbunden

Der Fall Gerhard Kurzmann:
Nationalsozialistische Traditionspflege

Gerhard Kurzmann, steirischer Landesparteiobmann der FPÖ,
ist Mitglied der „Kameradschaft IV", des Traditionsverbandes
der Waffen-SS. Es seien „anständige Leute", die er dort kennengelernt habe, erklärt er im Interview. „Sie haben als Soldaten in
einer schwierigen Zeit ihre Pflicht erfüllt und es nicht verdient,
ständig angeschüttet oder vernadert zu werden."[852]

Dass die „anständigen Kameraden" die militanten Neonazis der
„Ungarischen Nationalen Front" (MNA) zu einer „Gedenkveranstaltung" einluden, diese „mit großer Sympathie" empfingen und
weitere Einladungen ankündigten, wie Österreichs radikalste Neonazi-Seite „alpen-donau" vor ihrem Verbot stolz berichten konnte, lässt Kurzmann unberührt. Auch Ankündigungen der braunen
Wehrsporttruppe, sich militärisch darauf vorzubereiten, dass „die
neue Welt im Feuer, Schmutz und Blut geboren wird", scheinen
seinen Glauben an die Anständigkeit der Kameradschaft IV und
ihres neonazistischen Umfeldes nicht erschüttert zu haben.[853]

Gerhard Kurzmann ist Historiker. Man darf unterstellen: Er
liest auch Bücher. Also sollte er wissen, dass die Waffen-SS an
der Verfolgung und Ausrottung der Juden maßgeblich beteiligt
war. Ihr Einsatz in den Konzentrationslagern ist durch Zeugenaussagen belegt. Unter anderem hat Anton Kaindl, Kommandant
des Konzentrationslagers Sachsenhausen, bestätigt, dass zwischen SS und Waffen-SS „kein Unterschied hinsichtlich der Verwendung" in Konzentrationslagern bestand.[854]

In der Zeitung „Für die Waffen-SS" wurden die Angehörigen
1939 ausdrücklich für ihren Dienst in den Konzentrationslagern

gelobt. Ihnen sei es zu verdanken, dass diese „Inseln blieben, aus denen das Gift der inneren Zersetzung niemals wieder in den Volkskörper der Heimat gelangen konnte".[855]

In seinem Standardwerk „Geschichte der Waffen-SS" dokumentiert der in Wien geborene amerikanische Historiker George H. Stein die Verbrechen der nationalsozialistischen Spezialtruppe, unter anderen:

► die Ermordung von 600 galizischen Juden durch die SS-Division „Wiking" knapp nach der Invasion der Sowjetunion,

► das Massaker von Oradour an 642 französischen Zivilisten,

► das Massaker von Le Paradis durch die SS-Totenkopfdivision an 100 britischen Kriegsgefangenen,

► die drei Tage andauernde Ermordung von 4000 russischen Kriegsgefangenen.

Der Nürnberger Militärgerichtshof, der nach englischem Prozessrecht fungierte, hat die Waffen-SS ausdrücklich als „nationalsozialistische verbrecherische Organisation" eingestuft, die „an Tötungen in den Konzentrationslagern, an der Ermordung und Misshandlung von Zivilisten in besetzten Gebieten, an der Durchführung der Zwangsarbeitsprogramme und an der Ermordung von Kriegsgefangenen" beteiligt war.[856] Deutsche und österreichische Gerichte sind diesem Urteil mehrfach gefolgt. Ein Schöffengericht in Würzburg wertete die Traditionspflege der Waffen-SS ausdrücklich als „Pflege einer verbrecherischen Tradition".[857]

Die „Kameradschaft IV" ist Träger eines verbrecherischen nationalsozialistischen Erbes. Ihre Zeitschrift „Die Kameradschaft" liest sich stellenweise wie das Zentralorgan einer neonazistischen Partei. Wissenschaftler konstatierten nach Textanalysen eine Häufung neonazistischer Inhalte: Leugnung der deutschen Kriegsschuld, Rechtfertigung des nationalsozialistischen Angriffskrieges, Verharmlosung von NS-Verbrechen, Verherrlichung Hitler-Deutschlands, militanter Rassismus.[858]

Wer als Historiker Mitglied einer Gemeinschaft ist, die verbrecherische nationalsozialistische Traditionen pflegt, kann natürlich auch die Thesen von Holocaust-Leugner David Irving nicht beurteilen. Auf die Frage, ob es den Holocaust gegeben hat, antwortet Kurzmann: „Ich weiß es nicht. Ich habe mich mit diesem Kapitel der Geschichte nicht so stark befasst."[859]

Auf seiner Internet-Seite[860] bewirbt Kurzmann das neonazistische Machwerk „Das Ende der Tabus" von Rudolf Czernin, der unter den Holocaust-Leugnern eine Sonderstellung einnimmt, weil er nicht selbst leugnet, sondern leugnen lässt, indem er die Thesen neonazistischer Geschichtsfälscher referiert, um sich von diesen gelegentlich sogar halbherzig zu distanzieren.[861]

Kurzmann ist Autor der „Aula", die wegen Holocaust-Leugnung verurteilt wurde. Er tritt auf Sonnwendfeiern als „Feuerredner" auf. Unter seiner Führung hetzt die FPÖ gegen den „Judenstaat" und gegen Ausländer, mit Inseratentexten wie diesem: „In Prag habe ich studiert. In Graz gehe ich auf den Strich". Er gebärde sich, „als ob er für die grausige Nazi-Hetzschrift ‚Der Stürmer' wüten würde", kommentierte die „Kleine Zeitung".[862]

Den Landtagswahlkampf 2010 führt die FPÖ mit dem „Moschee-Baba-Spiel", auf dem Minarette und Muezzins weggeschossen (weggeklickt) werden. Als die FPÖ das Spiel vom Netz nehmen muss, taucht es prompt auf „alpen-donau" auf. Wer den Neonazis die Daten geliefert hat, kann sich Kurzmann – erwartungsgemäß – nicht erklären.

Kurzmann ist nicht der einzige FPÖ-Politiker, der sich weigert, die Verbrechen Waffen-SS zur Kenntnis zu nehmen. Man dürfe die Waffen-SS „nicht kollektiv schuldig sprechen", meinte etwa Generalsekretär Herbert Kickl.[863] Der steirische FPÖ-Abgeordnete Josef Riemer hatte seinen Internet-Auftritt mit dem SS-Sonnenrad (zwölfarmiges Hakenkreuz) geschmückt.[864]

Der Fall Rosenkranz:
Kontakt zur braunen Gewaltszene

Ende der Achtzigerjahre versuchte Horst Jakob Rosenkranz, Ehemann der Strache-Stellvertreterin Barbara Rosenkranz, die Führungsfiguren der neonazistischen Gewaltszene zu bündeln und bei den Wahlen 1990 mit seiner Liste „Nein zur Ausländerflut" in den Nationalrat einzuziehen.

Rechtzeitig vor der Wahl hatte Rosenkranz die Zeitschrift „Fakten" gegründet,[865] die vom „Verein zur Förderung der ganzen Wahrheit" herausgegeben wurde. In dessen sechsköpfigem Vorstand saßen neben Rosenkranz vier Mitglieder von Gottfried Küssels „Volkstreuer Außerparlamentarischer Opposition" (VAPO), die sich die Wiedererrichtung des Deutschen Reiches und die Neugründung der NSDAP zum Ziel gesetzt hatte.[866]

Das Vorhaben scheiterte. Obwohl Rosenkranz rechtzeitig 600 Unterstützer-Unterschriften vorgelegt hatte, untersagte die Wiener Kreiswahlbehörde eine Teilnahme an den Nationalratswahlen. Die Kandidatur verstoße gegen das NS-Verbotsgesetz, hieß es unter Hinweis auf die braune Prominenz, die da gemeinsam mit Rosenkranz zum Sprung ins Parlament ansetzen wollte.

Rosenkranz geiferte: „Ich wende mich somit an den Verfassungsgerichtshof: Die Nationalratswahl 1990 ist ungültig und muss wiederholt werden", hieß es auf Flugblättern.[867]

Der Verfassungsgerichtshof aber bestätigte nicht nur die Entscheidung der Kreiswahlbehörde,[868] er stufte in seinem Urteil die Liste der Hitler-Verehrer, Holocaust-Leugner, Brandstifter und Bombenleger, die Rosenkranz um sich gesammelt hatte, als eindeutig „neonazistisch" ein.[869] Der Wahlkampf sei mit den „hetzerisch-rassistischen Parolen des Nationalsozialismus" geführt worden. Das Programm erschöpfe sich in „Prinzipien und Postulaten der Rassentrennung", die im Propaganda-Vokabular der Nazis „gepriesen" und „verherrlicht" würden: „volksfremde Ideologie", „schleichender Völkermord", „arbeitsscheuer Abschaum der Welt", „Kreaturen", „Sozialschmarotzer", „Parasitendasein".[870]

Ausführlich ging der Verfassungsgerichtshof auf das politische Vorleben der wahlwerbenden Personen ein, wobei er deren mehrfach gezeigte Gewaltbereitschaft feststellte. Rosenkranz (der bei Gedenkveranstaltungen für Hitler-Stellvertreter Rudolf Heß als Referent aufgetreten war) habe innerhalb der verbotenen neonazistischen NDP „mehr als die Rolle eines schlichten Mitläufers" gespielt. Honsik sei wegen eines Brandbomben-Anschlags vorbestraft. Er habe 1975 über die Aufstellung neuer „Einsatzgruppen" der NDP berichtet. Seine publizistische Arbeit verherrliche die NS-Zeit und enthalte antisemitische Ausfälle. Die von ihm gegründete „Nationale Front" habe die „Beseitigung des Systems" zum Ziel. Zu Franz Radl merkte das Urteil an, dieser sei „in kampfmäßiger Skinhead-Tracht" in einem Werbebus mit Waffen und ausländerfeindlichen Parolen zum Wahlkampfeinsatz gefahren. Aus dem politischen Vorleben von Bruno Haas wurde unter anderem die bedingte Haftstrafe von neun Monaten im Wiener Neonazi-Prozess 1984 erwähnt. Die Geschworenen hätten das Grundsatzprogramm seiner ANR schon damals als nationalsozialistische Wiederbetätigung eingestuft.[871]

Der Versuch von Horst Jakob Rosenkranz, den gewaltbereiten Neonazismus als Partei handlungsfähig zu machen, war gescheitert. In der Neonazi-Szene aber war Rosenkranz mit seinem Kampf gegen Ausländer und die „Bonzen" des „Systems" zu einer Kultfigur aufgestiegen – und damit für die FPÖ interessant geworden. Um die Gründung einer Konkurrenzpartei am rechten Rand zu verhindern, hatten die Freiheitlichen immer wieder Kandidaten aus dem neonazistischen Umfeld auf ihren Listen nominiert:

▶ 1991 kandidierte in Oberösterreich Erich Slupetzky, Sohn von Anton Slupetzky, der den Nazis das Auschwitz-Gas „Zyklon B" geliefert hatte. Nach dem Krieg war Erich Slupetzky in der „Werwolf-Bewegung" aktiv gewesen, die der „nationalsozialistischen Weltanschauung" als „einzig wahre Lebensform der Deutschen" „notfalls mit Waffengewalt" zu einem Comeback verhelfen wollte.[872]

► Im gleichen Jahr durfte auch Hans Ivo Lukesch, Bundesobmann der „Wohlfahrtsvereinigung der Glasenbacher", für die FPÖ kandidieren. Im US-Internierungslager Glasenbach waren nach dem Zweiten Weltkrieg belastete NS-Funktionäre und Kriegsverbrecher, Angehörige der Gestapo, der SS und des SD interniert.

► Aus dem Umfeld der neonazistischen NDP kam auch Bernhard Blochberger, FPÖ-Kandidat bei den niederösterreichischen Landtagswahlen 1993 und 1998, der sich 1988 gemeinsam mit Neonazigrößen wie Norbert Burger oder Gerd Honsik für die Liste „Ein Herz für Inländer" und danach gemeinsam mit Horst Jakob Rosenkranz für „Nein zur Ausländerflut" engagiert hatte.[873]

Horst Jakob Rosenkranz hätte die Funktion als Verteidiger des rechten Randes gegen die Konkurrenz anderer Rechtsaußen-Parteien ideal erfüllt. Trotzdem schreckte die FPÖ zurück: Zu eindeutig hatte er sich positioniert, zu deutlich war sein Kampf für die Ziele des Nationalsozialismus in den Medien thematisiert worden.

Es war eine geniale Idee, Horst Jakob draußen zu lassen, den in den Medien zum Synonym für Neonazismus gewordenen Namen Rosenkranz jedoch trotzdem zu nützen: Ehefrau Barbara Rosenkranz, die nach eigener Aussage zuvor „nie politisch tätig" gewesen war, wurde von den Freiheitlichen für den Landtag nominiert.[874] Und machte Karriere: 2005 wurde sie Straches Stellvertreterin, 2010 kandidierte sie für die Bundespräsidentschaft.

Natürlich nahm sie das neonazistische Engagement ihres Mannes in Schutz: „Ich kann nicht sehen, dass er etwas Ehren-

rühriges macht", erklärte sie. Die Freundschaft und jahrzehnte-
lange Zusammenarbeit ihres Mannes mit führenden Exponenten des gewaltbereiten Neonazismus wie Gottfried Küssel oder
Gerd Honsik, sein Engagement für neonazistische Parteien, seine
Spendenaufrufe für inhaftierte Neonazis, all das sei „strafrechtlich nicht relevant". Die NDP sei „zwanzig Jahre lang eine legale
Partei gewesen". [875]

Im ORF-Morgenjournal zur Existenz von Gaskammern befragt, antwortet sie: „Ich habe das Wissen, das ein Österreicher
hat, der zwischen 1964 und 1976 in österreichischen Schulen
war. Daran habe ich keine Änderungen vorzunehmen."[876] Als ein
Parteifreund Gaskammern leugnet und ein anderer Deserteure
der NS-Zeit als „Mörder" bezeichnet, verteidigt sie das als „freie
Meinungsäußerung".[877] Das Verbotsgesetz nannte sie mehrfach
„verfassungswidrig".[878]

Da wundert es nicht, dass die von Barbara Rosenkranz ver-
schickten Einladungen zu ihren Sonnwendfeiern mit dem Bild
eines „Jul-Feuers" aus einem NS-Kalender illustriert sind, das ab-
gedruckte Lied vom Nazi-Poeten Hans Baumann stammt,[879] die
Staatsanwaltschaft gegen einen Rosenkranz-Sohn wegen Wiederbetätigung ermittelte,[880] die „Facebook-Freunde" von Barbara
Rosenkranz mit Hakenkreuzen, Nazi-Symbolen und Hitlerbildern
werben[881] und „alpen-donau" gemeinsam mit anderen Neonazi-
Seiten die Werbetrommel für „ihre" Bundespräsidentschaftskandidatin rührte.[882]

Die Blamage:
Ein rechtsextremer „Ostmärker" im Parlament

Signal an die Wähler des rechten Randes war auch die von Martin
Graf organisierte Einladung von Walter Marinovic zu einer Buch-
präsentation im Parlament. Der langjährige Leiter des „Kulturforums freie Kunst" in der „Freiheitlichen Akademie" ist Stamm-

gast und Stichwortgeber der österreichischen und deutschen Neonazi-Szene.

Viele Jahre hat der nationale FPÖ-Rechtsaußen, der sich im Kreis seiner „patriotischen Kameraden" als „Ostmärker" bezeichnet, in Goebbels-Diktion gegen „entartete Kunst" gewettert und Hitlers „fundamentalen volkspolitischen Gedanken" von „Blut und Boden" verteidigt.[883] Elfriede Jelinek warf er vor, Angst vor dem „gesunden Volksempfinden" zu haben. Die Verleihung des höchsten Literaturpreises an die Österreicherin bezeichnete er als „Nobelpreis-Schwindel", mit dem ein „Signal für die Zersetzung unserer Kultur" gegeben werden sollte.[884]

Als Vortragender ist Marinovic immer wieder dabei, wenn Alt- und Neonazis Bekenntnisse zum nationalsozialistischen Gesellschaftsmodell der „Volksgemeinschaft" ablegen, „Auflösung" und „Zersetzung" durch die multikulturelle Gesellschaft geißeln, Wiedergutmachung an NS-Opfer als „Schröpfaktionen" bezeichnen und sich über die „Umvolkung" beklagen.[885] Er zählte zu den Erstunterzeichnern des „Nürnberger Appells" gegen die „tödliche Bedrohung" des „biologisch-genetischen Erbes des deutschen Volkes", trat bei Veranstaltungen der NDP und zahlreicher anderer rechtsextremer und neonazistischer Gruppierungen auf und war auch dabei, als der wegen Holocaust-Leugnung zu einer unbedingten Freiheitsstrafe verurteilte Udo Walendy von der neonazistischen „Gesellschaft für freie Publizistik" (GfP) ausgezeichnet wurde.[886]

Im Abgeordneten-Sprechzimmer des Parlaments präsentierte Marinovic auf Einladung von Martin Graf ein Buch des freiheitlichen Europa-Abgeordneten Andreas Mölzer. Um die Zustimmung zu der Veranstaltung zu erhalten, hatte Graf die Teilnahme des berüchtigten Verfechters nationalsozialistischer Kulturpolitik verschwiegen.[887]

Kampf gegen das Verbotsgesetz:
Es sind nicht nur einzelne ...

Im Staatsvertrag, der in den Verfassungsrang erhoben wurde, hat Österreich sich verpflichtet, alle „Spuren des Nationalsozialismus" aus Gesellschaft und Politik zu tilgen.* Was „Spuren" heißt, ist eindeutig: Auch kleinste Teile. Antisemitismus, „Arier-Nachweis", volkstumsbezogener Vaterlandsbegriff, Bekenntnisse zur deutschen Nation oder die Forderung nach „Wiedervereinigung", sind damit Verstöße gegen die Verfassung.

Das NS-Verbotsgesetz enthält nicht nur ein „Anschlussverbot". Es stellt schon die Forderung nach „Wiedervereinigung" und darüber hinaus jede „großdeutsche Propaganda" und alle Handlungen, die geeignet sind, „eine solche Vereinigung mittelbar oder unmittelbar zu fördern" unter Strafe. Ausdrücklich verbietet es „Organisationen, welche die politische oder wirtschaftliche Vereinigung mit Deutschland zum Ziel haben". Gleichzeitig wird die Leugnung, gröbliche Verharmlosung oder Rechtfertigung der nationalsozialistischen Verbrechen verboten.

Wie eng FPÖ-Politiker und Burschenschafter beim Kampf gegen das NS-Verbotsgesetz zusammenarbeiten, wurde bereits mehrfach beschrieben. Martin Graf, Dritter Präsident des Nationalrates, machte seinem Ärger über die „Einschränkung der Meinungsfreiheit" mehrfach öffentlich Luft und stellte sich damit gegen die Verfassung: „Es muss in einer demokratischen Welt zulässig sein, ein Gesetz, das die Meinungsfreiheit und die politische Tätigkeit einschränkt, zu kritisieren."[888]

---

* Im Staatsvertrag heißt es in Artikel 9: „Österreich wird auch die Bemühungen fortsetzen, aus dem österreichischen politischen, wirtschaftlichen und kulturellen Leben alle Spuren des Nationalsozialismus zu entfernen, um zu gewährleisten, dass die obengenannten Organisationen (gemeint sie die Organisationen des Nationalsozialismus) nicht in irgendeiner Form wieder ins Leben gerufen werden, und um alle nazistische oder militaristische Tätigkeit und Propaganda in Österreich zu verhindern." In Artikel 4 verpflichtet sich Österreich, „jede großdeutsche Propaganda" und „jede Handlung zu verhindern", welche „die politische oder wirtschaftliche Vereinigung mit Deutschland zum Ziel" hat.

Martin Graf formuliert unpräzise: Nicht die „politische Tätigkeit" wird eingeschränkt, sondern die nationalsozialistische, die sechs Millionen ermordete Juden, Roma, Homosexuelle, Kranke und politische Gegner sowie weit über 50 Millionen Kriegstote und die abscheulichsten Verbrechen gegen die Menschlichkeit als historisches Erbe hinterlassen hat.

Traditionell tun die Burschenschaften so, als wäre das Verbotsgesetz ein Fremdkörper in unserem demokratischen Rechtssystem. Aber das ist es nicht. Für Verbrechen öffentlich zu werben wäre auch ohne NS-Gesetz verboten. Warum also sollte man die Werbung für ein politisches System, das die größten Verbrechen der Menschheitsgeschichte hervorgebracht hat, nicht verbieten dürfen? Und auch das Verbot der Leugnung und Verharmlosung der NS-Verbrechen ist systemkonform, solange man diese als Vorbereitungshandlungen für Verbrechen bzw. für die Installierung eines verbrecherischen Systems definiert – was Burschenschafter natürlich nicht tun.

Mehrfach haben sich FPÖ-Politiker im Burschenschafter-Organ „Aula" für die Abschaffung des Verbotsgesetzes stark gemacht. Hans Achatz, ehemaliger FPÖ-Landesrat und Mitglied der Burschenschaft Libertas, schrieb 2007, es gehe nicht an, „den Glauben an mehr als 60 Jahre zurückliegende Verbrechen vorzuschreiben, indem der daran geäußerte Unglaube unter Strafe gestellt wird".[889] Im selben Jahr machte der Ring Freiheitlicher Studenten (RFS), dessen Mitglieder fast durchwegs Burschenschafter sind, gegen das Verbotsgesetz mobil.[890] Der im Januar 2012 verstorbene Alt-Vizeparteiobmann und Alt-Nazi Otto Scrinzi hatte schon 2003 die Verurteilung seines Ex-Parteifreundes und Holocaust-Leugners Wolfgang Fröhlich zum Anlass genommen, „Schluss mit der Gesinnungsjustiz" zu fordern.[891]

Als die FPÖ im Jahr 2000 zum Regierungspartner der ÖVP geworden war, forderte Walter Asperl, Grafs Büroleiter und

„Leibfuchs" in der Burschenschaft Olympia, die FPÖ-Minister dazu auf, etwas gegen das Verbotsgesetz zu tun (siehe Seite 95). Grafs Internet-Seite „unzensuriert" verbreitete Aufrufe wie „Schluss mit dem Verbotsgesetz" (siehe Seite 214). Grafs Burschenschaft Olympia lud ausgewiesene Neonazis zur Agitation gegen das Verbotsgesetz ein (siehe Seiten 91–110).

FPÖ-Obmann Strache will über das Verbotsgesetz eine „sehr offene Debatte" führen.[892] Das deutsche Altnazi-Blatt „National-Zeitung" berichtete von Straches Empörung über die „unglaubliche Hetze ultralinker Demonstrierer" und „Berufs-Antifaschisten", deren „Zensur" die freie Rede zum „halsbrecherischen Risiko" mache.[893] Der FPÖ-Chef zweifelt an der Zweckdienlichkeit des Gesetzes und nimmt jene in Schutz, die „mit Diffamierungen und Kampagnen in eine Ecke gedrängt werden".[894]

Straches Stellvertreterin Barbara Rosenkranz nennt das in der Verfassung verankerte Verbotsgesetz in typischer Neonazi-Diktion „verfassungswidrig" und nimmt Verstöße dagegen als „freie Meinungsäußerungen" ihrer Parteikollegen in Schutz. Bei einer in ihrem Heimatort Seebarn veranstalteten Sonnwendfeier lagen Aufkleber gegen das Verbotsgesetz zur freien Entnahme auf (siehe Seiten 116, 117).

Straches Stellvertreter Norbert Hofer fordert bei einer Diskussion mit Jugendlichen, die Bevölkerung zu fragen, ob das Verbotsgesetz abgeschafft werden solle. Keinen Zweifel lässt er daran, dass er selbst für die Abschaffung ist: „Ich bin für freie Meinungsäußerung", übernimmt er die Argumentation der Neonazi-Szene. „Es darf nicht verboten sein, darüber zu diskutieren."[895]

Norbert Nemeth, Klubdirektor der Freiheitlichen im Parlament, attackierte Verbotsgesetz und Verfassung unter dem Titel „Wider die Gesinnungsjustiz" in einer Festschrift seiner Burschenschaft Olympia.[896]

239

John Gudenus, der 2006 nach dem Verbotsgesetz rechtskräftig verurteilt wurde, hatte sich schon 1992 für dessen Aufhebung stark gemacht. Er war der einzige FPÖ-Politiker, der eine „Parlamentarische Bürgerinitiative zum Schutz der Demokratie" unterstützte, die von Horst Jakob Rosenkranz, Ehemann der Strache-Stellvertreterin Barbara Rosenkranz, ausgegangen war.[897] „Ebenso wie Sie bin ich der Ansicht, dass es in einer Demokratie keine politischen Verbotsgesetze geben sollte und dass selbstverständlich die Freiheit der Gesinnung, der Meinungsäußerung, der Rede und der wissenschaftlichen Erörterung zu gewährleisten ist", schrieb er den Initiatoren.[898]

Sein Sohn Johann Gudenus, Klubobmann der Wiener FPÖ, begnügt sich damit, das NS-Verbot „kritisch" zu „hinterfragen". Armin Sippel, Klubobmann der FPÖ in Graz, forderte als Vorsitzender des Ringes Freiheitlicher Studenten (RFS) die Abschaffung (siehe Seite 176), sein steirischer Landesobmann Gerhard Kurzmann will darüber zumindest „diskutieren" (siehe Seiten 229–232).

Zahlreiche Politiker der zweiten und dritten Reihe unterstützen den Kampf ihrer Parteiführer. Der Wiener Gemeinderat Dietbert Kowarik glaubt, dass das Wiederbetätigungsgesetz „der Rechtsstaatlichkeit widerspricht".[899] Brigitte Kashofer, die sich in Amstetten bei der Abstimmung über Hitlers Ehrenbürgerschaft der Stimme enthielt, kritiziert das Verbotsgesetz als undemokratisches „Meinungsmonopol" und meint, es sei nur erlassen worden, um Kritiker „mundtot" zu machen (siehe Seite 205).

Der Ring Freiheitlicher Studenten (RFS) bezeichnet das Verbotsgesetz als „unnötige Einschränkung" der Meinungsfreiheit.[900] Funktionäre des Ringes Freiheitlicher Jugend (RFJ) kämpfen auf FPÖ-Seiten und Neonazi-Foren für eine „ersatzlose Streichung". Auf der Homepage des RFJ Linz Land führte ein Werbebanner auf die inzwischen vom Netz genommene Neonazi-Seite „gesinnungsterror.info".[901] Auf Internet-Seiten, in Aussendungen des RFJ und in Leserbriefen werden nach dem Verbotsgesetz Verurteilte in Neonazi-Diktion als „volkstreue Aktivisten" verharmlost[902] oder als „politische Gefangene" und Opfer der „Gesinnungsjustiz" bezeichnet, für deren Freilassung „Solidarität" eingefordert wird.[903]

Unterstützung leisten die von Burschenschaftern und prominenten FPÖ-Politikern herausgegebenen Medien wie „Aula", „Zur Zeit" oder „Eckart", in denen das „menschenverachtende" Verbotsgesetz als „Relikt aus dunkelster Besatzungszeit", Ausdruck „geistiger Unfreiheit" und „Unterwerfung" unter die „Wünsche der Umerzieher" zur „Niederhaltung unliebsamer Meinungen" ausgegeben wird.

Der Vorwurf der Verfassungswidrigkeit wird von Freiheitlichen erhoben, obwohl sie wissen, dass die Frage längst ausjudiziert ist. Der Europäische Gerichtshof für Menschenrechte (EGMR) hat als oberste Instanz für Grundrechtsfragen eindeutig klargestellt, dass das Verbotsgesetz nicht gegen die Meinungsfreiheit verstößt. Im Einklang mit der Europäischen Menschenrechtskonvention (EMRK) hielt es in zwei Verfahren, die der „Aula"-Herausgeber Herwig Nachtmann[904] und der Neonazi Hans-Jörg Schimanek jun.[905] gegen die Republik Österreich angestrengt hatten, ausdrücklich fest, dass weder Werbung für ein verbrecherisches System noch „unrichtige Information" unter dem Blickwinkel der Meinungsfreiheit ein „schützenswertes Gut" sein können.[906]

Dass freiheitliche Politiker so engagiert gegen das Verbotsgesetz kämpfen und Verstöße dagegen als Ausdruck von „Meinungsfreiheit" in Schutz nehmen, scheinen Neonazis als Ermunterung zu verstehen: Die Anzeigen nach dem Verbotsgesetz explodieren. 2010 sind sie im Vergleich zum Vorjahr um nicht weniger als 40 Prozent gestiegen.[907] Im Frühjahr 2012 verging kaum eine Woche ohne Meldung von einem neuen Gerichtsverfahren wegen nationalsozialistischer Wiederbetätigung.

Kornblume: Signal der „illegalen Nazis"

Der Taktik, das offizielle Bekenntnis zur Demokratie durch Signale Richtung Neonazismus zu relativieren, entspricht auch das demonstrative Tragen von Kornblumen bei feierlichen Anlässen wie den konstituierenden Sitzungen des Nationalrats[908] oder des Wiener Gemeinderats.[909]

Die Kornblume war zwischen 1934 und 1938 Erkennungszeichen der illegalen Nazis. Als politisches Symbol wurde sie erstmals vom antisemitischen Brandredner Georg Ritter von Schönerer verwendet, der Deutschland „aus der Verjudung befreien" wollte. Seine „Alldeutsche Vereinigung" trug die Kornblume ebenso im Logo wie die berüchtigte 22. SS-Freiwilligen-Kavallerie-Division. Heute findet sich die Kornblume im Logo des „Bundes freier Jugend" (BFJ), dessen neonazistische Agitation von der Staatspolizei dokumentiert ist und mehrfach zu gerichtlichen Verfahren geführt hat (siehe Seite 167).

Die Behauptung der FPÖ, die „blaue Blume der Romantik" habe nichts mit dem Nationalsozialismus zu tun, ist albern: Mit dem gleichen Recht könnte man sich auf den „unpolitischen Ursprung" des Hakenkreuzes (Swastika) berufen, das seit 6000 Jahren in unterschiedlichen Kulturen auf vier Kontinenten als „Sonnenrad" nachweisbar ist. Die angesprochene Zielgruppe weiß jedenfalls, was es heißt, wenn Parteilokale „Kornblumen-Stüberl" heißen oder Parteifreunde vom rechten Rand zum „Kornblumenball" einladen.

Dass die FPÖ trotz regelmäßiger medialer Aufregung an der Kornblume festhält, kann eigentlich nur eines bedeuten: Es gibt immer noch viele, die mit dem Symbol der illegalen Nazis bei der Stange gehalten werden müssen – weniger unter den Wählerinnen und Wählern als unter den Funktionären.

Täter-Opfer-Umkehr: Schlag nach bei Goebbels

2012 fand das prestigeträchtige Rechtsextremisten-Treffen des WKR-Balles ausgerechnet am Jahrestag der Auschwitz-Befreiung statt. Dass die Elite der Antisemiten, braunen Geschichtsfälscher und Holocaust-Leugner am Holocaust-Gedenktag in der Hofburg tanzte, löste eine Welle der Empörung aus, die sich in Medienberichten weit über Österreichs Grenzen hinaus und in einer Großdemonstration auf dem Heldenplatz Luft machte.

„Das war wie die Reichskristallnacht" kommentierte Strache während des Balles die Demonstration von Menschen, die das Gedenken an die Nazi-Opfer in Schutz zu nehmen suchten. Dann fügte er hinzu: „Wir sind die neuen Juden."[910]

Die Entgleisung des FPÖ-Chefs entspricht der nationalsozialistischen Taktik der Täter-Opfer-Schuldumkehr* und stellt gleichzeitig eine Verharmlosung der NS-Verbrechen dar, die in Österreich als Wiederbetätigung unter Strafandrohung steht. Mit dem Begriff „Reichskristallnacht" hatten die Nazis den Eindruck zu erwecken versucht, es wären bei der von Goebbels von langer Hand vorbereiteten Terror-Aktion in der Nacht vom 10. auf den 11. November 1938 nur ein paar Fensterscheiben zu Bruch gegangen. In Wirklichkeit war das Novemberpogrom Ausgangspunkt dessen, was in fabriksmäßigem Massenmord endete: 7500 jüdische Geschäfte wurden zerstört, an die 400 Menschen ermordet oder in den Selbstmord getrieben, mehr als 100 Synagogen gingen in Flammen auf, über tausend jüdische Schulen, Sozialeinrichtungen, Betstuben und Friedhöfe wurden verwüstet, 35.000 Juden zusammengetrieben und in Konzentrationslager gebracht.

Die mediale Empörung über Straches Entgleisung ließ die FPÖ ungerührt. Generalsekretär Harald Vilimsky legte noch nach, in-

---

* Die Nazis hatten eine „Kriegserklärung des Judentums" behauptet, um Krieg und Völkermord zu legitimieren. Sie machten damit die Juden zu Tätern und rechtfertigten die eigenen Verbrechen als Notwehr.

dem er die Kundgebung ein weiteres Mal mit dem braunen Straßenterror von 1938 verglich, als „Menschen tätlich angegriffen und geradezu gejagt" wurden.[911] Der freiheitliche Europaabgeordnete Franz Obermayr, der die Führer rechtsextremer, rassistischer Parteien persönlich nach Wien eingeladen hatte, sprach von „Pogrom-Stimmung" und „geifernder Hatz".[912] Johann Gudenus stellte die FPÖ als Opfer einer „linken Jagdgesellschaft" dar, behauptete in typischer Neonazi-Diktion, der Antifaschismus sei der „neue Faschismus" und trieb mit der sonst von Opfern des NS-Terrors und Antifaschisten verwendeten Aussage „Wehret den Anfängen" die Schuldumkehr auf die Spitze.[913]

Dabei war die Gewalt an diesem Abend zu einem erheblichen Teil von rechtsextremer Seite ausgegangen. Auf die wenigen Neonazis, die sich unter die Demonstranten gemischt hatten, entfiel fast die Hälfte der polizeilichen Festnahmen.[914] Der einzige Verletzte war der pensionierte SPÖ-Fraktionsvorsitzende im Bundesrat, Albrecht Konecny. Der 69-Jährige wurde von einem mit Schlagring bewaffneten Neonazi niedergestreckt, ohne dass die Polizei eingriff.

Obwohl die Medien Straches Juden-Vergleich unmittelbar zuvor als Täter-Opfer-Schuldumkehr qualifiziert hatten, blieb dieser bei der nationalsozialistischen Taktik. Konecny „wurde offensichtlich von seinen aus der BRD geholten linken Gewaltdemonstranten irrtümlicherweise für einen Burschenschafter gehalten", versuchte der FPÖ-Chef die Spur in eine falsche Richtung zu lenken.[915]

Widerlegt wurde er ausgerechnet im mittlerweile stillgelegten Neonazi-Netz „forum.thiazi.net", in dem sich zwei Rechtsradikale über die WKR-Demo austauschten. „Hast du dich an der alten roten Sau vergriffen?", wollte „Eispickel" wissen. „Nein, ich war's diesmal nicht, aber weiß, wer's war. Du kennst ihn auch", antwortete der andere. Dann setzte er hinzu: „Gut getroffen hat er. Der Konecny hat g'spritzt wie die Sau. Wie war das Tanzen? Ich sah dich nachher nicht mehr."[916]

Die Täter-Opfer-Schuldumkehr hat Tradition in der FPÖ. Schon 1999 hatten prominente Freiheitliche die Gründung einer „Schutzgemeinschaft Freiheitlicher Wählerinnen und Wähler" bekanntgegeben, die „ungerechtfertigten Angriffen auf die FPÖ und ihre Wählerschaft im In- und Ausland" entgegentreten und „Diffamierungsopfern" helfen sollte, gegen ehrenbeleidigende Äußerungen gerichtlich vorzugehen. Bei der Präsentation der Initiative verstiegen sich die Initiatoren zu der Behauptung, in der FPÖ habe es nie Antisemitismus oder Rassismus gegeben. „Stürmer-" und „Nazi-Jargon" unterstellten sie dafür ausgerechnet dem damaligen Präsidenten der Israelitischen Kultusgemeinde, Ariel Muzicant.[917]

Seither setzen FPÖ-Politiker die Schuldumkehr-Taktik systematisch gegen politisch Andersdenkende ein. Die verhassten „Gutmenschen" werden von Strache als „linke Nazis" bezeichnet[918], die ihren „braunen Jauchekübel" über der FPÖ ausschütteten.[919] Das Engagement für die Einhaltung demokratischer Spielregeln und die Durchsetzung des Wiederbetätigungsgesetzes bezeichnet er als „Zensur", „Inquisition", und „Terror".[920]

Johann Gudenus beklagt sich über die „Geiselhaft des linken Mobs" und meint: „Der einzige Unterschied zwischen Linken und Faschisten ist die fehlende Uniform."[921] Der freiheitliche Pressedienst empört sich über die „grüne Nazi-Keule".[922]

Im Interview mit den „Salzburger Nachrichten" kann Strache sich „vorstellen, dass Verfassungsschützer die Nazi-Seite ‚alpendonau.info' gestalten".[923] Als die Nazi-Homepage von der FPÖ beworbene Veranstaltungen unterstützt, stellt Strache die Frage, ob es sich nicht um eine „Provokationskampagne von grünen Abgeordneten" handelt.[924] Sein Generalsekretär unterstützt ihn mit der Behauptung, es scheine sich um eine „Auftragsarbeit von Agent-Provokateuren" zu handeln, mit dem einzigen Ziel, der FPÖ zu schaden.[925]

Immer wieder vergleichen FPÖ-Politiker Kritik an ihrer Politik oder ihren Aussagen mit „Nazi-Methoden", also mit den schlimmsten Verbrechen der Menschheitsgeschichte, mit Massenmord, Folter und Verfolgung. Damit werden nicht nur politische Gegner verleumdet. Damit werden vor allem nationalsozialistische Verbrechen verharmlost, damit wird den im Nationalsozialismus Ermordeten ihr Opfer-Status streitig gemacht.[926]

Rassismus gestern und heute

Die Politik der Feindbilder und Sündenböcke, die Juden, Ausländer, Muslime oder Homosexuelle, aber auch Arme, Kranke, Schwache und Hilfsbedürftige als „Sozialschmarotzer" zu Außenseitern macht, gegen die sich die Mehrheit der „Anständigen und Fleißigen" zu Wehr setzen müsse, schließt nahtlos an die Tradition des Nationalsozialismus an. Viele der Sprachschablonen, mit denen die FPÖ gegen „Andersrassige" hetzt, sind dem Nachlass der Nazis entnommen, lassen sich auch in Reden von Hitler und Goebbels nachweisen.[927] Auch wenn sich die Schwerpunkte der Feindbild-Politik gewandelt haben: Die Methoden, mit denen durch die Herabwürdigung von Minderheiten das „Wir-Gefühl" der Mehrheit angesprochen wird und Stimmenmaximierung betrieben werden soll, sind unverändert geblieben.

Der alte Rassismus: Antisemitismus als identitätsstiftende Klammer

Funktionäre der FPÖ haben immer wieder für antisemitische Exzesse gesorgt. Die lange Liste der Skandale ist reich an geschmacklosen Höhepunkten. Bis in die Siebzigerjahre hinein deklarierten sich freiheitliche Politiker noch öffentlich als Antisemiten:

► 1971 übte der Wiener FPÖ-Gemeinderat Karl Peter als ehemaliger Obmann des „Antisemitenbundes" erbitterte Kritik an FPÖ-Obmann Friedrich Peter, weil dieser Parteifreunden zumuten wollte, „mit Juden am selben Tisch" zu sitzen. [928]

► 1973 polemisierte Hans Klement, stellvertretender Landesobmann und Wiener Gemeinderat, in einem Interview gegen eine Koalition mit dem „Juden Kreisky", in der er ein „rassisches Problem" sah. [929]

► 1979 warnte der freiheitliche Bezirksrat Karl Schmidt in antisemitischen Pamphleten vor der „Wiederverjudung" der Wiener Leopoldstadt und forderte die „Entfernung aller Juden" aus dem Dokumentationsarchiv des österreichischen Widerstandes (DÖW). [930]

► 1987 nannte Robert Dürr, den Jörg Haider an der burgenländischen Parteihierarchie vorbei an die Parteispitze hieven wollte, Simon Wiesenthal einen „frechen Juden" und behauptete, Israel würde vergiftete Lebensmittel nach Österreich liefern. Als Mitarbeiter der Zeitschrift „Sieg" identifizierte er sich ausdrücklich mit Schlagzeilen wie „Juden schweigt!", „Ein neuer Mengele muss her!", oder „Rassismus ist Vaterlandsliebe!". [931]

► 1989 warnte Raimund Wimmer als Obmann der mächtigen FPÖ-Bezirksorganisation Linz Land: „ Ich kenn' die Juden ... Ich hab' sie in Galizien kennengelernt, ich hab sie in Russland kennengelernt. Die würden sich wundern, wenn die Bejkelesjuden (Juden mit Schläfenlocken) würden herumrennen in Wien!" [932]

► 1990 nannte Herbert Schweiger, einst stellvertretender Landesvorsitzender und Spitzenkandidat der FPÖ in Graz, Auschwitz vor Gericht ein „Lügendenkmal" und erklärte, die Verluste an Juden hätten sich in „tolerierbarem Rahmen" zwischen 300.000 und 400.000" bewegt. [933]

247

▶ 1990 erklärte Peter Müller, FPÖ-Obmann in Bad St. Leonhard: „Wir bauen schon wieder Öfen. Aber nicht für Sie, Herr Wiesenthal. Sie haben im Jörgl seiner Pfeife Platz."[934]

▶ 2000 artikulierte die freiheitliche Justizsprecherin Helene Partik-Pablé ihren Unmut über die Tatsache, dass Zivildiener an internationalen Holocaust-Gedenkstätten einen 14-monatigen „Gedenkdienst" leisten. „Es ist nicht einzusehen, dass unsere Zivildiener Gedenktafeln in Jerusalem pflegen, wo man sie hierzulande dringend bräuchte, um ihren Dienst an Behinderten zu versehen".[935]

FPÖ-Chef Strache spricht sich gegen ein Holocaust-Mahnmal am ehemaligen Aspang-Bahnhof aus und fordert stattdessen ein Museum, in dem KZ-Opfern und Kriegsopfern gemeinsam gedacht wird, womit er die Besonderheiten des Nationalsozialismus und seiner Verbrechen einebnet. Er wolle nicht „mit einem weiteren Millionen teuren Großprojekt in Richtung Mahnmal-Inflation (…) gehen."[936] Im Interview mit der Wiener Stadtzeitung „Falter" nennt er es eine „Selbstverständlichkeit", dass Österreich *keine* Mitverantwortung für NS-Verbrechen trage. Einen qualitativen Unterschied zwischen dem NS-Regime und der alliierten Besatzung scheint er nicht zu erkennen. Gezielte Massenmorde hätten „auf allen Ebenen stattgefunden", verwendet er eines der am häufigsten verwendeten Stereotype der Neonazi- und Revisionisten-Szene.[937]

Die unter der Verantwortung von Burschenschaftern und führender FPÖ-Funktionsträger erscheinenden Blätter „Aula", „Zur Zeit" und „Eckart" schüren systematisch den Antisemitismus, geben erklärten Judenhassern als Autoren Raum, werben für antisemitische Veröffentlichungen, attackieren Funktionäre der israelitischen Kultusgemeinde und israelische Politiker.

FPÖ-Generalsekretär Herbert Kickl sorgte bei der Budgetrede Ende 2011 für einen Eklat im Parlament, als er jene, die sich durch Flucht vor dem mörderischen NS-Regime in Sicherheit gebracht hatten, als „Davongelaufene" bezeichnete, die heute „verhätschelt" würden.[938]

Ähnlich sieht das Gregor Amhof, FPÖ-Klubobmann in Wien Alsergrund, der sich gegen die „privilegierten NS-Opfer" wandte, deren am Judenplatz gedacht würde, „während man Kriegstoten die öffentliche Aufmerksamkeit verweigert".[939] In einer Kolumne zum „Gedenkjahr" in der Bezirkszeitung setzt er Kriegstote mit NS-Opfern gleich. Diese werden von ihm in dreister Geschichtsfälschung mit 80.000 statt der historisch verbürgten sechs Millionen beziffert und nicht als Ermordete, sondern als „in der Kriegszeit als Lager- oder Justizopfer" Umgekommene bezeichnet.[940]

Georg Lobnig war in Klagenfurt als Schmierer von „Nur-für-Arier"-Parolen in Erscheinung getreten und hatte neonazistisches Propagandamaterial gehortet. Das stand weder seiner Aufnahme bei der Olympia noch seiner Kandidatur bei den ÖH-Wahlen für den Ring Freiheitlicher Studenten (RFS) und auch nicht seiner Mitwirkung im Ausschuss des WKR-Balles 2008 im Weg.[941]

Im Wahlkampf 2008 machte der Olympe Harald Stefan kein Geheimnis aus jener antisemitischen Einstellung, die Markenzeichen der Burschenschaft ist. Er forderte das Einfrieren öffentlicher Gelder für die jüdische Gemeinde, um im Anschluss zu verkünden: „Ich mach einen Sekt auf, wenn der israelische Botschafter nicht mehr in Wien ist."[942] Martin Graf versuchte ihn zu übertreffen, indem er Ariel Muzicant als „Ziehvater des antifaschistischen Linksterrorismus" bezeichnete.[943]

Der ehemalige FPÖ-Nationalratsabgeordnete Karlheinz Klement wurde im April 2010 wegen Verhetzung zu vier Monaten bedingt und einer Geldstrafe von 1800 Euro verurteilt, nachdem er auf seiner Internetseite einen Artikel abgedruckt hatte, in dem es unter anderem hieß, das jüdische Volk hätte „aus dem Holocaust nichts gelernt" und brauche „eine zweite Lektion". Es würde wenig Trauer auf der Welt hervorrufen, wenn „alle Juden auf einen Schlag von der Welt scheiden würden".[944] Im Internet behauptete er, der israelische Geheimdienst Mossad sei für Jörg Haiders Tod verantwortlich.[945]

Im Landtagswahlkampf 2009 sorgte ein antisemitischer Ausfall des Vorarlberger Regierungsmitglieds und Spitzenkandidaten der FPÖ Dieter Egger für Schlagzeilen. Nachdem David Pountney, Intendant der Bregenzer Festspiele, und Hanno Loewy, Direktor des Jüdischen Museums in Hohenems, die rassistische Wahlkampfführung der Freiheitlichen als „Schande" bezeichnet hatten, formulierte Egger, den „Exiljuden aus Amerika in seinem hochsubventionierten Museum" gehe die Innenpolitik nichts an.[946]

Egger gelang es mit diesem kurzen Satz, gleich mehrere antisemitische Klischees zu vereinen, die für den Nationalsozialismus typisch sind. Die Feststellung, dass Juden in der Innenpolitik nicht mitzureden hätten, ist ein direkter Rückgriff auf die Rassenpolitik des Nationalsozialismus, die Juden vom politischen, öffentlichen und gesellschaftlichen Leben ausschloss. Die Bezeichnung „Exiljude" weist auf jene von den Nazis als „Volksschädlinge" Klassifizierten hin, die ins Exil flüchten mussten, um nicht „ausgemerzt" zu werden. Die wahrheitswidrige Behauptung, der aus Deutschland stammende Loewy wäre „Exiljude aus Amerika", erinnert an die Behauptung der Nazis, amerikanische Juden hätten die USA zum Kriegseintritt bewogen und damit die Niederlage Deutschlands besiegelt, was „Juden aus Amerika" bis heute zum Feindbild Nummer eins der Nazi-Szene macht. Schließlich bedient der Hinweis auf das „hochsubventionierte Museum" das Klischee des geldgierigen Juden, des „Parasiten", der vom Geld der „Anständigen und Fleißigen" lebt.

Auf Facebook-Seiten von Tiroler FPÖ-Funktionären finden sich Fan-Verlinkungen zum iranischen Präsidenten Mahmoud Ahmadinedschad, der den Holocaust als „große Lüge" bezeichnet und die Vernichtung Israels fordert.[947] Bei einer Veranstaltung

250

an der Montan-Union in Leoben bekräftigte der Dritte National-ratspräsident Martin Graf, dass die FPÖ Ahmadinedschad einen „herzlichen Empfang" bereiten würde, sollte er nach Österreich kommen.[948]

Für FPÖ-Generalsekretär Harald Vilimsky ist die Kritik von Ariel Muzicant, ehemaliger Präsident der israelitischen Kultus-gemeinde, an der angekündigten Teilnahme von FPÖ-Kadern an einem Neonazi-Treffen in Lissabon „Hetze gegen Andersdenken-de".[949] Auf die Ankündigung von Ariel Muzicant, ein Dossier über die antisemitischen Ausfälle freiheitlicher Politiker zu veröffentli-chen, antwortet Andreas Mölzer, dies seien „Mossad-Methoden" und „eine Erpressung demokratisch gewählter Politiker."[950]

Der neue Rassismus: Ausländer statt Juden

Der neue Rassismus schließt nahtlos an den alten an. Die FPÖ hat die Parolen des Nationalsozialismus eins zu eins übernom-men, nur dass es heute „Ausländer" statt „Juden" heißt. Mitte der Neunzigerjahre wurden die einstigen NS-Parolen sogar auf Wahl-plakaten und in Presseaussendungen der FPÖ verwendet. Die Pa-rallelen sind überdeutlich:

- ▶ Die Nazis hatten ihren Wählern den „Judenanteil" vorgerechnet. Die FPÖ rechnet ihren Wählern den „Ausländeranteil" vor.
- ▶ Was damals „verjudet" hieß, heißt heute „überfremdet".
- ▶ „Schluss mit der Judeneinbürgerung", hatte die NSDAP in den Dreißigerjahren plakatiert.[951] „Schluss mit der Einbürge-rung von Ausländern" heißt es heute.
- ▶ Keine Landesbürgerschaft für „Juden und andere Fremdras-sige" forderten die Nazis damals.[952] Kein „Ausverkauf der Staatsbürgerschaft" fordert die FPÖ heute.[953]
- ▶ 500.000 Arbeitslose, 400.000 Juden, hatten die Nazis auf ihre Transparente geschrieben.[954] 300.000 Arbeitslose, 300.000 Ausländer, schreibt die FPÖ.[955]

► Vor dem „Unterbieten der Arbeitsleistung" durch polnische Landarbeiter hatte Hitler gewarnt. Vor Lohndumping als Folge einer Ostöffnung warnt die FPÖ.[956]

► Gemeindewohnungen würden „in erster Linie für Juden errichtet", behaupteten einst fälschlich die Nazis.[957] Ausländer „kommen bei Gemeindewohnungen zuerst zum Zug", kritisieren ebenso fälschlich freiheitliche Politiker.[958]

► Das „Buhlen um die Gunst der slawischen Genossen" machten die Nazis den Sozialisten zum Vorwurf. Die „schützende Hand über die Ausländer zu halten", werfen Freiheitliche der SPÖ vor.[959]

► Gegen die „deutschfeindliche Politik" ihrer politischen Gegner wetterten damals die Nazis,[960] gegen die „inländerfeindliche Politik" von SPÖ und Grünen die FPÖ.[961]

► „Deutschfeindlich, aber judenfreundlich" hieß es damals,[962] „inländerfeindlich, aber ausländerfreundlich" heißt es heute.[963]

► „Volksgenossen zuerst", forderten die Nationalsozialisten. „Österreicher zuerst" fordert die FPÖ (auch mit ihrem Anti-Ausländer-Volksbegehren).

► „Inländerfeinde" heißen jene, die sich dieser Agitation in den Weg zu stellen suchen. „Volksfeinde" hießen sie damals.

► „Infamen geistigen Terror (...) unter der Larve sozialer Tugend" unterstellte Hitler seinen Gegnern.[964] „Tugendterror" und „Begünstigung von Drogendealern unter dem Deckmantel der Nächstenliebe" unterstellen die Freiheitlichen jenen, die sie als „Gutmenschen" verhöhnen.[965]

► Um die „Erhaltung des Deutschtums" ging es damals,[966] um die „Erhaltung der Heimat" heute.[967]

Einteilung und Wertung haben sich kaum verändert: Arier gegen Juden damals, Inländer gegen Ausländer heute. Auch das ist ein österreichisches Phänomen: Die FPÖ führt ihre Wahlkämpfe mit Nazi-Parolen – und keiner merkt es.

252

Wahlkampf 1999:
Mit Rassismus in die Regierung

Ein verletzender Anti-Ausländer-Wahlkampf jenseits aller politischer Kultur und allen guten Geschmacks macht die Freiheitlichen 1999 zur zweistärksten Kraft im Land. Und zum Koalitionspartner der ÖVP.

Die FPÖ plakatiert „Wir garantieren: Stop der Überfremdung!", „Wir garantieren: Stop dem Asyl-Missbrauch!" Die Spitzenkandidaten präsentieren sich als „echte Österreicher" und „waschechter Wiener".[968] Der österreichische Werberat verurteilt das Inserat „Machtlos gegen 1000 Nigerianer" als „schamlose Diskriminierung", sieht jedoch kein Mittel, dagegen einzuschreiten, weil er nur für Verstöße der Wirtschaftswerbung zuständig ist.

Vor allem das Überfremdungs-Plakat löste Proteste aus. In den Wahlkämpfen der Nazis hatte dieser Begriff seinen festen Platz. Goebbels hat gegen die „Überfremdung des deutschen Geisteslebens durch das Judentum" gehetzt. Die neonazistische NDP wollte 1982 ein Volksbegehren gegen die „Überfremdung Österreichs" starten. Die Liste „Nein zur Ausländerflut" wurde als neonazistisch eingestuft und verboten, weil sie im Wahlkampf 1990 mit Slogans wie „Überfremdung ist Völkermord" geworben hatte.

FPÖ-Medien beklagen „Kopftücher, Türkenmusik aus dröhnenden Autolautsprechern, Massengrill auf der Donauinsel, Ghettobildung in allen Stadtvierteln".[969] In immer neuen Schlagzeilen wird die Angst vor dem „Verlust der Heimat" geschürt: „Wien: Fremd in der eigenen Heimatstadt", „Wien: Heimat, fremde Heimat (...)"[970], „Asylmissbrauch wächst!"[971]

Woche für Woche hetzt das FPÖ-Blatt „Neue Freie Zeitung" in Schlagzeilen auf Seite eins gegen „schwarzafrikanische Dealer", die „im Sog künstlicher Ausländer- und Rassismus-Debatten ungehindert ihren Geschäften nachgehen":[972] „Kein Ende des

Drogen-Wahnsinns!",[973] „Die Drogen Mafia (...) und ihre Polit-Freunde" (womit Grüne und Liberale gemeint sind),[974] „Regelmäßige Razzien gefordert",[975] „Aktion gegen Dealer-Unwesen",[976] „Keine Atempause für Drogenhändler".[977]

Die FPÖ erfindet Schulklassen, in denen nur eine Minderheit deutsch spricht, um der „Benachteiligung unserer Kinder" den Kampf anzusagen.[978] Sie fordert verpflichtende Gesundheitsuntersuchungen für Ausländer, um das Einschleppen von Aids, Tuberkulose und Hepatitis C zu verhindern.[979] In Vorarlberg sammelt sie Unterschriften gegen ein Islamisches Kulturzentrum.[980] In Salzburg lässt sie Schilder mit „Badeverbot" entfernen, weil diese auch in Türkisch und Serbokroatisch abgefasst sind, und protestiert gegen die „sprachliche Überfremdung auf Formularen".[981]

John Gudenus behauptet in einer Aussendung, 90 Prozent der „hier auf unsere Kosten lebenden rund 30.000 Asylanten" seien „Scheinasylanten und Kriminelle".[982] Ute Mayer, FPÖ-Klubobfrau in Wien 19, warnt in einem Kommentar der Bezirkszeitung davor, dass „eines Tages ein türkischer Bezirksvorsteher" dort residieren würde, wo einst „Sobieskis Reiterscharen hinabstürmten" und Wien „dem Abendland retteten".[983]

Unter dem neuen Parteiobmann Strache geht die rassistische Agitation unvermindert weiter, auch wenn sich der Schwerpunkt Schritt für Schritt Richtung Islamfeindlichkeit zu verlagern beginnt. Der RFJ hetzt in Wien mit Aufklebern und auf seiner Homepage in mehreren Bundesländern: „Die Indianer konnten die Einwanderer nicht stoppen – heute leben sie in Reservaten." Der Spruch wird auf zahlreichen Websites der FPÖ-Jugend verbreitet.[984]

Die Wiener Gemeinderätin Veronika Matiasek verwendet die von den Nazis geprägte Tiermetapher, indem sie feststellt, Zuwanderer würden „wie Termiten über die Obstbäume in die Wiener Steinhofgründe einfallen".[985]

Der Wiener FPÖ-Kandidat Gerald Ebinger fordert wie sein Parteiobmann Strache gegen geltendes Recht, Sozialleistungen (die auch aus Steuergeldern von Ausländern finanziert werden) österreichischen Staatsbürgern „vorzubehalten".[986]

Im August 2006 entschied sich der Ring Freiheitlicher Jugend dafür, keine Mitglieder mit Migrationshintergrund aufzunehmen. „Österreichs Jugendliche wollen unter sich bleiben", begründeten Dominik Nepp als Obmann und Clemens Otten als Bundesgeschäftsführer des RFJ diese Entscheidung.[987]

Udo Landbauer, Landesobmann des RFJ Niederösterreich, nimmt einen Eifersuchtsmord zum Anlass, die „Verseuchung" Niederösterreichs mit Asylantenheimen zu beklagen und Türken als „Barbaren" und „Wilde" zu bezeichnen.[988]

Mitglieder der FPÖ versuchen eine antifaschistische Kundgebung zu stören, indem sie Flugblätter mit folgendem Text verteilen: „Inländerfeindlichkeit ist keine Meinung, sondern ein Verbrechen."[989]

Die FPÖ-Ortsgruppe Bruck an der Mur stellt 2006 in ihren Schaukästen den Text einer „umgedichteten" Bundeshymne zur Schau: „Land der Türken und Araber (…) Heimat hast du wenig Kinder, brauchst daher auch noch die Inder". Eine Anzeige wegen Verächtlichmachung der Bundeshymne verläuft im Sand.[990]

Falsche Zahlen:
Strache verbreitet Neonazi-Fälschung

Wie skrupellos Strache gegen Ausländerinnen und Ausländer agitiert, wird im Februar 2012 deutlich, als er auf Facebook das Einkommen einer kinderreichen Asylantenfamilie mit dem einer österreichischen Facharbeiterfamilie vergleicht. Sagenhafte 3593,90 Euro ergibt seine Rechnung monatlich für die Asylantenfamilie, vergleichsweise geringe 1692,73 für die österreichische Facharbeiterfamilie.

Warum sollten Asylanten, die sich ihr Asylrecht „unredlich er-
schlichen haben" unser Land freiwillig verlassen?, schreibt Strache dazu. Österreich sei ein „rot-schwarzes Schlaraffenland", in
dem die „Asylindustrie" gute Geschäfte „auf Kosten der Steuerzahler" mache ...[991]

Die Zahlen sind falsch. Die richtigen zu errechnen ist schwie-
rig. Experten versuchen es und kommen bei Familien mit sechs
Kindern zu einem ganz anderen Ergebnis: In Wien kommt eine
Asylantenfamilie mit sechs Kindern auf 1243,30 Euro, eine gleich
große Facharbeiterfamilie 4000,98 Euro.[992]

Obwohl Strache und die FPÖ sofort auf die falschen Zahlen
hingewiesen werden, bleibt die irreführende Rechnung vier Tage
lang stehen, Zeit genug für Hunderte Strache-Fans, sie weiter zu
verbreiten.[993]

Mit Verspätung liefert Strache neue Zahlen. Sie sind wieder
falsch.[994] Für die erste Fälschung gibt es keine Entschuldigung,
die neuerliche Fälschung, bei der die Asylantenfamilie abermals
besser abschneidet als die Facharbeiterfamilie, wird von Strache
so kommentiert: „Ich will, dass jeder Bürger über den krassen
Missstand informiert ist."[995]

Wie sich kurz nach Straches Falschmeldung herausstellt, bestand der eigentliche Skandal nicht in den falschen Zahlen, sondern in der Quelle: Der FPÖ-Chef hat die Nazi-Propaganda eines AFP-Flugblattes übernommen und verbreitet.[996] Er hat seine
Facebook-Freunde nicht nur belogen, sondern sie auch verleitet,
Nazi-Propaganda weiterzuleiten.

Entschuldigung oder auch nur Erklärung gab es wieder keine
– dafür eine Kampagne gegen die Menschenrechts-Organisation
„SOS Mitmensch", die den Skandal aufgedeckt hatte. Obwohl
sich dieser Verein über private Spenden finanziert, sprach Susanne
Winter von „aus Steuergeldern finanzierten Machenschaften" der
„millionenschweren Asyllobby".[997]

Islam: Ein neues Feindbild entsteht

Rabbi Arthur Hertzberg, der 2006 verstorbene Vizepräsident des Jüdischen Weltkongresses, hatte die abnehmende Bedeutung des Antisemitismus schon in den Neunzigerjahren vorhergesehen. In der Vergangenheit habe man mit dem Feindbild „Jude" im christlichen Teil der politischen Mitte punkten können. In einer von ethnischer Durchmischung und weitgehender Säkularisierung geprägten Zukunft werde der Antisemitismus seine identitätsstiftende Kraft verlieren.[998]

Die Prophezeiung hat sich schneller erfüllt, als Hertzberg voraussehen konnte. Jörg Haider hatte noch versucht, den europäischen mit dem arabischen Antisemitismus zu verschmelzen und war dafür von Despoten wie Iraks Saddam Hussein oder Libyens Gaddafi hofiert – viele meinen: auch finanziert – worden.

Strache ist auf den Zug der Zeit aufgesprungen, hat die Fronten gewechselt und sich dem neuen Feindbild zugewandt, das wesentliche strategische Vorteile verspricht: Zugezogene Muslime können im Gegensatz zu seit Generationen hier ansässigen Jüdinnen und Juden als „Gefahr von außen" dargestellt werden.

Noch bedeutsamer ist: Wer antisemitische Redewendungen verwendet, sitzt automatisch mit Neonazis und Holocaust-Leugnern in einem Boot. Im Gegensatz dazu sind antimuslimische Stereotypen nicht geächtet, bieten politischen Gegnern und Gegnerinnen kaum Angriffsflächen.

Nicht zuletzt: Im Gegensatz zum irrationalen Antisemitismus, der sich nur aus Vorurteilen speist, geht es in der Islam-Diskussion tatsächlich um gesellschaftliche, politische, soziale und kulturelle Probleme, über deren Lösungen diskutiert werden muss. Der Rechten bietet sich hier Gelegenheit, Themen anzusprechen, die von den etablierten Parteien zu wenig wahrgenommen oder unter den Tisch gekehrt werden.

Die Anschläge des 9. 11. 2001 haben den Wechsel zum neuen Feindbild beschleunigt. In ganz Westeuropa (im Osten gibt es keinen Zuzug aus muslimischen Ländern) hat Islamfeindlichkeit den Antisemitismus als Motor von Emotionalisierung und Radikalisierung abgelöst.

Strache ist nicht der einzige, der erkannt hat: Gelingt es rechtsextremen Parteien, sich vom Makel des Antisemitismus zu befreien, verlieren sie für Demokratinnen und Demokraten der politische Mitte den Makel der Unwählbarkeit. Gleichzeitig steigt die Chance, Koalitionspartner rechts der Mitte zu finden.

Strache im Spagat:
Mit Burschenschafter-Kappe in Yad Vashem

Große Teile der FPÖ aber sind zum Abschied vom Antisemitismus nicht bereit. Vor allem die in den Traditionen des Nationalsozialismus verhafteten Burschenschaften wollen sich ihr seit Generationen gehegtes Feindbild nicht nehmen lassen.

Strache muss also – zumindest vorübergehend – zweigleisig fahren: Während die FPÖ ihre Partei-Akademie iranischen Spitzenpolitikern zur Verfügung stellt, um ihr Atomprogramm als „friedlich" darzustellen,[999] warnt Andreas Mölzer vor Islamisten mit Atomwaffen.[1000] Während FPÖ-Politiker zu den „alten Freunden" in den Iran oder nach Libyen reisen,[1001] fährt der Parteichef Ende 2010 nach Israel, um das Land als „Bollwerk Europas gegen den Islam" zu positionieren und Vertretern israelischer Rechtsparteien Zusammenarbeit im Kampf gegen den „islamischen Terror" anzubieten.[1002]

Dem zu erwartenden Aufstand der Burschenschaften begegnete er auf eine für ihn typische Weise: Beim Besuch der Holocaust-Gedenkstätte Yad Vashem wählte er als Kopfbedeckung die Burschenschafter-Kappe seiner Vandalia, das Gemeinschaftssymbol jener deutschnationalen, „judenreinen" Studentenverbindungen, die sich aus den Traditionen des Nationalsozialismus nie gelöst und nicht einmal die schlimmsten Nazi-Verbrecher aus ihren Mitgliederlisten gestrichen haben.[1003] Österreichs Burschenschafter durften sich klammheimlich auf die Schenkel klopfen: Eine vergleichbare Geste der Verhöhnung von sechs Millionen von den Nazis ermordeten Juden hat sich kein westlicher Politiker je öffentlich geleistet.

Dass der Islam ins Zentrum der rassistischer Agitation gerückt ist, hat an der Taktik nichts geändert. Der neue Rassismus kämpft wie der alte mit Übertreibungen, Halbwahrheiten, Unwahrheiten und einem Vokabular, das Angst macht und Aggressionen weckt.

Bei der Agitation gegen Ausländer und Ausländerinnen hatte man auf die Parolen der Nazis zurückgegriffen. Beim Kampf gegen den Islam nehmen die FPÖ-Werber Anleihen bei Georg Ritter von Schönerer, der als Erfinder des Rassenantisemitismus zu Hitlers Wegbereitern zählt. Schönerer hatte seine Hetze in Reime gepackt: „Ob Jud ob Christ ist einerlei, in der Rasse liegt die Schweinerei", oder: „Es gibt nur a Weanastadt, es gibt nur a Wien – die Wiener san draußen, die Bem de san drin."[1004] Die FPÖ hat die Methode übernommen. Sie plakatiert „Mehr Mut für unser Wiener Blut – Zu viel Fremdes tut niemandem gut", „Daham statt Islam", „Pummerin statt Muezzin", „Abendland in Christenhand", oder „Unser Gebot heißt Moscheeverbot" und erfindet Slogans wie „Für die Ärmsten der Armen, nicht für die wärmsten der Warmen."

Schlimmer noch ist das, was nicht in Reimen daherkommt. Die FPÖ-Politiker scheinen die deutsche Sprache systematisch nach Vokabeln abgesucht zu haben, die Misstrauen, Abscheu, Angst, Wut und Gewaltbereitschaft auslösen können. Sie plakatieren „Wien darf nicht Istanbul werden", sprechen vom „Kulturkampf", von der „Türkenbelagerung", vom „Faschismus des 21. Jahrhunderts", der die Welt zum „Kriegsschauplatz" mache,[1005] von der „Kriegserklärung an die christliche Welt", vom „Missbrauch der Religionsfreiheit". [1006] Sie bezeichnen Moscheen als „Brutstätte des radikalen Islam",[1007] fordern ein Minarett-Verbot, ein Kopftuch-Verbot, die „Abschiebung islamistischer Hassprediger",[1008] die „Zerschlagung islamischer Zellen",[1009] warnen vor dem „muslimischen Extremismus", dem „Gewaltpotential", der „Praktizierung der Scharia", dem „Gottesstaat in Österreich".[1010] Sie wettern gegen „Parallelgesellschaften", „Zwangsehen", „Zwangsbeschneidung", „Gewalt gegen Frauen" und „Ehrenmorde".[1011] Sie versteigen sich zu unsinnigen Behauptungen wie etwa, radikale Islamisten planten den „Gottesstaat in Österreich".[1012]

Als Strache seine religiöse Hetze mit dem Kreuz in der Hand betreibt, löst er einen Sturm der Entrüstung aus. Sein Generalsekretär Herbert Kickl reagiert ungerührt: Offenbar würden sich „Teile der Amtskirche" von der SPÖ „instrumentalisieren" lassen.[1013] Immer neue menschenverachtende Parolen bringt die Hetze hervor:

► Johann Gudenus sieht Wien in „Geiselhaft der Islamisten",[1014] warnt vor der von Asylanten ausgehenden „Massenkriminalität" und bezeichnet Österreich als „Schlaraffenland für türkische Gewalttäter und Kinderschänder".[1015]

► FPÖ-Gemeinderat Harald Engber aus dem niederösterreichischen Sollenau hetzt im „Freiheitlichen Kurier": „Laut Blutspendezentrale Wien kommen maximal zwei bis fünf Prozent der Blutkonserven aus muslimischen, kebabhaltigen Venen (dafür bekommen die Muslime bei Bedarf saftiges Blut mit Schweinefleisch-Rückständen – grins)."[1016]

► Karl Mayrhofer, Gemeinderatskandidat der FPÖ in Bludenz, rief offen zur Gewalt auf. Der Islam sei eine „degenerierte und verkommene Ideologie", postete er im Internet. „Von

Museln als Nazi bezeichnet zu werden, empfinde ich als Auszeichnung (…) Dann wissen sie wenigstens zu was man fähig sein wird und auch sein muss!" Es gebe europaweit „nur mehr die Gewaltoption". Und: „Wie heißt es so schön: Ist die Kugel aus dem Lauf, hält sie nur der Teufel auf."[1017] Mayerhofer wurde wegen Verhetzung verurteilt.[1018]

► Im Innsbrucker Wahlkampf lässt der freiheitliche Spitzenkandidat August Penz „Heimatliebe statt Marokkaner-Diebe" plakatieren und löst damit einen Proteststurm, eine Anzeigenflut und diplomatische Interventionen Marokkos aus.[1019]

Was solche Hasskampagnen auslösen, entnimmt man Internet-Seiten wie „SOS-Österreich" oder „SOS-Heimat", wo sich deklarierte FPÖ-Wähler, Strache-Sympathisanten und Neonazis mit Schmähungen und Drohungen hochlizitieren. Die folgenden Zitate stammen von einem einzigen Tag, als Reaktion auf eine Anzeige gegen Penz wegen Verhetzung: „Islam-Banditen", „Islam-Faschisten", „nordafrikanische Gruppenvergewaltiger", „Kinderschänder", „Frauenräuber", „Pestbeule", „Terror-Idioten", „Massenmörder", „ausländische Dreckschweine", „Untermenschen", „interniert sie", „jagt sie zum Teufel". Erwartungsgemäß entlädt sich die Wut auch gegen die „linksfaschistischen Gutmenschen", die man „an den Eiern mit dem Kopf nach unten" aufhängen sollte, „linksgrünes Gesindel", „rotgrüne Volksverräter" mit „Scheiße im Hirn", „blutsaugende linke Zecken", „Lumpenpack", „EU-Idioten", „Polit-Verbrecher", „Pfaffen" und „Polit-Marionetten", „Volldeppen", „Volltrottel" und „linkslinke Spinner".[1020]

Dass in diesem Klima des Hasses zur „Selbstjustiz", zum „Kopf abschlagen" und „ausrotten" aufgerufen wird und dass sich ein User „unentgeltlich als Liquidator" anbietet, macht deutlich, was die rassistische Hetze der Freiheitlichen auslöst.[1021]

Rechte Verbündete: Mit Neonazis gegen Islamisierung

Natürlich haben sich Neonazis in den Kampf gegen das neue Feindbild eingeschaltet: „Was unseren Vätern der Jud, ist für uns die Moslembrut", wurde auf die Außenmauer der Gedenkstätte KZ Mauthausen geschmiert und: „Seid auf der Hut! 3. Weltkrieg – 8. Kreuzzug".[1022]

Auf der Homepage der Bürgerinitiative „Keine Moschee in Linz" berichteten Aktivisten der mittlerweile verbotenen neonazistischen NVP höhnisch, dass Unbekannte „unsren islamischen Freunden Glückwünsche in Form echter Schweineköpfe direkt zum Baugrund der zukünftigen Moschee" gebracht hätten. Die Rechtsextremismus-Experten des Dokumentationsarchivs des österreichischen Widerstandes (DÖW) ziehen aus Vorfällen wie diesem den Schluss, dass rechtsextreme und neonazistische Kräfte versuchen, Muslime zu gewalttätigen Reaktionen zu provozieren.[1023]

Auch bei der Demo gegen den Bau einer Moschee in Wien-Brigittenau wurden unter den Teilnehmern an die 100 amtsbekannte Neonazis identifiziert. Die neonazistische AFP verteilte Flugblätter gegen „Multikultopia", in denen gegen „schwarze Dealer" und ihre „Lobby" gehetzt wurde. Die neonazistische NVP verteilte ihre „Anti-Antifa"-Kleber.[1024] Nazi-Skins skandierten: „Hier marschiert der nationale Widerstand".[1025]

Neonazis jubeln Strache auch zu, als dieser bei der Demo der „Bürgerinitiative Rappgasse" am Floridsdorfer Spitz das Wort ergreift. Als einer der Teilnehmer den Arm zum deutschen Gruß hebt, zischt ihm ein Sicherheitsmann zu: „Gib den Arm runter!"[1026]

Auch im Ausland hetzen FPÖ-Funktionäre gemeinsam mit Rechtsextremen. Wenn Strache unabkömmlich ist, wird er vertreten. Am „Anti-Islam-Kongress" in Köln nahmen FPÖ-Generalsekretär Harald Vilimsky, der Wiener Klubobmann Johann

Gudenus und die Nationalratsabgeordnete Dagmar Belakowitsch-Jenewein teil. Dass die veranstaltende „Pro-Köln"-Bewegung von einem Mann geführt wird, der kurz zuvor noch mit neonazistischen Tonträgern gehandelt hat,[1027] wegen seiner Zusammenarbeit mit Neonazis unter Beobachtung des Verfassungsschutzes steht[1028] und dass die Gruppierung von Intellektuellen wie Ralph Giordano als „lokale Variante des zeitgenössischen Nationalsozialismus" tituliert wird, stört die freiheitlichen Spitzenpolitiker ebenso wenig wie die Teilnahme von NPD-Aktivisten und Exponenten anderer neonazistischer Gruppierungen.[1029] Auch die FPÖ-Abgeordnete zum Nationalrat Susanne Winter, ihr Fraktionskollege Werner Neubauer und der Wiener Landtagsabgeordnete Wolfgang Jung sind als Redner bei Veranstaltungen der Pro-Bewegung aufgetreten, die vom nordrhein-westfälischen Innenministerium als „Neonazis im Nadelstreif" und von der Staatsanwaltschaft Bochum als „Vorfeldorganisation des rechten Terrors" bezeichnet wird.[1030]

Einen Tag nachdem Markus Wiener, Generalsekretär von Pro-NRW, auf Einladung der FPÖ in Wien weilte, um die „Fortführung der engen Kooperation und gegenseitigen Know-How-Transfer" zu vereinbaren, kam es Ende April 2012 zu einer Razzia gegen die neonazistische Gewaltszene in Nordrhein-Westfalen wegen „Bildung einer kriminellen Vereinigung". Durchsucht wurden neben Treffpunkten des „Freundeskreis Rade" auch das Fraktionsbüro der Pro-Bewegung in Radevormwald, die enge Kontakte zur Neonazi-Szene unterhält.[1031] Unter den Festgenommenen befanden sich zwei Mitglieder von Pro-NRW.[1032]

Neonazis des „Freundeskreises Rade", gegen dessen Aktivisten wegen brutaler Gewaltakte gegen Linke und Migranten ermittelt wird, unterstützen die Pro-Bewegung regelmäßig bei Demonstrationen und Flugblatt-Verteilaktionen.[1033] Gleichzeitig stehen Aktivisten von Pro-NRW in Verdacht, ein Hass-Video gefälscht zu haben, um moslemische Fanatiker zu Gewaltakten zu provozieren.[1034] Ein von Wahlkämpfern der Pro-Bewegung angezeigter Überfall auf sich selbst hat nach Meinung der Polizei gar nicht stattgefunden.[1035]

Auch mit anderen rassistischen Rechtsaußen-Parteien unterhält die FPÖ offizielle Kontakte. Hinter Führungsfiguren wie dem Niederländer Geert Wilders, der den Koran mit Hitlers „Mein Kampf" vergleicht, wird die Agitation gegen die „Islamisierung" Europas zu einer Klammer von Populisten, Rechtsextremen und Neonazis. Ob bei der „Städtepartnerschaft gegen drohende Islamisierung" oder bei der Initiative „Frauen gegen Islamisierung": Überall sind neben Parteien wie dem Vlaams Belang, Pro NRW oder der British National Party amtsbekannte Neonazis mit dabei.[1036]

Kein Argument kann die Lawine des Hasses bremsen. Dass es sich bei Zwangsheirat, Beschneidung oder Ehrenmorden um Überreste von Traditionen handelt, die in deutlichem Widerspruch zur Religion stehen und von Imamen entschlossen bekämpft werden, wird von FPÖ-Politikern und -Politikerinnen ebenso übergangen wie die Tatsache, dass sich die muslimische Glaubensgemeinschaft 2002 von allen Religionslehrern getrennt hat, die in Verdacht standen, die Gesetze ihres demokratischen Gastlandes nicht ausreichend zu respektieren, und dass sich die in Österreich tätigen Imame im April 2005 eindeutig zu den demokratischen Grundwerten in Österreich bekannt und jeden Extremismus verurteilt haben.[1037]

Festgehalten wird auch am Märchen der „islamischen Gewalttradition", obwohl Historiker und Religionswissenschaftler mehrfach darauf hingewiesen haben, dass es ein muslimisches Äquivalent weder zu den Vernichtungslagern der Nazis, noch zum stalinistischen Terror, zu Pol Pots „Killing Fields", zur Ausrottung der Urbevölkerung in Nord- und Südamerika oder Australien, zu Apartheid-Regimen, zur rassistischen Sklaven-Kultur der amerikanischen Südstaaten,[1038] zu Kreuzzügen, Hexenverbrennungen oder Zwangschristianisierungen gibt.[1039]

Der Fall Winter: „Kinderschänder" und „Tierbordell!"

Für die Höhepunkte der Hetzkampagne gegen Muslime sorgten die steirische Abgeordnete zum Nationalrat Susanne Winter und ihr Sohn Michael. In souveräner Missachtung der religionsgeschichtlichen Erkenntnis, dass die im Koran erlaubte Mehrfach-Ehe der sozialen Absicherung von Kriegswitwen und Kriegswaisen diente, nannte sie Mohammed einen „Kinderschänder". Im Wahlkampf sprach sie von einem „muslimischen Tsunami", behauptete, „überall" würden „gegen den Willen der Bevölkerung Moscheen gebaut" und der Islam gehöre „dorthin zurückgeworfen, wo er hergekommen ist, nämlich jenseits des Mittelmeeres."[1040]

Ihr Sohn Michael unterstellte als Landesobmann des Rings Freiheitlicher Jugend (RFJ) in einem Artikel der freiheitlichen Jugendzeitschrift „Tangente" Muslimen einen Hang zur Sodomie und forderte als „Sofortmaßnahme" gegen Vergewaltigungen, in Graz „eine Schafherde im Stadtpark grasen" zu lassen.[1041] Seine Mutter griff die Idee prompt auf und regte bei einem Vortrag in einer Schule an, im Stadtpark ein „Tierbordell" zu errichten, „damit die muslimischen Männer dorthin gehen können und sich nicht an den Mädchen im Stadtpark vergreifen.[1042] Gegenüber der Tageszeitung „Österreich" erklärte sie, es gebe „einen weit verbreiteten Kindesmissbrauch durch islamische Männer".[1043]

Mutter und Sohn Winter wurden für diese „Aufrufe zu Hass und Verachtung"[1044] wegen Verhetzung verurteilt. Der Menschenrechtsbeirat, der den Grazer Wahlkampf beobachtet hatte, fasste seine Erkenntnisse über die FPÖ so zusammen: „Egal welches Thema analysiert wird, es wird immer rassistisch, ausgrenzend, ausländerfeindlich, aggressiv und hetzerisch behandelt."[1045] Die nichtstaatliche Organisation „Helping Hands", die Fremden bei der Integration hilft, stellte fest, dass es in Wahlzeiten um 15 Prozent mehr rassistische Übergriffe gibt, und brachte das mit der Agitation der FPÖ in Verbindung.[1046]

Briefe an „Phönix":
Kontakte zur braunen Gewaltszene

Mutter und Sohn Winter schreiben „Leserbriefe" in der Zeitschrift „Phönix" des Neonazis Walter Ochensberger, der seit Jahrzehnten engste Kontakte zur Elite der braunen Gewaltszene unterhält. Seine im „Handbuch des österreichischen Rechtsextremismus" angeführten Kontakte und Querverbindungen lesen sich wie ein Namensverzeichnis des braunen Terrors: Bombenwerfer, Nazi-Schläger, Brandstifter, Wehrsportler und Waffensammler neben führenden Rassisten, Antisemiten, Volksverhetzern, Hitler-Verehrern und Auschwitz-Leugnern.[1047]

Unter anderem war Ochensberger Versender eines Handbuchs für den militanten Rechtsextremismus, das praktische Hinweise für Putsch, Partisanenkampf, Sabotage, Ausschaltung von Behörden, Anlegung von unterirdischen Waffenlagern, lautloses Erledigen von Wachposten, Foltermethoden und Ähnliches enthielt.[1048]

In seinem früheren Hetzblatt „Sieg" hatte Ochensberger den Nationalsozialismus glorifiziert, Auschwitz geleugnet und gegen die österreichische „Schweinerepublik" gehetzt. Schlagzeilen wie „Juden schweigt!", „Ein neuer Mengele muss her!", oder „Rassismus ist Vaterlandsliebe"[1049] brachten ihm schließlich eine Verurteilung wegen nationalsozialistischer Wiederbetätigung ein.

„Phönix" ist ein publizistischer Neustart mit alten Themen, vor allem der jüdischen Weltverschwörung, die zur Forderung nach einem „Verbot der jüdischen Gemeinden" führt.[1050] Susanne Winter hält das braune Blatt für eine „Heimatpartei-Zeitung" und meint: „Da fühle ich mich wohl."[1051]

Wende vor, Wende zurück:
Strache entdeckt die Serben

Der Kampf gegen den Islam ließ Strache eine neue Wählergruppe entdecken: die Serben. Geschickt wirbt er um Wiener serbischer Herkunft, indem er deren Ressentiments gegenüber Muslimen und der EU nützt. Er gibt sich als „Freund der Serben" und als Sammler orthodoxer Armbänder (Brojanica) zu erkennen, wettert gegen die von Österreich und rund 90 UNO-Staaten anerkannte Unabhängigkeit des Kosovo, referiert in Verleugnung historischer Tatsachen über die Verbrechen der Kosovo-Albaner am serbischen Volk und erscheint als einziger hochrangiger Politiker beim Empfang der serbischen Botschaft.[1052]

In Interviews mit der Österreich-Ausgabe der serbischen Tageszeitung „Vesti" (Nachrichten) nützt er die während des Balkan-Krieges entstandene anti-serbische Stimmung in Österreich, um sich als einziger verlässlicher Verbündeter serbischer Interessen zu positionieren. Vor der Wiener Gemeinderatswahl suchte die FPÖ „serbische Österreicher", die möglichst fesch aussehen, nicht ausländisch wirken und antimuslimisch eingestellt sein sollten, um für gutes Geld unter anderen Zugewanderten Stimmung für die FPÖ zu machen. Der Kampf gegen die „Überfremdung" hat damit eine neue, bizarre Facette erhalten.[1053]

Traditionen der Gewalt: Burschenschafter und Freiheitliche

Rechter Terror: Gegen Juden, Katholiken und Linke

Österreichs Universitätsgeschichte ist reich an Gewaltakten schlagender Burschenschaften, die ihre Vorstellungen von „Deutschtum" und „Freiheit der Wissenschaft" mit blutigem Terror durchzusetzen suchten. Nicht nur Juden bekamen das zu spüren. Auch der Katholizismus wurde als „undeutsch" und „wissenschaftsschädigend" handgreiflich bekämpft.[1054]

Schon 1893 hatten katholische Abgeordnete eine Anfrage an den Unterrichtsminister gerichtet: „Was gedenken Seine Exzellenz zu tun, um die katholischen Studentenverbindungen auf einer als katholisch gestifteten Hochschule vor Überfällen und Misshandlungen zu schützen?"[1055]

Anfang des 20. Jahrhunderts führte der rassistisch motivierte Antisemitismus der Burschenschaften zu einer Eskalation der Gewalt. Mit Sprechchören wie „Saujuden raus!" oder „Juda verrecke!" wurden Hörsäle gestürmt und „gesäubert", jüdisch aussehende Studenten zusammengeschlagen, über Stiegen geworfen, auf der Straße überfallen und dabei oft schwer verletzt.[1056]

Mensur: Blutige Duelle als „sportliches Fechten"

Auch bei Konflikten untereinander setzen die Schlagenden auf Gewalt: Das Duell als ritualisierte Konfliktaustragung hat sich in Form der „Mensur" bis heute erhalten: Das staatliche Gewaltmonopol wird umgangen, auf dem „Paukboden" ein rechtsfreier Raum geschaffen.[1057] Gleichzeitig ist die Mensur ein Bekenntnis zum Deutschtum. Mit ihr wird die Bereitschaft demonstriert, im Ernstfall Blut für das „deutsche Vaterland" zu opfern.[1058]

Weil ein Duell mit Waffen sittenwidrig und gesetzlich verboten ist, müssen Burschenschafter die Mensur als „sportliches Fechten" ausgeben. Genau diesen Ausdruck verwendete auch Strache, nachdem er einen Salzburger Arzt, von dem er sich beleidigt fühlte, zu einer „Kontrahage" gefordert hatte, die Ende 2004 auf der Bude der Mittelschülerverbindung „Germania Ried" stattfand.[1059]

Terror der Nachkriegszeit:
Die braune Gewalt sucht sich neue Ziele

Nach 1938 waren Österreichs Burschenschaften fest in das NS-System eingebunden. Viele ihrer Mitglieder machten in Hitlers Terror- und Vernichtungssystem Karriere.

Nach Kriegsende blieben die alten Feindbilder erhalten, die rechte Gewalt aber suchte sich neue Ziele. Sie richtete sich nicht mehr primär gegen Juden, sondern in zunehmendem Maß gegen jene, die das Kriegsende als Befreiung vom Nationalsozialismus feierten, ein demokratisches Österreich schufen und nationalsozialistische Wiederbetätigung unter Strafe stellten.

Die Liste der Gewalttaten ist lang. Sie reicht von Bomben- und Brandanschlägen, Schüssen auf das Parlament, der Schändung von jüdischen Friedhöfen und Gedenkstätten bis zu Überfällen auf Treffpunkte der „Linken" und Straßenschlachten im Zuge von Neonazi-Aufmärschen.

Die Geschichtsfälscher, Hitler-Nostalgiker und Nazi-Terroristen, die ihren Kampf gegen Demokratie und Österreich-Bewusstsein mit Fäusten, Waffen, Brandsätzen und Bomben führten, kamen nahezu ausschließlich aus dem korporierten Milieu. Die Nachkriegsgeschichte des Nazi-Terrors ist damit zu einer Geschichte der Burschenschaften und der FPÖ geworden.[1060]

Burschenschafter verteidigen Nazi-Professor:
Das erste Todesopfer

Im März 1965 kam es zu einer Demonstration gegen den Wiener Universitätsprofessor Taras Borodajkewycz, der seine Vorlesungen mit „nationalsozialistischer", „antisemitischer", „antiösterreichischer" und „antidemokratischer" Agitation gespickt hatte, wie das Strafbezirksgericht Wien in seinem Urteil erkannte.[1061] In der Wiener Innenstadt stellten sich dem Protestzug militante Burschenschafter des Ringes Freiheitlicher Studenten und FPÖ-Politiker entgegen, die mit Sprechchören wie „Heil Boro", „Juden raus" und „Hoch Auschwitz" vorgaben, die Lehr- und Lernfreiheit zu verteidigen.[1062] Der engagierte Antifaschist Ernst Kirchweger wurde von einem der braunen Schläger niedergestreckt. Drei Tage später war er tot. Die Zweite Republik hatte ihr erstes politisches Todesopfer.

Norbert Burger:
Südtirol-Terrorist als Gründer der NDP

Anfang der Sechzigerjahre lässt Norbert Burger, Vorsitzender des Ringes Freiheitlicher Studenten und Mitglied der Burschenschaft Olympia, den Südtiroler Befreiungskampf zum Blutbad ausarten. Die Anschläge auf Bahnhöfe und Züge fordern an die 30 Opfer unter unbeteiligten Zivilisten.

Aus dem Kreis der Südtirol-Terroristen und Mitgliedern der Olympia erfolgt anschließend die Gründung der neonazistischen NDP. Diese steht von Anfang an für Gewalt in Wort und Tat. In den Parteiblättern „Klartext" und „Wiental Aktuell" wird gegen Juden, Homosexuelle, „Sozialschmarotzer" und Linke gehetzt und deren „Entsorgung" als „menschlicher Sondermüll" und „genetischer Abfall" angekündigt.[1063] Die im Südtirol-Terror geschulten Burschenschafter prügelten sich zuerst auf universitärem Boden, bevor sie die Gewalt nach außen trugen, wobei sie sich der schlagkräftigen Unterstützung von Neonazis jederzeit sicher sein konnten.

1972 wurde zu „Führers Geburtstag" ein Bombenanschlag auf ein Kino verübt, in dem ein antifaschistischer Film lief.[1064] Im Sommer 1976 wurden ein Jugendzentrum und danach die besetzte „Arena" überfallen. Nach einer Prügelorgie von beispielloser Brutalität blieben vier Schwerverletzte liegen. Mehrere NDP-Schläger wurden dafür zu unbedingten Freiheitsstrafen verurteilt.[1065]

Bruno Haas: ANR-Führer und FPÖ-Mitglied

Ende der Siebziger-, Anfang der Achtzigerjahre prügelte sich die neonazistische „Aktion Neue Rechte" (ANR) in die Schlagzeilen der österreichischen Zeitungen. „Herren der Straße" und „Bollwerk gegen die Roten" wollten die Schläger um die „Führer" Bruno Haas und Harald Schmidt sein – beides Mitglieder der niederösterreichischen FPÖ-Jugend. Die ANR hortete Waffen und Sprengstoff, verübte Bombenanschläge, zettelte Straßenschlachten an, überfiel „linke Lokale", beschmierte öffentliche Gebäude mit Nazi-Parolen und hielt „Ehrenwachen" an Gräbern von Nazi-Größen. Nur ein kleiner Teil der damals verübten Gewalttaten wurde geklärt. 1983 kam es zum „ANR-Prozess", der für alle acht Angeklagten mit Schuldsprüchen endete und das vorläufige Ende des braunen Spuks bedeutete.[1066]

Harald Schmidt, Sohn eines FPÖ-Parlamentariers, hat sich nicht geändert. Im November 2010 wurde er verurteilt, weil er auf der Neonazi-Seite „alpen-donau" rassistische Parolen gepostet und den Holocaust geleugnet hatte.[1067]

Hans Milocco:
FPÖ-Gemeinderat als Denkmalschänder

Verbindungen zur ANR hatte FPÖ-Gemeinderat Hans Milocco in Edelstauden, der mit drei Freunden eine neue Neonazi-Partei zu gründen versuchte. In Peggau-Hinterberg schändete er 1983, gemeinsam mit drei anderen Rechtsextremisten, ein Mahnmal für die Opfer des Nazi-Terrors in der dortigen KZ-Außenstelle und beschmierte anschließend ein Denkmal in Straßgang, das an einen ermordeten US-Flieger erinnert, mit Fliesenkleber. Die beiden Anschläge waren als „Mutprobe" zur Einstimmung auf weitere Taten gedacht. In seiner Heimatgemeinde hatte der freiheitliche Gemeinderat Nazi-Pamphlete verteilt, ohne dass sich die FPÖ daran gestoßen hätte.[1068]

Gerd Honsik:
Zerschlagung der parlamentarischen Demokratie

Nach dem Verbot von NDP und ANR wurde Gerd Honsik zur Zentralfigur des organisierten Neonazismus in Österreich. Auch er war Burschenschafter und Mitglied des Ringes Freiheitlicher Studenten, bevor er in die neonazistische Gewaltszene abdriftete. Unter anderem gehen zwei Brandbombenanschläge auf die italienische Botschaft und Schüsse auf das Parlament auf sein Konto.[1069]

Honsiks symbolträchtig am Jahrestag von Hitlers Marsch zur Feldherrnhalle gegründete „Nationale Front" wurde 1987 verboten, nachdem der Polizei ihr „Provisorisches Programm" in die Hände gefallen war, das die Zerschlagung der parlamentarischen Demokratie, die Außerkraftsetzung des Staatsvertrages (Anschlussverbot) und die Wiederherstellung des Deutschen Reiches als politische Ziele nannte. Wie der „Kampf gegen das System" ausgetragen werden sollte, machten „Wehrsportübungen" und Kaderbildungen für den bewaffneten Kampf auf der

Straße deutlich.[1070] „Stellvertretender Führer" in Honsiks Truppe war Straches Wehrsportfreund Jürgen Hatzenbichler (siehe Seite 24–26).

Friedhofsschändung: Täter aus dem RFJ

Ende Oktober 1992, als die Vorarbeiten für Haiders Anti-Ausländer-Volksbegehren gerade anliefen, sorgte die Schändung des jüdischen Friedhofs in Eisenstadt für Schlagzeilen: Grabsteine wurden umgeworfen und mit Hakenkreuzen, NS-Parolen, „Sieg Haider", „Gas", „SS" oder „Ausländer raus" beschmiert. In einem Bekennerbrief ließ die „Rassischsozialistische Arische Widerstandsbewegung" ihrem „Vorbild Jörg Haider einen arischen Gruß zukommen".[1071]

Die Täter wurden ausgeforscht. Beide waren vom damaligen FPÖ-Bundesgeschäftsführer Karl Schweitzer zur FPÖ gebracht und protegiert worden. Der eine wurde führendes Mitglied der freiheitlichen Jugendorganisation RFJ, der andere, der sich seiner Festnahme vorübergehend durch Flucht entzog, war der freiheitliche Gemeinderatskandidat Christian W. Anderle, der 2011 im Zusammenhang mit den Ermittlungen gegen die Betreiber des Neonazi-Netzwerkes „alpen-donau.info" gemeinsam mit Gottfried Küssel festgenommen wurde.[1072] Unter dem Namen Arisk hatte Anderle in rechtsextremen Computernetzen Anleitungen zum Bombenbau veröffentlicht.[1073]

Gottfried Küssel: Den Staat zertrümmern

Mehrfach straffällig geworden ist Österreichs bekanntester Neonazi, Gottfried Küssel. Der Burschenschafter und einstige FPÖ-Kandidat in Payerbach an der Rax, an dessen berüchtigten Wehrsportübungen Strache zumindest einmal nachweisbar teilgenommen hat, kämpft seit Jahrzehnten für die Wiedererrichtung des Deutschen Reiches unter nationalsozialistischer Führung.

Vor der Gründung seiner Volkstreuen Außerparlamentarischen Opposition (VAPO) hatte Küssel überall mitgemacht, wo sich braunes Gedankengut mit Gewaltbereitschaft vereinte: Bei Norbert Burgers NDP, bei der ANR von Bruno Haas und Harald Schmidt, bei Gerd Honsiks Nationaler Front.

Die VAPO, die junge Menschen als „Wehrsportler" für die gewaltsame Machtübernahme ausbildete, zählte zu den gewaltbereitesten Organisationen des österreichischen Neonazismus. „Wir werden diesen Staat zertrümmern", hatte Küssel einst anlässlich einer Feier zu Hitlers Geburtstag seinen Kameraden angekündigt. „Wir werden uns die Straße zurückerobern (…) Da wird es Opfer geben, die nur durch Begräbnisse zu begleichen sind."[1074]

Rosenkranz: Braune Gewaltszene will ins Parlament

Auf einen „historischen Durchbruch" hatten Österreichs Neonazis 1990 gehofft. Gemeinsam mit Burschenschaftern hatte Horst Jakob Rosenkranz vor den Nationalratswahlen versucht, die führenden Exponenten der neonazistischen Gewaltszene in seiner Liste „Nein zur Ausländerflut" zusammenzuführen, um mit diesen in den Nationalrat einzuziehen. Die Ausführung scheiterte am österreichischen Verfassungsgerichtshof, der die Liste als neonazistisch einstufte und ihre Kandidatur untersagte. Unterstützt wurde Rosenkranz unter anderem von folgenden Rechtsextremisten:

▶ Nazi-Terrorist und Burschenschafter Gerd Honsik, dessen militante Nationale Front ein Programm zur Zerschlagung der parlamentarischen Demokratie ausgearbeitet hatte, bevor sie 1987 verboten wurde,

▶ Gaskammern-Leugner und Burschenschafter Franz Radl, Kämpfer gegen „rassische Vermischung", der die Demokratie als „jüdisch-freimaurerisches Verbrechersystem" attackierte,[1075]

274

- Bruno Haas, Führer des braunen Straßenterrors, dessen „Aktion Neue Rechte" (ANR) Lokale überfallen, Sprengstoff und Waffen gehortet hatte,

- RFS-Gründer und Burschenschafter Norbert Burger, der in Südtirol gebombt und in Wien Prügelorgien inszeniert hatte, bevor seine NDP 1988 verboten wurde,

- NDP-Gründungsmitglied und Burschenschafter Herbert Fritz, der sich am Südtirol-Terror beteiligt und Vorträge des Holocaust-Leugners David Irving organisiert hatte,

- führende Exponenten von Gottfried Küssels „Kampfgemeinschaft" für die „Machtergreifung" der VAPO, unter anderem der Burschenschafter Alois Desch, Verfechter der These, dass „die Austro-Nazis schon immer die härtesten waren",[1076]

- der Burschenschafter Kurt Hofinger, der auch als „Ordner" bei Veranstaltungen des Ringes freiheitlicher Studenten (RFS) tätig war,[1077]

- Reinhold Kovar, Berufssoldat, nach Aussage des wegen Wiederbetätigung und Brandstiftung verurteilten Gmundener „Kameradschaftsführers" Alexander Forsterpointner NS-Devotionalienhändler und VAPO-„Gaubeauftragter" Wien[1078] sowie

- Andreas Sammer, nach eigener Aussage vor Gericht 1988 an einem Brandanschlag in Wien beteiligt, VAPO-Aktivist und gelegentlicher Stasi-Spitzel.[1079]

Die Anti-Antifa und der Bombenterror

In Österreich war Horst Jakob Rosenkranz einer der ersten, der die Anfang der Neunzigerjahre entstandene „Anti-Antifa-Offensive" mitmachte. Im Sommer 1992 begannen Neonazi-Blätter in mehreren europäischen Ländern Namenslisten von Antifaschistinnen und Antifaschisten zu veröffentlichen, die immer detailliertere Angaben über „Juden", „Inländerfeinde", Ausländer-Hilfsorganisationen, „linke" Vereine, Treffpunkte, Veranstaltungen und Initiativen samt Adressen, Lebensgewohnheiten und Autonummern ihrer Initiatoren enthielten. Den Anfang machten die deutschen Neonazi-Blätter „Index" und „Einblick". In Dänemark erschien ein Blatt der „Dänischen nationalsozialistischen Bewegung" mit „Nachrichten von der anderen Seite", in England ein „Index" der „British National Party", in Schweden ein „Dossier" des „Weißen Arischen Widerstandes".

Zeitgleichheit und Parallelität des Vorgehens lassen den Schluss zu, dass die Kampagne europaweit koordiniert war. Auffällig ist, dass es sich bei den dänischen, schwedischen und englischen Anti-Antifa-Organisatoren um jene Gruppen handelt, die sich bei den alljährlichen „Rudolf-Heß-Gedenkmärschen" mit ihren deutschen Kameraden treffen.

Horst Jakob Rosenkranz, der an Rudolf-Heß-Veranstaltungen als Redner teilgenommen hat,[1080] bringt die gefährliche Methode nach Österreich. Im Sommer 1992 erscheint ein Artikel in der von ihm herausgegebenen Zeitschrift „Fakten", in dem linke Initiativen, Postfächer und Impressen aufgezählt sind. Schriftlich wendet sich Rosenkranz an das antifaschistische Dokumentationszentrum (AIDA) in München: „Sendet mir Info. Danke."[1081]

Die „Identität", Jugendzeitung der „Aula", übernimmt den „Fakten"-Beitrag um einige Informationen bereichert. Die rechtsextreme „Liste Kritischer Studenten" ruft ihre Leser auf, Adressen und Informationen über „Inländerfeinde und Vermischungsrassisten" zu sammeln. Im März 1993 ziehen „Kommentare zum Zeitgeschehen" der neonazistischen „Aktionsgemeinschaft für demokratische Politik" (AFP) nach: „Senden Sie uns Anschriften von Bonzen, Parasiten und Gesinnungsterroristen, die sollen sehen, dass es Widerstand gibt!"[1082]

Die in mehreren Ländern publizierten Aufrufe zum „Widerstand" wurden von der neonazistischen Gewaltszene mit einer Serie von Briefbomben- und Bombenanschlägen befolgt: In Schweden erhielten vier Journalisten Paketbomben (die alle entschärft werden konnten). In Dänemark wurde der Sekretär einer linken Splittergruppe von einer Briefbombe getötet. In England gründeten Neonazis die konspirative Kampfeinheit „Combat 18" (18 = Adolf Hitler) zur „Disziplinierung" von Antifaschisten. In München detonierte eine an die farbige Pro-7-Moderatorin Arabella Kiesbauer adressierte Briefbombe in den Händen der Redaktionssekretärin. In Lübeck explodierte eine Briefbombe, die an Vizebürgermeister Dietrich Szameit adressiert war, der das milde Urteil nach dem Brandanschlag auf die Lübecker Synagoge kritisiert hatte.

In Österreich hatte das Jahr 1993 mit dem Anti-Ausländer-Volksbegehren der FPÖ begonnen. Es endete mit einer Briefbomben-Serie, die zum Auftakt weiteren Bombenterrors wurde. Siebzehn Briefbomben- und vier Bombenanschläge versetzten ganz Österreich in Angst.[*]

---

[*] **Chronologie der Anschläge:**

3. 12. 1993: Die erste Briefbombe detoniert in der Flüchtlingsberatungsstelle Hartberg. Pfarrer August Janisch wird an der Hand und im Gesicht verletzt. In der ORF-Minderheitenredaktion fügt Bombe Nummer zwei Silvana Meixner und ihrer Sekretärin Elisabeth Schneeberger schwere Verletzungen zu.

5. 12. 1993: In der Privatwohnung des Wiener Bürgermeisters Helmut Zilk detoniert die dritte Bombe. Der Politiker verliert drei Finger seiner linken Hand.

6. 12. 1993: In einer Anwaltskanzlei explodiert Bombe Nummer vier. Sie ist an den „Islamischen Ausländer-Hilfsverein" adressiert. Die Sekretärin Astrid Bielek wird an der Hand verletzt. Sechs weitere Bomben explodieren nicht. Adressiert sind sie an Helmut Schüller, Präsident der Caritas, Madeleine Petrovic, Obfrau der Grünen, und ihre Fraktionskollegin Terezija Stoisits, Frauenministerin Johanna Dohnal, den steirischen Kulturverein „Artikel 7", der sich für die Rechte von Minderheiten einsetzt, und eine Außenstelle der Wirtschaftskammer.

24. 8. 1994: Rohrbombe vor einer zweisprachigen Volksschule in Klagenfurt. Bei der Untersuchung explodiert der Sprengsatz. Der Polizist Theo Kelz wird so schwer verletzt, dass beide Unterarme amputiert werden müssen.

4.–6. 10. 1994: An das Büro des Klagenfurter Verlegers Lojze Wieser, an die Ausländerberatungsstelle in Dornbirn, an die Firma Hallein Papier und an das Stift Wilten in Tirol werden Briefbomben verschickt, die nicht explodieren.

4. 2. 1995: In Oberwart kommt es zum folgenschwersten politischen Anschlag der Nachkriegsgeschichte. Als die vier Roma Josef Simon, Peter Sarközi, Karl und Erwin Horvath versuchen, eine Straßentafel mit der Aufschrift „Roma zurück nach Indien" zu entfernen, explodiert eine Rohrbombe. Alle vier sind auf der Stelle tot.

Das Anti-Ausländer-Volksbegehren der FPÖ und Blätter des rechten Randes hatten systematisch Emotionen geschürt. Monatelang war in Rosenkranz's „Fakten" eine Hasskampagne gegen jene gelaufen, die danach Opfer des Briefbomben- und Bombenterrors wurden, vor allem gegen „Einbürgerungsmeister Zilk", der „mit Hilfe ausländischer Stimmen" regiere und Wien zur „übervölkerten Hölle" und „identitätslosen Balkanstadt" mache.[1083] Heft für Heft, Titel für Titel werden Hass und Angst geschürt: „Zilk volkt um!",[1084] „Zilk bürgert fleißig ein",[1085] „Die provozierte Völkerwanderung",[1086] „Einbürgerungsrekord in Wien",[1087] „Krieg in Wiens Straßen",[1088] „Wien darf nicht Sarajewo werden!",[1089] „Adieu Wien".[1090]

Auch gegen die anderen Zielpersonen der Briefbombenattentate hatte „Fakten" gehetzt: Gegen die kirchlichen „Vertreter der Überfremdungs-Lobby",[1091] gegen rot-grüne „Salon-Marxisten"[1092] und „rote Bonzen", die „Multi-Kulti-Feste feiern",[1093] gegen Grüne wie Terezija Stoisits, die sich zur Vertretung „sexueller, kultureller und ethnischer Minderheiten entwickeln",[1094] beim „Heldenplatzspektakel (...) zwischen Trotzkisten und Anarchisten" Kerzlein hielten[1095] und „stumpfsinnig antifaschistische Parolen" skandierten,[1096] gegen die „Islamisierung Europas",[1097] gegen die „türkischen Moslems", die 1683 Wien erfolglos belagerten, aber heute ins Abendland strömten, um den „Islam zum Sieg zu führen"[1098] und „Europa zu unterwerfen",[1099] gegen die „Verleumder" im „Staatsrotfunk".[1100]

Während die FPÖ zumindest offiziell so tut, als sei ihr Volksbegehren „für Inländer" und „nicht gegen Ausländer" ins Leben gerufen worden, eskaliert die mediale Unterstützung in „Fakten"

---

6. 2. 1995: In Stinatz explodiert eine an einem Container angebrachte Paketbombe. Ein Mitarbeiter des burgenländischen Umweltdienstes erleidet schwerste Verletzungen an den Händen.

9. 6. 1995: In Linz explodiert eine Briefbombe in einem Partnervermittlungsinstitut, das Ehen mit Ausländerinnen vermittelt.

zur Hasskampagne gegen alles Fremdländische: Ausländer werden in Nazi-Diktion als „Tumor" beschrieben,[1101] mit beziehungsreichen Phantasienamen wie „Gürgel Messerzück" oder „Gaylö Mädelgreif" bezeichnet.[1102] Die Zuwanderung von „Kaffern, Kanaken und Angehörigen sonstiger Stämme"[1103] würde zum Ausgangspunkt von „multikrimineller Gesellschaft"[1104] und „Straßenterror".[1105] Ausländische Straßengangs würden den Rassenkampf „mit Waffengewalt auf der Straße austragen".[1106] Auf den Straßen herrsche „Krieg",[1107] Europa werde „erobert".[1108] Schuldig des „Mordes an unserem Volk"[1109] sei die „Überfremdungs-Lobby"[1110] der „Umvolkungs-" und „Einbürgerungspolitiker" undemokratischer „Systemparteien",[1111] unterstützt von einer „volksfremden Justiz", die „Kriminelle schont, aber politische Gegner als Kriminelle behandelt".[1112]

Tarnung: Aufrufe zur Gewalt als „Notwehr"

Neonazistische Gewalt gegen Ausländer und Antifaschisten wird zum Kampf für „Volk und Heimat" einer „revolutionären Jugend" verklärt.[1113] Rechtsradikale dürfen in „Fakten" ihre Teilnahme an Straßenschlachten beschreiben.[1114] Wohlwollend wird über Ausschreitungen am Rande des Rudolf-Heß-Gedächtnismarsches in Wunsiedel berichtet. Die Pogromnacht von Rostock wird als „Notwehrmaßnahme" verzweifelter Bürger gerechtfertigt.[115] „Die deutsche Jugend lernt im Kampf gegen die ausländischen Jugendbanden den Wert der eigenen Art, die Sehnsucht nach der Geborgenheit der Heimat wieder kennen", heißt es anerkennend.[1116] Oder: „Um einen friedlichen Zustand wieder herzustellen, müssen wir kämpfen. Nicht morgen, nicht übermorgen, sondern heute! Und mit aller Kraft!"[1117]

Franz Fuchs:
Gewalt als Ergebnis der „politischen Diskussion"

Im August 1999 begann der Prozess gegen Franz Fuchs. Vier Jahre lang hat der Bomben-Terrorist Österreich in Atem gehalten, bevor er gefasst und verurteilt wurde – und schließlich in seiner Zelle Selbstmord beging. Vier Rohrbombenanschläge und 25 Briefbomben-Attentate gehen auf sein Konto. Vier Menschen kamen ums Leben, fünfzehn wurden zum Teil schwer verletzt.

In den ausführlichen Bekennerbriefen, die der Bombenattentäter geschrieben hatte, findet sich der gesamte Wort- und Phrasenschatz, mit dem FPÖ-Politiker für das Anti-Ausländer-Volksbegehren geworben und rechte Kampfblätter wie „Fakten" gehetzt hatten. Für den „Ideenfanatiker" mit „messianischem Sendungsbewusstsein" sei „Notwehr" gegen die „Umvolkung (...) zum Programm geworden", schreibt Reinhard Haller in seinem psychiatrischen Gutachten.

Zuletzt nennt Haller die geistigen Väter: Die überwertige Idee, gegen „Umvolkung" und „Überfremdung" kämpfen zu müssen, sei bei Fuchs „keinesfalls durch die Meinung des Primärmilieus, durch Denken und Sprechen von Angehörigen oder Bekannten, vorgegeben worden", heißt es in seinem Gutachten, sondern „durch die damalige politische Diskussion". So deutlich ist der Zusammenhang zwischen politischer Hetze und ihren gefährlichen Folgen noch nie benannt worden.

Es zählt zu den beklemmendsten Phänomenen der österreichischen Innenpolitik, dass die Ehefrau des Mannes, der Gewalt systematisch herbeigeschrieben hat, Karriere bis zur Strache-Stellvertreterin und Bundespräsidentschaftskandidatin machen konnte – vor allem deshalb, weil sie ihm bei seiner Hasskampagne helfend zur Seite stand. Natürlich spielt Barbara Rosenkranz ihre Rolle bei der Herstellung von „Fakten" herunter: „Punkt- und Beistrichfehler" habe sie ab und zu ausgebessert.[1118] Bei der

Bewertung des Inhalts könne sie „nicht päpstlicher sein als der Papst. Nachdem der Staatsanwalt nichts daran findet, kann ich auch nichts daran finden." Dass ihr Mann gemeinsame Sache mit den Zentralfiguren des österreichischen Rechtsextremismus mache und „Fakten" zu Spenden für inhaftierte Neonazis aufrufe, sei „strafrechtlich nicht relevant".[1119]

Die Gewaltspirale: Wie Worte zu Taten werden

Politik mit Feindbildern und Sündenböcken zu betreiben, war immer schon wirkungsvoll, aber nie harmlos. Diktatoren aller Epochen haben die Angst vor äußeren Gefahren als Mittel zur Disziplinierung im Inneren eingesetzt. „Hitler erfand die Bedrohung durch die Juden weniger, um diese zu vernichten, als um die Nazi-Herrschaft über Deutschland zu festigen",[1120] beschrieb Gordon W. Allport, Altmeister der Aggressionsforschung, dieses Phänomen vor fast 60 Jahren in seinem Standardwerk „Nature of prejudice" (Die Natur des Vorurteils). „Das Feindbedürfnis erzeugt Einheit, Kameradschaft und Zugehörigkeitsgefühl", kam Friedrich Hacker, langjähriger Präsident der Sigmund-Freud-Gesellschaft, zu dem gleichen Ergebnis.[1121]

Es beginnt mit der Bildung einer „Wir-Gruppe", in der Vorurteile gegen „Fremd-Gruppen" aufgebaut werden. In der Wir-Gruppe vereinigen sich alle guten Eigenschaften. Es sind die „Anständigen und Fleißigen", die „ehrlichen Steuerzahler", die „echten Österreicher". Der Fremdgruppe wird alles Böse zugeschrieben, das Angst bei den „Guten" wecken soll.

Auch die Art der Ängste, mit denen sich das politische Geschäft am wirkungsvollsten betreiben lässt, hat Hacker aufgezählt: Angst vor körperlicher oder wirtschaftlicher Bedrohung, vor Verlust der beruflichen oder gesellschaftlichen Stellung, vor Überfüllung, Benachteiligung und – nicht zuletzt – Angst um die Kinder als besonders starkes Motiv.

Die Feindbild-Strategie zur Stimmenmaximierung oder Festigung der Macht bringt Gewalt hervor. Wird die Bedrohung groß genug dargestellt, können Gewalttaten als Notwehr, zur Verteidigung Dritter sogar als „moralische Pflicht" empfunden werden. Die Wissenschaft bestätigt, was Otto Normalverbraucher aus dem Fernsehen weiß: Gewalt gegen Gute ist böse, Gewalt gegen Böse ist gut. Das Gefühl, nicht nur als Einzelner bedroht zu werden, sondern einer bedrohten Gruppe anzugehören, erhöht die Gefahr gewalttätiger Eskalation. Die Täter fühlen sich legitimiert, für andere, für die Gemeinschaft der Bedrohten zu handeln.

Die Ausländerwahlkämpfe der FPÖ lösen die gleichen Reflexe aus wie die antisemitischen Wahlkämpfe der Nationalsozialisten in der Zeit vor der Machtergreifung: Sie geben potenziellen Gewalttätern das Gefühl, nur das zu tun, was ihre Politiker offensichtlich wollen, jedoch nicht selbst tun wollen oder sich nicht zu tun trauen.[1122] Sie fühlen sich als Krieger im Dienst der Allgemeinheit, die in die Hand nehmen, wozu andere zu unentschlossen, zu wenig stark oder zu feige sind.

Franz Fuchs, dessen Briefbomben- und Bombenanschläge vier Tote und fünfzehn Schwerverletzte hinterließen, hat sich ebenso in dieser Rolle gesehen wie der Oslo-Attentäter Anders Behring Breivik, dessen Doppelanschlag im Juli 2011 77 Menschen – die meisten Teilnehmerinnen und Teilnehmer am Zeltlager einer sozialdemokratischen Jugendorganisation – das Leben kostete. Die Parallelen zwischen den beiden Fällen sind unübersehbar: So wie Franz Fuchs in vielseitigen Bekennerbriefen die rassistischen Argumentationsmuster der FPÖ und ihrer Anhänger während des Anti-Ausländer-Volksbegehrens übernommen und daraus die Berechtigung für seinen Kampf gegen die „Überfremdung" abgeleitet hatte, setzte Breivik die im Internet verbreiteten antiislamischen Parolen der europäischen Rechtsparteien zu einem 1500-seitigen „Manifest" zusammen. In diesem bezog er sich unter anderem auf Beiträge, die Elisabeth Sabaditsch-Wolff auf der antimuslimischen Website „Gates of Vienna" veröffentlicht hatte.

Im Herbst 2009 hatte Elisabeth Sabaditsch-Wolff auf einem Seminar der FPÖ-Akademie den freiheitlichen Nachwuchs mit islamfeindlichen Thesen versorgt. Eine „News"-Reporterin, die unerkannt teilgenommen hatte, schrieb eifrig mit: „Die Moslems lügen uns allen tagtäglich ins Gesicht. Es steht im Koran, dass sie das tun müssen." „Mohammed hatte gerne etwas mit Kindern. (…) Wenn Kardinäle Kinder vergewaltigen, tun sie das trotz ihrer Religion – Muslime vergewaltigen Kinder wegen ihrer Religion." „Im Koran steht, dass alle, die den Islam ablehnen, getötet werden müssen. Deshalb töten Muslime."[1123] Das gleicht in etwa den absurden Thesen, die Breivik in seinem „Manifest" zur Rechtfertigung anführte.

Als Elisabeth Sabaditsch-Wolff dafür verurteilt wird, gebärdet sie sich als Märtyrerin und nennt es einen „schwarzen Tag für Österreich". Sie übernimmt damit die zum Ritual aller FPÖ-Hetzer gewordene Strategie, jede strafrechtliche Grenze ihrer Agitation als Bedrohung der Freiheit auszugeben.

Breivik und Fuchs haben die politische Hetze gegen Ausländer und Moslems auf ihre Art interpretiert: Sie sahen sich in der Rolle, die Hassprediger wie Strache oder Sabaditsch-Wolff ihnen nahelegten: als „Krieger" und selbsternannte „Retter" im Kampf gegen den „Überfremdungs-Tsunami". Beide agierten ohne Unrechtsbewusstsein, in der Überzeugung, ihre „Notwehr" sei gerechtfertigt oder gar „Dienst an der Allgemeinheit".

FPÖ-Wahlkämpfe: Sprache als Kampfinstrument

In der wissenschaftlichen Literatur ist mehrfach beschrieben, wie die Schaffung von Vorurteilen Gewalt hervorbringt. Allport hat die Zusammenhänge von Wort und Tat am Beispiel jener

Kampfsprache dargestellt, derer sich schon die Nationalsozialisten bedienten.

▶ Es beginnt mit Spott und Verächtlichmachung. Der natürliche Respekt vor anderen Menschen wirkt als psychologischer Schutzschild gegen gewalttätige Übergriffe. Wird er beschädigt, sinkt die Hemmschwelle. Das beginnt bei rassistischen Witzen oder Karikaturen und endet bei Aussagen wie „Mohammed war Kinderschänder", der Forderung nach einem „Tierbordell" für Moslems oder Bezeichnungen wie „Kanaken", „außereuropäischer Abschaum", „Barbaren", oder „Gesindel" für Zuwanderer.

▶ Mit der „Tiermetapher" wird der psychologische Schutzschild weiter beschädigt. Freiheitliche sprechen von „Verseuchung", machen Ausländer zu „Termiten" oder „Schädlingen", Sozialhilfebezieher zur „Rattenplage",[1124] wettern gegen „rot-schwarze Blutegel"[1125] und „Parasiten".[1126] Schädlinge werden vernichtet, Ratten vergiftet: Das ist die Sprache, die zu Gewalt ermuntert.

▶ Durch die Herabsetzung der Hemmschwellen wird Gewalt gefördert, aber nicht „gerechtfertigt". Ein vermeintliches „Recht auf Unrecht", wie es Fuchs und Breivik für sich in Anspruch nahmen, entsteht erst, wenn der Anschein erweckt wird, ein noch größeres Unrecht bekämpfen oder eine Gefahr abwehren zu müssen. Das geschieht, indem Freiheitliche vor einem „Einwanderungs-Tsunami" warnen, zum Kampf gegen „Massenkriminalität", „Drogen-Mafia", „Blutfehden" und „Ehrenmorde" auffordern, ihre politischen Gegner als „Plünderer",[1127] „Ganoven",[1128] „Hochverräter"[1129] oder „Wiederholungstäter" bezeichnen.[1130] Vokabeln wie diese verbreiten Angst, erzeugen Emotionen, wecken das Gefühl, zur Gegenwehr berechtigt zu sein.

► Vollends „legitimiert" wird Gewalt dort, wo sie als „Notwehr erforderlich" scheint. Freiheitliche behaupten, Österreich befinde sich in „Geiselhaft von Islamisten" und führen einen „Überlebenskampf".[1131] FPÖ-Politiker fühlen sich ausgegrenzt und verfolgt. Sie rufen zum Widerstand gegen die „linke Jagdgesellschaft", „Grabschänder", „Menschenjäger" und „Tugendterroristen" auf, gegen deren „Faschismus-Keule" man sich zur Wehr setzen müsse.[1132]

► Zur angeblichen Verpflichtung wird Gewalt im Krieg, der das Töten von Feinden zur Heldentat macht. Die Freiheitlichen erinnern an die „Türkenbelagerung", sprechen von „Krieg in Wiens Straßen", kündigen den „Verteidigungskampf" an. Strache fordert dazu auf, den „Kampfanzug anzuziehen", appelliert an seine Anhänger: „Schauen wir darauf, dass unsere Vorfahren nicht umsonst gekämpft haben"[1133] und droht: „Rache mit Strache".[1134]

Das ist Aufforderung zur Gewalt. Damit ist eine entscheidende Grenze überschritten. Mit solchen Sprüchen geben Politiker dem Terror ein Alibi. Fuchs und Breivik dürfen sich damit rechtfertigen, nur ausgeführt zu haben, was Politiker demokratisch gewählter Parteien in ihren Reden immer wieder forderten. Sie haben sich dafür eingesetzt, dass „unsere Vorfahren nicht umsonst gekämpft haben", sie haben „den Kampfanzug angezogen", haben „Rache geübt" – ganz so, wie Politiker des rechten Randes ihnen das nahegelegt haben.

Ermunterung zur Gewalt: Straches Hass-Comic

Im Wahlkampf des September 2010 versandte die FPÖ Wien ein Hass-Comic an alle Haushalte, das unter dem Titel „Sagen aus Wien" eine aktuelle Variante der Türkenbelagerung thematisierte. Darin fordert ein als Strache erkennbarer Ritter mit dem Schwert in der Hand einen Buben mit Steinschleuder zur Gewalt auf:

„Wannst dem Mustafa ane aufbrennst, kriagst a Hasse spendiert." Der Bub schießt sofort: „Leiwand, voll auf's Nudelaug – I nimm a Burenhäutl mit an siaßen Senf ..."

Das Comic macht auch sichtbar, warum Strache den Jugendlichen zur Gewalt anstiftet: Es zeigt ein durch Asylwerber, Kriminelle, Drogendealer, Gauner und ausländische Prostituierte besetztes Wien, in dem zwischen Ratten, Schmutz und Müll ein Krieg krimineller Banden tobt – „weil wir umgevolkt wurden" und nur mehr „eine Minderheit" sind, wie es fälschlich erklärend heißt.

Unverkennbar wird auf die „Schuldigen" an dieser Entwicklung hingewiesen, mit einem von Drogen und Müll umgebenen Asylzentrum oder einer Skyline von Wien, auf deren Dächern Halbmonde prangen und der Schriftzug „kosher" zu erkennen ist.

Die Texte sind nicht weniger deutlich als die Bilder: „Islam bleib daham!" oder „Der soll sich schleichen, der Sultan! Die Türkei g'hört net zu Europa!" Politische Gegner werden als stinkendes Getier dargestellt, „noch ärger" als die „Giftler" einer Antifa-Kommune, wie im Text festgestellt wird.

Es wäre nicht Straches FPÖ, enthielte das Machwerk nicht zahlreiche NS-Anspielungen. Das Mundwasser, das die rot-grüne, stinkende Kreatur benützt, damit den Leuten nicht „vor ihr graust", heiß ausgerechnet „Odal". Diesen Namen trug ab 1939 eine nationalsozialistische „Monatsschrift für Blut und Boden". Herausgegeben wurde sie vom Chef des SS-Rasse- und Siedlungsamtes Walter Darré, der unter anderem die Einführung von „Zuchtwarten" zur Überwachung der menschlichen Fortpflanzung forderte.[1135]

Gleich an mehreren Stellen haben die Zeichner des Comis SS-Runen versteckt – jeweils in Form von Graffiti. Und Strache ist auch mit dem Kühnen-Gruß abgebildet: vor einem Bierstand – wo sonst?

Die FPÖ ist ihrer bewährten Taktik treu geblieben: Die NS-Anspielungen sind deutlich genug, um von Neonazis erkannt und gewürdigt zu werden, gleichzeitig jedoch undeutlich genug, um keine Verurteilung nach dem Verbotsgesetz zu riskieren.

Bezahlt wurden die 200.000 bis 300.000 Euro für dieses Comic aus Steuergeldern für die Bildungsarbeit der FPÖ-Parteiakademie. Dass dieses Geld missbräuchlich verwendet wurde, zeigte sich spätestens, als das Gutachten des Wiener Verfassungsrechtlers Heinz Mayer auf dem Tisch lag: Das Comic entspreche keiner einzigen Zielsetzung der Akademieförderung, heißt es darin. Der Inhalt sei „sachlich falsch", „polemisch" und bediene „alle negativen Klischees" auf „tiefem Niveau".[1136]

„Moschee baba!":
Schießen auf Muezzine und Minarette

Das Strache-Comic war nicht das einzige Werbemittel, mit dem die FPÖ mehr oder weniger verklausuliert zur Gewalt aufrief. Obwohl zu diesem Zeitpunkt keine einzige Moschee in Planung war, eröffneten die steirischen Freiheitlichen im Spätsommer 2010 ihren Wahlkampf mit einer Kampagne „Heimat statt Moschee". Den Plakaten folgte das Internet-Spiel „Moschee baba", von dem die Staatsanwaltschaft feststellte, es sei „eindeutig als Schießspiel" konzipiert: „Ein getroffener Muezzin wird ausgelöscht, das Minarett versinkt im Boden."[1137]

„Moschee baba" erinnert an andere Kampf-, Kriegs- und Gewaltspiele, die im Internet kursieren: Vor dem Grazer Schlossberg, dem Wahrzeichen der steirischen Landeshauptstadt, schnellen Minarette in die Höhe und Muezzine kriechen aus ihren Löchern. Die User müssen sie wegschießen (wegklicken), um ihre steirische Heimat zu „beschützen". Als das Spiel aufgrund einer einstweiligen Verfügung vom Netz genommen wurde, sprangen die Neonazis von „alpen-donau" helfend ein und stellten das zur Gewalt animierende Video wieder online.

Freiheitliche Gewaltphantasien im Internet

Im Internet sind Gewaltphantasien von FPÖ-Funktionären keine Seltenheit mehr. Der Tiroler Thomas Maran verglich in unverkennbarer Nazi-Diktion Ausländer mit „Unkraut" das „zu tilgen" sei, trauert dem Dritten Reich nach, das die Möglichkeit geboten habe, ein „Schundwerk" wie „Das Kapital" von Karl Marx „in Flammen aufgehen zu lassen" – was ihn für das Amt des stellvertretenden RFJ-Landesvorsitzenden nicht disqualifiziert.[1138]

Der FPÖ-Funktionär Gernot Schandl wird als Teilnehmer eines neonazistischen Forums enttarnt, in dem ein User unter dem Namen „Junker Jörg" Anleitungen zur Herstellung von Sprengstoff veröffentlicht.[1139]

Marcel Trauninger, Mitglied des RFJ-Melk und Funktionär des Ringes Freiheitlicher Wirtschaftstreibender, wirbt auf seiner Internet-Seite für gewaltbereite Neonazi-Gruppierungen und Musik von Gruppen wie „Sturm 18" (18 für Adolf Hitler), „Landser" („Adolf Hitler, unser Führer, unser Held"), die wegen volksverhetzender und zur Gewalt aufrufender Texte als kriminelle Vereinigung eingestuft und verboten wurde. Auch „Kommando F" gefällt ihm. F steht für Freisler, der als Präsident des NS-Volksgerichtshofes für Tausende Todesurteile gegen Widerstandskämpfer verantwortlich war.[1140]

Die Texte solcher Gruppen geben die Mordlust der Neonazi-Szene wieder, etwa das Lied „Judenschwein", in dem es heißt: „Du bist ein kleines Judenschwein, du solltest besser fliehen (…) denn in Deutschland weiß jedes Kind, dass Juden nur zum Heizen sind."

Nazi buchstabiert Trauninger mit „natürlich, anständig, zuverlässig, intelligent". Einem Kritiker aus dem Kreis der Sozialistischen Jugend legt er im Internet ans Herz: „Wir wär's mit Selbstmord gegen rechts?"[1141]

Vom Wort zur Tat: Attacke auf Antifaschisten

Auch der Übergang von der verbalen zur tatsächlichen Gewalt ist bereits vollzogen: Im Juni 2009 wurde eine von der Sozialistischen Jugend organisierte korporationskritische Stadtführung von sieben Vermummten mit Farbbeuteln, Wasserbomben und Eiern attackiert, wobei die Angreifer den Neonazi-Kampfruf „frei, sozial, national" skandierten.[1142] Die „Burschenschaftlichen Blätter", Organ des Dachverbandes Deutscher Burschenschaften, enttarnte wenige Wochen danach die Täter: „Aktive der Olympia" hätten Wasserbomben auf die Teilnehmer geworfen. Der Olympe und Martin-Graf-Mitarbeiter Sebastian Ploner, Vorstandsmitglied der freiheitlichen Nachwuchsorganisation RFJ, der durch Bestellungen beim Nazi-Versand „Aufruhr" schon einmal für Schlagzeilen gesorgt hatte, war auf der Flucht fotografiert worden, als er sich seiner Smiley-Maske entledigte, die in der Szene auf Grund ihres Rechtsscheitels „Adolf-Smiley" genannt wird.

Im Vergleich zu den Anschlägen von Fuchs und Breivik mag sich das harmlos ausnehmen, doch lässt sich leider absehen: Der nächste Anschlag kommt bestimmt – aus der einen oder der anderen Richtung. Dass rassistische Hetze und religiöser Hass nicht nur psychopathische Kämpfer gegen „Umvolkung" und „Überfremdungs-Tsunami" inspirieren, sondern auch Gewalt bei den verbal Attackierten provozieren könnte, wissen alle, die sich mit dem Phänomen des Terrors beschäftigt haben.

Wie Gewalt entsteht:
Wenn Feindbilder ernst genommen werden

Dass Gewalt unmittelbare Folge des politischen Klimas ist, gilt als gesicherte Erkenntnis der Aggressions- und Terrorismusforschung. Franz Fuchs, dessen Briefbomben- und Bombenanschläge Österreich monatelang in Atem gehalten hatten, sei nicht durch sein soziales Umfeld, sondern „durch die damalige politische Diskussion" radikalisiert worden, erkannte Reinhard Haller in seinem psychiatrischen Gutachten. Es waren die Auseinandersetzungen des Anti-Ausländer-Volksbegehrens, durch die er sich zum Kämpfer gegen „Umvolkung" und „Überfremdung" berufen gefühlt hatte.

Beim Oslo-Attentäter Anders Behring Breivik war es ähnlich. Hochgradig emotionalisiert durch die politische Kampagne gegen die in Neonazi-Foren beschworene „genetische Unterwanderung" durch den muslimischen „Einwanderungs-Tsunami", hatte er sich zum „Befreiungsschlag" gegen jene berechtigt gefühlt, die er als „Inländerfeinde" verantwortlich machte. Auch das Thüringer Neonazi-Trio, dem wenigstens zehn Anschläge zur Last gelegt werden, die als „Kebab-Morde" Schlagzeilen machten, verübte seine Taten in der Überzeugung, die „deutsche Rasse" vor „Unterwanderung" schützen zu müssen, wie die Diskussion in Neonazi-Foren eindeutig belegt.

Seit dem Briefbomben- und Bombenterror der Neunzigerjahre hat es in Österreich keine vergleichbaren Anschläge gegeben. Aber es gab Hinweise auf eine Zunahme der Gewaltbereitschaft. In seinem Bericht über die Beobachtung des Grazer Wahlkampfes im Januar 2008 stellte der Menschenrechtsbeirat der Stadt fest, die von der FPÖ verbreiteten „ausländerfeindlichen, diskriminierenden und rassistischen" Positionen hätten zu einer „aufgeheizten Stimmung in der Bevölkerung" geführt. „Helping Hands", eine nichtstaatliche Organisation, die Fremden bei der Integration hilft, registrierte als Folge des freiheitlichen Wahlkampfes einen Anstieg rassistischer Übergriffe von über zehn Prozent.[1143] Auch ZARA, die Wiener Beratungsstelle für Opfer und ZeugInnen von Rassismus, stellt in ihrem Rassismus-Report 2011 einen Anstieg ausländerfeindlicher Übergriffe fest, die sie als „direkte Folge" der politischen Klimaverschärfung bezeichnet.[1144]

290

Die NGOs bestätigen damit, was sich auch aus den nüchternen Zahlen der österreichischen Verfassungsschutzberichte herauslesen lässt: Seit mit der Wahl Straches zum Parteiobmann der FPÖ die Agitation gegen Ausländer und Muslime verschärft wurde, ist die Zahl der rechtsextrem oder neonazistisch motivierten Straftaten sprunghaft gestiegen. Eine Verdreifachung der Anzeigen weist das Innenministerium seit 2005 aus. Dabei gibt es gute Gründe, diese Zahl für verharmlosend zu halten: 500 rassistische bzw. rechtsextreme oder neonazistische Schmierereien hatten AktivistInnen der Aktion „Rassismus streichen" 2007 angezeigt und mit Fotos belegt. Ganze 37 wies der Verfassungsschutz in diesem Jahr aus.[1145]

Die Präsentationen der Verfassungsschutzberichte gerieten in den vergangenen Jahren zur Farce: Regelmäßig wurde die islamische und linksextreme Gefahr beschworen und die rechtsextreme Gewalt in Nebensätzen abgetan.[1146] Zeitungsarchive weisen diese Darstellung als grobe Verfälschung aus. Linksextreme Gewalttaten lassen sich darin kaum finden, Anschläge von Islamisten überhaupt nicht. Bei dem, was von Österreichs Verfassungsschützern als linksextreme Gewalt ausgegeben wird, handelt es sich mehrheitlich um harmlose Rempeleien am Rande von Demonstrationen gegen Rechts – vor allem dann, wenn Teilnehmer der beiden Lager zusammenstoßen. Die rechte Gewalt ist da von anderem Kaliber:

► Im Juni 2007 brannte ein Asylantenheim in Innsbruck. Die acht Insassen konnten ins Freie flüchten, das Haus wurde von den Flammen fast vollständig zerstört. Die Polizei wollte nicht einmal ermitteln und schloss Brandstiftung definitiv aus. Erst Tage später wurden Spuren des Brandbeschleunigers gefunden, mit dem das Feuer gelegt worden war.

► Im Juni 2008 kommt es in Klagenfurt zu einem folgenschweren Brandanschlag auf ein Asylheim, bei dem ein Afrikaner zu Tode kommt und 19 weitere Insassen zum Teil schwer verletzt werden. Wieder schließt die Polizei Brandlegung aus. Erst eineinhalb Jahre später erbringt ein Gutachter den Beweis dafür, dass der Brand gelegt worden war. Die Aufklärung des Verbrechens ist wegen der mangelhaften Polizeiarbeit nicht mehr möglich.

▶ Im Oktober 2008 stürmten zehn Neonazis ein antifaschistisches Fest des linken Kulturvereins W23 im ersten Wiener Gemeindebezirk und schlugen wahllos auf jeden ein, der sich ihnen in den Weg stellte. Die Angreifer hatten sich zuvor in Zweierreihen militärisch formiert, waren einheitlich gekleidet und mit Sturmhauben unkenntlich gemacht. Die Polizei weigerte sich, die Schläger einer Gruppe oder politischen Richtung zuzuordnen und bestand darauf, „in alle Richtungen" zu ermitteln – natürlich ergebnislos.

▶ Im selben Monat wurde in Oberösterreich ein von der kommunistischen Jugend veranstaltetes Rockkonzert von Neonazis gestört, die eine Hakenkreuzfahne entrollten. Im Tiroler Leutschach wurde „Asyl fort, sonst Mord" auf eine Wand geschmiert.

▶ Im März 2009 schlug ein alkoholisierter Nazi-Skin aus der Blood&Honour-Szene einen Passanten nieder, der ihm zufällig über den Weg gelaufen war. Danach trat er den am Boden liegenden mit den Füßen gegen den Kopf, auch dann noch, als dieser schon tot war. Prompt organisierte die Nazi-Szene ein Solidaritätskonzert für den Totschläger.[1147]

▶ Im November 2009 stürmten bei einem Fest im Klagenfurter Volxhaus vier Neonazis die Bühne, brüllten „Sieg Heil", zeigten den Hitler-Gruß und prügelten auf den Sänger ein, bis dieser bewusstlos zusammenbrach. Wie bei den meisten aufgeklärten Fällen stellte sich auch in diesem heraus: Die Gewalttäter hatten zuvor im Internet auf Seiten von FPÖ und

Neonazis gepostet, mit SS oder 88 ihre politische Gesinnung zu erkennen gegeben und sich als FPÖ-Fans geoutet.[1148]

► Im Januar 2010 schlägt eine Gruppe aus Burschenschaftern, Mitgliedern des Ringes Freiheitlicher Jugend (RFJ) und Neonazis unter „Heil-Hitler-" und „Heil-Strache"-Rufen Besucher eines Grazer Innenstadtlokals krankrenhausreif. Im Juni werden einige aus dieser Gruppe beim Public Viewing des Fußball-WM-Spiels Ghana gegen Deutschland abermals gewalttätig (siehe Seite 178).

► Im Juli 2010 versuchten Neonazis ein Wohnheim für Zuwanderer in Wien Floridsdorf zu stürmen. Die von den Bewohnern alarmierte Polizei machte keine Anstalten, die Angegriffenen zu schützen, rückte schnell wieder ab und gab damit den Tätern Gelegenheit, neuerlich ins Haus einzudringen und zu versuchen, es in Brand zu setzen. An die Wände schmierten sie Hakenkreuze und Parolen wie „Hier leben bald tote Tschuschen". Es blieb nicht der einzige Anschlag auf das Gebäude und auch nicht die einzige Drohung. „Wir werden dein Baby umbringen", hieß es in einem Drohbrief. Wenig später wurden die Altpapier-Container im Hausflur in Brand gesteckt. Die Feuerwehr sprach von erheblicher Rauchentwicklung in den Gängen und Lebensgefahr für die Bewohner. Die Polizei hatte auf Bitten der Bewohnerinnen und Bewohner um Polizeischutz nur geantwortet, sie sollten sich „keine Sorgen machen".[1149]

► Im September 2010 war ein Grazer AsylwerberInnenheim Ziel eines Sprengstoffanschlags. Dabei wurde zum Glück nur die Eingangstüre schwer beschädigt.

► Im Oktober 2010 setzte ein Neonazi, der unmittelbar zuvor am „Tag der deutschen Einheit" mit einer deutschen Flagge durch Schärding spaziert war, ein Haus in Brand, in dem zahlreiche Ausländerinnen und Ausländer untergebracht wa-

ren. Nach der Tat verletzte er einen Polizisten und nahm vorübergehend zwei Kinder als Geiseln. Den Hausbewohnern
rief er zu: „Ich habe euch jetzt ordentlich eingeheizt." Diese
hatten sich seit Monaten von dem Mann bedroht gefühlt und
dies den Behörden gemeldet. Polizeischutz gab es nicht.[1150]

► Im November 2010 verübte ein 19-jähriger Feuerwehrmann
in Imst Brandanschläge auf zwei Häuser. Als Motiv gab er
an, auf die türkischen Nachbarn „einen Zorn gehabt" zu haben.[1151]

► Im Januar 2011 versuchten drei Männer, die zuvor zahlreiche
Gebäude mit Hakenkreuzen und SS-Runen und 88 (Heil Hitler) beschmiert hatten, einen türkischen Gebetsraum in Kuf-
stein in Brand zu setzen. Zuerst schütteten sie Benzin vor die
Tür, danach setzten sie diese mit einem Molotow-Cocktail in
Brand, wobei einer von ihnen die Tat mit der Handy-Kamera
aufnahm.[1152]

► Im Juli 2011 erschoss ein Mann in Traun eine rumänische
Familie. Der Vater wurde tödlich getroffen, Mutter und Sohn
wurden schwer verletzt. Dem flüchtenden Sohn lief er nach
und rammte ihm ein Messer in den Bauch. Wie fast immer
in solchen Fällen stufte die Polizei den Fall zuerst als „un-
politisch" ein. Erst nachdem der Täter in seiner Zelle Selbstmord begangen hatte, kam ans Licht, dass er Österreich „von
Ausländern befreien" wollte und darauf hoffte, von Gleichgesinnten als „Retter des Landes" mit Waffengewalt aus dem
Gefängnis befreit zu werden.[1153]

Während all dieser Jahre, in denen es neben den geschilderten
Anschlägen zu Hunderten Anzeigen wegen kleinerer Übergriffe, Schmieraktionen, Diskriminierungen und rassistischen Beschimpfungen kam, gab es ausgerechnet das nicht, was Jahr für
Jahr bei der Präsentation des Verfassungsschutzberichtes von
der jeweiligen Innenministerin als die größte Gefahr ausgege-

ben wird: islamistisch motivierte Straftaten. Und auch kaum Vorfälle, die die Bezeichnung „Gewalt von links" rechtfertigen würden.

Für die Verharmlosung von Rechtsextremismus und Neonazismus macht Philipp Sonderegger, der zehn Jahre als Sprecher von SOS Mitmensch fungierte, in einem Beitrag für den „Standard" den ehemaligen Innenminister Ernst Strasser verantwortlich. Dieser habe unter dem Deckmantel wichtiger Reformen „alle roten Führungskräfte der Polizei entfernt", das Bundesamt für Verfassungsschutz und Terrorismusbekämpfung (BVT) „schwarz eingefärbt" und das Wiener Landesamt (LVT) weitgehend der FPÖ überlassen. Bei der letzten Personalvertretungswahl habe die freiheitliche Gewerkschaft AUF 40 Prozent der Stimmen erhalten.[1154]

Resümee: Gewalttäter und ihre Vorbilder

Bellende Hunde beißen nicht, neigt der Volksmund dazu, Ankündigungen von Gewalt herunterzuspielen. Falsch, sagen Psychologen und Kriminalisten. Gewalt kündigt sich an. Es ist also keineswegs harmlos, wenn im niederösterreichischen Traisen an eine Firmenwand auf 19 Meter Länge „Sieg Heil" und „Hängt alle Türken auf" gesprayt wird.[1155] Es ist auch nicht harmlos, wenn im oberösterreichischen Perg ein Aktivist der RFJ-Ortsgruppe Walchausen Ausländerinnen damit bedroht, „wegen euch sperren wir Mauthausen wieder auf", weil „solche Negerhuren gehören lebendig vergast", und dem Ehemann einer Ausländerin droht: „Warte, ich gehe heim und hole meine zwölf Millimeter und schieß dir das Hirn heraus."[1156] Noch weniger harmlos ist es, wenn die Polizei das für eine unpolitische „persönliche Auseinandersetzung" hält und betont, dass es ja gar keine rechte Szene gebe.[1157]

Dass vielen Tätern das Unrechtsbewusstsein fehlt, wie vor Gericht immer wieder sichtbar wird, ist unmittelbare Folge der freiheitlichen Politik. Die Internet-Seiten der FPÖ und die von Strache vorgegebene Wahlkampf-Rhetorik flößen potenziellen Gewalttätern gefährliches Selbstvertrauen ein.

Kann es wirklich ein Verbrechen sein, die gleichen Nazi-Parolen auf Wände zu schmieren, mit denen Facebook-Freunde freiheitlicher Spitzenpolitiker Gesinnung zeigen? Können Gewaltaufrufe und Morddrohungen wirklich verboten sein, die sich nahezu wortgleich auf Straches Fan-Seiten finden und von diesem nicht gelöscht werden? Und nicht zuletzt: Vollstreckt man nicht den „Volkswillen", wenn man das ausführt, wozu User auf Seiten der FPÖ aufrufen dürfen?

Noch etwas ist gesicherte wissenschaftliche Erkenntnis: Gewalt ist keine Einbahnstraße. Wer systematisch als Gefahr dargestellt, als kriminell verleumdet, beschimpft, gemobbt, diskriminiert und zum Opfer gewalttätiger Übergriffe wird, schlägt irgendwann zurück.

Moslems nehmen persönliche Herabsetzungen in der Regel mit großem Gleichmut hin. Auf religiöse Attacken – gegen Allah, Mohammed oder den Koran – reagieren sie dafür doppelt emotional. Sprüche wie die der steirischen Hetzerin Susanne Winter sind geeignet, genau das auszulösen, wovor sie zu warnen vorgibt: Gewalt von „Islamisten".

Ein religiös motivierter Anschlag eines Türken aber wäre genau das, was die FPÖ zur stärksten Partei machen könnte. Die Chancen stehen schlecht, dass freiheitliche Politiker ihrer rassistischen Agitation freiwillig Grenzen setzen.

Die „Saubermann-Partei"
und ihre unsauberen Politiker

Freiheitliche Kriminalstatistik:
Nicht nur Kvaliersdelikte

Seit vielen Jahren spielt die FPÖ die Rolle der Sicherheits- und Saubermann-Partei, der Kämpferin gegen Kriminalität, der Aufdeckerin vermeintlicher Skandale. Bei jeder Gelegenheit fordert sie mehr Polizei, strengeres Vorgehen gegen Kriminelle, strengere Gesetze, höhere Strafen.

Ein Blick in die Zeitungsarchive macht deutlich, wie wenig Freiheitliche dieser Rolle in Wirklichkeit gerecht werden. Zählt man zusammen, was sich Politiker aller Parteien in den vergangenen Jahren an kleineren und großen Vergehen zuschulden kommen ließen, so kommt man zu einem eindeutigen Ergebnis: FPÖ-Politiker sind an mehr Verbrechen beteiligt als die Politiker aller anderen Parteien zusammen.

Dabei sind es keineswegs politische Kavaliersdelikte, um die es da geht, es sind auch nicht „nur" Gesinnungsdelikte wie nationalsozialistische Wiederbetätigung oder Verhetzung. Es ist auch die ganz gewöhnliche Kriminalität, in der die FPÖ einen einsamen Spitzenplatz belegt.

Die Straftaten Freiheitlicher gegen Leben und Sicherheit wurden im vorangegangenen Kapitel Gewalt ausführlich beschrieben: Tötungsdelikte (Südtirol-Terror), Überfälle, schwere Körperverletzungen, Brand- und Bombenanschläge (ANR- und NDP-Terror), Denkmalschändung (Peggau-Hinterberg), Friedhofsschändung (Eisenstadt). Die Verbrechen anderer Art aber wiegen womöglich noch schwerer, weil sie nicht politisch motiviert sind: Kinderpornographie, Unzucht mit Minderjährigen, sexuelle Nötigung, schwerer, gewerbsmäßiger Betrug, Veruntreuung, falsche Zeugenaussage … Und dann ist da noch das düstere Kapitel der Korruption, das mit den Jahren der schwarz-blauen Koalition auf das Engste verknüpft ist.

Kinderporno-Skandale und sexuelle Übergriffe

Mehrfach hat sich die FPÖ als Kämpferin gegen Kinderpornografie medienwirksam in Szene gesetzt. Susanne Winter warf der Regierung Untätigkeit vor, forderte die Sperre und Löschung kinderpornographischer Inhalte.[1158] Parteichef Strache trat bei einer Pressekonferenz für die Abschaffung der Verjährungsfrist ein.[1159] In Parlamentsauftritten und ihrer Wahlwerbung übernahm die FPÖ den von der neonazistischen NPD geprägten Slogan „Keine Gnade für Kinderschänder". Die eigene Partei aber scheint diese Aufrufe nicht allzu ernst zu nehmen.

▶ Im März 2009 flog auf, dass ein 2007 wegen Kinderpornographie rechtskräftig verurteilter FPÖ-Spitzenkandidat aus der Umgebung von Eisenstadt in all seinen Funktionen geblieben war. Der in seiner Ortsgruppe als „Sympathieträger" beliebte Pädophile hatte kinderpornographisches Material aus dem Internet heruntergeladen, gespeichert und Jugendlichen zugänglich gemacht. Zum Ausschluss kam es erst, als „Österreich" den Skandal aufdeckte.[1160]

▶ Ein ähnlicher Fall ereignete sich in Wiener Neustadt. Dort wurde ein führender FPÖ-Politiker der „pornographischen Darstellung mit Jugendlichen" verdächtigt. Im Verhör gab er zu, mit einer Mutter verhandelt zu haben, die ihm eine sexuelle Begegnung mit ihrer minderjährigen Tochter in Aussicht gestellt hatte.[1161]

▶ Ein ehemaliger FPÖ-Politiker, der 2008 für das BZÖ kandidiert hatte, musste sich nur wenige Tage nach der Wahl wegen des Vorwurfs der versuchten Vergewaltigung, des schweren sexuellen Missbrauchs von Unmündigen, der pornographischen Darstellung Minderjähriger und des Missbrauchs eines Autoritätsverhältnisses vor einem Schöffengericht verantworten. Das Verfahren endete mit einer Verurteilung, obwohl der Politiker die Vorwürfe als „Verschwörung von Jugendlichen in psychiatrischer Behandlung" zurückgewiesen hatte.[1162]

▶ Gleich mehrere Vorfälle ähnlicher Art hat es in der Linzer Parteizentrale der FPÖ gegeben. Bereits 2004 wurden Hunderte pornographische Darstellungen, darunter auch welche von Kindern, auf dem Computer des Fraktionsobmannes von einer Mitarbeiterin entdeckt, die daraufhin Anzeige erstattete. Die Staatsanwaltschaft legte den Fall wegen „Nichterweisbarkeit" zurück, die internen Untersuchungen der Partei blieben ohne Ergebnis.[1163]

▶ 2005 wiederholte sich das: Wieder fanden sich auf einem FPÖ-Computer kinderpornographische Darstellungen.[1164] Wieder legte die Staatsanwaltschaft den Fall zurück, ohne auch nur eine der drei Personen befragt zu haben, die Zugang zu dem Computer hatten.[1165]

Danach ging es um juristische Spitzfindigkeiten. Das Gesetz bedroht jeden mit bis zu einem Jahr Haft, der sich „pornographische Darstellungen einer minderjährigen Person verschafft oder solche besitzt". Erfüllt das Betrachten von Kinderpornos diesen Tatbestand, wenn diese nicht abgespeichert wurden? Wieder stand der Fraktionschef unter Druck, wieder war ihm nichts nachzuweisen. Sicher aber ist: Es befanden sich Kinderpornos auf dem Fraktionscomputer der FPÖ und es gab keine parteiinternen Konsequenzen.

Kaum ein Jahr später stand der Linzer FPÖ-Klubobmann wieder unter Verdacht. Diesmal hatte ihn eine ehemalige Wahlhelferin wegen Vergewaltigung angezeigt. Der Staatsanwaltschaft war der Tatverdacht abermals „nicht konkret genug". Das Verfahren wurde eingestellt.[1166]

► Im Februar 2011 berichteten Vorarlbergs Medien über einen Fall von Vergewaltigung, geschlechtlicher Nötigung, sittlicher Gefährdung von Personen unter 16 Jahren und pornographischer Darstellung Minderjähriger „zum Nachteil einer weiblichen Person". Wieder war es ein FPÖ-Politiker, gegen den sich die Ermittlungen richteten. Die sexuellen Neigungen des Mannes waren schon früher aufgefallen. Im SOS-Kinderdorf in Dornbirn hatte man ihm deswegen Hausverbot erteilt, ohne jedoch Anzeige zu erstatten.[1167]

► Schuldig gesprochen wurde ein Grazer Stadtrat der Freiheitlichen, der unter Ausnützung des beruflichen Abhängigkeitsverhältnisses seine Sekretärinnen sexuell genötigt hatte. Die ältere der beiden hatte die Annäherungen entschlossen abgewehrt, während die jüngere sich in ihre Opferrolle ergab, wobei „eine klare Gewaltanwendung" vorlag. Als der Fall über einen Personalvertreter der FPÖ ins Rollen kam, wurde mit beiden Frauen ein Protokoll angefertigt – und der Fall danach vertuscht. Der damalige Landesparteiobmann Michael Schmid und der Grazer FPÖ-Chef, Vizebürgermeister Peter Weinmeister, waren informiert. Erst als das Protokoll im „Standard" veröffentlicht wurde, kam es zur Anzeige.[1168]

Betrug: Nicht nur der Fall Rosenstingl

Mehrere prominente FPÖ-Politiker wurden von ordentlichen Gerichten des Betruges und der Untreue schuldig gesprochen. Einige Fälle zeichneten sich durch besonders hohe Schadenssummen aus, andere durch die große kriminelle Energie der Täter.

► Im April 1998 verschwand Peter Rosenstingl, Abgeordneter zum Nationalrat und Obmann des Ringes freiheitlicher Wirtschaftstreibender (RFW) gemeinsam mit seiner Lebensgefährtin vorerst unbemerkt aus Österreich.

Wenige Tage später erfuhr die Öffentlichkeit, dass der Klubkassier der FPÖ viele Millionen unterschlagen hatte. Die Partei hatte schon vorher Bescheid gewusst: Im Oktober 1997 war eine anonyme Anzeige eingegangen und Rosenstingls Gehalt gepfändet worden. Im Januar 1998 hatte die niederösterreichische FPÖ-Führung ein komplettes Dossier über Rosenstingl Unterschlagungen erhalten.[1169] Im Juni 1998 wurde Rosenstingl in Brasilien entdeckt und nach einem komplizierten Auslieferungsverfahren ein Jahr später in das Wiener Landesgericht überstellt. Im März 2000 fiel das Urteil über den ehemaligen freiheitlichen Spitzenpolitiker: Sieben Jahre Haft wegen schweren gewerbsmäßigen Betruges und Untreue mit einer Schadenssumme von über 50 Millionen Schilling.[1170] Die Verurteilung wegen Steuerhinterziehung war danach nur noch Draufgabe.

▶ Zu den größten Geschädigten zählte die niederösterreichische Landespartei, deren Obmann Bernhard Gratzer an Rosenstingls Unterschlagungen beteiligt war. Gratzer hatte Geld des niederösterreichischen Landtagsklubs Rosenstingl „zur Veranlagung" übergeben. Danach entlockte er unter Vorspiegelung eines falschen Verwendungszwecks der freiheitlichen Hausbank Kredite zur „Vorfinanzierung der Wahlwerbung" und übergab auch dieses Geld an Rosenstingl.[1171] Gratzer wurde wegen Untreue zu drei Jahren Haft verurteilt, davon neun Monate unbedingt.[1172]

▶ Nachfolger von Peter Rosenstingl im Parlament wurde Josef Trenk, der schon 1995 für sechs Monate dem Nationalrat angehört hatte. Diesmal dauerte es nur wenige Tage, bis er wieder abserviert wurde. Der Partei war offenbar entgangen, dass der freiheitliche Stadtrat im niederösterreichischen Ternitz bereits rechtskräftig wegen Automatenbetruges zu insgesamt 39 Monaten Haft verurteilt worden war. Statt die Strafe anzutreten, versteckte sich Trenk in einer Pension, wo er wochenlang wohnte, ohne die Zeche zu bezahlen,[1173] bevor sich im September 2002 die Zellentür hinter ihm schloss.

▶ Ein besonders abstoßender Betrugsfall beschäftigte 2004 ein Schöffengericht in Wiener Neustadt. Wolfgang Haberler, stellvertretender Landesparteiobmann der FPÖ, Gemeinderat in Wiener Neustadt und Abgeordneter zum niederösterreichischen Landtag, wurde verurteilt, weil er sein eigenes Kind verleugnet und die Mutter um die Unterhaltszahlungen hatte betrügen wollen. Während des Vaterschaftsprozesses hatte er im März 2001 einen völlig Unbeteiligten mit seinem Ausweis zur Blutabnahme geschickt, der auch mit Haberlers Namen unterschrieben hatte. Der Blutbefund war demnach negativ. Die Mutter bekämpfte den Befund. Ein DNA-Test, der trotz Haberlers Weigerung letztlich durchgeführt wurde, kam zu dem Ergebnis: Der FPÖ-Politiker ist der Vater. Während des Verfahrens versuchte der Freiheitliche, die Schuld einer Schlamperei des Labors zuzuschieben. Vergeblich. Haberler wurde wegen versuchten schweren Betruges und falscher Beweisaussage verurteilt.[1174] Sein Helfer kam mit einer bedingten Strafe wegen falscher Zeugenaussage davon.

Die typischen FPÖ-Delikte:
NS-Wiederbetätigung und Verhetzung

Zu den ideologisch motivierten Delikten, für die sich FPÖ-Politiker immer wieder verantworten müssen, zählen die Tatbestände der nationalsozialistischen Wiederbetätigung und der Verhetzung, die zum Teil bereits beschrieben wurden und hier nur der Vollständigkeit halber noch einmal erwähnt werden. Wer in den Denkmustern des Nationalsozialismus verharrt, wer nach dem Muster der Nazis den Rassismus zum Motor von Emotionalisierung und Radikalisierung macht und mit Feindbildern Stimmenmaximierung betreibt, wird immer wieder Gefahr laufen, jene Grenzen zu überschreiten, die der Gesetzgeber gezogen hat.

Zahlreiche kleine FPÖ-Mitglieder und führende Funktionsträger haben diese Erfahrung machen müssen. Zu ihnen zählen die aus der FPÖ gekommenen bekanntesten Führungsfiguren des Neonazismus wie Herbert Schweiger, einst stellvertretender Landesobmann der steirischen FPÖ und Spitzenkandidat in Graz, Norbert Burger, Gründer des Ringes Freiheitlicher Studenten, Gottfried Küssel, der in Payerbach an der Rax für die Freiheitlichen kandidiert hatte, der aus dem Ring Freiheitlicher Jugend (RFJ) gekommene Gerd Honsik oder der mehrfach wegen NS-Wiederbetätigung und im Juni 2012 wegen Betruges[1175] verurteilte einstige Wiener Bezirksrat Wolfgang Fröhlich.

Rechtskräftige Urteile wegen Wiederbetätigung oder Verhetzung ergingen jedoch auch gegen Spitzenpolitiker der „modernen" FPÖ. Zu ihnen zählen der freiheitliche Nationalrat Karlheinz Klement, unter Jörg Haider noch Generalsekretär der FPÖ, der langjährige Bundesrat und Abgeordnete zum Nationalrat John Gudenus, der Abgeordnete zum Europaparlament Andreas Mölzer (Verwaltungsstrafe), die steirische Abgeordnete Susanne Winter, deren Sohn Michael Winter, Obmann des Ringes Freiheitlicher Jugend, sowie zahlreiche Nachwuchspolitiker und Funktionäre auf Bezirks- und Gemeindeebene. Auch gegen die von FPÖ-Politikern herausgegebenen Medien wie „Aula" oder „Zur Zeit", die im Vorfeld der Partei rassistische und antisemitische Stimmungsmache betreiben, gab es rechtskräftige Urteile.

Ansonsten ist die Liste der Straftatbestände, die zu Gerichtsverfahren und Urteilen gegen freiheitliche Funktionsträger führte, weit gespannt. Sie reicht von Körperverletzung über Beihilfe zur Steuerhinterziehung bis zur Falschaussage vor Gericht. Unter den vielen Delikten aber verdient eines besondere Aufmerksamkeit: die illegale Beschäftigung von Ausländern und Verstöße gegen

Sozialgesetze im Zusammenhang mit der Ausländerbeschäftigung. Von Jörg Haider[1176] und der ehemaligen Sozialministerin Elisabeth Sickl[1177] über Abgeordnete zum Nationalrat bis zu kleinen Funktionären auf Landes- und Bezirksebene reicht die Liste derer, die sich ausgerechnet an jenen zu bereichern suchten, gegen die sich die rassistischen Parolen ihrer Wahlkämpfe richten.

Korruption: Das politische Trauma der österreichischen Politik

Die größte und für die Steuerzahler teuerste Form der Kriminalität entzieht sich der Behandlung in diesem Buch, weil sie nicht abgeschlossen ist und Österreichs Gerichte noch Jahre beschäftigen wird. Dabei darf man vieles von dem, was in der Zeit der schwarzblauen Koalition zu Lasten der Bürger und Steuerzahler geschah, nicht einmal Korruption nennen, weil es nicht verboten ist.

Von Anfang an hatte die schwarz-blaue Koalition mit ihrer gesicherten Mehrheit das Parlament als Selbstbedienungsladen missbraucht. Ohne Rücksichtnahme auf Kosten und Kompetenz wurde die größte politische Umfärbe-Aktion aller Zeiten zu Gunsten von FPÖ und ÖVP durchgesetzt. Im September 2006 dokumentierte die Wiener Stadtzeitung „Falter" 100 solche Personalentscheidungen.[1178]

Was danach geschah, hat ein politisches Trauma hinterlassen, von dem sich Österreich so schnell nicht erholen wird. Im Schlagzeilen-Hagel von Eurofighter-Beschaffung, BUWOG-Privatisierung, Telekom-Manipulationen, undurchsichtigen Immobilien-Transaktionen, Hypo-Skandal und illegaler Parteienfinanzierung im Geflecht politischer Freunderlwirtschaft, parteinaher Werbeagenturen, gekaufter politischer Entscheidungen, nie erbrachter, aber horrend honorierter Leistungen, nicht gerechtfertigter Provisionen, Scheingutachten, überhöhter Rechnungen, gefälschter Belege, verschwundener Unterlagen, getürkter Ausschreibungen,

304

manipulierter Börsenkurse, „Part-of-the-game"-Versprechen, dem Verkauf gefälschter Führerscheine, undurchsichtiger Firmenkonstruktionen, steuerschonender Umgehungsversuche, undurchsichtiger Stiftungsmodelle, professionell getarnter Geldwäsche und geheimer Auslandskonten, blieb nicht nur der Anstand, sondern vor allem der Glaube an die Politik auf der Strecke.

„Macht für die ÖVP, Schmiergeld für die FPÖ" titelten selbst bürgerliche Blätter wie „Die Presse",[1179] die von der FPÖ nicht als Teile der „linken Jagdgesellschaft" verleumdet werden können. Während das Sparpaket sozial Benachteiligte traf, konnten sich die politischen Raffer der Nation vor dem parlamentarischen Untersuchungsausschuss nicht einmal erinnern, wofür sie Millionen Euro an Provision eingestrichen hatten. Ein Satz aus dem abgehörten Gespräch zwischen dem ehemaligen FPÖ-Finanzminister Karl-Heinz Grasser und Walter Meischberger wird Symbol für das schwärzeste Kapitel österreichischer Politik bleiben: Grassers persönlicher Freund, Trauzeuge und Parteifreund konnte sich nicht einmal daran erinnern, wofür die hohen Provisionen in seine Taschen geflossen waren und fragte ein wenig ratlos: „Wo war meine Leistung?"

Resümee: Wende rückwärts in die braune Vergangenheit

Eine lange Serie kläglicher Vertuschungsmanöver, Ausreden und Unwahrheiten hat nichts von dem korrigieren können, was couragierter Journalismus ans Tageslicht gebracht hatte: Strache war in seiner Jugend fester Bestandteil der Neonazi-Szene. Er nahm mit der Nachwuchs-Elite des österreichischen Neonazismus an Wehrsportübungen teil, marschierte an vorderster Front bei einer Demonstration der neonazistischen Wiking-Jugend, bei der die Polizei die Erstürmung einer Synagoge verhindern musste, besuchte mit NDP-Gründer Norbert Burger Veranstaltungen rechtsextremer Gruppierungen, wurde mehrfach von der Polizei angehalten und einmal sogar in Verwahrungshaft genommen.

Straches Aufstieg in der FPÖ symbolisiert eine dramatische Wende rückwärts. Als er 2005 Parteichef wurde, ersetzte er Haiders unideologische Quereinsteiger, die in den Medien als „Buberlpartie" verspottet wurden, durch deutschnationale Hardcore-Ideologen aus dem korporierten Milieu. Seither geht in seiner FPÖ alle Macht von den Burschenschaften aus, die nach Auffassung des Innsbrucker Historikers Michael Gehler von einer „bis ins Nationalsozialistische reichenden Gesinnung geprägt sind" und denen der österreichische Verfassungsschutz attestierte, „auf Umwegen eine gewissen Akzeptanz für nationalsozialistisches Gedankengut zu schaffen".

Selbst diese Befunde gehen nicht weit genug. Österreichische Burschenschafter waren in Hitlers Vernichtungsbürokratie führend tätig. Nach Kriegsende haben sie sich geweigert, die nationalsozialistischen Verbrecher aus ihren Mitgliederlisten zu streichen. In Verbindungen wie der Olympia, der unter anderem Martin Graf als Dritter Präsident des Nationalrates, FPÖ-Klubdirektor Norbert Nemeth sowie der Parlamentarier und stellvertretende Wiener Parteivorsitzende Harald Stefan angehören, wird der studentische Nachwuchs durch „Bildungsveranstaltungen" indoktriniert, bei denen Europas Elite der braunen Geschichtsfälscher, Antisemiten und Rassisten als Vortragende auftreten. Gesellschaftliche Anlässe werden von Sängern begleitet, die zu den schlimmsten Hetzern der deutschen Neonazi-Szene zählen, die sich durch Hitler- und Heß-Balladen, menschenverachtend-mörderischen Antisemitismus in ihren Texten und ihr Engagement in neonazistischen Gruppierungen hervorgetan haben.

Seit Ende des Zweiten Weltkrieges haben die Burschenschaften als neonazistische Kaderschmieden fungiert: Die berüchtigten Führer der braunen Verhetzungs- und Gewaltszene wie Norbert Burger, Gottfried Küssel, Gerd Honsik, Franz Radl oder Felix Budin sind aus dem korporierten Milieu hervorgegangen. Bei der Gründung neonazistischer Parteien, deren Kandidatur an Verboten durch den Verfassungsgerichtshof scheiterte, waren Burschenschafter stets an vorderster Front tätig.

Strache hat die FPÖ dieser deutschnationalen, in großen Teilen rechtsextremen und partiell neonazistischen politischen Subkultur ausgeliefert, die nicht einmal ein halbes Promille der Österreichischen Bevölkerung repräsentiert. Gleichzeitig wurden – der burschenschaftlichen Tradition entsprechend – Frauen an den Rand gedrängt.

Wegbereiterin des patriarchal-burschenschaftlichen Rollenverständnisses ist ausgerechnet Barbara Rosenkranz, die von der FPÖ als Kandidatin für das Amt der Bundespräsidentin nominiert wurde. Wie einst im Nationalsozialismus deutsche Frauen dazu ermuntert wurden, ihrer „angeborenen arteigenen Rolle" als Mutter gerecht zu werden, stellt Straches Stellvertreterin dem von ihr verhassten „Emanzen-Unwesen" die „echte Weiblichkeit" und „Mutterrolle" gegenüber, bezeichnet Kinderlosigkeit als „Virus" und munitioniert damit jene Parteifreunde, die ihrer Verachtung für „Kampfemanzentum", „Radikalfeminismus" und „die wirre Welt der Frauenpolitik" mit Begriffen wie „Genderwahnsinn" Ausdruck verleihen.

Während Jörg Haider sich bemüht hatte, den Einfluss burschenschaftlicher „Deutschtümler" zurückzudrängen und die Verbindungen zu Parteien und Gruppierungen des rechtsextremen Randes zu lösen, fand unter Strache eine Vernetzung statt, die national und international bis tief ins neonazistische Milieu hineinreicht. Noch 2002 hatte sich der damalige FPÖ-Generalsekretär Karl Schweitzer in der „Presse" darüber beschwert, mit rechtsextremen Parteien wie dem Vlaams Blok oder dem Front National „wider besseren Wissens" in einen Topf geworfen zu werden. Es gebe mit diesen Parteien weder inhaltliche Berührungspunkte noch Kontakte – „und es wird auch keine geben". Heute gehören die flämischen Nationalisten (die sich, um einem Parteienverbot zuvorzukommen, als Vlaams Blok auflösten und danach als Vlaams Belang neu gründeten) ebenso wie der antisemitische und islamfeindliche Front National und andere extreme Rechtsaußen-Parteien zu den von Strache hochgelobten „europäischen Patrioten", die Anspruch auf Regierungsämter erheben.

Auf nationaler Ebene aber fand unter Strache eine weitgehende Verschmelzung von FPÖ und Neonazi-Szene statt. So nehmen freiheitliche Spitzenpolitiker wie Andreas Mölzer, Gerhard Kurzmann, Johann Gudenus, Hans-Jörg Jenewein oder Dietbert Kowarik als Vortragende an Veranstaltungen der AFP teil, die als aktivstes und größtes Sammelbecken des Rechtsextremismus exemplarisch für die Vernetzung der österreichischen und deutschen Neonazi-Szene steht. Bei den von der AFP veranstalteten „Akademien" machen FPÖ-Politiker gemeinsame Sache mit Europas prominentesten Antisemiten, Geschichtsfälschern, Auschwitz- und Kriegsschuld-Leugnern, mit Gewalttätern und Gewaltverherrlichern, mit Demokratie- und Verfassungsfeinden, mit rechtskräftig verurteilten Wiederbetätigern und Volksverhetzern.

Straches Wahlkampf-Auftritte werden von amtsbekannten Aktivisten der braunen Szene begleitet, die in FPÖ-Shirts als Securities auftreten, als Saalschutz oder Claqueure agieren und ihr Idol mit deutschem Gruß feiern. Im Ring Freiheitlicher Jugend (RFJ) ist der Zusammenschluss mit dem Neonazismus partiell bereits vollzogen. Mitglieder der freiheitlichen Nachwuchsorganisation zeigen offen ihre neonazistische Einstellung, treten neonazistischen Gruppierungen wie dem „Bund Freier Jugend" (BFJ) bei, stellen antisemitische Hasstiraden ins Netz, brüllen Nazi-Parolen, provozieren mit deutschem Gruß und beteiligen sich an neonazistischen Gewaltakten.

Überdeutlich wird die Verschmelzung von FPÖ und Neonazi-Szene im Internet. FPÖ-Politiker treten als Mitglieder von Internet-Foren in Erscheinung, die für „Giftgas auf Israel" oder für das „Abschlachten von Moslems" werben. Sie akzeptieren Facebook-„Freunde", die ihre Auftritte mit Hitler-Bildern, SS-Sprüchen und Nazi-Parolen schmücken, versorgen Neonazi-Seiten wie „alpen-donau", die offen zur Gewalt gegen DemokratInnen aufriefen, mit Informationen. Auf Straches Fan-Club-Seite wird zum „erschießen", „steinigen", „ertränken" und „aufhängen" von politisch Andersdenkenden ermuntert.

Gewaltbereitschaft ist fester Bestandteil jener rechtsextremen Politik, die sich unter dem Mogeletikett „freiheitlich" zu tarnen sucht. Das trifft auf Burschenschaften und FPÖ gleichermaßen zu. Die Nachkriegsgeschichte der neonazistischen Gewalt in Österreich ist in Wirklichkeit eine Geschichte der Burschenschaften und der FPÖ: Die gewaltbereitesten Neonazi-Gruppierungen wie Norbert Burgers Nationaldemokratische Partei (NDP), die Aktion Neue Rechte (ANR) von Bruno Haas und Harald Schmidt, Gerd Honsiks Nationale Front (NF) oder Gottfried Küssels Volkstreue

309

Außerparlamentarische Opposition (VAPO) wurden von (ehemaligen) Burschenschaftern und FPÖ-Mitgliedern gegründet. Am Versuch von Horst Jakob Rosenkranz, die braune Gewaltszene in der Liste „Nein zur Ausländerflut" zusammenzuführen, waren Burschenschafter und (ehemalige) FPÖ-Aktivisten führend beteiligt. Ob Überfälle auf Treffpunkte von „Linken", Anschläge auf antifaschistische Kulturveranstaltungen, ob Bombenterror, Friedhof- oder Denkmalschändung: Stets führten die Ermittlungen in das Umfeld der FPÖ, immer wieder wurden aktive oder ehemalige FPÖ-Politiker und -Aktivisten als Täter ausgeforscht.

Auch der Bomben- und Briefbombenterror des Franz Fuchs trug die Handschrift freiheitlicher Agitation. In den Bekennerbriefen findet sich der gesamte Wort- und Phrasenschatz des Anti-Ausländer-Volksbegehrens, das den Anschlägen nur wenige Monate vorangegangen war. Der Psychiater Reinhard Haller hat es in seinem Gutachten über Franz Fuchs auf den Punkt gebracht: Die überwertige Idee, gegen „Umvolkung" und „Überfremdung" kämpfen zu müssen, sei „durch die damalige politische Diskussion" ausgelöst worden.

Die Gutachter im Gerichtsverfahren gegen den Massenmörder von Oslo, Anders Behring Breivik, dem 77 vor allem junge Menschen zum Opfer fielen, kamen zu ähnlichen Ergebnissen: Hochgradig emotionalisiert durch die politische Agitation gegen „genetische Unterwanderung" und den „muslimischen Einwanderungs-Tsunami", hatte er sich zum „Befreiungsschlag" gegen jene berechtigt gefühlt, die er als „Inländerfeinde" für die vermeintliche Fehlentwicklung verantwortlich machte. Und auch das Thüringer Neonazi-Trio, dem wenigstens zehn Anschläge zur Last gelegt werden, die als „Kebab-Morde" Schlagzeilen machten, verübte seine Taten unter dem Eindruck unzähliger Postings von „Patrioten" auf Internet-Foren, in denen dazu aufgerufen wurde, die „deutsche Rasse" vor „Unterwanderung" zu schützen.

Werbemittel wie Straches Hass-Comic, in dem er einen Buben zu belohnen verspricht, wenn er „dem Mustafa" mit der Steinschleuder „ane aufbrennt", oder das im steirischen Wahlkampf kreierte „Moschee-baba"-Spiel, bei dem Minarette und Muezzins weggeschossen (weggeklickt) werden müssen, sind keineswegs harmlos. Gemeinsam mit den Internet-Seiten, auf denen Strache-Fans ihrer Mordlust freien Lauf lassen, tragen sie zum Abbau des Unrechtsbewusstseins bei: Vollstreckt man nicht den „Volkswillen", wenn man das ausführt, wozu User auf Straches Fan-Seite ungestraft aufrufen dürfen?

Auch darüber sind sich Wissenschaftler einig: Gewalt ist keine Einbahnstraße. Und: Gewalt des Wortes bringt Gewalt der Tat hervor. Wer sich ständig diskriminiert fühlt, wer als kriminell verleumdet, als Störenfried beschimpft, als Außenseiter gemobbt und schließlich Opfer gewalttätiger Übergriffe wird, schlägt irgendwann zurück. Die Gefahr ist groß, dass politische HetzerInnen wie die steirische FPÖ-Politikerin Susanne Winter genau das auslösen, wovor sie zu warnen vorgeben: Gewalt von „Islamisten".

Ein religiös motivierter Anschlag könnte die FPÖ zur stärksten Partei machen. Dass Freiheitliche diese Gefahr tatsächlich als persönliche Chance des Machtzuwachses begreifen und sie bewusst in Kauf nehmen, lässt sich nicht beweisen. Da gilt der Satz, den Journalisten fast schon gewohnheitsmäßig verwenden, wenn sie über FPÖ-Politiker schreiben: Es gilt die Unschuldsvermutung.

Natürlich darf man nicht alle Freiheitlichen in einen Topf werfen. Es gibt in dieser Partei auch Aufrechte, die sich engagiert gegen die Übermacht der Burschenschaften, gegen die Infiltration von Neonazis und gegen die Vernetzung mit der braunen Szene zur Wehr setzen. Aber gerade sie müssen sich darüber klar sein, dass jeder, der sich für die FPÖ engagiert, nicht nur mit den (an den Rand gedrängten) Freiheitlichen in der Partei, sondern auch mit Deutschtümlern, Rechtsextremen und Neonazis gemeinsame Sache macht.

Ähnliches gilt für die Wähler: Jede Stimme für die FPÖ zementiert die Macht von Burschenschaften wie der Olympia, die Träger, Verteidiger und Verbreiter neonazistischer Traditionen sind. Ob die systematische neonazistische Indoktrinierung des akademischen Nachwuchses durch Vortragende und Unterhaltungskünstler aus der Neonazi-Szene mit den Bestimmungen des Verbotsgesetzes in Einklang zu bringen ist, könnten nur ordentliche Gerichte entscheiden. Solange dies nicht geschieht, heißt es – siehe oben: Es gilt die Unschuldsvermutung.

Namenregister

A

Achatz, Hans 82, 130, 237
Ackermeier, Jan 54, 85f,
Adorno, Theodor W. 106
Ahmadinedschad, Mahmoud 130, 250
Aichinger, Christian 188
Aigner, Sebastian 192
Althans, Ewald 186
Amhof, Gregor 249
Anderle, Christian W. 223, 273
Apfel, Holger 102, 131, 159
Asperl, Walter 54, 78, 91, 95, 99, 145, 239

B

Babic, Safet 78
Ballmüller, Christian 204
Bauer, Christa 199
Baumann, Hans 100, 174, 235
Behrendt, Uwe 37
Belakowitsch-Jenewein, Dagmar 263
Benoist, Alain de 161
Bielek, Astrid 277
Bleckmann, Matthias 147
Blind, Armin 54
Blind, Kurth-Bodo 110
Blochberger, Bernhard 234
Böhmdorfer, Dieter 53
Böhm-Ermoli, Christian 26
Böhnhardt, Uwe 107
Borodajkewycz, Taras 270
Botz, Gerhard 22
Breivik, Anders Behring 210, 282ff, 289f, 310
Brunar, Erich 92
Budin, Felix 84, 112f, 144, 166, 173, 177, 187, 189, 197f, 202, 204, 223, 307
Burger, Gudrun 35, 40
Burger, Norbert 31, 35, 40ff, 44, 47, 75, 92, 96f, 139, 141, 165, 234, 274f, 303, 306f, 309
Burwitz, Gudrun 118
Busse, Friedhelm 130, 137
Butz, Arthur 157

C

Chirac, Jacques 120
Christian, Alexander 203
Christophersen, Thies 159
Csurka, István 135
Czernin, Rudolf 134, 231

D

Darabos, Norbert 118
Darré, Walter 286
Davies, Dennis Russel 185
Deckert, Günter 159
Dehoust, Peter 135
Dempsey, Franz 76
Desch, Alois 75f, 275
Dienel, Thomas 161

Dohnal, Johanna 277
Dugin, Alexander 122
Dürr, Robert 247
Duswald, Fred 72, 128, 131
Dvorak, Helge 92

E

Eberl, Irmfried 69
Ebinger, Gerald 255
Egger, Dieter 215, 250
Egger, Klaus 206
Eggl, Karl 54
Ehemayer, Wilhelm 84
Ehrhardt, Arthur 132
Eichmann, Adolf 102f, 124
Eigner, Bernhard 76
Einspieler, Andreas 76
Eisenmenger, Harald 70
Endres, Gerd 162
Engber, Harald 260
Erhart, Hubert 76
Ertl, Johann 212
Eustacchio, Mario 117, 210

F

Faller, Robert 192, 202, 207
Faust, Matthias 121
Fazekas, Hannes 200
Fellner, Wolfgang 19, 39
Fichtenbauer, Peter 54, 60, 221
Flecker, Kurt 220
Forsterpointner, Alexander 275
Frank, Henriette 212
Franzelin, Jürgen 203
Freisler, Roland 288
Frey, Gerhard 46, 49, 131, 153
Friedrich, Othmar Michael 158
Fries, Jakob Friedrich 66
Fritz, Herbert 75, 93, 140f, 156, 275
Fröhlich, Wolfgang 127, 238, 303
Fuchs, Franz 280, 282ff, 289, 310
Funke, Hajo 36f

G

Gaddafi, Muammar al 257
Gamlich, Hans 133
Gansel, Jürgen 129
Gartelgruber, Carmen 60, 63
Gasser, Georg 88
Gasthuber, Sascha 113f
Gaugg, Reinhard 125
Gehler, Michael 65, 68, 146, 306
Germ, Wolfgang 213
Giordano, Ralph 263
Goebbels, Joseph 62, 132, 140, 189, 214, 236, 243, 246, 253
Gollnisch, Bruno 120
Gorbach, Hubert 32

Göring, Hermann 161, 211
Goschi, Meli 194ff
Gradauer, Alois 54
Graf, Martin 54, 60, 64, 69, 74, 78, 87f, 91, 95ff,
99ff, 107f, 114, 122, 145, 147, 183f, 206, 215,
219, 221, 235ff, 239, 249, 251, 289, 306
Grasser, Karl-Heinz 305
Gratzer, Bernhard 301
Gredler, Wilfried 140
Grollitsch, Udo 181
Gruber, Markus 178
Gudenus, Johann 39, 54, 129, 163, 171, 173f, 176,
181, 203, 212, 215, 240, 244f, 260, 263, 308
Gudenus, John 74, 133, 171, 221, 240, 254, 303
Gudenus, Markus 221
Guggenberger, Andreas 54
Guggenbichler, Udo 54, 196
Gunacker, Barbara 189
Günther, Helmut 32, 54
Gunzer, Albert 213
Gyöngyösi, Marton 161

H
Haas, Bruno 78, 103f, 159, 233, 271, 274f, 309
Haas, Harald 192
Haberler, Wolfgang 208, 302
Hacker, Friedrich 281
Hadwiger, Gunter 181
Hager, Franz 203
Hähnel, Jörg 109, 121, 145
Haider, Jörg 13, 23, 52f, 55, 62, 73, 126, 136,
140f, 247, 250, 257, 303f, 308
Haider, Roman 54
Haider, Stefan 188
Haimbuchner, Manfred 54, 60, 183f
Haller, Reinhard 280, 290, 310
Hanreich, Georg 165
Hans, Ilse 165
Harmuss, Günther 220
Hasselbach, Philipp 173
Hatzenbichler, Jürgen 23ff, 31, 35, 273
Haubner, Ursula 136
Häupl, Michael 215
Haupt, Herbert 53, 142, 155
Hauser, Gerald 193, 222
Hein, Markus 81
Hennig, Rigolf 88, 128
Herbert, Werner 225f
Hertzberg, Arthur 257
Herzog, Johann 54, 89, 112, 114, 155
Heß, Rudolf 80f, 89, 100, 107f, 119f, 129, 133,
135f, 146, 161, 210, 213, 215, 233, 276
Heydrich, Reinhard 129, 151
Hieß, Josef 89, 100
Himmler, Heinrich 118, 161
Hitler, Adolf 31, 37, 41, 53, 57, 62, 66f, 73, 78,
80, 83, 85, 107, 112, 120f, 124, 128f, 133, 135,
141, 145, 151, 153, 156f, 161f, 166, 187, 191,
195, 204f, 214, 218, 236, 246, 252, 259, 269, 272,
274, 288, 306
Höbart, Christian 54, 196, 213, 221

Hofer, Norbert 211, 239
Hoffmann, Karl-Heinz 214
Hofinger, Kurt 76, 275
Hoggan, David L. 134
Holzer, Willibald 14
Honsik, Gerd 20, 24, 75, 93, 97, 103, 119, 134,
140f, 144, 156, 162, 165, 172, 177f, 186, 204,
208f, 233f, 235, 272, 274, 303, 307, 309
Horaczek, Nina 18, 31, 34
Horkheimer, Max 106
Horvath, Erwin 277
Horvath, Karl 277
Hübner, Johannes 61
Hurbal, Manfred 203
Hussein, Saddam 257
Hüttner, Thomas 86

I
Irving, David 48f, 75, 78, 102f, 105, 129, 136,
154, 157, 184, 231, 275

J
Jagschitz, Gerhard 22
Jahn, Friedrich Ludwig 66
Janisch, August 277
Jannach, Harald 221
Jenewein, Hans-Jörg 54, 112, 164, 212, 308
Jeremias, Christine 213
Jerzabek, Anton 70, 96
Johannes Paul II., Papst 130
Jones, E. Michael 128
Jung, Wolfgang 54, 111, 263
Jünger, Ernst 26
Juritz, Christian 175
Juritz, Stefan 175ff

K
Kabas, Hilmar 52
Kain, Christian 217
Kaindl, Anton 229
Kaltenbrunner, Ernst 69
Kam, Sören 118
Kampl, Siegfried 204
Kandur, David 213
Kappler, Herbert 70
Kashofer, Brigitte 205f, 240
Katary, Karl 89
Kerbl, Luca 181
Keyl, Elisabeth 87
Keyl, Hubert 54, 87
Kickl, Herbert 21, 194, 196, 227, 231, 248, 260
Kiebler, Erwin 203, 208
Kiesbauer, Arabella 277
Kirchmayer, Karl 34
Kirchweger, Ernst 270
Kisser, Patrick 215
Kitzmüller, Anneliese 64
Klement, Hans 247
Klement, Karlheinz 57, 63, 249, 303
Klinger, Andreas 203
Klüger, Ruth 131

Klüter, Yvonne 211
Knestel, Volker 54
Kogler, Werner 178, 181
Kohlbauer, Stefan 177, 189
Köhler, Gundolf 36f
Kohlweiß, Harald 76
Koller, Manuel 192
Konecny, Albrecht 244
Königshofer, Werner 54, 212f, 223ff
Konschill, Mathias 97
Kosiek, Rolf 78, 88, 106
Kovar, Reinhold 275
Kovasits, Gerhard 212
Kowarik, Dietbert 54, 91, 240, 308
Kowarik, Helmut 154, 164
Krebs, Pierre 161
Kreczi, Hanns 131
Kreisky, Bruno 247
Kronberger, Hans 142
Kronegger, Ernst 155, 177
Küberl, Franz 163
Kuch, Kurt 195
Kühnen, Michael 21, 132
Kulac, Cengiz 180
Kumm, Otto 118
Kurzmann, Gerhard 128, 164, 179, 182, 229f, 240, 308
Küssel, Gottfried 20, 28ff, 32, 37, 44, 51, 75f, 86ff, 93, 97f, 103, 112ff, 116, 119, 140f, 144, 156, 158, 161ff, 165f, 168, 177, 180, 183, 186f, 189, 197f, 202f, 223, 232, 235, 273ff, 303, 307, 309

L
Landbauer, Udo 255
Landig, Wilhelm 154
Langoth, Franz 131
Laun, Andreas 63f
Lausegger, Gerhard 70
Le Pen, Jean-Marie 120
Lehner, Arnold 190
Leitmann, Gerry 207
Lemisch, Arthur 117
Lepschi, Dominik 191
Levin, Shlomo 37
Leyroutz, Christian 118
Liebknecht, Karl 109, 121
Lindenbauer, Franz 207
Lindinger, Volker 98
Lingens, Peter Michael 42
Lobnig, Georg 249
Loewy, Hanno 250
Löschenberger, Gerald 190
Lüftl, Walter 125, 131, 149, 158
Lukesch, Hans Ivo 234
Luxemburg, Rosa 109, 121

M
Magnet, Stefan 202
Mahler, Horst 77f, 108, 134, 136, 145, 160
Mahnert, Klaus 127
Manke, Alfred 161

Manoschek, Walter 205
Maran, Thomas 288
Maravelia, Amanda Alice 211f
Marinovic, Walter 165, 235f
Markolin, Walter 209
Matiasek, Veronika 254
Mayer, Heinz 83, 129, 166, 136, 188, 287
Mayer, Ute 254
Mayerhofer, Andreas 160
Mayrhofer, Karl 260f
Meilinger, Florian 189
Meischberger, Walter 305
Meixner, Silvana 277
Melisch, Richard 78, 81, 86, 126, 155, 185
Menzel, Herybert 100
Millonig, Agnes 220
Milocco, Hans 272
Miosga, Richard 159
Mitterer, Alois 86
Modre, Dominik 90
Molau, Andreas 121
Mölzer, Andreas 53, 74, 111, 125, 131ff, 136ff, 142f, 158, 163, 184, 196, 199, 236, 251, 258, 303, 308
Moreau, Henri 118
Moser, Mario 185
Mühlwerth, Monika 155
Müllegger, Sebastian 186
Müller, Helmut 154
Müller, Michael 108f, 145, 159, 177
Mundlos, Uwe 107
Mussolini, Benito 41
Muzicant, Ariel 245, 249, 251

N
Nachtmann, Herwig 74, 125, 164, 241
Nemeth, Norbert 54, 60, 91, 97, 239, 306
Nepp, Dominik 54, 255
Neubauer, Werner 54, 263
Neuhofer, Michael 198
Nordbruch, Claus 135
Nowotny, Walter 112ff, 116, 119, 148, 164, 169, 172, 197f, 203

O
Oberlercher, Reinhold 88, 97
Obermayr, Franz 53, 212, 244
Ochensberger, Walter 25, 76, 162, 224, 266
Ofner, Harald 115, 165
Öllinger, Karl 179, 189f, 200
Orlich, Herbert 75, 76
Ortner, Sebastian 186
Otten, Clemens 32, 84f, 113, 204, 255
Oven, Wilfried van 132

P
Palm, Johann Philipp 202
Pammer, Johannes 76
Pabst, Waldemar 109
Partik-Pablé, Helene 248
Pastörs, Udo 160

Pendl, Gerhard 115
Pledl, Karl 209
Penz, August 261
Pertl, Anton 213
Peter, Friedrich 247
Peter, Karl 247
Petrovic, Madeleine 277
Petschnig, Alexander 212
Pfeiffer, Alfred 213
Pfeiffer, Martin 165
Pfeil, Martin 99f
Pfingstl, Richard 175f, 178ff, 189
Platschka, Manfred 89
Ploderer, Hans 182
Ploeg, Etienne van 226
Ploner, Sebastian 54, 91, 99f, 221, 289
Podgorschek, Elmar 54, 132, 202, 212, 215
Polacek, Karl 142f
Pollak, Markus 198
Post, Walter 134
Pountney, David 250
Priebke, Erich 150, 189
Privenau, Tanja 37
Prodinger, Horst 209
Pühringer, Manfred 207
Pust, Ingomar 126

R
Rabl, Andreas 213
Racz, Reinhardt 220
Radl, Franz 19f, 31f, 76, 134, 141, 144, 160, 165, 177f, 180, 203, 209, 233, 274, 307
Rainer, Walter 203
Raml, Michael 186
Ranftl, Sascha 180
Rauscher, Hans 110
Ravello, Enrique 122
Reder, Walter 70, 141, 149f,
Regener, Michael 191
Rehak, Günter 78, 105
Reichhardt, Andreas 32
Reichart, Andrea 217
Reinthaler, Ludwig 160, 202f,
Reismann, Erich 20
Reiterer, Claudia 18, 31, 34
Remer, Otto Ernst 137
Rennicke, Frank 107f, 131, 135, 145, 159, 177, 217
Repp, Gertraud 165
Resch, Gerhard 206
Retschitzegger, Andreas 188
Rheintaller, Anton 167
Richter, Hermann 70
Rieger, Jürgen 137, 160
Riemer, Josef 231
Riess-Passer, Susanne 53, 55, 142
Roeder, Manfred 108, 160
Rogner, Werner 213
Romig, Friedrich 128, 133f,
Rösch, Bernhard 54
Rosenberg, Alfred 67

Rosenkranz, Arne 54
Rosenkranz, Barbara 47, 57, 98, 116, 141, 143, 155, 165, 187, 196, 211, 220, 232, 234f, 239f, 280, 307
Rosenkranz, Horst Jakob 47, 98, 141, 165, 187, 232ff, 240, 274ff, 278, 310
Rosenkranz, Walter 54, 82
Rosenstingl, Peter 300f
Rossmann, Mares 53
Rudel, Ulrich 70
Rudolf, Germar 123
Rushton, Philippe 106f

S
Sabaditsch-Wolff, Elisabeth 283
Saefkow, Anton 109
Sailer, Uwe 224
Sammer, Andreas 275
Sammern-Frankenegg, Ferdinand von 70
Sarközi, Peter 277
Schade, Heinrich 160
Schaller, Herbert 78, 105, 136, 162, 184
Schandl, Gernot 54, 90, 288
Schaub, Bernhard 159
Schauer, Gerald 191
Scheibner, Herbert 49
Scheil, Andreas 19
Schellnegger, Andreas 209
Scheuch, Kurt 215
Scheuch, Uwe 136
Scheutz, Roland 211
Schiedel, Heribert 18
Schimanek, Hans-Jörg jun. 28f, 37, 241
Schmid, Michael 300
Schmidt, Harald 104, 271, 274, 309
Schmidt, Heide 55
Schmidt, Helmut 36
Schmidt, Karl 247
Schneeberger, Elisabeth 277
Schneider, Hannes 212
Schock, Eduard 54
Schöfecker, Walter 76
Schöfnagel, Barbara Wiebke 154f
Schönborn, Kardinal Christoph 224
Schönborn, Meinolf 27
Schönerer, Georg Ritter von 70, 242, 259
Schönhuber, Franz 78, 105, 128
Schröcke, Helmut 134
Schüller, Helmut 277
Schüssel, Wolfgang 53
Schwab, Jürgen 67, 78, 104
Schwager, Franz 221
Schweiger, Herbert 27, 130, 159, 167, 197, 247, 303
Schweitzer, Karl 223, 273, 308
Scrinzi, Otto 27, 75, 88, 127, 140, 143, 151, 162, 165, 238
Seewann, Harald 71f,
Seledec, Walter 112
Sichrovsky, Peter 142
Sickl, Elisabeth 304

Siedler, Michael 54, 91
Simon, Josef 277
Sippel, Armin 176, 240
Sleipnir (Marco Laszcz) 191
Slupetzky, Anton 233
Slupetzky, Erich 233f
Sonderegger, Philipp 295
Stadler, Ewald 16f, 22, 63
Stammler, Georg 100
Stark, Rudolf 54, 155
Stefan, Friedrich 96
Stefan, Harald 54, 85f, 91, 95, 249, 307
Steger, Norbert 140
Stein, Dieter 137
Stein, George H. 230
Steindl, Paul 206
Steininger, Rolf 21
Steinkellner, Günther 60, 136, 183, 215
Stoisits, Terezija 277f
Strasser, Ernst 295
Strauß, Franz Josef 36f
Strauss, Wolfgang 127
Streicher, Julius 161
Stüber, Fritz 157
Sucher, Harald 96
Sucher, Walter 91, 100f, 164
Sudholt, Gert 207
Szameit, Dittrich 277

T
Taschner, André 182
Taschner, Gerhard 177, 180
Thierry, Andreas 20, 23, 26ff, 31, 35f, 115, 159
Timm, Peter 118
Timmel, Reimer 82
Trattnig, Kriemhild 165
Trauninger, Marcel 220, 288
Trenk, Josef 301f
Trübswasser, Gunther 219
Tschenscher, Gregor 197f
Tschürtz, Johann 210, 212

U
Übelacker, Horst Rudolf 186
Ullmann, Marcus 28, 31f, 76
Ungerböck, Dominik 182
Unterrainer, Kurt 76

V
Vanhecke, Frank 135
Varela, Pedro 88, 162
Venier, Mathias 225

Verbelen, Robert Jan 154, 160
Vetter, Marcus 114
Vilimsky, Harald 21f, 39, 59, 61, 194, 196, 210, 215, 243, 251, 262
Voigt, Udo 102, 128

W
Wagner, Bernd 34
Wahl, Max 161
Walendy, Udo 134, 236
Wallmann, Silvana 182
Wallner, Jürgen 190
Waneck, Reinhard 53
Wansch, Alfred 54, 91
Wassermann, Sandra 213
Watschinger, Franz 21
Weinmeister, Peter 300
Weinzettl, Monica 190
Weinzinger, Lutz 20, 54, 183
Weiß, Peter 82
Wessel, Horst 183, 218
Westenthaler, Peter 49
Widmayer, Johannes 104
Wiener, Markus 263
Wiesenthal, Simon 76, 247
Wieser, Bernhard 202
Wieser, Lojze 277
Wilders, Geert 264
Williamson, Bischof Richard 130, 157
Wimmer, Detlef 81, 184ff, 187f
Wimmer, Raimund 247
Wimmer-Lamquet, Franz 129
Windhofer, Jürgen 190
Windisch, Konrad 159, 173
Winkler, Dominic 191
Winter, Michael 182, 265f, 303
Winter, Susanne 196, 203 212f, 215, 227, 256, 263, 265 f, 296, 298, 303, 311
Wohlleben, Ralf 138
Wolf, Armin 26
Worch, Christian 137
Worm, Alfred 195
Wuttke, Roland 159

Z
Zanger, Georg 224
Zanger, Wolfgang 54, 181, 212
Zeihsel, Gerhard 64
Zilk, Helmut 277f
Zschäpe, Beate 107
Zwanziger, Peter 213 DDDD

Quellen

1 Profil, 20. 1. 2007
2 Gespräch mit einem ehemaligen Mitglied der Wehrsportszene am 22. 10. 2011, Tonbandprotokoll
3 Profil, 28. 1. 2007
4 News, 10. 9. 2008; Oe24, 10. 9. 2008
5 Wiener Zeitung, 19. 1. 2007
6 forum.thiazi.net, 19. 1. 2007
7 forum.thiazi.net, 19. 1. 2007
8 Wiener Zeitung, 19. 1. 2007, Oe24, 10. 9. 2008
9 Oe24, 10. 9. 2008
10 Nina Horaczek, Claudia Reiterer 2009: HC Strache, Sein Aufstieg – Seine Hintermänner – Seine Feinde
11 Gespräch mit einem ehemaligen Mitglied der Wehrsportszene am 22. 10. 2011, Tonbandprotokoll
12 Oe24, 31. 1. 2007
13 News, 24. 1. 2007
14 News, 31. 1. 2007
15 News, 28. 1. 2007
16 Oe24, 26. 1. 2007
17 Profil, 28. 1. 2007
18 ORF Vorarlberg, 14. 2. 2008
19 Nina Horaczek, Claudia Reiterer 2009: HC Strache, Sein Aufstieg – Seine Hintermänner – Seine Feinde: Gespräch mit Wolfgang Fellner am 19. 12. 2008
20 Profil, 20. 1. 2007
21 Andreas Mölzer 2006: Neue Männer braucht das Land, zitiert nach Nina Horaczek, Claudia Reiterer 2009: HC Strache, Sein Aufstieg – Seine Hintermänner – Seine Feinde
22 Nina Horaczek, Claudia Reiterer 2009: HC Strache, Sein Aufstieg – Seine Hintermänner – Seine Feinde, Gespräch mit Lutz Weinzinger am 10. 12. 2008
23 Oe24, 26. 1. 2007
24 Oe24, 26. 1. 2007
25 Oe24, 26. 1. 2007
26 Oe24, 26. 1. 2007
27 Die Presse, 27. 1. 2007
28 Die Presse, 27. 1. 2007
29 Die Presse, 30. 1. 2008
30 Oe24, 27. 1. 2007
31 Kurier, 24. 1. 2008, Kleine Zeitung, 24. 1. 2008
32 Kurier, 24. 1. 2008
33 Nina Horaczek, Claudia Reiterer 2009: HC Strache, Sein Aufstieg – Seine Hintermänner – Seine Feinde, Gespräch mit Strache am 3. 11. 2008
34 Österreich, 24. 1. 2008, Kurier 24. 1. 2008
35 Österreich, 24. 1. 2008
36 Oe24, 18. 1. 2007

37 Oe24, 20. 1. 2007
38 News, 23. 8. 2007
39 Brigitte Bailer/Wolfgang Neugebauer 1993: Rechtsextreme Parteien, Vereine, Zeitschriften, informelle/illegale Gruppen, in: Handbuch des österreichischen Rechtsextremismus, Hg.: DÖW
40 Helmut Möchel: Die extreme Rechte, unveröffentlichtes Manuskript, liegt im DÖW auf
41 Helmut Möchel: Die extreme Rechte, unveröffentlichtes Manuskript, liegt im DÖW auf
42 Reinhold Gärtner 1994: Die Aula, in: Handbuch des österreichischen Rechtsextremismus, Hg.: DÖW
43 Sieg, 3/1989
44 siehe dazu Aula 3/1992
45 Junge Freiheit, 11/1993
46 Junge Freiheit, 19. 7. 2002, zitiert nach Nina Horaczek, Claudia Reiterer 2009: HC Strache, Sein Aufstieg – Seine Hintermänner – Seine Feinde, siehe auch: netz-gegen-nazis.de, 13. 9. 2010
47 Nina Horaczek, Claudia Reiterer 2009: HC Strache, Sein Aufstieg – Seine Hintermänner – Seine Feinde
48 YouTube: ORF Sommergespräch, 23. 8. 2005, http://www.youtube.com/watch?v=t5O3nwg9gXk
49 ORF Sommergespräch, 23. 8. 2005
50 DÖW: Handbuch des österreichischen Rechtsextremismus
51 Hans-Henning Scharsach 1995: Haiders Clan – Wie Gewalt entsteht
52 DÖW, Neues von ganz rechts, Januar 2007
53 Gespräch mit einem ehemaligen Weggefährten Thierrys und Mitglied der Wehrsportszene am 22. 10. 2011, Tonbandprotokoll
54 Profil, 1/2007
55 Zitiert nach Profil, 1/2007
56 DÖW, Neues von ganz rechts, Januar 2007
57 nationale-revolution.net; www.freiesnetz-sued.net; http://de.wikipedia.org/wiki/AndreasThierry
58 VAPO-Schulungsbrief, dokumentiert in: Handbuch des Rechtsextremismus 1993, Hg. DÖW
59 News, 40/1994, siehe auch Wolfgang Purtscheller 1992: Aufbruch der Völkischen, Das braune Netzwerk
60 DÖW 1993: Handbuch des österreichischen Rechtsextremismus
61 Profil, 20. 1. 2007

62	Profil, 20. 1. 2007
63	Profil, 1/2007
64	Profil, 20. 1. 2007
65	Profil, 20. 1. 2007
66	Privates Amateurvideo, gefilmt von einem Vertrauensmann Küssels, News 41/1994
67	News, 41/1994
68	News, 41/1994
69	Oe24, 25. 1. 2008
70	Profil, 28. 1. 2007
71	Nina Horaczek, Claudia Reiterer 2009: HC Strache, Sein Aufstieg – Seine Hintermänner – Seine Feinde
72	DÖW 1993: Handbuch des österreichischen Rechtsextremismus
73	Oe24, 29. 1. 2007
74	Heribert Schiedel, Martin Tröger 2002: Durch Reinheit zur Einheit, Zum deutschnationalen Korporationswesen in Österreich, http://aua.blogsport.de/images/Scharnier.pdf
75	News, 37/2008
76	Profil, 28. 1. 2007
77	Profil, 28. 1. 2007
78	Profil, 28. 1. 2007
79	news.at, 23. 8. 2007
80	wikipedia.org/wiki/wiking-jugend
81	Oe24, 21. 8. 2007
82	Oe24, 10. 9. 2007
83	Landesgericht für Strafsachen Wien: Heinz Christian Strache gegen die Tageszeitung „Österreich", Hauptverhandlungen vom 1. 4. 2008, zitiert nach Nina Horaczek, Claudia Reiterer 2009: HC Strache, Sein Aufstieg – Seine Hintermänner – Seine Feinde
84	Oe24, 23. 8. 2007
85	Nina Horaczek, Claudia Reiterer 2009: HC Strache, Sein Aufstieg – Seine Hintermänner – Seine Feinde, Gespräch mit Strache am 3. 11. 2008
86	Oe24, 31. 8. 2007
87	Oe24, 10. 9. 2007
88	Oe24, 31. 8. 2007
89	Oe24, 31. 8. 2007
90	Oe24, 3. 9. 2007
91	Oe24, 3. 9. 2007
92	Oe24, 3. 9. 2007
93	Landesgericht für Strafsachen Wien, 1. 4. 2008: Heinz-Christian Strache gegen die Tageszeitung „Österreich".
94	Oe24, 21. 8. 2007
95	Der Spiegel, 43/2011
96	taz.de, 28. 7. 2009
97	Der Spiegel, 43/2011
98	Oe24, 21. 8. 2007
99	Oe24, 21. 8. 2007
100	Oe24, 10. 9. 2007
101	Der Spiegel, 13. 4. 1999
102	Falter, 25. 3. 2009
103	Spiegel online, 4. 2. 2007

104	Der Standard, 23. 9. 2007
105	Oe24, 24. 9. 2007
106	Oe24, 24. 9. 2007
107	Parlamentsklub – FPÖ, 23. 8. 2007
108	APA, 4. 9. 2007
109	www.vilimsky.at, 11. 9. 2007
110	Oe24, 4. 9. 2007
111	Nina Horaczek, Claudia Reiterer 2009: HC Strache, Sein Aufstieg – Seine Hintermänner – Seine Feinde, Gespräch mit Strache am 3. 11. 2008
112	Nina Horaczek, Claudia Reiterer 2009: HC Strache, Sein Aufstieg – Seine Hintermänner – Seine Feinde, Gespräch mit Strache am 3. 11. 2008
113	Falter, 37/2009
114	Falter, 13/2009
115	Falter, 13/2009
116	Gespräch mit einem ehemaligen Mitglied der Wehrsportszene am 22. 10. 2011, Tonbandprotokoll
117	ARD, 29. 6. 1966
118	Der Standard, 29. 4. 1993
119	DÖW 1993: Handbuch des österreichischen Rechtsextremismus
120	NDP-Programm, Punkt 8, in: Klartext 12/1980
121	Wiental Aktuell, 1985, zitiert nach: Helmut Möchel: Die extreme Rechte; unveröffentlichtes Manuskript, liegt im DÖW auf
122	Klartext, 2/1983
123	Hans-Henning Scharsach 1995, Haiders Clan, Wie Gewalt entsteht
124	Die Sturmfahne, Rundbrief an alle VAPO-Aktivsten, 1/1987, dokumentiert in: Handbuch des Rechtsextremismus 1993, Dokumentationszentrum des österreichischen Widerstandes
125	News, 51/1993
126	Falter, 37/2007
127	Anfrage bei der Pressestelle der Bayerischen Polizeiinspektion Passau vom 22. 9. 2011
128	Zitiert nach Österreich, 23. 9. 2007
129	Österreich, 23. 9. 2007
130	Österreich, 23. 9. 2007
131	News, 28. 1. 2007
132	Hans-Henning Scharsach 1992: Haiders Kampf
133	Margret Feit 1987: Die „Neue Rechte" in der Bundesrepublik; Organisation – Ideologie – Strategie
134	Pressedienst demokratische Initiativen PDI, 1980
135	National-Zeitung, 29. 2. 1980
136	Nina Horaczek. Claudia Reiterer 2009: HC Strache, Sein Aufstieg – Seine Hintermänner – Seine Feinde, Gespräch mit Strache am 29. 1. 2009
137	Die Presse, 13. 9. 1990

319

138 Entscheidung des Verfassungsgerichtshofes vom 28. 2. 1991
139 Profil, 4/2007
140 Der Standard, 8. 1. 2008, Interview mit
Strache
141 Wikipedia http://de.wikipedia.org/wiki/
David_Irving
142 Hermann Graml 1994: Alte und neue
Apologeten Hitlers. In: Wolfgang Benz
(Hrsg.), Rechtsextremismus in Deutschland. Voraussetzungen, Zusammenhänge,
Wirkungen
143 David Irving's Forward to the Leuchter
Report, Mai 1989
144 Berliner Tagesspiegel, 18. Februar 2005,
vgl. Beschluss des deutschen Bundesver-
waltungsgerichts (BVG) vom 13. April
1994 gemäß § 24 BVerfGG, 1 BvR
23/94
145 Richard J. Evans 2001: Der Geschichtsfälscher: Holocaust und historische
Wahrheit im David-Irving-Prozess
146 Amely Braunger 2007: Analyse der
Tagebücher der Anne Frank
147 Urteilstext des Londoner High Court,
http://www.hmcourts-service.gov.uk
148 Wikipedia http://de.wikipedia.org/wiki/
David_Irving
149 Wikipedia http://de.wikipedia.org/wiki/
David_Irving
150 Nina Horaczek, Claudia Reiterer 2009:
HC Strache, Sein Aufstieg – Seine
Hintermänner – Seine Feinde, Gespräch
mit Herbert Scheibner, 2. 9. 2008
151 Nina Horaczek, Claudia Reiterer 2009:
HC Strache, Sein Aufstieg – Seine
Hintermänner – Seine Feinde, Gespräch
mit Peter Westenthaler am 20. 8. 2008
152 Nina Horaczek, Claudia Reiterer 2009:
HC Strache, Sein Aufstieg – Seine
Hintermänner – Seine Feinde, Gespräch
mit Johann Gudenus am 30. 7. 2008
153 Profil-Aussendung, 27. 11. 2004, Der
Standard, 7. 12. 2004
154 Nina Horaczek, Claudia Reiterer 2009:
HC Strache, Sein Aufstieg – Seine
Hintermänner – Seine Feinde
155 Wirtschaftswoche, 17. 8. 1995
156 Heribert Schiedel 2007: Der rechte Rand
157 Freiheitliche Frauenschaft Kärntens
(Hg.): Die Frau in Familie, Beruf und
Gesellschaft
158 Kurier, 7. 10. 1984
159 Heribert Schiedel, Klaus Zellhofer:
Personal für die dritte Republik. In:
Wolfgang Purtscheller (Hrsg.): Die
Rechten in Bewegung. Seilschaften und
Vernetzungen der „Neuen Rechten"
160 Die Presse, 29. 10. 2008
161 Profil, 19. 11. 2008, siehe auch FPÖ
Kärnten: Die Frau in Familie, Beruf und

Gesellschaft, zitiert nach Marianne
Wegerer 1995: Rechte Frauen(themen) in
Österreich, in Wolfgang Purtscheller
(Hrsg.): Die Rechte in Bewegung. Seilschaften und Vernetzungen der „Neuen
Rechten"
162 Reichsinnenminister Frick 1933, zitiert
nach Claus Mühlfeld, Friedrich Schönweiss: Nationalsozialistische Familienpolitik, Stuttgart 1989
163 Barbara Rosenkranz 2008: „MenschInnen" – Gender Mainstreaming – Auf dem
Weg zum geschlechtslosen Menschen
164 Parlamentskorrespondenz Nr. 552 vom 6.
6. 2008, siehe auch Die Presse, 16. 6.
2008
165 Profil, 19. 11. 2008
166 Profil, 25/2008
167 News, 45/2010
168 Profil, 14. 6. 2008
169 Margret Feit, Die neue Rechte in der
Bundesrepublik; Organisation – Ideologie
– Strategie, Frankfurt 1987, siehe auch:
Hellmut Diwald, Mut zur Geschichte,
Berlin 1985
170 Eva Kößlbacher: Männliche Dominanz;
in: Medien & Zeit, 3/1991
171 Eva Kößlbacher: Männliche Dominanz;
in: Medien & Zeit, 3/1991, siehe auch
Herbert Schnetzinger 1988: Dimensionen
rechtsradikaler Ideologien in Österreich
nach dem 2. Weltkrieg
172 Profil, 6. 2. 2012
173 Profil, 19. 11. 2008
174 Die ganze Woche 16. 3. 1989
175 FPÖ Burgenland, 18. 4. 2012
176 Unzensuriert, 7. 3. 2011
177 Der Standard, 8. 3. 2012
178 News, 6. 11. 2011
179 News, 6. 11. 2011
180 Profil, 6. 2. 2012
181 FPÖ, 7. 3. 2012
182 Oberösterreichische Nachrichten, 9. 6.
2011
183 Oberösterreichische Nachrichten, 9. 6.
2011
184 News, 6. 11. 2011
185 News, 6. 11. 2011
186 News, 6. 11. 2011
187 Der Standard, 10. 6. 2011
188 Matthias Lunzing: Von Treue, Verrat,
Bannflüchen und Vernichtungsstößen –
Das Verhältnis von FPÖ und völkischen
Verbindungen, in: HochschülerInnenschaft an der Universität Wien (Hg.):
Völkische Verbindungen, Beiträge zum
deutschnationalen Korporationunswesen
189 Aula, 7/8 1993
190 Claus Mühlfeld, Friedrich Schönweiss,
Nationalsozialistische Familienpolitik,
Stuttgart 1989

191 Freiheitliche Frauenschaft Kärntens (Hg.): Die Frau in Familie, Beruf und Gesellschaft

192 Europäische Bürgerinitiativen zum Schutz des Lebens und der Menschenwürde, 29. 9. 2006

193 Europäische Bürgerinitiativen zum Schutz des Lebens und der Menschenwürde, 29. 9. 2006

194 Profil, 14. 6. 2008

195 News, 13. 1. 2006

196 Österreich, 6. 1. 2008

197 Österreich zuerst, 23. 2. 2011

198 Gemeinde, Mai 1979

199 Falter, 24/1994, siehe auch Täglich alles, 26. 6. 1994

200 Bundesministerium für Inneres: Rechtsextremismus in Österreich, Jahreslagebericht 1994, Deutscher Verfassungsschutzbericht, Bonn 1995, Landesamt für Verfassungsschutz Hamburg 1997

201 Heribert Schiedel, Martin Tröger 2002: Durch Reinheit zur Einheit, Zum deutschnationalen Korporationswesen in Österreich

202 Michael Gehler 1998: Studentenverbindungen und Politik an Österreichs Universitäten

203 Gruppe AuA (aua blogspot.de), Braune Burschen, in: HochschülerInnenschaft an der Universität Wien, 2009, Völkische Verbindungen, Beiträge zum deutschnationalen Korporationsunwesen in Österreich

204 Heribert Schiedel, Martin Tröger 2002: Durch Reinheit zur Einheit, Zum deutschnationalen Korporationswesen in Österreich; Michael Gehler 1998: Studentenverbindungen und Politik an Österreichs Universitäten

205 Andreas P. Pittler, 1994: Friedrich Ludwig Jahn und der ÖTB. Zum ideologischen Gehalt des „Jahnschen Turnens"; in: Handbuch des österreichischen Rechtsextremismus, Hg.: DÖW

206 Andreas P. Pittler, 1994: Friedrich Ludwig Jahn und der ÖTB. Zum ideologischen Gehalt des „Jahnschen Turnens"; in: Handbuch des österreichischen Rechtsextremismus, Hg.: DÖW, vergleiche auch Michael Gehler 1995: Rechtskonservativismus, Rechtsextremismus und Neonazismus in österreichischen Studentenverbindungen nach 1945

207 Monika Richarz, 1974: Der Eintritt der Juden in die akademischen Berufe

208 Neues von ganz rechts, Oktober 2008

209 Burschenschaftliche Blätter, 1/1923, zitiert nach: Neues von ganz rechts, Oktober 2008

210 Viennablog.at/2006/09/07juergen-schwab

211 Michael Grüttner, 1995: Studenten im Dritten Reich

212 Alfred Rosenberg, letzte Aufzeichnungen 1955

213 Michael Grüttner, 1995: Studenten im Dritten Reich, siehe auch Stefanie Senger, 2004: Studenten als Wegbegleiter der NS-Diktatur

214 Michael Gehler: Männer im Lebensbund, in: Zeitgeschichte, 1. 2. 1994

215 Talos, Hanisch, Neugebauer 1988: NS-Herrschaft in Österreich

216 Profil, 2. 2. 2009

217 Michael Gehler 1995: Rechtskonservativismus, Rechtsextremismus und Neonazismus in österreichischen Studentenverbindungen nach 1945; in: Werner Bergmann, Rainer Erb, Albert Lichtblau (Hg.): Differenzen im Umgang mit NS, Antisemitismus und Holocaust in der Bundesrepublik, der DDR und Österreich

218 Pressetext der Burschenschaft Olympia, http://olympia.burschenschaft.at/pressetext20020502.html

219 Wiener akademische Burschenschaft Olympia, Wahr und treu, zitiert nach Heribert Schiedel, Martin Tröger, 2010: Zum deutschnationalen Korporationswesen in Österreich

220 Völkischer Beobachter, 9. 6. 1938

221 Heribert Schiedel, Martin Tröger 2002: Durch Reinheit zur Einheit, Zum deutschnationalen Korporationswesen in Österreich

222 Heribert Schiedel, Martin Tröger 2002: Durch Reinheit zur Einheit, Zum deutschnationalen Korporationswesen in Österreich

223 http://www.kommers09.at, siehe auch http://novemberpogrom1938.at/d/Taeterkreis.html, siehe auch Blick nach rechts, DÖW, siehe auch Heribert Schiedel, Martin Tröger 2002: Durch Reinheit zur Einheit, Zum deutschnationalen Korporationswesen in Österreich

224 Bericht von Josef Herzler, ehemaliger Mauthausener Häftling, im DÖW, Dokumentationsarchiv des österreichischen Widerstandes, siehe auch KZ Gusen Memorial Committee, KZ Mauthausen-Gusen Info-Pages

225 http://www.deathcamps.org, Warsaw Ghetto Uprising, siehe auch http://de.wikipedia.org/wiki/Ferdinand_von_Sammern-Frankenegg

226 Heribert Schiedel, Martin Tröger 2002: Durch Reinheit zur Einheit, Zum deutschnationalen Korporationswesen in Österreich, siehe auch Michael Gehler 1995: Rechtskonservativismus, Rechts-

321

extremismus und Neonazismus in österreichischen Studentenverbindungen nach 1945

227 Heribert Schiedel, Martin Tröger 2002: Durch Reinheit zur Einheit, Zum deutschnationalen Korporationswesen in Österreich

228 Falter, 15. 12. 2001, siehe auch http://www.sozialismus.net

229 Curt Knoll 1924: Die Geschichte wehrhafter Vereine deutscher Studenten in der Ostmark

230 Stefanie Senger, 2004: Studenten als Wegbegleiter der NS-Diktatur

231 Österreichischer Hochschulführer, siehe Volksstimme 8. 4. 1965

232 Kartell-Chargen-Konvent des MKV 1963/64: Die schlagenden Mittelschulverbindungen Österreichs

233 Michael Gehler 1995: Rechtskonservativismus, Rechtsextremismus und Neonazismus in österreichischen Studentenverbindungen nach 1945

234 Harald Seewann 2007: Jahrbuch des Vereins für corpsstudentische Geschichtsforschung, 52

235 Aula 9/1994

236 Aula, Juli 2011

237 http://de.wikipedia.org/wiki/Wiener_akademische_Burschenschaft_Olympia, siehe auch Spiegel TV, 9. 6. 2012

238 Inlandsreport, 18. 8. 1988

239 BurschenDruck 2005: Handbuch der deutschen Burschenschaft

240 zitiert nach Michael Mende 2011: Die „Burschenschaftliche Gemeinschaft" und ihre Positionen, aida-archiv.de, siehe auch Heribert Schiedel, Martin Tröger 2002: Durch Reinheit zur Einheit, Zum deutschnationalen Korporationswesen in Österreich

241 Zitiert nach Der Spiegel, 24/1997

242 Heribert Schiedel, Martin Tröger 2002: Durch Reinheit zur Einheit, Zum deutschnationalen Korporationswesen in Österreich

243 http://de.wikipedia.org/wiki/Verbotsgesetz_1947

244 Beantwortung der parlamentarischen Anfrage der Abgeordneten Anschober, Freunde und Freundinnen durch Bundesminister Dr. Franz Löschnak, 17. 4. 1992, Nr. II-5610 der Beilagen zu den Stenographischen Protokollen des Nationalrates, XVIII. Gesetzgebungsperiode

245 http://de.wikipedia.org/wiki/John_Gudenus

246 Markus Perner/Klaus Zellhofer 1994: Österreichische Burschenschaften als akademische Vorfeldorganisationen des Rechtsextremismus, in: Handbuch des

Österreichischen Rechtsextremismus, Hg.: DÖW

247 Markus Perner/Klaus Zellhofer 1994: Österreichische Burschenschaften als akademische Vorfeldorganisationen des Rechtsextremismus, in: Handbuch des Österreichischen Rechtsextremismus, Hg.: DÖW

248 Heribert Schiedel, Martin Tröger 2002: Durch Reinheit zur Einheit, Zum deutschnationalen Korporationswesen in Österreich

249 Heribert Schiedel, Martin Tröger 2002: Durch Reinheit zur Einheit, Zum deutschnationalen Korporationswesen in Österreich, http://aua.blogsport.de/images/Scharnier.pdf

250 Profil, 29. 11. 1999

251 Profil, 29. 11. 1999

252 Profil, 29. 11. 1999

253 Falter, 22. 5. 2002

254 Stoppt die Rechten, 29. 5. 2010

255 Peter Longerich 1992: Hitlers Stellvertreter. Führung der Partei und Kontrolle des Staatsapparates durch den Stab Heß und die Partei-Kanzlei Bormann

256 Wolf Rüdiger Heß 1998: Rudolf Heß: „Ich bereue nichts"

257 James Douglas-Hamilton 1973: Geheimflug nach England – Der „Friedensbote" Rudolf Heß, siehe auch Rainer F. Schmidt 1997: Botengang eines Toren? Der Flug von Rudolf Heß nach Großbritannien vom 10. Mai 1941

258 wp.welsgegenrechts.at 4 / 2010, siehe auch: alpendodelinfo.wordpress.com

259 Profil, 10. 5. 2010, siehe auch Stoppt die Rechten, 17. 11. 2010

260 Website der Libertas, zitiert nach DÖW, Neues von ganz rechts, Februar 2009

261 Die Presse, 14. 5. 2008; siehe auch Österreich, 8. 2. 2010

262 Jugend Echo 5 / 2004

263 Karl Öllinger 2009, Dossier: Der „Bund Freier Jugend" und seine Nazis

264 Gutachten von Univ. Prof. DDr. Heinz Mayer über AFP und BFJ, einzusehen im DÖW, siehe auch parlamentarische Anfrage der Abgeordneten Oberhaidinger und GenossInnen an die Bundesministerin für Inneres, 26. 4. 2006, 4176/J XXII. GP

265 DÖW, Neues von ganz rechts, Juli 2002

266 Gruppe AuA (aua.blogspot.de) 2009, in Österreichische HochschülerInnenschaft an der Universität Wien, Völkische Verbindungen, Beiträge zum deutschnationalen Korporationsunwesen in Österreich

267 DÖW, Neues von ganz rechts, Juli 2002

268 Deutsches Bundesministerium des Inneren, Verfassungsschutzbericht 2002

269 Der Standard, 19. 9. 2010

270 Neues von ganz rechts, August 2008
271 „Klarstellung" der Teutonia, faksimiliert in: Stoppt die Rechten, 23. 10. 2010
272 Profil, 18. 9. 2010
273 Der Standard, 20. 9. 2010
274 Profil, 18. 9. 2010
275 Profil, 41/2008
276 Profil 6/2009
277 DÖW, Neues von ganz rechts, August 2002
278 DÖW, September 2007
279 Staatsschutzbericht 1998. Republik Österreich: Bundesministerium für Inneres
280 Brigitte Bailer, Wolfgang Neugebauer, 1993: Rechtsextreme Vereine, Parteien, Zeitschriften, informelle/illegale Gruppen, in DÖW: Handbuch des Rechtsextremismus
281 DÖW, Neues von ganz rechts, März 2001
282 Stoppt die Rechten, November 2002
283 NÖN, Mistelbach, 26/2002
284 DÖW, Neues von ganz rechts, Juni 2006
285 Gruppe AuA (aua.blogspot.de) 2009, in Österreichische HochschülerInnenschaft an der Universität Wien, Völkische Verbindungen, Beiträge zum deutschnationalen Korporationsunwesen in Österreich
286 Circular 19/1999 des Corps Arminia Turicensis
287 DÖW, Neues von ganz rechts, März 2003
288 News, 6/2009
289 www.gruene.at/uploads/media/Olympia_Dossier1.doc
290 Der Olympe, 4/1991
291 Wiener akademische Burschenschaft Olympia 1989: Wahr und treu, kühn und frei! 130 Jahre Burschenschaft Olympia
292 Heribert Schiedel, Martin Tröger 2002: Durch Reinheit zur Einheit, Zum deutschnationalen Korporationswesen in Österreich
293 Erkenntnis des Verfassungsgerichtshofes, 7. 3. 1989, B1824/88
294 Urteil des Verfassungsgerichtshofes, 27. 6. 1963, B 266/62
295 Urteil des Verfassungsgerichtshofes, 27. 6. 1963, B 266/62
296 Brigitte Bailer, Wolfgang Neugebauer, 1993 in DÖW: Handbuch des Rechtsextremismus
297 VfGH, 25. 6. 1988
298 Anfrage der Abgeordneten Öllinger, Haidlmayr, Freundinnen und Freunde an den Bundesminister für Inneres, 4831/J XX.GP (1998)
299 Urteil des Verfassungsgerichtshofes, 27. 6. 1963, B 266/62
300 Heribert Schiedel, Martin Tröger 2002: Durch Reinheit zur Einheit, Zum deutschnationalen Korporationswesen in Österreich

301 Junge Freiheit 4/1990, Interview mit der Wiener Burschenschaft Olympia
302 Junge Freiheit, 18-19, 1996
303 Zitiert nach Der Spiegel, 24/1997
304 Wiener akademische Burschenschaft Olympia 1989: Wahr und treu, kühn und frei! 130 Jahre Burschenschaft Olympia
305 ORF, 5. 10. 2008, Hohes Haus
306 Wiener akademische Burschenschaft Olympia 1989: Wahr und treu, kühn und frei! 130 Jahre Burschenschaft Olympia
307 Format, 21/2000
308 www.gruene.at/uploads/media/Olympia_Dossier1.doc
309 Heribert Schiedel, Martin Tröger 2002: Durch Reinheit zur Einheit, Zum deutschnationalen Korporationswesen in Österreich, siehe auch Michael Gehler 1995: Rechtskonservatismus, Rechtsextremismus und Neonazismus in österreichischen Studentenverbindungen nach 1945
310 Profil, 6/2009
311 Der Olympe, 1/1993
312 Format, 21/2000
313 http://science1.orf.at/science/news/68145, siehe auch: http://www.oeh.univie.at/politik/presseaussendungen/2006/06-11-23/
314 DÖW: Stellungnahme (nicht datiert) zur Wiener Akademischen Burschenschaft Olympia
315 Profil, 6. 6. 2009
316 Profil, 6. 6. 2009
317 Wolfgang Purtscheller 1993: Aufbruch der Völkischen – das braune Netzwerk
318 Profil, 2. 2. 2009
319 Stoppt die Rechten, 16. 4. 2011
320 Profil, 10. 6. 2009. siehe auch Profil, 2. 2. 2009
321 Fakten, 27/1993
322 Fakten, 27/1993, siehe auch Anfrage der Abgeordneten Öllinger, Haidlmayr, Freundinnen und Freunde an den Bundesminister für Inneres, 4831/J XX.GP (1998)
323 Gruppe AuA, (aua.blogspot.de) Braune Burschen, in: HochschülerInnenschaft an der Universität Wien, 2009, Völkische Verbindungen, Beiträge zum deutschnationalen Korporationsunwesen in Österreich
324 Gruppe AuA, (aua.blogspot.de) Braune Burschen, in: HochschülerInnenschaft an der Universität Wien, 2009, Völkische Verbindungen, Beiträge zum deutschnationalen Korporationsunwesen in Österreich
325 Werbeflugblatt der Olympia, zitiert nach www.gruene.at/uploads/media/Olympia_Dossier1.doc

326 Homepage der Olympia, Februar 2010, zitiert nach: http://www.linkswende. org/4337/Wirtschaftskrise-Faschismus-Olympia-will-Umsturz

327 Bericht der pennalen Verbindung Eysn, Steyr, zitiert nach: Stoppt die Rechten, 6. 3. 2011

328 No-racism.net/print, 20. 3. 2006, Rechtsextremes Sommerlager in Kärnten

329 Harald Walser, Die Grünen, 14. 1. 2011, haraldwalser.twoday.net/stories/5444722/

330 Gruppe AuA, (aua blogspot.de) Braune Burschen, in: HochschülerInnenschaft an der Universität Wien, 2009, Völkische Verbindungen, Beiträge zum deutschnationalen Korporationsunwesen in Österreich

331 Jungle World Nr. 4, 22. Januar 2009

332 Profil 1/2009, siehe auch Gruppe AuA, (aua blogspot.de) Braune Burschen, in: HochschülerInnenschaft an der Universität Wien, 2009, Völkische Verbindungen, Beiträge zum deutschnationalen Korporationsunwesen in Österreich

333 blond 4/2008, zitiert nach Gruppe AuA, (aua blogspot.de) Braune Burschen, in: HochschülerInnenschaft an der Universität Wien, 2009, Völkische Verbindungen, Beiträge zum deutschnationalen Korporationsunwesen in Österreich

334 Gruppe AuA, (aua blogspot.de) Braune Burschen, in: HochschülerInnenschaft an der Universität Wien, 2009, Völkische Verbindungen, Beiträge zum deutschnationalen Korporationsunwesen in Österreich

335 ORF, 8. 5. 2006

336 DÖW 1994, Handbuch des Rechtsextremismus, Organisationen, Publikationen, Vereine

337 Witikobrief 6/1974

338 http://www.trend.infopartisan.net/ trd0998/t600998.html

339 Mitgliederliste u. a. nadir-Archiv, siehe unter http://www.nadir.org/nadir/archiv/ Antifaschismus/Organisationen/Diverse/ wikito_bund.html

340 Deutschen Bundesministerium des Inneren, Verfassungsschutzbericht 2008

341 Verfassungsschutzbericht des Landes Baden-Württemberg 1998

342 Stoppt die Rechten, 17. 11. 2010

343 Urteilstext des Londoner High Court, http://www.hmcourts-service.gov.uk

344 Wolfgang Purtscheller 1993: Aufbruch der Völkischen – Das braune Netzwerk

345 Volksstimme, 19. 9. 1981

346 Armin Pfahl-Traughber 2007: Eine nationalrevolutionäre Kritik an der NPD. Der Rechtsextremistische Intellektuelle

Jürgen Schwab als Ideologe und Kritiker der Partei. In: Uwe Backes, Henrik Steglich (Hrsg.): Die NPD. Erfolgsbedingungen einer rechtsextremistischen Partei

347 Verfassungsschutzberichte des deutschen Innenministeriums 2005 bis 2010

348 DÖW, Neues von ganz rechts, September 2008

349 Bayerisches Landesamt für Verfassungsschutz 2001, Neonazismus und rechtsextreme Gewalt; siehe auch: viennablog. at/2006/09/07/juergen schwab

350 Toralf Staud 2005: Moderne Nazis. Die neuen Rechten und der Aufstieg der NPD

351 Rede von Herbert Schaller im Dezember 2006 bei der Holocaustleugner-Konferenz in Teheran, Manuskript im Dokumentationsarchiv des österreichischen Widerstandes, DÖW

352 News 42/2006

353 Deutsche Stimme 4/2006

354 http://www.gruene.at/uploads/media/ Gruene_Olympia_Doss_Okt08_01.pdf

355 Profil, 2. 12. 2011

356 Landesamt für Verfassungsschutz, Stuttgart 2006, Rechtsextremismus

357 Hans-Henning Scharsach 1995: Haiders Clan, Wie Gewalt entsteht

358 Heribert Schiedel, Stephan Grigat: Hass der Rechten auf die Kritische Theorie: Burschis gegen Adorno, in haGalil

359 Der Standard, 8. 2. 2010

360 Bericht des Landesamtes für Verfassungsschutz, Hamburg 2009

361 Neue Presse, Coburg, 17. 11. 2011, siehe Stoppt die Rechten, 18. 11. 2011

362 TV-Magazin Kontrovers, zitiert nach Der Standard, 18. 11. 2011

363 Stoppt die Rechten, 29. 5. 2010

364 Stoppt die Rechten, 29. 5. 2010

365 Verfassungsschutzbericht des deutschen Innenministeriums 2005 und 2006

366 Bayerisches Innenministerium: Verfassungsschutzbericht 2004

367 Blick nach rechts, 10/2003

368 Blick nach rechts, 3/2003

369 Britta Schellenberg: Auseinandersetzung mit Rechtsextremismus anhand rechtsextremer Musik

370 Berliner Morgenpost, 15. 1. 2008

371 Der Spiegel 16/1962 (online): Ich ließ Rosa Luxemburg richten

372 Berliner rechts, 29. 5. 2010 siehe auch: Der Standard, 6. 5. 2011 Festschrift Wahr und treu, kühn und frei. 130 Jahre Burschenschaft Olympia, zitiert nach: Morgenpost, 4. 12. 2010

373 Blick nach rechts, 29. 5. 2010

374 Der Standard, 6. 5. 2011

375 Festschrift 130 Jahre Burschenschaft Olympia 1989: Wahr und treu, kühn und frei, siehe auch Rede zum 8. Mai 2002 von Wolfgang Jung, Abgeordneter zum Nationalrat, seit 2005 Abgeordneter zum Wiener Landtag
376 Falter, 17. 7. 2002
377 Der Standard, 8. 5. 2011
378 Profil, 14. 5. 2011
379 Der Standard, 9. 5. 2011
380 Fremdenfeindlichkeit und Extremismus, viennablog.at/2006/09/08/nationales-ehrenkomitee
381 Stoppt die Rechten, 7. 5. 2011, siehe auch DÖW, Neues von ganz rechts, Mai 2011
382 Anzeige Karl Öllinger an die Staatsanwaltschaft Wien, 12. 5. 2011, Foto als Beilage
383 DÖW, Neues von ganz rechts, November 2004
384 http://www.malmoe.org/artikel/widersprechen/1766, 20. 1. 2009
385 News, 46/2005
386 DÖW, Neues von ganz rechts, November 2004
387 DÖW, Neues von ganz rechts, November 2004
388 DÖW, Neues von ganz rechts, November 2004
389 Stoppt die Rechten, 29. 4. 2011
390 Gruppe AuA!: Braune Burschen, Die Geschichte des österreichischen Rechtsextremismus und Neonazismus ist nicht zuletzt auch eine Geschichte der völkischen Korporationen, in: Hochschüler-Innenschaft an der Universität Wien, 2009, Völkische Verbindungen, Beiträge zum deutschnationalen Korporationsunwesen in Österreich
391 Der Standard, 18. 4. 2008
392 DÖW, Neues von ganz rechts, November 2003
393 DÖW, Neues von ganz rechts, August 2003
394 DÖW, Neues von ganz rechts, November 2003
395 DÖW, Neues von ganz rechts, November 2004
396 DÖW, Neues von ganz rechts, November 2003
397 DÖW, Neues von ganz rechts, November 2004
398 DÖW, Neues von ganz rechts, November 2004
399 Der Standard, 15. 11. 2006
400 Der Standard, 18. 4. 2008
401 DÖW, Neues von ganz rechts, November 2007
402 http://www.wno.org/newpages/cul08.html
403 Profil, 24. 4. 2010
404 http://neuwal.com/index.php/2011/06/26/agent-provocateurs-in-den-eigenen-reihen/#03

405 AK Kärnten, 7. 10. 2010
406 Klaus Amann, Professor am Germanistik-Institut der Universität Klagenfurt, in Slovenski Vestnik, 9. 1. 1991
407 Der Standard, 13. 9. 2010
408 AK Kärnten, 5. 10. 2010
409 AK Kärnten, 8. 10. 2010
410 Videoaufnahme des Hamburger SS-Veteranen Franz Schmitz, der die Veranstaltung für bettlägerige Kameraden aufnahm, die sich die Reise nach Klagenfurt nicht mehr zumuten wollten. Krumpendorf, 30. 9. 1995
411 Observateur, 13. 10. 2004
412 L'Humanité, 7. 3. 2005
413 Bayrischer Verfassungsschutz 2011: Rechtsextreme Parteien
414 Hans-Peter Killguss Jürgen Peters, Alexander Häusler: Pro Köln – Entstehung und Aktivitäten
415 Berliner rechts, 29. 5. 2010, siehe auch: Der Standard, 6. 5. 2011 Festschrift Wahr und treu, kühn und frei. 130 Jahre Burschenschaft Olympia, zitiert nach: Morgenpost, 4. 12. 2010
416 Brief von Dieter Stein, Chefredakteur der „Jungen Freiheit" an Andreas Mölzer, Pressemitteilung Junge Freiheit Verlag, Berlin, den 27. September 2007
417 Profil, 17. 1. 2012
418 Reinhold Gärtner 1994: Die Aula, in: Handbuch des österreichischen Rechtsextremismus, Hg.: DÖW
419 DÖW, Neues von ganz rechts, Februar 1999
420 DÖW, Neues von ganz rechts, April 1999
421 DÖW, Neues von ganz rechts, April 1999
422 Reinhold Gärtner 1994: Die Aula, in: Handbuch des österreichischen Rechtsextremismus, Hg.: DÖW
423 Reinhold Gärtner 1994: Die Aula, in: Handbuch des österreichischen Rechtsextremismus, Hg.: DÖW
424 Sonderblatt Aula, 5. 2. 1979
425 Reinhold Gärtner 1994: Die Aula, in: DÖW, Handbuch des österreichischen Rechtsextremismus
426 Aula, 1/1992
427 Aula, 1/1992
428 Aula, 6/1995
429 Aula, 9/1989
430 Aula, 1/1992
431 Aula 1/2003
432 Brigitte Bailer, Wolfgang Neugebauer 1993: Die FPÖ vom Liberalismus zum Rechtsextremismus, in: DÖW, Handbuch des österreichischen Rechtsextremismus
433 Aula, 7–8/1994
434 Aktenzeichen 13 Vr 3242/94
435 Der Standard, 12. 11. 1993
436 Der Standard, 26. 5. 1995

325

437 DÖW, Neues von ganz rechts, Juni 2006
438 Der Standard, 30. 4. 1995
439 Aula 7–8 1993
440 Aula 3/1984
441 DÖW, Neues von ganz rechts, November 2004
442 Aula 7–8 2003
443 Gesellschaft für freie Publizistik, 28. 4. 2011
444 DÖW, Neues von ganz rechts, Februar 2012
445 Aula, 4/2005, Siehe DÖW, Neues von ganz rechts, Mai 2005
446 Aula 7–8 2005, siehe auch DÖW, Neues von ganz rechts, August 2005
447 Aula 7–8 2005, siehe auch DÖW, Neues von ganz rechts, August 2005
448 Aula, 9/2005, siehe auch DÖW, Neues von ganz rechts, September 2005
449 Aula, 12/2005, siehe auch DÖW, Neues von ganz rechts, Dezember 2005
450 Aula, 1/2006, siehe auch DÖW, Neues von ganz rechts, Januar 2006
451 DÖW, Neues von ganz rechts, Juli 2006
452 Aula, 9/2006
453 Aula 12/2009
454 Aula, 6/2006, siehe auch DÖW, Neues von ganz rechts, Juni 2006
455 Aula, 4/2008
456 Aula 6/2007
457 Aula 4/2009
458 Aula 3/2009
459 Aula 5/2011
460 Aula 11/2009
461 Aula, 9/2008
462 Aula, 10/2007
463 Aula, 10/2007
464 DÖW, Neues von ganz rechts, Mai 2010
465 Christine Schindler 2011: NS-Apologetik in der Zeitschrift Die Aula: Verhöhnung der Opfer des Nationalsozialismus
466 Aula 12/2009
467 Margret Feit 1987: Die „Neue Rechte" in der Bundesrepublik
468 Margret Feit 1987: Die „Neue Rechte" in der Bundesrepublik
469 Zur Zeit 23/1999
470 Zur Zeit 19/2005 und 18/2006, zitiert nach DÖW, Neues von ganz rechts, Mai 2005 und 2006
471 DÖW, Neues von ganz rechts, Februar 2001
472 Zur Zeit 42/2003
473 Zur Zeit 17/2010
474 Zitiert nach Karl Pfeifer in: haGalil, 13. 9. 2002
475 Salzburger Nachrichten, 21. 8. 1999
476 DÖW, Neues von ganz rechts, Dezember 2003
477 Armin Pfahl-Traughber 1998: Konservative Revolution und Neue Rechte

478 Friedrich Romig 2004: Gottesstaat auf europäisch, in: Junge Freiheit 20/2004
479 DÖW, Neues von ganz rechts, März 2010
480 Heribert Schiedel, DÖW 2001: „Österreich neu regieren": Steuergeld für Vorfeldorganisationen des Rechtsextremismus
481 Jahrbuch Extremismus & Demokratie, Bouvier 2000
482 Heribet Schiedel, DÖW 2001: „Österreich neu regieren": Steuergeld für Vorfeldorganisationen des Rechtsextremismus
483 Observateur, 13. 10. 2004
484 L'Express, 8. 4. 2004
485 L'Humanité, 7. 3. 2005
486 Heribert Schiedel, DÖW 2001: „Österreich neu regieren": Steuergeld für Vorfeldorganisationen des Rechtsextremismus
487 Zur Zeit, 11/2003
488 Zur Zeit, 4/2008
489 Zur Zeit 46, 2003
490 Heribert Schiedel, DÖW 2001: „Österreich neu regieren": Steuergeld für Vorfeldorganisationen des Rechtsextremismus
491 Zur Zeit 38–39/2004
492 DÖW, Neues von ganz rechts, September 2004
493 Zur Zeit 28/2004, Neues von ganz rechts, Juli 2004
494 DÖW, Neues von ganz rechts, Juni 2006
495 DÖW, Neues von ganz rechts, November 2007
496 Zur Zeit 43–44/2007
497 Deutsches Bundesministerium des Inneren, Verfassungsschutzbericht 2008
498 DÖW, Neues von ganz rechts, Oktober 2007, siehe auch http://forum.thiazi.net/archive/index.php/t-108661.html
499 Zur Zeit 24–25/2001, siehe auch Heribert Schiedel, DÖW 2001: „Österreich neu regieren": Steuergeld für Vorfeldorganisationen des Rechtsextremismus
500 Zur Zeit 32/2001
501 Salzburger Nachrichten, 27. 6. 1980
502 Matthias Lunznig: Von Treue und Verrat, Bannflüchen und Vernichtungsstößen, in: HochschülerInnenschaft an der Universität Wien 2009, Völkische Verbindungen Beiträge zum deutschnationalen Korporationsunwesen in Österreich
503 Matthias Lunznig: Von Treue und Verrat, Bannflüchen und Vernichtungsstößen, in: HochschülerInnenschaft an der Universität Wien 2009, Völkische Verbindungen Beiträge zum deutschnationalen Korporationsunwesen in Österreich
504 Matthias Lunznig: Von Treue und Verrat, Bannflüchen und Vernichtungsstößen, in: HochschülerInnenschaft an der Universität Wien 2009, Völkische Verbindungen Beiträge zum deutschnationalen Korporationsunwesen in Österreich

505 Zur Zeit, 20/2009
506 DÖW, Neues von ganz rechts, Mai 2009
507 Der Standard, 9. 5. 2011
508 Gruppe AuA, (aua blogspot.de) Braune Burschen, in: HochschülerInnenschaft an der Universität Wien, 2009, Völkische Verbindungen, Beiträge zum deutschnationalen Korporationsunwesen in Österreich
509 Olympia Sprecherbericht SS 1992
510 Brief der Rechtsanwälte Dr. Johannes Hübner und Dr. Gerhard Steiner an die Parlamentsklubs von SPÖ, ÖVP, FPÖ, BZÖ und Grüne vom 15. 10. 2008
511 Falter, 22. 5. 2002
512 Deutsches Bundesministerium des Inneren, Verfassungsschutzbericht 2008
513 Michael Gehler 1998: Studentenverbindungen und Politik an Österreichs Universitäten
514 Gruppe AuA, (aua blogspot.de) Braune Burschen, in: HochschülerInnenschaft an der Universität Wien, 2009, Völkische Verbindungen, Beiträge zum deutschnationalen Korporationsunwesen in Österreich
515 ORF X-Large, 6. 12. 1992
516 Homepage der Österreichischen Landsmannschaft, http://oelm.at
517 DÖW, Handbuch des österreichischen Rechtsextremismus
518 Eckartbote 10/1989
519 Der Eckart, 9/2006
520 Der Eckart 6/2002
521 Christian S. Ortner (Hg.) 1987: Am Beispiel Walter Reder
522 Der Eckart 7–8/2002
523 Eckart 1/2005
524 DÖW, Neues von ganz rechts, Januar 2005
525 Eckartbote 3/1988
526 Der Eckart, 6/2002
527 Eckartbote 4/1989
528 Eckartbote, 6/1992
529 Eckartbote 7–8/1988
530 Der Eckart, 2/2009
531 Der Eckart 7–8/2005
532 Eckartbote, 1/1994
533 Der Eckart 6/2006
534 Der Eckart, 4/2005
535 Der Eckart, 2/2004
536 Der Eckart 4/2003
537 Der Eckart 8/2005
538 Eckartbote 9/1990
539 Eckartbote 5/1991
540 Der Eckart, 10/1993
541 Der Eckart 10/2003
542 Eckartbote 10/1992
543 Eckartbote 3/2000
544 DÖW, Neues von ganz rechts, Mai 2006
545 Der Eckart, 5/2006
546 Der Eckart, 6/2002

547 Der Eckart, 2/2003
548 Zitiert nach: Antifaschistische Nachrichten Mai 2006
549 Deutsche Stimme 11/2000
550 zitiert nach Falter, 51–52/1994
551 Volksstimme, 21. 12. 1994
552 Handbuch des österreichischen Rechtsextremismus, DÖW 1993
553 DÖW, Neues von ganz rechts, April 2009
554 DÖW, Neues von ganz rechts, Juni 2007
555 Der Standard, 16. 5. 2003
556 Der Standard, 18. 1. 1992
557 Kurier, 20. 3. 1994
558 Kurier, 18. 1. 1992
559 Kurier, 20. 4. 1994
560 zitiert nach Wolfgang Purtscheller 1993: Aufbruch der Völkischen – Das braune Netzwerk
561 Wiener Beobachter, 71/1989
562 Kommentare zum Zeitgeschehen, 11/1992
563 Kommentare zum Zeitgeschehen, 7/1992
564 Kommentare zum Zeitgeschehen, 204/1990
565 Kommentare zum Zeitgeschehen, 253/1992
566 DÖW, Neues von ganz rechts, Februar 2009
567 Wiener Beobachter, 13/1981
568 DÖW, Neues von ganz rechts, Oktober 2005, September 2006, August 2008
569 DÖW Archiv: Arbeitsgemeinschaft für demokratische Politik (AFP), Kontakte
570 No-racism.net, 25. 10. 2006: AFP-Akademie: Alte Nazis, Jammerbarden, Nachwuchsschulung
571 DÖW, Neues von ganz rechts, April 2004
572 Referentenlisten der AFP-Veranstaltungen in: DÖW 1981: Rechtsextremismus in Österreich nach 1945; DÖW 1993: Handbuch des österreichischen Rechtsextremismus; siehe auch Margret Feit 1987: Die „Neue Rechte" in der Bundesrepublik und Wolfgang Purtscheller 1993: Aufbruch der Völkischen – Das braune Netzwerk
573 DÖW, Neues von ganz rechts, Oktober 2009
574 Dokumentation „Die Wahrheit macht frei", Schweden 1991 Artikel zur „Auschwitzlüge" auf der Website der Bundeszentrale für politische Bildung
575 Bernhard Torsch in: haGalil.com, 19. 10. 2004
576 News, 42/1993
577 No-racism.net, 25. 10. 2006: AFP-Akademie: Alte Nazis, Jammerbarden, Nachwuchsschulung
578 DÖW, Neues von ganz rechts, Oktober 1998
579 No-racism.net, 25 10. 2006: AFP-Akademie: Alte Nazis, Jammerbarden, Nachwuchsschulung

580 DÖW, Neues von ganz rechts, April 2004
581 DÖW, Neues von ganz rechts, September 2009
582 Frank Seberechts, Robert Verbelen, in: Nieuwe encyclopedie van de Vlaamse Beweging
583 Assheuer/Sarkowicz 1992: Rechtsradikale in Deutschland, Die alte und die neue Rechte
584 Stoppt die Rechten, 7/2010
585 Erbe und Verantwortung – Eugenische Rundschau, Heft 1/2, 1. Mai 1965
586 Margret Feit 1987: Die „Neue Rechte" in der Bundesrepublik
587 Stoppt die Rechten, 20. 10. 2010
588 Der Spiegel, 1. 4. 1996
589 Stoppt die Rechten, 21. 10. 2010
590 Aktion Widerstand. Eine antidemokratische Bewegung, dargestellt in Dokumenten. Hrsg. Friedrich-Ebert Stiftung, Bonn – Bad Godesberg 1971
591 Deutscher Verfassungsschutzbericht 2004
592 Stoppt die Rechten, 24. 8. 2010
593 Margret Feit 1987: Die „Neue Rechte" in der Bundesrepublik
594 Recht und Wahrheit, 1–2/1993, Zeitschrift der neonazistischen „Deutschen Freiheitsbewegung"
595 DÖW, Archiv: Arbeitsgemeinschaft für demokratische Politik
596 Stoppt die Rechten, 19. 10. 2010
597 DÖW, Neues von ganz rechts, Mai 2009
598 Teilnehmerliste laut Veranstaltungsprogrammen der AFP, veröffentlicht in: Stoppt die Rechten, 24. 8. 2010
599 APA-OTS, 16. Februar 2004
600 Falter, 43/2008
601 Kurier, 4. 5. 2007
602 Stoppt die Rechten, AFP 1, 22. 7. 2010; AFP 2, 9. 8. 2010; AFP 3, 24. 8. 2010; AFP 4, 18. 11. 2010
603 Hans-Henning Scharsach, 1995: Haiders Clan, Wie Gewalt entsteht
604 http://rfjwatch.wordpress. com/2010/03/10/grazer-rfj-auf-wiederbetaetigungs-und-pruegeltour/, siehe auch Der Standard, 10. 3. 2010, siehe auch: RFJ-watch
605 Der Standard, 28. 10. 2008
606 Österreichischer Verfassungsschutzbericht 2007, zitiert nach DÖW, Neues von ganz rechts, Oktober 2008
607 Univ. Prof. DDr. Heinz Mayer, Rechtsgutachten: Verfassungsrechtliche Beurteilung vom 3. Februar 2005 diverser Publikationen der AFP
608 Jugend Echo, 5/2004
609 Jugend Echo, 1/2005
610 Valentin Kirisits 2006: Rechtsextremismus in Österreich und wie dagegen gehandelt wird

611 Univ. Prof. DDr. Heinz Mayer, Rechtsgutachten: Verfassungsrechtliche Beurteilung vom 3. Februar 2005 diverser Publikationen der AFP
612 DÖW, Neues von ganz rechts, August 2004
613 Verfassungsschutzbericht 2006
614 Österreichischer Verfassungsschutzbericht 2007, zitiert nach DÖW, Neues von ganz rechts, Oktober 2008
615 Nina Horaczek, Claudia Reiterer 2009: HC Strache, Sein Aufstieg – Seine Hintermänner – Seine Feinde
616 DÖW, Neues von ganz rechts, Mai 2004
617 http://www.youtube.com/ watch?v=aX7Puu0brBo, http://www. youtube.com/watch?v=aX7Puu0brBo
618 DÖW, Neues von ganz rechts, Juli 2003
619 DÖW, Neues von ganz rechts, Juni 2004
620 DÖW, Neues von ganz rechts, Juli 2003
621 Presseaussendung Nr. 2 des Schutzbündnis Soldatengrab, veröffentlicht u. a. auf der Homepage des RFJ Kärnten, zitiert nach DÖW, Neues von ganz rechts, Juli 2003
622 DÖW, Neues von ganz rechts, Oktober 2003
623 DÖW, Neues von ganz rechts, Dezember 2003
624 DÖW, Neues von ganz rechts, April 2004
625 DÖW, Neues von ganz rechts, April 2004
626 Der „Bund Freier Jugend" und seine Nazis, Dossier von Karl Öllinger
627 NDP-Organ „Deutsche Stimme", Dezember 2003, siehe auch http://www.slp.at/ artikel
628 DÖW, Neues von ganz rechts, April 2005
629 DÖW, Neues von ganz rechts, Oktober 2005
630 DÖW, Neues von ganz rechts, April 2005
631 DÖW, Neues von ganz rechts, Mai 2004
632 DÖW, Neues von ganz rechts, Dezember 2003
633 Interview mit www.wienweb.at, 14. 4. 2004
634 Heribert Schiedel 2008: Stellungnahme zum Ring Freiheitlicher Jugend (RFJ)
635 Der Standard, 3. 2. 2011
636 Der Standard, 3. 2. 2011, siehe auch Mayday Graz, 1/2011, siehe auch Anfrage der Abgeordneten Öllinger, Freundinnen und Freunde an die Bundesministerin für Inneres, 10.03.2010
637 Mayday Graz, 1/2011
638 forum.thiazi.net, 28. 2. 2007
639 Steiermark.orf.at, 25. 4. 2007
640 Österreich, 21. 9. 2007, siehe auch Profil, 30. 9. 2010
641 ORF Steiermark, 25. 4. 2007
642 Landtag Steiermark, Selbstständiger Antrag Sabine Jungwirth, Ingrid Lechner-Sonnek, Lambert Schönleitner, Fraktion:

Grüne, betreff: Streichung der Förderung für den RFJ

643 Landtag Steiermark, Selbstständiger Antrag Sabine Jungwirth, Ingrid Lechner-Sonnek, Lambert Schönleitner, Fraktion: Grüne, betreff: Streichung der Förderung für den RFJ

644 Fotos u. a. auf http://de.indymedia.org/2008/04/212647.shtml

645 Mayday Graz, 9/2009

646 http://rfjwatch.wordpress.com/2010/03/10/grazer-rfj-auf-wieder-betaetigungs-und-pruegeltour/, siehe auch Der Standard, 10. 3. 2010, siehe auch: alpendodelinfo.wordpress.com/2009/09

647 rfjwatch, 6. 10. 2011, siehe auch Kommunistischer StudentInnenverband (KSV), http://www.comunista.at/

648 Parlament, Anfrage des Abgeordneten Öllinger, Freundinnen und Freunde betreffend das Nazi-Fest in Steinbach/Ziehberg 2007, 18. 3. 2010

649 Der Standard, 24. 6. 2010

650 Falter, 22. 6. 2011

651 Falter, 17. 11. 2010

652 ORF Steiermark, 11. 3. 2010

653 APA, 4. 2. 2011, Aussendung von Karl Öllinger

654 Der Standard, 6. Februar 2011

655 Der Standard, 18. 5. 2011, siehe auch Stoppt die Rechten, 19. 5. 2011

656 Der Standard, 3. 2. 2011

657 Mayday Graz, 1/2011

658 Der Standard, 6. 2. 2011

659 Stoppt die Rechten, 6. 1. 2011

660 Der Standard, 12. 9. 2011

661 ORF Report, 6. 11. 2006, siehe auch Der Standard, 8. 11. 2006

662 Wiener Zeitung, 28. 9. 2010

663 Falter, 22. 6. 2011

664 Karl Öllinger in: Planet, Ausgabe 50

665 ORF Report, 5. 10. 2010

666 Stoppt die Rechten, 6. 10. 2010

667 http//steiermark.gruene.at/menschenrechte/artikel/lesen/26599

668 Der Standard, 5. 12. 2011

669 Kurier, 4. 5. 2007

670 YouTube: FPÖ-Mann Weinzinger über blonde und blauäugige Frauen (Wahlkampf 2008)

671 DÖW-Mitteilungen, Oktober 2006, siehe auch Braunauer Zeitgeschichte-Tage, http://www.hrb.at

672 Zur Zeit, 28/2004

673 Der Standard, 21. 1. 2010

674 Der Standard, 15. 1. 2008

675 Stoppt die Rechten, 11. 2. 2011

676 DÖW, Handbuch des österreichischen Rechtsextremismus

677 Mitgliederliste

678 Kurier, 8. 2. 2009

679 Stoppt die Rechten, 9. 10. 2010, 6. 11. 2010, siehe auch: Profil, 21. 11. 2011, Der Standard, 15. 11. 2010,

680 Profil, 21. 11. 2011

681 http://rfjwatch.wordpress.com

682 Kurier, 2. und 7. 4. 2009

683 Oberösterreichische Nachrichten, 18. 5. 2007

684 Österreich (OÖ): 20. 9. 2010, siehe auch: Stoppt die Rechten, 21. 9. 2010

685 DÖW, Verein Dichterstein Offenhausen

686 News, 4. 6. 2009, siehe auch: tips Linz, 20. 5. 2009, Braunes Pack, 14. 2. 2011

687 Österreich, 11. 2. 2011

688 Profil, 18. 3. 2010

689 Oberösterreichische Nachrichten, 31. 7. 2009

690 Oberösterreichische Nachrichten, 18. 4. 2012

691 News, 23. 7. 2009, siehe auch: Die Presse, 22. 7. 09

692 News, 18. 4. 2012

693 News, 18. 4. 2012; Stoppt die Rechten, 19. 4. 2012

694 Der Standard, 24. 4. 2012

695 Stoppt die Rechten, 25. 4. 2012

696 OÖ Netzwerk gegen Rassismus und Rechtsextremismus, Mai 2011

697 Anfrage der Abgeordneten Öllinger, Freundinnen und Freunde, betreffend Nazi-Fest in Steinbach/Ziehberg 2007, am 18. 3. 2010

698 http://linkswende.org

699 Die Presse, 20. 10. 2009

700 Stoppt die Rechten, 4. 11. 2011

701 http://rfjwatch.worcpress.com

702 rfjwatch, 9. 10. 2011

703 Stenographisches Protokoll der 57. Sitzung des Nationalrates, 24. Und 25. März 2010

704 http://rfjwatch.wordpress.com

705 http://rfjwatch.wordpress.com

706 Karl Öllinger, September 2007

707 Alpendodelinfo 7. 2. 2010

708 http://rfjwatch.wordpress.com

709 http://rfjwatch.wordpress.com

710 http://rfjwatch. Wordpress.com

711 http://rfjwatch.wordpress.com

712 http://rfjwatch.wordpress.com

713 Gedenkdienst, Januar 2008,: Heribert Schiedel, DÖW, Stellungnahme zum Ring Freiheitlicher Jugend

714 Gedenkdienst, Januar 2008,: Heribert Schiedel, DÖW, Stellungnahme zum Ring Freiheitlicher Jugend

715 Österreich, 26. 9. 2008

716 Stoppt die Rechten, 29. 2. 2012

717 Profil, 27. 10. 2007

718 ORF Tirol, 4. 5. 2010, siehe auch: Profil, 8. 10. 2011, Der Standard, 29. 3. 2011

719	News, 5. 11. 2011
720	News, 23. 9. 2010
721	APA OTS, 15. 9. 2010
722	APA OTS, 15. 9. 2010
723	Kurier, 5. 11. 2011
724	ORF, Wien, 4. 11. 2011
725	News, 23. 9. 2010
726	News, 23. 9. 2010
727	News, 23. 9. 2010
728	Stoppt die Rechten, 24. 9. 2010
729	News, 23. 9. 2010
730	Stoppt die Rechten, 6. 11. 2011
731	Stoppt die Rechten, 28. 2. 2011
732	Profil, 7. 9. 2010
733	ORF Steiermark, 1. 7. 2007
734	Der Standard, 6. 9. 2010
735	Stoppt die Rechten, 8. 9. 2010
736	Stoppt die Rechten, 8. 9. 2010
737	http://alopendodelinfo.wordpress.com, 23. 9. 2009
738	Der Standard, 3. 9. 2010
739	ORF Steiermark, 26. 5. 2009
740	http://kellernazisinsiderfpoe.at
741	http://www.youtube.com/ watch?v=aX7Puu0brBo, http://www. youtube.com/watch?v=Qvue3bf5CIo, http://www.youtube.com/ watch?v=dfysOwEUx4I, http://www. youtube.com/watch?v=aX7Puu0brBo, http://www.youtube.com/watch?v=sJHs-Sel4mU, http://www.youtube.com/watch? v=Qvue3bf5CIo&feature=related, http:// youtu.be/PnYNg5nSjBw, http://www. youtube.com/watch?v=PnYNg5nSjBw, http://scoop.at/Oesterreich/Die-High-lights-des-Wahlkampfs, http://www. youtube.com/watch?v=aX7Puu0brBo
742	http://www.youtube.com/ watch?v=PnYNg5nSjBw
743	Anfrage der Abgeordneten Hannes Faze-kas, Genossinnen und Genossen an die Bundesministerin für Inneres, 4. 6. 2009
744	Sachverhaltsdarstellung an die Staatsan-waltschaft Wien von Karl Öllinger, Abgeordneter zum Nationalrat, Grüner Klub im Parlament, 1. 10. 2010
745	Tiroler Tageszeitung online, 29. 3. 2011
746	Die Presse, 20. 4. 2010
747	Heribert Schiedel, Gedenkdienst, Stel-lungnahme zum Ring Freiheitlicher Jugend (RFJ)
748	Vorarlberger Nachrichten, 18. 2. 2011
749	ORF Salzburg, 14. 3. 2011
750	Der Standard, 27. 9. 2010
751	Der Standard, 21. 8. 2006, Die Presse, 20. 4. 2010
752	Profil, 30. 9. 2010
753	Heribert Schiedel, Gedenkdienst, Stel-lungnahme zum Ring Freiheitlicher Jugend (REFJ)
754	Vorarlberger Nachrichten, 18. 2. 2011

755	Kleine Zeitung, 24. 11. 2011
756	Yasni.at
757	APA, OTS, 28. 1. 2011
758	Stoppt die Rechten, 28. 9. 2011
759	Die Kameradschaft, 6/1998
760	http://welsgegenrechts.at, siehe auch Österreich 8. 10. 2009, ORF OÖ.at, 13. 3. 2011
761	http://bawekoll.wordpress.com/author/ bawekoll/), 13. 3. 2012
762	Profil, 25. 9. 2010
763	APA-OTS 29. 9. 2010
764	Der Standard, 13. 4. 2010
765	Profil, 12. 4. 2010
766	Die Presse, 14. 4. 2010
767	Profil, 23. 4. 2005 und 4. 6. 2005
768	News, 31. 5. 2005
769	Salzburger Nachrichten, 15. 9. 2009
770	Stoppt die Rechten, 25. 5. 2011, siehe auch Der Standard, 24. 5. 2011, Die Presse, 24. 5. 2011 und http://www.antifa. co.at/info 2011
771	Der Standard, 25. 5. 2011
772	APA-OTS, 20. 2. 2009
773	Der Standard, 26. 8. 2010
774	Martin Dietzsch: Zwischen Konkurrenz und Kooperation; Organisationen und Presse der Rechten in der Bundesrepub-lik, in: Siegfried Jäger (Hg.): Rechts-druck, die Presse der Neuen Rechten
775	Die Presse, 15. 6. 2009
776	APA OTS, 6. 7. 2009
777	Stoppt die Rechten, 27. 9. 2010
778	Die Presse, 30. 5. 2011
779	Der Standard, 1. 6. 2011
780	Wiener Neustädter Nachrichten, 30. 11. 1990
781	Volksstimme, 8. 2. 1987
782	Die Presse, 13. 5. 2011
783	Kleine Zeitung, 20. 8. 2005
784	Der Standard, 10. 9. 2010
785	Der Standard, 29. 7. 2011
786	Österreich, 22. 9. 2011, Der Standard, 22. 9. 2010
787	bawekoll, 15. 9. 2011
788	Stoppt die Rechten, 28. 9. 2011
789	Stoppt die Rechten, 11. 10. 2011
790	rfjwatch, 15. 8. 2011
791	rfjwatch, 15. 8. 2011
792	rfjwatch, 10. 8. 2010
793	rfjwatch, 10. 8. 2010
794	rfjwatch, 10. 8. 2010
795	Stoppt die Rechten, 23. 3. 2011
796	Der Standard, 4. 8. 2011
797	bawekoll, 15. 8. 2011
798	bawekoll, 15. 8. 2011
799	bawekoll, 2. 8. 2011
800	bawekoll, 2. 8. 2011
801	Wiener Zeitung, 13. 2. 2012
802	bawekoll, 2. 8. 2011
803	bawekoll, 2. 8. Und 12. 8. 2011

804	Stoppt die Rechten, 24. 8. 2011
805	Stoppt die Rechten, 9. 9. 2011
806	Stoppt die Rechten, 9. 9. 2011
807	rfjwatch, 8. 10. 2011
808	bawekoll, 26. 7. 2011
809	bawekoll, 1. 8. 2011
810	Anfrage der Abgeordneten Öllinger, Freundinnen und Freunde an die Bundesministerin für Inneres, 9. 7. 2010
811	Die Presse, 1. 11. 2010
812	Anfrage der Abgeordneten Öllinger, Freundinnen und Freunde an die Bundesministerin für Inneres, 9. 7. 2010
813	Anklageschrift 333 HR 340/10k gegen Gottfried Küssel, Felix Budin und Wilhelm Christian Anderle, Beilage 35 in Band XII, AS 355
814	Anfrage der Abgeordneten Öllinger, Freundinnen und Freunde an die Bundesministerin für Inneres, 9. 7. 2010
815	Anfrage der Abgeordneten Öllinger, Freundinnen und Freunde an die Bundesministerin für Inneres, 9. 7. 2010
816	Anklageschrift 333 HR 340/10k gegen Gottfried Küssel, Felix Budin und Wilhelm Christian Anderle, Beilage 35 in Band XII, AS 355
817	Stoppt die Rechten, 16. 5. 2011
818	Neues von ganz rechts, November 2010
819	alpen-donau, 26. 11. 2010
820	DÖW, Neues von ganz rechts, Dezember 2009
821	Profil, 13. 7. 2010
822	Profil, 13. 7. 2010
823	Profil, 13. 7. 2010
824	Stoppt die Rechten, 18. 4. 2011
825	Stoppt die Rechten, 18. 4. 2011
826	Anfrage der Abgeordneten Öllinger, Freundinnen und Freunde an die Bundesministerin für Inneres, 9. 7. 2010, siehe auch Profil, 13. 7. 2010
827	Anfrage der Abgeordneten Öllinger, Freundinnen und Freunde an die Bundesministerin für Inneres, 9. 7. 2010
828	Anfrage der Abgeordneten Öllinger, Freundinnen und Freunde an die Bundesministerin für Inneres, 9. 7. 2010
829	ORF Tirol, 4. 5. 2010, siehe auch: Profil, 8. 10. 2011, Der Standard, 29. 3. 2011
830	Anfrage der Abgeordneten Öllinger, Freundinnen und Freunde an die Bundesministerin für Inneres, 9. 7. 2010
831	Kurier, 14. 11. 2010
832	Der Standard, 20. 4. 2011
833	Wolfgang Purtscheller 1993: Aufbruch der Völkischen – Das braune Netzwerk
834	ORF Burgenland, 20. 4. 2011
835	News, 7/2011
836	Kopie des Manuskripts beim Autor
837	Der Standard, 25. 5. 2011
838	Der Standard, 9. 3. 2010
839	Stoppt die Rechten, 10. 8. 2011
840	News, 25. 2. 2011
841	Anzeige gegen Werner Königshofer von Rechtsanwalt Georg Zanger, 1. 3. 2011
842	Stoppt die Rechten, 12. 8. 2011
843	Falter, 21. 6. 2011
844	Der Standard, 14. 6. 2012, APA, 14. 6. 2012
845	Der Standard, 27. 7. 2011
846	ORF, ZiB 24, 5. 1. 2012
847	Der Standard, 2. 8. 2011
848	Die Presse, 1. 8. 2011
849	Stoppt die Rechten, 16. 3. 2012
850	Der Standard, 29. 7. 2011
851	Bawekoll, 23. 9. 2011
852	Der Standard, 27. 6. 2010
853	Stoppt die Rechten, 2. 7. 2010
854	Internationales Militärtribunal, Band XXXV
855	Für die Waffen-SS, 21. 12. 1939
856	Der Prozess gegen die Hauptkriegsverbrecher in Nürnberg, Sitzungsprotokolle, Band XXII
857	Allgemeine Jüdische Wochenzeitung, 22. 7. 1977
858	Unter anderem der Linzer Universitätsprofessor Rudolf Kropf und Prof. Wolfgang Neugebauer, wissenschaftlicher Leiter des DÖW
859	Kleine Zeitung, 26. 8. 2010
860	http://www.politik.steiermark.at/cms/ziel/58236278/DE/
861	http://maydaygraz.wordpress.com, siehe auch DÖW, Neues von ganz rechts, Juni 1999
862	Kleine Zeitung, 15. 8. 2006
863	Österreich, 2. 9. 2010
864	Der Standard, 7. 11. 2011
865	Brigitte Bailer/Wolfgang Neugebauer 1993: Rechtsextreme Vereine, Parteien, Zeitschriften(kreise), informelle/illegale Gruppierungen, in: Handbuch des österreichischen Rechtsextremismus, DÖW
866	Fakten 15/1992
867	Flugblatt „Ein Herz für Inländer", Folge 6/1990
868	Urteil des Verfassungsgerichtshofes, 28. 2. 1991
869	Brigitte Bailer/Wolfgang Neugebauer 1993: Rechtsextreme Vereine, Parteien, Zeitschriften(kreise), informelle/illegale Gruppierungen, in: Handbuch des österreichischen Rechtsextremismus, DÖW
870	Urteil des Verfassungsgerichtshofes, 28. 2. 1991
871	Urteil des Verfassungsgerichtshofes, 28. 2. 1991
872	Hermann Dworczak 1981, Rechtsextremismus in Österreich nach 1945, Hg: Dokumentationsarchiv des österreichischen Widerstandes, DÖW

873 Brigitte Bailer/Wolfgang Neugebauer 1993: Die FPÖ: Vom Liberalismus zum Rechtsextremismus, in: Handbuch des österreichischen Rechtsextremismus, Hg. DÖW
874 Der Standard, 21. 4. 1993
875 Der Standard, 3. 4. 1993
876 Die Grünen, Dossier Barbara Rosenkranz, 4. 3. 2010
877 APA OTS, 26. 8. 2006, Kurier, 2. 3. 2010, siehe auch: Die Grünen, Dossier Barbara Rosenkranz, 4. 3. 2010
878 APA, 27. 2. 2010
879 Der Standard, 1. 6. 2011
880 Der Standard, 21. 7. 2010
881 Alexia Weiss, Gemeinde, 20. 8. 2010
882 Neues von ganz rechts, März 2010
883 Walter Marinovic, Diktatur des Hässlichen, Graz 1995
884 http://www.gruene.at/uploads/media/Marinovic.pdf
885 http://www.gruene.at/uploads/media/Marinovic.pdf
886 http://www.gruene.at/uploads/media/Marinovic.pdf
887 Kleine Zeitung, 15. 4. 2009
888 Format, 21/2000
889 Aula, 11/2007
890 ORF, 25. 4. 2007, siehe auch Kleine Zeitung, 25. 4. 2007
891 Aula, 10. 7. 2003
892 Profil, 10. 11. 2007
893 National-Zeitung 3/2009
894 Vorarlberger Nachrichten, 23. 2. 2007
895 Neues von ganz rechts, März 2010
896 Profil, 10. 6. 2009, siehe auch Profil, 2. 2. 2009
897 Fakten, 17/1992
898 Profil, 16. 11. 1992
899 vienna.at, 22. 10. 2008
900 News, 16. 5. 2007
901 Karl Öllinger, 16. 5. 2007
902 Kleine Zeitung, 25. 4. 2007
903 ORF Steiermark, 18. 5. 2011
904 EGMR 9. 11. 1998, NI 1998, 172 Nachtmann gegen Österreich, zitiert nach Nina Horaczek, Sebastian Wiese 2011, Handbuch gegen Vorurteile
905 EMGR 1. 2. 2000, Schimanek gegen Österreich, zitiert nach Nina Horaczek, Sebastian Wiese 2011, Handbuch gegen Vorurteile
906 Nina Horaczek, Sebastian Wiese 2011, Handbuch gegen Vorurteile
907 News, 25. 2. 2011
908 Der Standard, 28. 10. 2010
909 Der Standard, 25. 11. 2010
910 Der Standard, 29. 1. 2012
911 Spiegel online, 30. 1. 2012
912 Die Presse, 2. 2. 2012
913 APA OTS, 30. 1. 2012

914 Natascha Strobl in Der Standard, 1. 2. 2012
915 Österreich, 8. 2. 2012
916 Profil, 4. 2. 2012
917 Der Standard, 11. 11. 1999
918 ORF, 16. 12. 2010
919 Der Standard, 8. 8. 2011
920 Der Standard, 1. 2. 2012
921 Kurier, 25. 1. 2012
922 APA OTS, 15. 9. 2011
923 Salzburger Nachrichten, 2. 12. 2010
924 Österreich, 6. 5. 2011
925 Der Standard, 15. 11. 2010
926 Der Standard, 1. 2. 2012
927 Hans-Henning Scharsach 1995, Haiders Clan, Wie Gewalt entsteht
928 Brigitte Bailer, Wolfgang Neugebauer, Die FPÖ: Vom Liberalismus zum Rechtsextremismus. Handbuch des österreichischen Rechtsextremismus, Wien 1994
929 Kleine Zeitung, 22. 7. 1973
930 Brigitte Bailer, Wolfgang Neugebauer, Die FPÖ: Vom Liberalismus zum Rechtsextremismus. Handbuch des österreichischen Rechtsextremismus, Wien 1994
931 Profil, 19. 10. 1987
932 Profil, 25. 2. 1991
933 Kleine Zeitung, 25. 1. 1990
934 Profil, 23. 7. 1990
935 Die Presse, 19. 4. 2000
936 Salzburger Nachrichten, 26. 11. 2004
937 Falter, 12/2005
938 ORF, 18. 11. 2011
939 Profil, 30. 9. 2010
940 Bezirkszeitung Alsergrund, 5/2005
941 Gruppe AuA (aua.blogspot.de) 2009, in Österreichische HochschülerInnenschaft an der Universität Wien, Völkische Verbindungen, Beiträge zum deutschnationalen Korporationsunwesen in Österreich
942 Der Spiegel, 41/2008
943 Neue Freie Zeitung vom 21. Mai 2009: Kommentar von Martin Graf (JPG), siehe auch Florian Klenk: Wie Martin Graf Politik mit Strafrecht verwechselt. In: Florin Klenks Erkundungen, 3. Juni 2009
944 ORF Kärnten, 26. 2. 2011
945 News, 27. 7. 2009
946 ORF Vorarlberg, 22. 8. 2009 und 10. 9. 2009, siehe auch: Der Standard, 20. 8. 2009
947 http://dokmz.wordpress.com/2010/02/26/wirbel-um-tiroler-fpo-links-zu-rechtsextremen/, siehe auch: http://imzoom.info/article.php/20100225092308662
948 http://einladungzumbiervulkan.at/
949 APA-OTS, 22. 4. 2007
950 APA-OTS, 27. 7. 2006
951 Brigitte Bailer, Wolfgang Neugebauer, Haider und die Freiheitlichen in Österreich, Berlin 1997

952 Franz Schausberger: Ins Parlament, um es zu zerstören, Wien 1995
953 Peter Zuser, Die Konstruktion der Ausländerfrage in Österreich, Wien 1996
954 Martina Kirfel, Walter Oswalt, Die Rückkehr der Führer, Modernisierter Rechtsradikalismus in Europa, Wien 1991
955 FPÖ Pressedienst, 1. 5. 1996
956 Jörg Haider, Befreite Zukunft von links und rechts, Wien, 1997
957 Franz Schausberger: Ins Parlament, um es zu zerstören, Wien 1995
958 Jörg Haider im Sommergespräch des ORF, 25. 8. 1994
959 Nina Öllinger, Die Ausländerpolitik der Freiheitlichen seit 1986, Diplomarbeit an der Universität Wien, März 1999
960 Franz Schausberger: Ins Parlament, um es zu zerstören, Wien 1995
961 Hilmar Kabas, Die Presse 20. 6. 1996
962 Franz Schausberger: Ins Parlament, um es zu zerstören, Wien 1995
963 Jörg Haider, APA, 1. 9. 1991
964 Franz Schausberger: Ins Parlament, um es zu zerstören, Wien 1995
965 Neue Freie Zeitung, 9. 6. 1999
966 Franz Schausberger: Ins Parlament, um es zu zerstören, Wien 1995
967 Neue Freie Zeitung, 22. 5. 1996
968 Profil, 13. 9. 1999
969 Neue Freie Zeitung, 19. 6. 1999
970 Neue Freie Zeitung, 29. 9. 1999
971 Neue Freie Zeitung, 28. 7. 1999
972 Neue Freie Zeitung, 9. 6. 1999
973 Neue Freie Zeitung, 9. 6. 1999
974 Neue Freie Zeitung, 9. 6. 1999
975 Neue Freie Zeitung, 21, 7. 1999
976 Neue Freie Zeitung, 18. 8. 1999
977 Neue Freie Zeitung, 29. 9. 1999
978 Profil, 13. 9. 1999
979 Neue Freie Zeitung, 23. 6. 1999
980 Neue Freie Zeitung, 28. 7. 1999
981 Die Presse, 19. 8. 1999
982 APA, OTS, 22. 9. 2004
983 Bezirkszeitung für den 19. Bezirk, 5/2004
984 Der Standard, 19. 10. 2011
985 Profil, 11. 10. 2010
986 Profil, 30. 9. 2010
987 ORF Wien, 31. 8. 2006, Der Standard, 14. 9. 2009
988 Heribert Schiedel, Gedenkdienst, Stellungnahme zum Ring Freiheitlicher Jugend (RFJ)
989 http://www.sjoe.at/content/tir/home/article
990 Anzeige der SJ, 28. 5. 2006
991 Stoppt die Rechten, 19. 2. 2012
992 Stoppt die Rechten, 19. 2. 2012
993 Die Presse, 16. 3. 2012
994 Krone, 20. 2. 2012
995 Die Presse, 11. 3. 2012

996 Der Standard, 19. 2. 2012, Zusammenfassungen mit Belegen: Stoppt die Rechten, 18. und 19. 2. 2012
997 FPÖ, 4. 3. 2012, siehe auch: APA OTS, 16. 3. 2012
998 Profil, 5. 3. 2011, siehe auch: Arthur Hertzberg zusammen mit Aron Hirt-Manheimer, 2000: Wer ist Jude? Wesen und Prägung eines Volkes
999 Stoppt die Rechten, 1. 9. 2010
1000 Die Presse, 9. 3. 201
1001 APA, 16. 7. 2011
1002 Spiegel online, 31. 7 2011
1003 Die Presse, 23. 12. 2010
1004 Salzburger Nachrichten, 22. 6. 2009
1005 APA OTS, 4. 6. 2007
1006 ORF-Sommergespräch, 23. 8. 2010
1007 Oberösterreichische Nachrichten, 24. 8. 2010
1008 APA OTS, 4. 9. 2007
1009 Die Presse, 16. 1. 2008
1010 APA OTS, 15. 2. 2012
1011 APA OTS, 4. 9. 2007, siehe auch APA OTS 4. 6. 2007
1012 FPÖ, 15. 2. 2012
1013 Kronen Zeitung 22. 5. 2009
1014 APA-OTS, 26. 9. 2011
1015 APA-OTS, 31. 8. 2011
1016 Stoppt die Rechten 12. 10. 2010
1017 Vorarlberger Nachrichten, 25. 8. 2011
1018 Der Standard, 12. 7. 2010
1019 Kurier, 30. 3. 2012
1020 SOS-Österreich und SOS-Heimat, Ausdrucke beim Autor
1021 SOS-Österreich und SOS-Heimat, Ausdrucke beim Autor
1022 DÖW, Neues von ganz rechts, Februar 2009
1023 DÖW, Neues von ganz rechts, Januar 2008
1024 http://www.sozialismus.net//index2
1025 DÖW, Neues von ganz rechts, September 2007
1026 Österreich, 18. 6. 2010
1027 DÖW, Neues von ganz rechts, Juni 2007
1028 Verfassungsschutzbericht Nordrhein-Westfalen 2004
1029 DÖW, Neues von ganz rechts, September 2007
1030 Stoppt die Rechten, 6. 5. 2012
1031 http://www.publikative.org/2012/04/25/razzia-gegen-freundeskreis-rade-und-pro-nrw/
1032 Stoppt die Rechten, 6. 5. 2012
1033 http://www.publikative.org/2012/04/25/razzia-gegen-freundeskreis-rade-und-pro-nrw/
1034 Stoppt die Rechten, 6. 5. 2012
1035 http://www.publ kative.org/2012/04/25/razzia-gegen-freundeskreis-rade-und-pro-nrw/

1036 APA OTS, 18. 1. 2008, Pro NRW, 8. 3. 2012
1037 Profil, 16. 7. 2005
1038 Omar Al Rawi, Kleine Zeitung, 1. 8. 2007
1039 http://www.sozialismus.net//content/view, 1. 6. 2009
1040 Der Standard, 15. 1. 2008, siehe auch Österreich, 20. 1. 2008
1041 Tangente, 1/2007
1042 Die Presse, 19. 11. 2008
1043 APA, OTS: 13. 1. 2008
1044 Richter Georg Allmayer im Urteil gegen Michael Winter
1045 ORF Steiermark, 5. 6. 2009
1046 Falter, 21. 11. 2007
1047 Brigitte Bailer/Wolfgang Neugebauer 1993: Rechtsextreme Vereine, Parteien, Zeitschriften, informelle/illegale Gruppen, in: Handbuch des österreichischen Rechtsextremismus, Hg.: DÖW
1048 Wolfgang Neugebauer 1981: Rechtsextreme Organisationen, in: Rechtsextremismus in Österreich nach 1945, 5. Auflage, Hg.: DÖW
1049 Profil, 19. 10. 1987
1050 DÖW, Neues von ganz rechts, Februar 2001
1051 Falter (Steiermark), 24/2007
1052 Wiener Stadtmagazin Biber, 2. 1. 2008, siehe auch Kurier, 21. 10. 2011
1053 Wiener Stadtmagazin Biber, 2. 1. 2008
1054 Gerhard Hartmann 1994: Der CV in Österreich
1055 Gerhard Hartmann 1994: Der CV in Österreich
1056 Memoiren der Minna Lachs 1986: Warum schaust du zurück?
1057 Gerhard Hartmann 1994: Der CV in Österreich
1058 Wiener Coleurszene, Oktober 1991
1059 Die Presse, 18. 11. 2004
1060 Hans-Henning Scharsach 1995: Haiders Clan, Wie Gewalt entsteht
1061 Urteil des Strafbezirksgerichts Wien im Ehrenbeleidigungsprozess Prof. Taras Borodajkewycz gegen Dr. Heinz Fischer, 22. 5. 1965, Urteil des Berufungsgerichts, 30. 11. 1965
1062 Heinz Fischer (Hg.) 1966: Einer im Vordergrund: Taras Borodajkewycz, siehe auch Aussage von Holger Bauer vor dem Strafbezirksgericht Wien
1063 Wiental Aktuell, 1985, zitiert nach Helmut Möchel: Die extreme Rechte, unveröffentlichtes Manuskript, liegt im DÖW auf
1064 Wolfgang Purtscheller 1993: Aufbruch der Völkischen – Das braune Netzwerk
1065 Wolfgang Purtscheller 1993: Aufbruch der Völkischen - Das braune Netzwerk

1066 Wolfgang Neugebauer 1981: Am Beispiel der ANR (Hg.: DÖW, Dokumentationsarchiv des österreichischen Widerstandes), siehe auch: Handbuch des österreichischen Rechtsextremismus, Hg.: DÖW
1067 Kurier, 8. 10. 2011
1068 Wolfgang Purtscheller 1993: Aufbruch der Völkischen – Das braune Netzwerk
1069 Handbuch des österreichischen Rechtsextremismus, Hg.: DÖW
1070 Helmut Möchel: Die extreme Rechte, unveröffentlichtes Manuskript, liegt im DÖW auf
1071 Wolfgang Purtscheller: Delikt Antifaschismus, Elefantenpress Berlin, 1998
1072 Wolfgang Purtscheller: Delikt Antifaschismus, Elefantenpress Berlin, 1998
1073 Wolfgang Neugebauer, DÖW, Strukturen rechtsextremer Organisationen und deren Bereitschaft zur Gewalt
1074 Privates Amateurvideo, gefilmt von einem Kameraden Küssels, Beweismittel im Prozess gegen Hans-Jörg Schimanek
1075 News, 50/1993
1076 Wolfgang Purtscheller 1994: „Zehn Briefe für zehn Jahre". Von der VAPO zum Briefbombenterror, in: DÖW 1994 Hg.: Handbuch des österreichischen Rechtsextremismus
1077 Alexander Mensdorf 1990: Im Namen der Republik. Rechtsextremismus und Justiz in Österreich
1078 Wolfgang Purtscheller: Delikt Antifaschismus, Elefantenpress Berlin, 1998
1079 Wolfgang Purtscheller 1994: „Zehn Briefe für zehn Jahre". Von der VAPO zum Briefbombenterror, in: DÖW 1994 Hg.: Handbuch des österreichischen Rechtsextremismus
1080 Brigitte Bailer/Wolfgang Neugebauer 1993: Rechtsextreme Vereine, Parteien, Zeitschriften(kreise), informelle/illegale Gruppierungen, in: Handbuch des österreichischen Rechtsextremismus, DÖW
1081 Wolfgang Purtscheller 1994: „Zehn Briefe für zehn Jahre". Von der VAPO zum Briefbombenterror; in: DÖW 1994 (Hg.): Handbuch des österreichischen Rechtsextremismus
1082 Kommentare zum Zeitgeschehen, 260/1993
1083 Fakten, 12/1992, 17/1992, 21/1993
1084 Fakten, 17/1992
1085 Fakten, 12/1992
1086 Fakten, 17/1993
1087 Fakten, 21/1993
1088 Fakten, 13/1992
1089 Fakten, 17/1992
1090 Fakten, 12/1992
1091 Fakten, 23/1993
1092 Fakten, 18/1992

1093 Fakten, 19/1993
1094 Fakten, 19/1993
1095 Fakten, 20/1993
1096 Fakten, 19/1993
1097 Fakten, 19/1993
1098 Fakten, 19/1993
1099 Fakten, 12/1992
1100 Fakten, 23/1993
1101 Fakten. 1/1990
1102 Fakten, 00/1990
1103 Fakten, 00/1990
1104 Fakten, 18/1992
1105 Fakten, 00/1990
1106 Fakten, 00/1990
1107 Fakten, 2/199.
1108 Fakten, 3/1991
1109 Fakten, 26/1993
1110 Fakten, 23/1993
1111 Fakten, 1/1990
1112 Fakten, 25/1993
1113 Fakten, 0/1990
1114 Fakten, 00/1990
1115 Fakten, 3/1991
1116 Fakten, 0/1990
1117 Fakten, 6/1991
1118 Der Standard, 21. 4. 1993
1119 Der Standard, 3. 4. 1993
1120 Gordon W. Allport 1954: The nature of prejudice
1121 Friedrich Hacker 1962, Aggression. Die Brutalisierung der modernen Welt
1122 Hein Steinert 1994: Über Gewalt reden, in: Werner Bergmann, Rainer Erb: Neonazismus und rechte Subkultur
1123 News, 48 / 09
1124 Der Standard, 31. 8. 1994
1125 Profil, 20. 3. 1995
1126 Profil, 17. 6. 1991
1127 60. Sitzung des Nationalrats, 29. 1. 1997
1128 Freiheitlicher Pressedienst, 6. 5. 1997
1129 FPÖ-Pressedienst, 3. 6. 1997
1130 Der Standard, 25. 4. 1991
1131 Rede von Strache am außerordentlichen Parteitag, 24. 6. 2006
1132 FPÖ-Bezirkszeitung Wien XIX, 5/2004
1133 Kurier, 8. 5. 2006
1134 Rede von Strache am außerordentlichen Parteitag, 24. 6. 2006
1135 Der Standard, 28. 9. 2010
1136 Der Standard, 15. 6. 2010
1137 Kurier, 14. 10. 2011
1138 DÖW, Neues von ganz rechts, Januar 2009
1139 Der Standard, 28. 3. 2011
1140 Stoppt die Rechten, 27. 7. 2010
1141 APA/OTS 21. 12. 2011
1142 Stoppt die Rechten, 17. 3. 2011
1143 Bericht des Menschenrechtsbeirats der Stadt Graz, 10. 1. 2008
1144 Zitiert nach OÖ. Netzwerk gegen Rassismus und Rechtsextremismus, 29. 3. 2012

1145 Philipp Sonderegger in Der Standard, 23. 11. 2011
1146 Philipp Sonderegger in Der Standard, 23. 11. 2011
1147 Stoppt die Rechten, 11. 9. 2009
1148 Stoppt die Rechten, 16. 12. 2010
1149 Der Standard, 14. 7. 2010
1150 Stoppt die Rechten, 29. 4. 2011
1151 Stoppt die Rechten, 19. 1. 2011
1152 Der Standard, 8. 9. 2011
1153 Oberösterreichische Nachrichten, 28. und 29. 10. 2011
1154 Philipp Sonderegger in Der Standard, 23. 11. 2011
1155 Stoppt die Rechten, 27. März 2012
1156 Der Standard, 18. 4. 2012
1157 OÖ Netzwerk gegen Rassismus, 5. 4. 2012
1158 Unzensuriert, 1. 12. 2010
1159 YouTube, 13. 3. 2010
1160 Österreich, 28. 3. 2009
1161 ORF Niederösterreich, 7. 5. 2011, siehe auch NÖGemeinde, Juli 2007
1162 http://www.gegensexuellegewalt. at/2009/06/
1163 News, 14. 1. 2005
1164 Der Standard, 23. 4. 2006
1165 Der Standard, 17. 4. 2006
1166 Der Standard, 23. 4. 2006
1167 Vorarlberger Nachrichten 11. 2. 2011
1168 Der Standard, 11. 2. 2003
1169 News, 20/1998
1170 Stoppt die Rechten, 21. 5. 2011
1171 Sitzungsbericht des niederösterreichischen Landtags, 29. 5. 1998
1172 News, 24. 9. 2001
1173 News, 34/2002
1174 Der Standard, 1. 9. 2004
1175 Kurier, 15. 6. 2012
1176 News, 48/1995
1177 Profil, 10. 4. 2000
1178 Falter, 20. 9. 2006
1179 Die Presse, 13. 9. 2001